시작하세요! Motion 5

빠르크의 3분 모션과 함께하는
쉽고 간결한 모션 그래픽 영상 제작

시작하세요! Motion 5 개정판

빠르크의 3분 강좌와 함께하는 쉽고 간편한 모션 그래픽 영상 제작

지은이 **박경인**

펴낸이 **박찬규** 엮은이 **이대엽, 윤가희** 디자인 **북누리** 표지디자인 **Arowa & Arowana**

펴낸곳 **위키북스** 전화 **031-955-3658, 3659** 팩스 **031-955-3660**
주소 경기도 파주시 문발로 115, 311호 (파주출판도시, 세종출판벤처타운)

가격 **36,000** 페이지 **584** 책규격 **188 x 240mm**

1쇄 발행 2022년 05월 18일
ISBN 979-11-5839-336-6 (13000)

등록번호 제406-2006-000036호 등록일자 2006년 05월 19일
홈페이지 wikibook.co.kr 전자우편 wikibook@wikibook.co.kr

시작하세요!

Motion 5 개정판

빠르크의 3분 강좌와 함께하는
쉽고 간편한 모션 그래픽 영상 제작

박경인 지음

위키북스

모션 5를 처음 배우게 된 계기는 '좀 더 멋진 영상을 만들어 보고 싶다'였습니다. 화려한 모션 그래픽이 들어간 영상을 보면 보기에 좋고 나도 만들어 보고 싶다는 생각이 들었습니다. 마침 큰 마음 먹고 구입한 맥북에서만 실행되는 모션 5는 꼭 한 번 배워보고 싶은 툴이었습니다.

하지만 현실적인 어려움이 따랐습니다. 우선 배울 수 있는 기회가 너무나 제한적이었습니다. 제가 살고 있는 지역에서는 모션을 배울 곳도 없었고 무엇보다 모션을 하는 사람이 없었습니다. 유일하게 배울 수 있는 통로는 마크 스펜서(Mark Spencer)가 집필한 모션 5 애플 공식 교재 번역본뿐이었습니다.

공식 교재를 통해 모션을 익히고 애프터이펙트와 비교해서 모션 그래픽 영상을 제작하는 데 필요한 기능들을 구글링을 통해 하나하나 배워나가는 식으로 모션 5를 익혀 나갔습니다. 유튜브에도 해외 모션 5 유저들이 올려주는 튜토리얼 영상이 조금씩 올라왔기에 그 영상들을 보면서 툴의 다양한 쓰임을 익혀 나갔습니다.

그렇게 조금씩 알게 된 내용을 블로그에 올리고 유튜브에 빠르크의 3분 강좌 영상 콘텐츠를 업로드했습니다. 그러다 《시작하세요! Final Cut Pro X 10.4》로 인연이 있던 위키북스 박찬규 대표님께 모션 5 책의 출간을 제의받았고 결국 책 출판까지 이어졌습니다.

이 책을 집필하면서 모션 5의 다양한 기능들을 직접 실습해보고 전체적인 흐름을 파악해보니 모션 5가 상당히 과소평가되고 덜 알려진 좋은 프로그램이란 결론에 이르렀습니다. 많은 분들이 모션 5와 애프터이펙트를 비교해보고 싶어 하는데 제가 사용해보니 기본적인 기능에서는 큰 차이가 없습니다. 오히려 모션 5가 더 직관적인 부분이 있어 사용하기에 편한 측면도 있었습니다.

저처럼 유튜브 영상 편집을 하는 분들께 모션 5는 애프터이펙트보다 더 최적화된 툴입니다. 왜 나하면 파이널 컷 프로 X과 모션 5의 연동이 생각보다 정말 좋기 때문입니다. 저의 파이널 컷 프로 X 템플릿을 사용해보신 분들은 아시겠지만 그 템플릿들은 모두 모션 5에서 제작한 것들 입니다. 모션 5의 사용법을 조금만 익혀 두시면 여러분도 필요할 때마다 영상에 들어가는 모션 그래픽 템플릿을 직접 제작해서 사용할 수 있고, 기존 템플릿도 수정해서 커스터마이징할 수 있습니다.

이렇게 여러 장점이 있는 모션 5는 안타깝게도 사용자 층이 얇습니다. 그래서 이 책을 집필하 게 된 이유도 좀 더 많은 분들이 모션 5를 사용했으면 하는 바람 때문입니다. 많은 분들이 이 책을 통해 모션 5를 익혔으면 하는 생각에 초보자 입장에서 실습을 통해 모션 5를 익힐 수 있 도록 책을 구성했습니다. 또한 유튜브 강좌가 함께 제공되기 때문에 온라인 강좌와 책을 함께 보신다면 더 효과적으로 학습할 수 있습니다. 유튜브 채널에 질문을 남겨주시면 시간을 내어 답변하겠습니다.

01 시작하세요 모션 5

06 키프레임 애니터를 조절한 애니메이션

07 모션 트래킹과 키잉으로 합성하기

페인트 스트로크와 마스크   08

09 파티클로 만드는 모션그래픽

레플리케이터로 만드는 모션그래픽 10

11 3D 텍스트로 익혀보는 3D 레이어

3D 레이어와 카메라를 이용한 모션 그래픽   **12**

13   360˚ 비디오로 만드는 VR 모션 그래픽

오디오를 활용한 모션 그래픽　14

15 인서 5의 환경 설정

유튜브에서 '빠르크의 모션 5 3분강좌'를 검색하면 저자가 직접 제작한 모션 5 영상 강좌와 재생목록을 검색할 수 있습니다. 이를 통해 책과 영상을 병행하여 모션 5를 익힐 수 있도록 했습니다. 이 책에서 다루고 있는 내용을 중심으로 영상 강좌가 업로드되어 있습니다. 책의 내용을 중심으로 일부 강좌들만 제공되고 있으며, 계속해서 업로드 할 예정입니다.

유튜브에서 '빠르크의 모션5 3분강좌' 검색

빠르크의 모션5 3분강좌 중

도서 홈페이지(https://wikibook.co.kr/motion5rev/) "예제 코드" 탭에서 이 책의 예제 파일을 내려받을 수 있습니다.

2장 _ 로고가 나오는 애니메이션 만들기

모션 5를 사용하는 방법을 실전 예제를 만들어보면서 알아봅니다. 2장에서는 로고가 나오는 애니메이션을 만듭니다. 간단해 보이지만, 배경을 만들고 도형 안에 이미지를 넣고 간단한 텍스트 애니메이션이 들어가는 작업입니다. 이 작업을 통해 모션 5의 기본적인 흐름을 파악할 수 있습니다. 이렇게 만든 로고가 나오는 애니메이션 영상은 여러분이 제작하는 영상의 앞부분이나 뒷부분에 활용할 수 있습니다.

예제 파일 _ 예제 파일은 없으며 모션 프로젝트 생성부터 시작합니다. 완성작 파일도 함께 제공됩니다.

로고가 나오는 애니메이션 완성작

3장 _ 텍스트 애니메이션 만들기

모션 5에서 기본적인 텍스트 입력 방법과 스타일을 설정하는 방법을 알아봅니다. 텍스트를 활용한 애니메이션 연출 방법과 예능 자막 만드는 방법을 살펴봅니다.

3.1 _ 텍스트 입력하기

2장에서 만들었던 파일을 불러온 다음 하단에 텍스트를 입력하는 작업을 하겠습니다.

예제 파일 _ [3장 텍스트 애니메이션] – [3-1 텍스트 입력하기] 폴더에 모션 프로젝트 파일이 있습니다. 완성작 파일도 함께 제공됩니다.

텍스트 입력하기

3.2 인스펙터 패널에서 텍스트의 속성과 스타일 변경하기

인스펙터 패널에서 글자의 기본적인 속성과 스타일을 변경하는 방법을 살펴봅니다.

예제 파일 _ 별도의 실습 예제 파일은 제공하지 않습니다. 3.1에서 실습한 파일을 바탕으로 실습이 진행됩니다.

3.3 나만의 예능 프로그램 자막 만들기

앞에서 살펴본 텍스트 스타일 설정을 연습해 보면서 예능 프로그램 자막을 만들어 봅니다.

가장 단순하지만 다양하게 응용할 수 있는 기본 스타일의 자막

예제 파일 _ 별도의 실습 예제 파일은 제공하지 않습니다. 책에서는 모션 프로젝트 생성부터 시작합니다. 완성작 파일도 함께 제공됩니다.

기본 스타일 예능 자막

글자 수에 따라 길이가 조절되는 반응형 자막 만들어보기

예제 파일 _ 별도의 실습 예제 파일은 제공하지 않습니다. 책에서는 모션 프로젝트 생성부터 시작합니다. 완성작 파일도 함께 제공됩니다.

반응형 자막 만들기

3.4 키프레임과 비헤이비어로 텍스트 애니메이션 만들기

텍스트 애니메이션을 연출하는 2가지 방법을 실습을 통해 알아봅니다.

예제 파일 _ 별도의 실습 예제 파일은 제공하지 않습니다. 책에서는 모션 프로젝트 생성부터 시작합니다. 완성작 파일도 함께 제공됩니다.

4장 _ 영상 파일로 출력하기

100page

4장에서는 모션 프로젝트 파일을 영상 파일로 출력하는 방법을 알아보겠습니다. 모션에서 작업한 프로젝트는 파일로 출력해 동영상 공유 사이트에 업로드 할 수 있으며 영상 편집 작업에 다시 활용할 수 있습니다. 특히 배경을 제거한 알파 채널(Alpha Channel) 영상으로 출력하면 어느 편집 프로그램에서도 쉽게 활용할 수 있는 소스 파일로 만들 수 있습니다.

4.1 _ 템플릿을 이용한 오프닝 영상 출력하기

모션 5에서 기본적으로 제공하는 템플릿 파일을 이용해 오프닝 영상의 문구를 수정해 보고, 직접 출력하는 방법을 살펴봅니다.

모션 5에는 기본적으로 제공하는 템플릿 파일이 있습니다. 프로젝트 브라우저의 [Composition] 카테고리에서 3D, Atmospheric, Decode, Pulse, Skyline, Snap, Splash, Stickers, Swarm, Vine 등의 템플릿을 제공합니다. 이를 이용해 오프닝 타이틀 영상이나 DVD를 제작할 때 활용할 수 있는 메뉴 및 하단 표시 자막(Lower Third)을 쉽게 수정하고 제작할 수 있습니다.

예제 파일 _ 별도의 실습 예제 파일은 제공하지 않습니다. 책에서는 모션 에서 기본적으로 제공하는 템플릿 파일부터 시작합니다. 완성작 파일도 함께 제공됩니다.

시작하세요 모션 5
빠르크의 3분강좌와 함께

템플릿을 이용한 오프닝 영상 출력하기

4.2 _ 영상 파일의 PNG 버전, 알파 채널 영상 출력하기

모션 5에서 기본적으로 제공되는 스티커 템플릿과 크로마키 기법을 이용해 알파 채널의 영상을 출력합니다.

알파 채널은 달리 이야기하면 투명한 배경입니다. 사람이 볼 때는 아무 색도 없는 것처럼 보이지만 사실은 그 부분도 컴퓨터에서는 보이지 않게끔 데이터로 처리된 구간입니다. 배경을 투명하게 만들어 주는 속성으로 인해 스틸 이미지 편집과 합성작업에 자주 사용됩니다.

모션 5에서 작업한 프로젝트를 알파 채널 영상으로 만들면 편집 툴을 가리지 않고 어디서든 영상 편집 작업에 쓸 수 있습니다. 템플릿 출력은 파이널 컷에서만 작동하는 반면 알파 채널 영상은 파이널 컷뿐만 아니라 프리미어 프로, 다빈치 리졸브, 베가스 등 다른 영상 편집 프로그램에서도 사용할 수 있습니다.

예제 파일 _ 별도의 실습 예제 파일은 제공하지 않습니다. 책에서는 모션 에서 기본적으로 제공하는 템플릿 파일부터 시작합니다. 또한 합성을 위한 그린 스크린 영상이 포함돼 있습니다. 완성작 파일도 함께 제공됩니다.

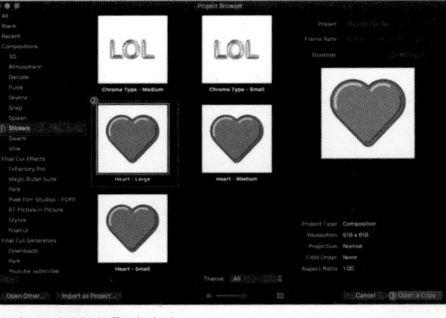

알파 채널 영상 출력하기

5장 _ 파이널 컷 프로 X과 함께 쓰는 모션 5 118page

파이널 컷 프로 X(이하 파이널 컷)에서 사용하는 타이틀, 트랜지션, 이펙트, 제네레이터 등의 템플릿은 모두 모션 5로 제작한 것입니다. 기본적으로 파이널 컷에 설치된 템플릿은 모션 5에서 열어볼 수 있습니다. 반대로 모션 5에서 제작한 템플릿을 저장하여 파이널 컷에서 사용할 수 있습니다. 영상 편집 프로그램과 모션 그래픽 프로그램을 서로 연동하며 사용할 수 있기 때문에 그만큼 표현할 수 있는 범위가 넓습니다. 5장에서는 파이널 컷에서 사용할 수 있는 템플릿을 모션 5에서 제작합니다.

5.1 _ 검색창 스타일 템플릿 만들기

홍보 및 광고 영상에서 자주 사용되는 검색창 스타일의 템플릿을 만들어 보겠습니다.

예제 파일 _ 별도의 실습 예제 파일은 제공하지 않습니다. 책에서는 모션 프로젝트 생성부터 시작합니다. 완성작 파일도 함께 제공됩니다.

검색창 스타일 템플릿 만들기

5.2 _ 진행 상태를 확인할 수 있는 템플릿 만들기

진행 상태를 확인하는 템플릿은 주로 인포그래픽 영상에서 그래프의 증가 및 감소를 나타낼 때 사용합니다. 예제에서는 슬라이더 위젯을 추가해 파이널 컷 프로 X에서 조정할 수 있게 할 것입니다.

예제 파일 _ 별도의 실습 예제 파일은 제공 하지 않습니다. 책에서는 모션 프로젝트 생 성부터 시작합니다. 완성작 파일도 함께 제 공됩니다.

진행 상태를 확인할 수 있는 템플릿

5.3 _ 체크박스와 팝업 위젯을 이용해 업그레이드된 그래프 템플릿 만들기

5.3절에서 만들 그래픽 템플릿은 이전에 만들었던 템플릿을 바탕으로 좀 더 업그레이드한 버전입니다. 체크박스와 팝업 을 활용해 파이널 컷 프로 X에서 좀 더 쉽고 간편하게 조정할 수 있도록 작업합니다.

예제 파일 _ 실습 예제 파일부터 시작합니 다. [5장 파이널컷 프로 X과 함께쓰는 모션 5] - [5-3 체크박스와 팝업위젯을 활용한 그래픽 템플릿 만들기]에서 모션 프로젝트 파일을 실행하세요.

체크박스와 팝업 위젯을 활용한 그래픽 템플릿

6장 _ 키프레임 에디터와 도형 애니메이션

도형은 가장 기본적이면서 많이 활용되는 오브젝트입니다. 예를 들어 선을 이용해 지도에 경로를 표시할 수도 있고, 강조하고자 하는 부분을 부각할 수도 있습니다. 설명선(Call-Outs)을 활용하면 영상에서 나타내고자 하는 정보를 더욱 풍부하게 나타낼 수 있고, 모바일 메신저에서 주고받는 대화를 말풍선으로 처리해 대화하고 있는 것처럼 연출할 수도 있습니다. 6장에서는 도형을 이용한 애니메이션을 제작합니다.

6.1 _ 키프레임 에디터(Keyframe Editor)

키프레임 에디터는 영상의 애니메이션을 좀 더 자연스럽고 부드럽게 연출할 수 있습니다.

예제 파일 _ 실습 예제 파일부터 시작합니다. [6장 키프레임 에디터와 도형 애니메이션] – [6-1 키프레임 예제]에서 모션 프로젝트 파일을 실행하세요.

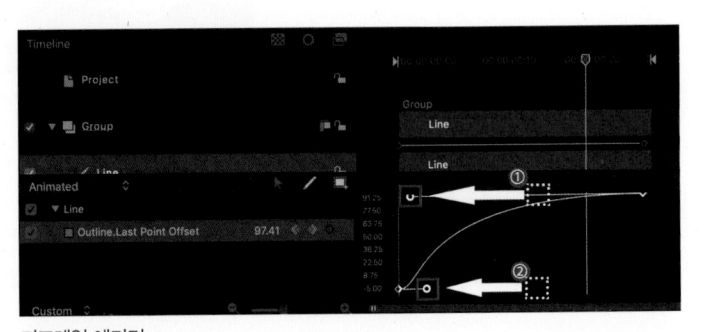

키프레임 에디터

6.2 _ 경로를 나타내는 화살표 애니메이션 만들기

여행을 다녀오고 난 후에 여행 영상을 만들 때는 보통 여행 일정을 순서대로 편집합니다. 지도에서 여행의 일정을 보여주면 보는 사람들로 하여금 여행과 관련한 구체적인 정보를 제공할 수 있습니다. 이때 사용할 수 있는 영상이 바로 경로를 나타내는 화살표 애니메이션입니다.

예제 파일 _ 실습 예제 파일부터 시작합니다. [6장 키프레임 에디터와 도형 애니메이션] – [6-2 경로를 나타내는 화살표 애니메이션]에서 모션 프로젝트 파일을 실행하세요. 완성작 파일도 함께 제공됩니다.

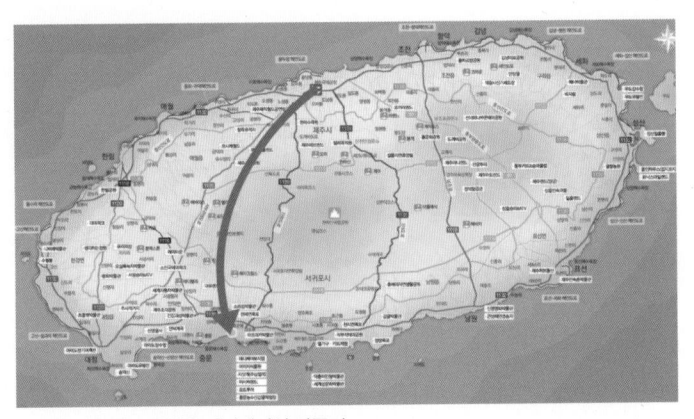

경로를 나타내는 화살표 애니메이션 만들기

6.3 _ 정보를 알려주는 말풍선(Call-outs) 만들기

영상에서 특정 사물이나 사람에 대한 정보를 알려주고자 할 때 주로 말풍선을 이용합니다. 흔히 말풍선이라고 하면 만화에서 사용하는 둥근 모양의 말풍선을 떠올리지만, 최근에는 아래 그림과 같이 원과 직선을 사용한 깔끔한 형태의 말풍선이 많이 쓰입니다. 해외에서는 이런 말풍선을 Call-outs라고 부릅니다. 6.2절에서는 이런 말풍선을 만들어 보겠습니다.

예제 파일 _ 별도의 실습 예제 파일은 제공하지 않습니다. 책에서는 모션 프로젝트 생성부터 진행됩니다. 완성작 파일도 함께 제공됩니다.

정보를 알려주는 말풍선(Call-Outs) 만들기

6.4 _ 메신저 대화 애니메이션 만들기

도형을 이용해 메신저에서 대화를 나누는 애니메이션을 만들 수 있습니다. 6.4절에는 국내에서 가장 많은 사용자가 사용하는 메신저 앱인 '카카오톡'의 대화창을 본떠서 대화를 나누는 듯한 애니메이션을 만들어 보겠습니다.

예제 파일 _ 실습 예제 파일부터 시작합니다. [6장 키프레임 에디터와 도형 애니메이션] – [6-4 메신저 대화 애니메이션]에서 모션 프로젝트 파일을 실행하세요. 완성작 파일도 함께 제공됩니다.

메신저 대화 애니메이션 만들기

7장 _ 모션트래킹과 키잉으로 합성하기

234page

7장에서는 기초적인 모션트래킹(Motion Tracking) 기법과 키잉(Keying)을 이용해 합성 영상을 만들어 보겠습니다. 영상을 더욱 흥미롭고 재미있게 만드는 모션트래킹 기법과 키잉을 모션5에서는 어떻게 적용할 수 있는지 살펴보고 이를 이용한 흥미 있는 예제들도 함께 만들어봅니다.

7.1 _ 기본적인 모션트래킹 기법 익히기

예제를 통해 모션트래킹을 적용하는 방법을 따라 해보며 익혀봅니다.

예제 파일 _ 실습 예제 파일부터 시작합니다. [7장 모션트래킹과 키잉으로 합성하기] – [7–1 모션트래킹 따라하기]에서 모션 프로젝트 파일을 실행하세요. 완성작 파일은 제공되지 않습니다.

모션트래킹 따라하기

7.2 _ 두 개 이상의 포인트를 이용한 모션트래킹

두 개의 포인트를 이용하면 한 개의 포인트로 추적하는 것보다 더 정확한 값으로 모션트래킹을 적용할 수 있습니다.

예제 파일 _ 실습 예제 파일부터 시작합니다. [7장 모션트래킹과 키잉으로 합성하기] – [7–2 두개의 포인트를 이용한 모션트래킹]에서 모션 프로젝트 파일을 실행하세요. 완성작 파일도 함께 제공합니다.

두 개의 포인트를 이용한 모션트래킹

영상의 특정 영역을 흐릿하게 처리하는 작업을 해보겠습니다. 영어권에서는 이런 작업을 'Moving Blur(무빙 블러)'라고 합니다. 영상에서 원치 않는 부분(사람의 얼굴, 상표, 특정 물건이나 시설)을 가릴 때 사용할 수 있습니다.

예제 파일 _ 실습 예제 파일부터 시작합니다. [7장 모션트래킹과 키잉으로 합성하기] – [7–2 Moving Blur]에서 모션 프로젝트 파일을 실행하세요. 완성작 파일도 함께 제공합니다.

영상의 특정 영역을 흐릿하게 하는 무빙 블러(Moving Blur)

7.3 _ 네 개의 포인트를 이용한 트래킹(4 Point Tracking)

사실 우리 주변에는 네모난 물건들이 참 많이 있습니다. 매일 사용하는 스마트폰 그리고 지금 여러분들이 읽고 있는 이 책을 비롯한 종이들 그리고 모니터와 같은 디스플레이, 사진이 담겨 있는 액자, 길거리에서 쉽게 볼 수 있는 도로 표지판 및 안내판은 일상에서 흔히 볼 수 있습니다. 이런 주변의 사물들을 촬영해 모션트래킹을 적용할 수 있습니다. 7.1절과 7.2 절에서는 1개 또는 2개의 포인트를 이용해 모션트래킹을 했습니다. 7.3절에서는 4개의 포인트를 이용해 모션트래킹을 합니다.

예제 파일 _ 실습 예제 파일부터 시작합니다. [7장 모션트래킹과 키잉으로 합성하기] – [7–3 네 개의 포인트를 이용한 모션트래킹]에서 모션 프로젝트 파일을 실행하세요. 완성작 파일도 함께 제공합니다.

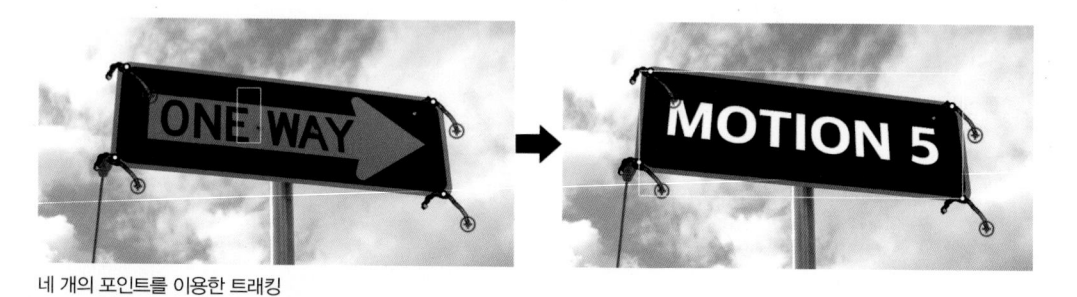

네 개의 포인트를 이용한 트래킹

7.4 _ 키잉으로 영상 합성하기

키잉(Keying)은 사람과 같은 전경 피사체를 균일한 색 또는 밝기의 배경 영역과 분리해 투명한 알파 채널을 만들어 주는 기능입니다. 쉽게 이야기하면 배경과 사람을 분리해 배경을 투명하게 만들 수 있습니다. 그래서 합성 영상 작업에 많이 사용되기도 합니다.

7.4절에서는 키잉을 이용해 초록색 배경의 이모지(emoji) 영상 클립을 사람 얼굴에 합성합니다. 그리고 사람 얼굴을 추적해 얼굴 위치에 따라 이모지가 이동하는 영상을 만듭니다.

예제 파일 _ 실습 예제 파일부터 시작합니다. [7장 모션트래킹과 키잉으로 합성하기] – [7–4 키잉을 이용한 합성]에서 모션 프로젝트 파일을 실행하세요. 완성작 파일도 함께 제공합니다.

키잉을 이용한 합성

7.5 _ 오브젝트 트래킹을 이용한 페이스 트래킹

모션 5.6 버전에 추가된 기능 중 오브젝트 트래킹을 이용해 더욱 쉽고 간단하게 트래킹 작업을 할 수 있습니다. 그 중 얼굴을 인식하여 추적하는 페이스 트래킹 실습을 통해 인물의 얼굴 위에 재미있는 이모지가 나타날 수 있도록 연출하겠습니다.

예제 파일_ 실습 예제 파일부터 시작합니다. [7장 모션트래킹과 키잉으로 합성하기] – [7-5 오브젝트 트래킹을 이용한 페이스 트래킹]에서 모션 프로젝트 파일을 실행하세요. 완성작 파일도 함께 제공합니다.

페이스 트래킹을 통한 합성

8장 _ 페인트 스트로크와 마스크
266page

모션 5의 도형(Shape), 페인트 스트로크(Paint Stroke), 마스크(Mask)는 벡터 기반의 그래픽 레이어입니다. 외부의 소스를 임포트(Import)해서 사용하는 것이 아니라 프로그램에서 자체적으로 제작할 수 있습니다. 프로그램에서 자체적으로 벡터 기반 그래픽을 제작하면 깨끗한 품질의 이미지를 얻을 수 있다는 장점이 있습니다. 그리고 그래픽 소스의 다양한 매개변수를 활용할 수 있기 때문에 애니메이션을 다양하게 적용할 수 있다는 것도 장점입니다.

8.1 _ 캘리그라피 애니메이션 타이틀 영상 만들기

캘리그라피 폰트를 설치한 후 페인트 스트로크 기능과 키프레임 애니메이션을 이용해 글씨가 써지는 느낌의 영상을 만듭니다.

예제 파일 _ 실습 예제 파일부터 시작합니다. [8장 페인트 스트로크와 마스크] – [8-1 캘리그라피 애니메이션 타이틀 만들기]에서 모션 프로젝트 파일을 실행하세요. 완성작 파일도 함께 제공합니다.

캘리그라피 애니메이션 타이틀 영상 만들기

8.2 _ 마스크를 활용한 스위치 타이틀

이미지 마스크를 활용하면 멋진 스위치 타이틀을 만들 수 있습니다. 8.2절에서는 노란 직선이 왔다갔다 하면서 글자의 내용이 달라지는 '스위치 타이틀(Switch Title)'을 만듭니다.

예제 파일 _ 실습 예제 파일부터 시작합니다. [8장 페인트 스트로크와 마스크] – [8–2 마스크를 활용한 스위치 타이틀]에서 모션 프로젝트 파일을 실행하세요. 완성작 파일도 함께 제공합니다.

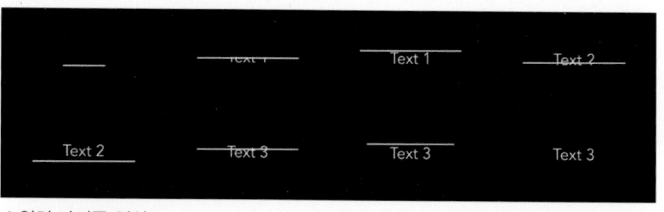

스위치 타이틀 영상

8.3 _ 브러시 타이틀 만들기

8.3절에서는 페인트 스트로크와 이미지 마스크 기능을 활용해 브러시 타이틀(Brush Title)을 만듭니다. 브러시 타이틀은 붓으로 그리면 그 안에 있던 글자가 나타나는 느낌의 영상입니다.

예제 파일 _ 모션 프로젝트 생성부터 시작합니다. 완성작 파일도 함께 제공합니다.

브러쉬 타이틀 영상

9장 _ 파티클로 만드는 모션그래픽

파티클(Particle) 시스템은 모션5에서 기본적으로 지원하는 그래픽 기능입니다. 하나의 오브젝트, 이미지, 레이어 또는 그룹을 원본 소스로 활용해 입자의 형태로 반복하여 생성하거나 애니메이션 효과를 줄 수 있습니다. 특히 파티클 시스템을 이용해 연기, 물방울, 눈, 불, 비 등의 효과를 연출할 수 있습니다.

9.1 _ SNS에서 인기 많은 포스팅

파티클 시스템을 통해 하트 이미지와 이모지가 특정 위치에서 계속 생성이 되는 예제입니다. 가져온 이미지를 파티클 기능으로 계속 생성하게 한 후 인스펙터나 HUD에서 관련 매개변수를 수정하는 식으로 진행됩니다.

예제 파일 _ 실습 예제 파일부터 시작합니다. [9장 파티클로 만드는 모션그래픽] – [9–1 SNS에서 인기 많은 포스팅]에서 모션 프로젝트 파일을 실행하세요. 완성작 파일도 함께 제공합니다.

파티클 기능을 활용한 SNS에서 인기 많은 포스팅 완성 모습

9–2 _ 보케(Bokeh) 배경 만들기

보케(Bokeh)는 사진에서 렌즈의 초점을 의도적으로 범위 밖으로 하여 표현하는 촬영 기법입니다. 이미지 결과물이 감성적인 느낌을 주어서 많이 활용되는 기법입니다. 영상에서도 이런 보케를 활용한 배경을 사용해 감성적인 느낌을 연출하기도 합니다. 모션5에서는 파티클을 이용해 이런 보케 배경을 만들 수 있습니다.

예제 파일 _ 실습 예제 파일부터 시작합니다. [9장 파티클로 만드는 모션그래픽] – [9–2 보케 배경 만들기]에서 모션 프로젝트 파일을 실행하세요. 완성작 파일도 함께 제공합니다.

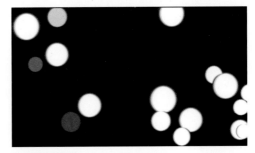

보케 배경 만들기

9-3 _ 파티클 로고 만들기

파티클 기능을 활용해 로고가 파티클로 분해되어 흩어지는 형태로 로고 애니메이션을 만듭니다.

예제 파일 _ 실습 예제 파일부터 시작합니다. [9장 파티클로 만드는 모션그래픽] – [9-3 파티클 로고 만들기]에서 모션 프로젝트 파일을 실행하세요. 완성작 파일도 함께 제공합니다.

 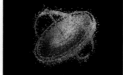  

파티클 로고 애니메이션

10장 레플레케이터로 만드는 모션그래픽 339page

모션의 레플리케이터(Replicator)는 오브젝트를 반복하여 새로운 형태의 오브젝트로 만들어주는 기능입니다. 레플리케이터를 이용하면 일일이 복제하거나 복잡한 키프레임을 설정하지 않아도 손쉽게 반복된 형태의 오브젝트를 만들 수 있습니다. 레플리케이터를 이용해 단순한 선부터 복잡하면서 화려한 무지개 그래픽까지 다양한 형태를 만들 수 있습니다.

10.1 _ 레플리케이터로 로고에 별 테두리 넣어보기

10.1절에서는 별 테두리가 있는 아래와 같은 로고를 만들어 봅니다.

예제 파일 _ 실습 예제 파일부터 시작합니다. [10장 레플리케이터로 만드는 모션그래픽] – [10-1 레플리케이터로 로고에 별 넣어보기]에서 모션 프로젝트 파일을 실행하세요. 완성작 파일도 함께 제공합니다.

별 테두리 로고

10.2 _ 롱 쉐도우(Long Shadow) 효과 만들기

롱 쉐도우(Long Shadow) 기법은 주로 포토샵 등의 문자 디자인 분야에서 많이 쓰이는 기법으로, 긴 그림자 효과를 주어 글자의 가독성을 높이는 기법입니다. 다른 말로 플랫 쉐도우(Flat Shadow)라고 불리기도 합니다. 모션 5에서도 레플리케이터 기능을 이용해 이와 같은 롱 쉐도우 효과를 연출할 수 있습니다. 10.2절에서는 실습을 통해 롱 쉐도우 효과를 만들어 봅니다.

예제 파일 _ 실습 예제 파일부터 시작합니다. [10장 레플리케이터로 만드는 모션그래픽] – [10-2 롱 쉐도우 효과 만들어보기]에서 모션 프로젝트 파일을 실행하세요. 완성작 파일도 함께 제공합니다.

롱 쉐도우(Long Shadow) 효과

10.3 _ 폭발(Explosion)하는 도형 애니메이션 만들기

10.3절에서는 폭발(Explosion)하는 도형 애니메이션을 만들어 봅니다. 폭발하는 도형 애니메이션은 모션그래픽 영상에서 자주 사용하는 효과로 영상의 오프닝이나 오브젝트가 등장할 때 그리고 클릭하는 애니메이션에서 주로 사용됩니다.

예제 파일 _ 실습 예제 파일부터 시작합니다. [10장 레플리케이터로 만드는 모션그래픽] – [10-3 폭발하는 도형 애니메이션]에서 모션 프로젝트 파일을 실행하세요. 완성작 파일도 함께 제공합니다.

폭발하는 도형 애니메이션

10.4 _ Sequence Replicator로 만드는 로딩 소스

레플리케이터는 기본적으로 정적입니다. 지금까지 레플리케이터로 만든 이미지에애니메이션을 설정하기 위해 매개변수에 키프레임을 추가했습니다. 이 방법 외에 시퀀스 레플리케이터(Sequence Replicator) 비헤이비어를 적용해 애니메이션을 설정할 수도 있습니다. 레플리케이터 비헤이비어를 이용해 로딩 소스를 만들어보고 레플리케이터 비헤이비어를 자세히 살펴보겠습니다.

예제 파일 _ 실습 예제 파일부터 시작합니다. [10장 레플리케이터로 만드는 모션그래픽] – [10-4 로딩 소스]에서 모션 프로젝트 파일을 실행하세요. 완성작 파일도 함께 제공합니다.

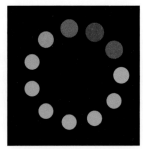

시퀀스 리플리케이터로 만든 로딩 소스

11장 _ 3D 텍스트로 익혀보는 3D 레이어

모션5에서는 3D 레이어를 이용해 입체적인 모션그래픽 영상을 제작할 수 있습니다. 3D 레이어를 손쉽게 만들 수 있으며, 다양하게 응용할 수 있도록 편리하고 직관적인 기능이 많이 있습니다. 또한 기존의 2D 레이어와 3D 레이어를 함께 결합해서 다양한 효과를 연출할 수도 있습니다. 특히 별도의 플러그인을 사용하지 않고도 쉽게 마우스 클릭만으로 3D 텍스트를 만들 수 있습니다. 11 장에서는 3D 텍스트를 만들어보고 이를 통해 3D레이어의 특징을 실습해보며 살펴봅니다.

11.1 _ 화면에 3D 텍스트 입력하기

모션5에서 3D 텍스트를 입력한 다음 3D 텍스트를 수정해보면서 모션5의 3D 레이어를 익혀봅니다.

예제 파일 _ 실습 예제 파일부터 시작합니다. [11장 3D 텍스트 화면에 입력하기] – [11-1 3D 텍스트 화면에 입력하기]에서 모션 프로젝트 파일을 실행하세요.

3D 텍스트를 영상에 삽입하기

11.2 _ 3D 텍스트의 인스펙터 살펴보기

3D 텍스트가 고유하게 가지고 있는 매개 변수들이 있습니다. 대표적인 매개 변수로는 깊이(Depth)와 조명(Lighting), 재질(Material) 등이 있습니다. 11.2절에서는 이러한 매개 변수에 관해서 살펴봅니다.

예제 파일 _ 실습 예제 파일부터 시작합니다. [11장 3D 텍스트 화면에 입력하기] – [11-2 3D 텍스트 인스펙터 알아보기]에서 모션 프로젝트 파일을 실행하세요. 완성작 파일도 함께 제공됩니다.

11.3 _ 넷플릭스 스타일의 인트로 만들기

3D 텍스트를 이용해 넷플릭스(Netflix) 스타일의 인트로 영상을 만들어 봅니다.

예제 파일 _ 실습 예제 파일부터 시작합니다. [11장 3D 텍스트 화면에 입력하기] – [11-3 넷플릭스 스타일 인트로 영상]에서 모션 프로젝트 파일을 실행하세요. 완성작 파일도 함께 제공됩니다.

넷플릭스 스타일의 인트로 영상

12장 _ 3D 레이어와 카메라를 이용한 모션그래픽 408page

3D 레이어와 카메라를 이용한 간단한 모션 그래픽을 만들어 봅니다. 3D 레이어와 카메라 기능은 다양한 연출을 가능하게 하며, 보다 다양한 표현을 위해 꼭 알아둬야 하는 기능입니다. 현실에서 카메라를 이용해 촬영하는 것처럼 모션 5에서도 다양한 카메라 시점을 구현할 수 있으며 이를 통해 모션 그래픽에 공간감을 부여할 수 있습니다.

3D 레이어와 카메라를 이용한 예제 영상

12.1 _ 사진을 이용한 입체적인 느낌 만들기

우리가 보통 접하고 바라보는 사진은 평면적인 2D 이미지입니다. 이런 사진을 부분마다 레이어로 분리한 다음 모션 5의 카메라를 이용하면 입체적인 느낌이 연출된 영상을 만들 수 있습니다.

예제 파일 _ 실습 예제 파일부터 시작합니다. [12장 3D 레이어와 카메라를 이용한 모션그래픽] – [12-1 사진을 이용한 입체적인 느낌 만들기]에서 모션 프로젝트 파일을 실행하세요.

사진을 이용한 입체적인 느낌 만들기

12.2 _ 여러 대의 카메라를 활용한 웹사이트 홍보 영상 만들기

모션 프로젝트에서 카메라는 여러 대를 설치할 수 있습니다. 12.2절에서는 여러 대의 카메라를 설치한 다음 카메라들이 서로 다른 곳을 비추게 하여 웹사이트를 홍보하는 영상을 만들어보겠습니다.

예제 파일 _ 실습 예제 파일부터 시작합니다. [12장 3D 레이어와 카메라를 이용한 모션그래픽] – [12–2 여러 대의 카메라를 활용한 웹사이트 홍보 영상 만들기]에서 모션 프로젝트 파일을 실행하세요. 완성작 파일도 함께 제공됩니다.

카메라를 활용한 웹사이트 홍보 영상 만들기

12.3 _ 카메라 비헤이비어를 이용해 쉽게 카메라 제어하기

3D 공간은 기존의 X축과 Y축에 Z축이라는 새로운 공간이 생김으로써 더욱 입체적이고 복잡한 표현을 할 수 있습니다. 하지만 그에 따라 생각해야 할 요소도 많아져서 통제하기가 쉽지 않습니다. 모션 5에서는 카메라 비헤이비어를 이용해 카메라를 손쉽게 통제하고 애니메이션을 연출할 수 있습니다.

예제 파일 _ 실습 예제 파일부터 시작합니다. [12장 3D 레이어와 카메라를 이용한 모션그래픽] – [12–3 카메라 비헤이비어를 이용해 쉽게 카메라 제어하기]에서 모션 프로젝트 파일을 실행하세요. 완성작 파일도 함께 제공됩니다.

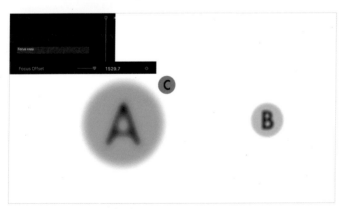

카메라 비헤이비어를 이용해 쉽게 카메라 제어하기

13장 _ 360도 비디오로 만드는 VR 모션그래픽 456page

모션 5에서도 360˚ 비디오를 활용한 모션 그래픽 영상을 제작할 수 있습니다. 360˚ 비디오의 기초 편집 방법과 제작 방법을 알아봅니다.

13.1 _ 360˚ 프로젝트를 생성하고 영상 불러오기

360˚ 프로젝트를 생성하고 파일을 불러오는 과정을 실습한다.

예제 파일 _ 새로운 모션 프로젝트 생성부터 시작하므로 별도의 실습 파일이 없습니다.

360도 동영상 불러오기

13.2 _ 360˚ 비디오 편집과 그래픽 추가

360˚ 비디오를 활용한 편집과 그래픽 추가를 실습합니다.

예제 파일 _ 실습 예제 파일부터 시작합니다. [13장 360도 비디오로 만드는 VR 모션그래픽] – [13-2 360도 비디오 편집과 그래픽 추가]에서 모션 프로젝트 파일을 실행하세요. 완성작 파일도 제공됩니다.

360도 비디오를 활용한 편집과 그래픽 추가

13.3 _ 파티클 이미터로 360° 비디오에 눈 내리는 효과 만들기

9장에서는 파티클 이미터를 이용해 모션 그래픽을 만드는 방법을 익혔습니다. 피티클 이미터는 360° 모션 프로젝트에서도 사용할 수 있습니다. 13.3절에서는 파티클 이미터를 이용해 눈이 내리는 효과를 연출합니다.

예제 파일 _ 실습 예제 파일부터 시작합니다. [13장 360도 비디오로 만드는 VR 모션 그래픽] – [13-3 360도 비디오에 파티클 이미터로 눈 내리는 효과 만들기]에서 모션 프로젝트 파일을 실행하세요. 완성작 파일도 함께 제공됩니다.

파티클 이미터로 360도 비디오에 눈 내리는 효과 만들기

14장 _ 오디오를 활용한 모션그래픽 485page

모션 5에서 오디오를 추가하고 조정하는 작업 과정은 기본적인 비디오 작업 과정과 비슷합니다. 레이어를 레이어 패널에서 조절했던 것처럼 오디오는 오디오 패널이 있습니다. 오디오 패널에서 개별적인 오디오 트랙마다 소리의 크기를 조정할 수 있으며 마스터 트랙에서 전체 오디오를 조정할 수 있습니다.

14.1 _ 기본적인 오디오 트랙 조정하기

기본적인 오디오 트랙 조정과 편집을 실습을 통해 알아봅니다.

예제 파일 _ 실습 예제 파일부터 시작합니다. [14장 오디오를 활용한 모션그래픽] – [14-1 기본적인 오디오 트랙 조정하기]에서 모션 프로젝트 파일을 실행하세요. 완성작 파일도 함께 제공됩니다.

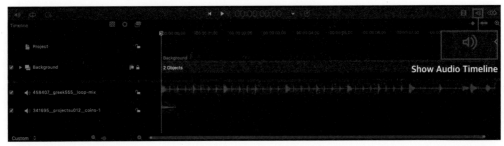

기본적인 오디오 트랙 조정하기

14.2 _ 오디오 비헤이비어로 오디오 트랙 조정하기

모션 5에는 오디오에 적용할 수 있는 2개의 오디오 비헤이비어가 있습니다. 바로 'Audio Auto Pan'과 'Audio Fade In/ Fade Out'입니다. 14.2절에서는 실습 예제를 통해 오디오 비헤이비어로 오디오 트랙을 조정하는 방법을 익힙니다.

예제 파일 _ 실습 예제 파일부터 시작합니다. [14장 오디오를 활용한 모션그래픽] – [14–2 오디오 비헤이비어로 오디 오 트랙 조정하기]에서 모션 프로젝트 파일을 실행하세요. 완성작 파일도 함께 제공됩니다.

오디오 비헤이비어로 오디오 트랙 조정하기

14.3 _ 오디오 파라미터 비헤이비어로 오디오 비주얼라이저 만들기

오디오 파라미터 비헤이비어(Audio Parameter Behavior)는 오디오 트랙의 특정 속성을 분석합니다. 그리고 분석한 결과 를 다른 오브젝트(필터, 레플리케이터, 도형, 파티클, 텍스트 등)에 적용할 수 있습니다. 이를 응용하면 오디오에 반응하는 비주얼라이저(Visualizer)를 만들 수 있습니다.

예제 파일 _ 실습 예제 파일부터 시 작합니다. [14장 오디오를 활용한 모 션그래픽] – [14–3 오디오 비주얼라 이저]에서 모션 프로젝트 파일을 실 행하세요. 완성작 파일도 함께 제공 됩니다.

오디오 비주얼라이저 만들어보기

CHAPTER 01

시작하세요 모션 5

1.1 _ 모션 5(Motion 5)의 이해

모션 5(Motion 5)는 애플(Apple Inc.)에서 출시한 모션 그래픽을 제작할 수 있는 응용 프로그램입니다. 애플에서 개발하고 유료로 판매하는 응용 프로그램이기 때문에 macOS에서만 설치하고 실행할 수 있습니다.

주로 사용되는 분야는 모션 그래픽 영상 제작, 비디오와 영화에 사용되는 제목 및 자막 작업, 2D 및 3D 영상 합성 및 편집, 트랜지션, 특수효과 제작입니다. 특히 모션 5는 같은 애플의 영상 편집 응용프로그램인 '파이널 컷 프로'(Final Cut Pro , 이하 파이널 컷)과 연동할 수 있습니다. 파이널 컷에서 사용하는 자막, 특수효과, 트랜지션 등의 템플릿을 세부적으로 수정할 수 있고 자체적으로 제작할 수도 있습니다.

그림 1-1 모션 5의 로고

2021년 10월에 모션 5의 최신 버전인 5.6이 공개됐습니다. 모션 5의 역사를 간략하게 살펴보면 2004년 4월에 'Molokini'라는 코드명으로 출시된 이후로 버전 업을 거듭하다 2011년 6월에 최초로 현재의 '모션 5'가 출시됐습니다. 여러 번의 메이저 업데이트 이후 현재의 버전에 이르렀으며 파이널 컷과 호환되는 프로그램이면서 더 나아가 독립적인 모션 그래픽 영상을 제작할 수 있는 프로그램으로도 손색이 없습니다.

파이널 컷과 모션 5는 어떤 차이점이 있나요?

파이널 컷은 영상 편집 프로그램, 모션 5는 영상 제작 프로그램으로 이해하면 두 프로그램의 차이점을 구분할 수 있습니다. 파이널 컷은 기존에 촬영된 영상 클립이나 그림, 사진과 같은 이미지 그리고 오디오 파일을 배치하는 등 '편집' 작업을 통해 영상을 만듭니다. 반면 모션 5는 새로운 그래픽 소스를 만들고 위치, 크기, 투명도 등에 변화를 주는 등 '제작' 작업을 통해 영상을 만듭니다.

파이널 컷 프로
영상편집 프로그램

모션 5
영상제작 프로그램

그림 1-2 파이널 컷 프로와 모션 5의 차이점

포토샵과 모션 5는 어떤 차이점이 있나요?

그래픽 프로그램으로 가장 대표적인 프로그램이 어도비(Adobe)에서 출시된 포토샵(Photoshop)입니다. 포토샵은 전 세계적으로 많이 쓰이고 컴퓨터 그래픽을 잘 모르는 분들도 프로그램의 이름 정도는 알고 있습니다. 포토샵에서 하는 일은 사진이나 도형, 기호, 텍스트 등을 수정하고 재배치하여 이미지로 된 결과물을 만드는 것입니다. 포토샵에서 만든 결과물은 '스틸 이미지(Still Image)'입니다. 말 그대로 멈춰 있는 움직이지 않는 이미지입니다.

모션 5는 모션 그래픽 프로그램입니다. 포토샵과 비교해 본다면 사진, 영상, 도형, 기호, 텍스트 등을 수정하고 재배치하여 결과물을 만드는 작업은 같다고 볼 수 있습니다. 하지만 차이점이 한 가지 더 있는데 바로 '시간(Time)'입니다. 시간에 따라 다양한 이미지들의 조합이 제시됩니다. 각 시각(프레임)마다 다른 이미지들이지만 보는 사람들은 그것이 움직인다고 생각합니다. 모션 5에서 만든 결과물은 '무빙 이미지(Moving Image)'입니다. 그것이 바로 우리가 생각하는 영상입니다.

1.2 _ 모션 5의 특징

모션 그래픽을 제작하는 프로그램이라는 점에서 모션 5는 어도비(Adobe)의 애프터 이펙트(After effects)와 종종 비교하게 됩니다. 애프터 이펙트는 많은 사람이 사용하고 있고 어도비에서 나온 프로그램들과 호환이 잘 됩니다. 그에 비하여 모션 5를 사용하는 사용자는 그 수가 적고 출시한 지 꽤 오랜 시간이 지났지만 조금 덜 알려진 프로그램이기도 합니다. 많은 사람들이 애프터 이펙트와 비교했을 때 혹은 모션 5의 특징은 무엇인지 질문하곤 합니다. 그래서 모션 5만의 특징을 한 번 정리해 보겠습니다.

1.2.1 _ 비헤이비어(Behaviors)

모션 그래픽의 가장 중요한 요소 중 하나는 모션 동작을 어떻게 구현할 것인가입니다. 대부분 프로그램은 키프레임 애니메이션을 통해 모션 동작을 구현합니다. 모션 5는 키프레임 애니메이션에 더불어 '비헤이비어'라는 일종의 동작을 미리 설정해 놓은 프리셋(Preset) 개념을 도입했습니다.

그림 1-3 비헤이비어(Behaviors) 아이콘

이 비헤이비어를 이용해 좀 더 현실감 있는 애니메이션을 연출할 수 있습니다. 예를 들면 '던지기(Throw)'라는 비헤이비어를 드래그 앤드 드롭을 통해 오브젝트에 적용한 다음 HUD나 인스펙터에서 던지는 방향과 속도만 수정하면 오브젝트를 '던질' 수 있습니다.

모션 5는 오브젝트의 속성을 변경할 수 있는 인스펙터 패널과 함께 HUD라는 작은 메뉴창에서 바로 오브젝트의 속성을 변경할 수 있습니다. 예를 들어 원(Circle)을 만든 후에 '던지기' 비헤이비어를 적용해보겠습니다.

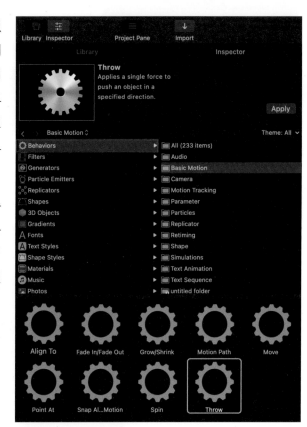

그림 1-4 동작을 간단하게 구현할 수 있는 '비헤이비어(Behaviors)'

HUD(Heads Up Display, 단축키 F7): 전투기 조종사가 고개를 숙이지 않고 계기판을 확인할 수 있도록 비춰주는 것에서 착안한 것이 HUD(Heads Up Display)입니다. 모션 5에서는 오브젝트의 속성을 변경할 수 있는 작은 메뉴창을 말합니다.

다음과 같이 '던지기' 비헤이비어를 원(Circle)에 적용한 후 오브젝트의 속성을 변경할 수 있습니다. HUD에서 화살표의 방향과 크기를 설정하여 던지는 방향과 속도를 직관적으로 설정할 수 있습니다. 여기에 '중력(Gravity)' 비헤이비어를 함께 적용한다면 더 현실적인 애니메이션을 연출할 수 있습니다.

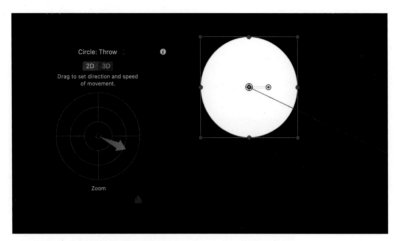

그림 1-5 '던지기' 비헤이비어를 적용한 오브젝트

모션 5에는 11종류의 비헤이비어 카테고리가 있습니다.

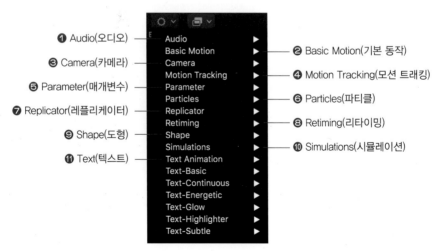

그림 1-6 비헤이비어 카테고리

❶ Audio(오디오)

오디오 페이드인/아웃, 팬(Pans) 등과 같은 간단한 오디오 효과를 줄 수 있는 비헤이비어가 있습니다.

❷ **Basic Motion(기본 동작)**

회전, 크기 조절, 모션 패스(Motion paths), 페이드인/아웃 등 기본적인 동작을 다루는 비헤이비어가 있습니다.

❸ **Camera(카메라)**

달리(Dolly), 팬(Pans), 줌(Zooms)과 같은 카메라의 기본적인 동작을 연출할 수 있습니다.

❹ **Motion Tracking(모션 트래킹)**

흔들림이 있는 비디오 클립을 안정시키고 움직이는 피사체에 고정된 점을 추적(Match move)해 모션 트래킹 영상을 연출할 수 있는 비헤이비어가 있습니다.

❺ **Parameter(매개변수)**

애니메이션 동작을 좀 더 풍요롭고 다채롭게 해줄 수 있는 파라미터(매개변수)를 제공합니다. 모션에 들어간 오브젝트 마다 위치, 크기, 회전, 투명도와 같은 속성이 있는데, 이 속성에 파라미터(매개변수)를 추가할 수 있습니다. 예를 들어 글자의 X축 위칫값 속성에 진동(Oscillate) 비헤이비어를 추가한 다음 값을 수정하면 글자가 X축을 기준으로 회전하는 효과를 만들 수 있습니다.

❻ **Particles(파티클)**

파티클 애니메이션을 좀 더 쉽고 빠르게 이동시키거나 무한한 애니메이션으로 만들 수 있는 비헤이비어가 있습니다.

❼ **Replicator(레플리케이터)**

Sequence Replicator 비헤이비어만 있습니다. 이미 복제된 오브젝트에 애니메이션 효과를 주고자 할 때 활용할 수 있습니다.

❽ **Retiming(리타이밍)**

영상 클립 속도를 느리게 하거나(슬로우 모션 효과) 빠르게 하고 싶을 때, 프레임을 멈추고 싶을 때, 혹은 역방향으로 재생하고자 할 때 활용할 수 있는 비헤이비어가 있습니다.

❾ **Shape(도형)**

도형이나 마스크에 좀 더 특수하게 디자인된 비헤이비어를 사용할 수 있습니다.

❿ **Simulations(시뮬레이션)**

중력(Gravity), 궤도(Orbital Attraction), 반발력(Repelling force), 모서리 충돌(Edge Collision)과 같은 실제 시뮬레이션 애니메이션을 적용할 수 있습니다. 여러 오브젝트의 정교한 상호 작용을 만들 수 있습니다.

⓫ **Text(텍스트)**

텍스트 애니메이션을 연출할 수 있는 다양한 비헤이비어들이 모여 있습니다. 텍스트 비헤이비어는 종류가 많아 스타일에 따라 좀 더 세부적인 카테고리들이 있습니다.

1.2.2 _ HUD(Head Up Display)

모션 5는 각 오브젝트의 속성값을 조정할 수 있는 창이 있습니다. 바로 HUD(Head Up Display)입니다. HUD 창은 사용자가 원하는 위치로 옮길 수 있습니다. HUD를 이용하면 인스펙터(Inspector) 패널에서 속성값을 찾지 않고 HUD 창에서 바로 속성값을 수정할 수 있습니다. 다음 그림은 도형

(Shape) 오브젝트의 HUD 모습입니다. 캔버스 화면에 나타난 도형 옆으로 HUD를 옮긴 다음 속성값들을 조정할 수 있습니다. 인스펙터 패널이 아닌 바로 옆에 있는 HUD에서 속성값을 바꿀 수 있기 때문에 작업 효율을 높일 수 있습니다.

그림 1-7 HUD(Head Up Display)

HUD의 단축키는 F7입니다. F7 키를 누르거나 상단에 있는 툴 바에서 아이콘을 클릭해 HUD를 나타내거나 숨길 수 있습니다.

그림 1-8 HUD의 활성화/비활성화

HUD는 선택된 오브젝트마다 표시되는 속성값이 다릅니다. 예를 들어 텍스트 오브젝트를 선택하면 폰트와 색상, 크기가 표시되고, 도형 오브젝트를 선택하면 선과 외곽선의 색, 굵기 등이 표시됩니다. 또한 선택한 비헤이비어나 필터에 따라 서로 다른 파라미터가 표시됩니다. 하지만 어디까지나 간략하게 주요 속성값만 표시되므로 좀 더 세부적이고 정확한 값을 입력하려면 인스펙터(Inspector)를 이용해야 합니다.

1.2.3 _ 기본으로 내장된 레플리케이터와 파티클 이미터

모션 그래픽 영상을 만들 때 사용되는 '파티큘러(Particlular)' 플러그인(Plugin)이 있습니다. 파티큘러 플러그인을 이용하면 입자(Particles)들을 생성하거나 복제(Replicate)하는 기능을 이용해 불, 연기, 빛, 폭죽, 구름 등의 다양한 효과를 무궁무진하게 만들 수 있습니다. 모션 그래픽 영상에 있어 자주 사용되고 꼭 필요한 기능을 제공하는 플러그인이라고 할 수 있습니다.

모션 5는 이런 기능이 프로그램 자체적으로 내장돼 있습니다. 다음 그림은 모션 5에 기본으로 내장된 레플리케이터(Replicate)와 파티클 이미터를 실행시킬 수 있는 버튼(Make Particles)입니다. 별도의 설치 과정을 거치거나 메뉴를 누르지 않고 모션의 메인 화면에 있는 툴 바에서 버튼을 누르기만 하면 사용할 수 있습니다. 사용자가 쉽게 클릭만으로 입자를 생성하거나 복제하여 멋진 모션 그래픽을 만들 수 있는 준비가 돼 있습니다.

그림 1-9 툴 바에 위치한 파티클 이미터와 레플리케이터 아이콘

게다가 라이브러리에 이런 기능을 활용해 만든 샘플 콘텐츠가 있기 때문에 드래그 앤드 드롭으로 타임라인에 추가한 후에 속성값만 인스펙터에서 살짝 조정하면 쉽게 활용할 수 있습니다.

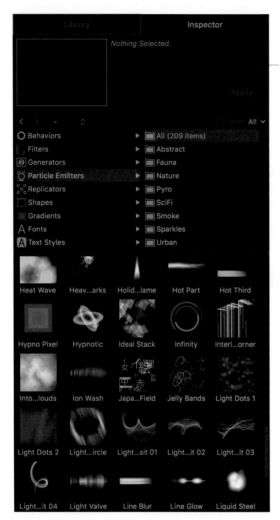

— 라이브러리

그림 1-10 라이브러리에 기본으로 내장된 파티클 콘텐츠

레플리케이터(Replicator)는 한 오브젝트를 복제하여 반복적인 패턴을 만들 수 있는 기능입니다. 이 도구를 사용하면 복제된 패턴들이 순서대로 움직이는 애니메이션을 만들 수 있습니다. 예를 들면 우리가 사용하는 스마트폰 애플리케이션에서 로딩을 나타내는 아이콘 애니메이션도 이 기능을 활용해 만들 수 있습니다.

파티클 이미터(Particle Emitter)는 어떤 특정 모양을 설정해 그 모양을 계속해서 생성하고 화면 전체에 표시하는 기능입니다. 예를 들어 비눗방울이 화면 전체에 은은하게 나타나는 배경도 파티클 이미터 기능을 활용해 만들 수 있습니다. 또한 이 기능을 활용해 연기와 불꽃 등의 효과도 만들 수 있습니다.

1.2.4 _ 직관적인 키프레임 애니메이션을 가능하게 하는 레코딩 기능

모션 5에서 직관성을 더 높여주는 기능 중 가장 대표적인 기능이 바로 레코딩(Record) 기능입니다. 레코딩 기능을 활용하면 사용자가 키프레임 애니메이션을 캔버스 화면에서 즉각적으로 연출할 수 있습니다. 사용자가 오브젝트를 움직였던 동작들을 모두 기억하고 그대로 다시 나타냅니다. 예를 들어 사진을 왼쪽에서 오른쪽으로 이동시키면서 작아지게 하는 연출을 하려고 할 때, 기존 키프레임 애니메이션을 이용하면 포지션(Position)과 스케일(Scale) 속성값을 입력하고 처음과 마지막 키프레임을 설정하는 과정이 필요합니다. 하지만 레코딩 기능을 활용하면 시간을 이동한 다음 캔버스 화면에서 사진의 위치와 크기만 설정해주면 됩니다. 인스펙터의 세세한 값을 입력하고 키프레임을 추가하지 않아도 직관적으로 키프레임 애니메이션을 연출할 수 있는 것입니다.

그림 1-11 툴 바에 있는 레코드 버튼

레코드 버튼은 타이밍 툴 바에 있습니다. 레코드 버튼을 누르면 인스펙터의 흰 글씨들이 모두 붉은색으로 변합니다. 녹화할 준비가 됐다는 표시입니다.

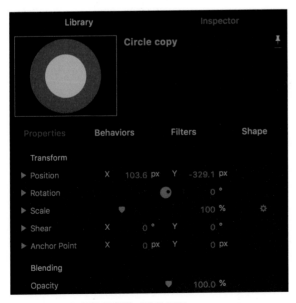

그림 1-12 레코딩 버튼을 클릭했을 때의 인스펙터

캔버스에서 오브젝트를 이동시키거나 크기를 변경하거나 회전시키면 모두 키프레임으로 기록됩니다.

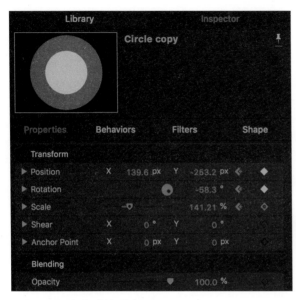

그림 1-13 레코딩 기능과 키프레임

이 책에서도 실전 예제에서 레코딩 기능을 활용해 애니메이션을 설정하는 방법을 다룹니다. 여러분도 한 번 따라 해보면 이 기능에 좀 더 익숙해질 것입니다.

1.2.5 _ 파이널 컷과 완벽한 연동

모션 5는 애플에서 만든 프로그램입니다. 그래서 애플에서 만든 파이널 컷과 완벽하게 연동됩니다. 사실 파이널 컷에서 사용하는 자막 타이틀, 트랜지션, 이펙트, 제네레이터 등은 모두 모션 5에서 제작한 것입니다. 파이널 컷에서 마우스 오른쪽 버튼을 클릭하면 'Open a copy in Motion'이란 옵션이 나옵니다. [Open a copy in Motion]을 선택하면 모션 5에서 이 자막 타이틀, 트랜지션, 이펙트, 제네레이터 등이 어떻게 만들어졌는지 살펴볼 수 있고 더 나아가 수정도 할 수 있습니다.

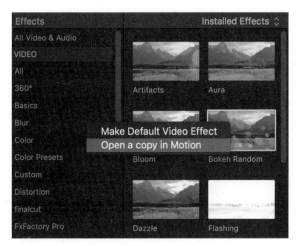

그림 1-14 파이널 컷 템플릿을 모션에서 열기

모션 5를 처음 실행하면 나오는 프로젝트 브라우저에서도 파이널 컷과의 연동을 볼 수 있습니다. 맨 위에 있는 Motion Project를 제외하고는 모두 파이널 컷에서 활용할 수 있는 프로젝트 제작과 관련된 것입니다. 모두 앞글자가 'Final Cut'으로 시작하는 공통점이 있습니다.

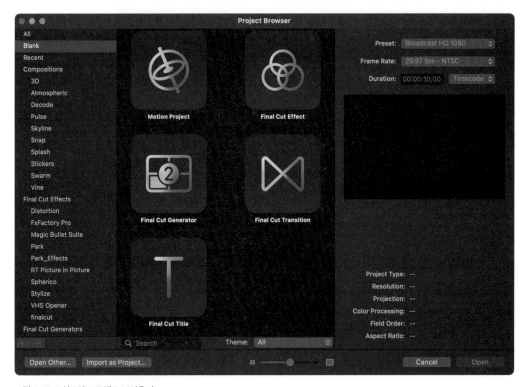

그림 1-15 모션 5의 프로젝트 브라우저

프로젝트 작업 도중에 언제든지 다른 형태의 프로젝트로 변경할 수 있습니다. 예를 들어 처음에는 Motion Project로 만들다가 이를 파이널 컷에서 활용할 수 있는 자막으로 만들려면 상단 메뉴에서 [File] → [Convert Project To] → [Title...]을 선택해 프로젝트의 형태를 변경하면 됩니다.

모션 5와 파이널 컷을 더욱 확실하게 이어주는 기능은 바로 퍼블리시(Publish) 기능입니다. 퍼블리시는 각 템플릿의 주요 속성값을 파이널 컷에서도 손쉽게 변경할 수 있도록 해주는 기능입니다. 예를 들어 모션 5에서 화살표 오브젝트를 만들고, 이 화살표 오브젝트의 외곽선 굵기, 색상 등을 퍼블리시하면 파이널 컷에서도 화살표 오브젝트의 외곽선 굵기, 색상 등을 바로 수정할 수 있는 기능입니다.

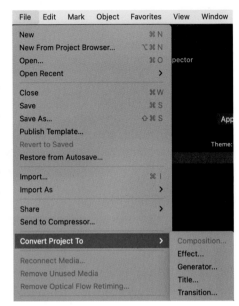

그림 1–16 모션 5에서 프로젝트 전환하기

그림 1–17 모션 5의 퍼블리시(Publish) 기능

파이널 컷에서 관련 템플릿을 적용한 다음 인스펙터에서 간단하게 수정할 수 있습니다. 이런 기능 덕분에 파이널 컷에서 영상을 편집할 때 모션 그래픽이 들어간 영상 제작을 더욱 쉽고 간편하게 할 수 있다는 장점이 있습니다.

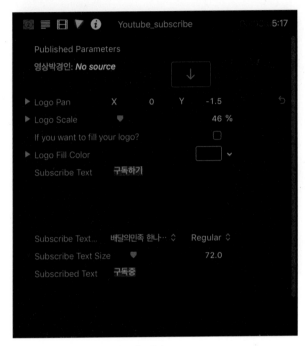

그림 1-18 파이널 컷에서 살펴본 인스펙터

이런 점을 비춰본다면 파이널 컷을 사용해 영상 편집을 하는 분이라면 모션 5는 꼭 배워야 할 매력적인 모션 그래픽 프로그램이라는 것을 알 수 있습니다.

1.3 _ 모션 5의 인터페이스

모션 5의 전체적인 인터페이스는 파이널 컷 인터페이스와 거의 비슷합니다. 두 프로그램 자체가 연동을 염두에 두고 있고, 사용자가 이질감을 느끼지 않게 구성됐습니다. 모션 5를 실행했을 때 가장 먼저 만나는 화면은 프로젝트 브라우저(Project Browser)입니다.

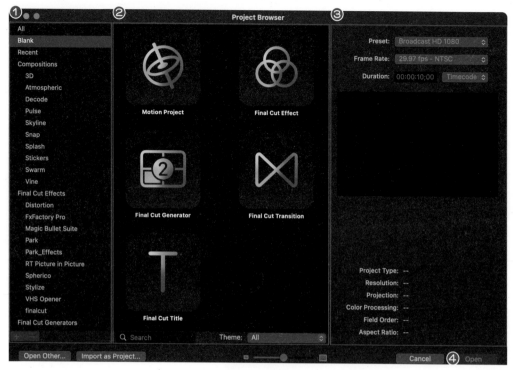

그림 1-19 프로젝트 브라우저

프로젝트 브라우저(Project Browser)

프로젝트 브라우저는 크게 세 부분으로 나눌 수 있습니다.

프로젝트 브라우저의 가장 왼쪽 영역(❶)은 사이드 바(Side Bar)입니다. 사이드 바에서는 새로운 모션 파일(Blank)을 만들 수 있으며, 기존에 작업한 최근 파일들(Recent)을 확인해 열어볼 수도 있습니다. 또한 바로 활용할 수 있는 타이틀 영상 템플릿들(Composition)을 제공합니다. 더 나아가 기존 파이널 컷에 저장된 이펙트, 제네레이터, 트랜지션, 타이틀도 탐색하여 열어보고 수정할 수 있습니다.

프로젝트 브라우저의 가운데 영역(❷)은 구체적인 콘텐츠를 보여주는 영역입니다. 사이드 바에서 어떤 카테고리를 선택했다면 그 카테고리에 있는 세부적인 콘텐츠를 표시합니다. 기본적으로 사이드 바에서 Blank를 선택한 상태라서 어떤 콘텐츠를 만들지 사용자가 선택할 수 있습니다. 사이드 바에서 다른 카테고리를 선택하면 ❷번 영역에 표시되는 콘텐츠도 달라집니다.

프로젝트 브라우저의 오른쪽 영역(❸)에서는 세부적인 설정을 표시하거나 수정할 수 있습니다. 프리셋 (Preset)과 프레임 레이트(Frame Rate), 프로젝트 길이(Duration) 등을 수정할 수 있습니다. 이 부분 은 뒷장에서 자세히 설명할 예정입니다. 여기에서는 이런 것도 있구나 하는 느낌으로 간단하게 살펴보 고 가겠습니다.

마지막으로 [Open] 버튼(❹)입니다. 하고자 하는 작업을 선택한 다음 [Open] 버튼을 누르면 그 다음 과정으로 넘어가고, 모션 윈도우 화면이 여러분의 모니터에 펼쳐지게 됩니다.

모션 윈도우(Motion Window)

다음 그림은 모션 5의 모션 윈도우(Motion Window) 화면입니다. 모션 윈도우를 통해 모션 그래픽 프 로젝트를 만들고 수정할 수 있습니다. 모션 윈도우는 크게 다섯 가지 부분으로 나누어 볼 수 있습니다.

그림 1-20 모션 5의 모션 윈도우 화면

❶ 라이브러리 및 인스펙터 패널(Library, Inspector Panel) ❷ 프로젝트 패널(Project Panel)

❸ 캔버스(Canvas) ❹ 툴 바(Tool Bar)

❺ 타이밍 패널(Timing Panel)

각 패널을 구체적으로 살펴보겠습니다.

1.3.1 _ 라이브러리 및 인스펙터 패널(Library, Inspector Panel)

가장 왼쪽에 있는 라이브러리 및 인스펙터 패널에는 두 개의 탭이 있습니다. 같은 위치에 있지만, 서로 다른 특징과 기능이 있습니다. 따라서 라이브러리와 인스펙터로 나눠서 살펴보겠습니다.

라이브러리는 이펙트, 콘텐츠, 프리셋, 비헤이비어, 필터 등 모션에서 활용할 수 있는 소스를 탐색해서 적용해 볼 수 있는 일종의 창고 같은 역할을 합니다. 모션 5에 기본적으로 내장된 많은 소스가 있기 때문에 어떤 소스가 있는지 확인해보는 것도 모션 5를 공부하는 방법의 하나입니다. 또한 사용자의 macOS에 저장된 폰트, 음악, 사진 또는 모션에서 저장한 콘텐츠를 추가해 나만의 라이브러리를 구성할 수도 있습니다.

다음 그림은 라이브러리 패널의 구성 요소입니다. 크게 4부분으로 나누어 볼 수 있습니다.

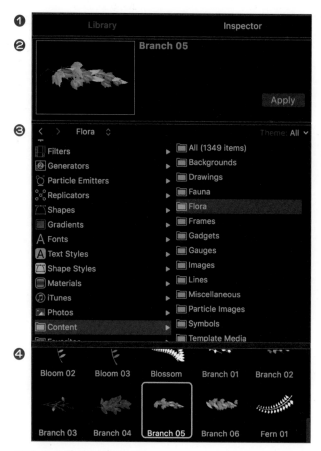

그림 1-21 라이브러리 패널의 구성 요소

❶ 라이브러리와 인스펙터 패널 중에서 선택할 수 있습니다. 단축키는 command + 2 입니다.

❷ 미리 보기 영역에서는 콘텐츠의 내용을 미리 볼 수 있고 [Apply] 버튼을 누르면 콘텐츠가 적용됩니다.

❸ 라이브러리에 저장된 이펙트, 콘텐츠, 프리셋, 비헤이비어, 필터 등의 소스를 종류별로 리스트로 확인할 수 있습니다.

❹ 각 카테고리에 저장된 콘텐츠를 정렬해 사용자에게 보여줍니다.

콘텐츠를 선택할 때마다 미리 보기 영역❷에서 확인할 수 있기 때문에 사용자가 직관적으로 모션 효과를 설정할 수 있다는 장점이 있습니다.

질문) 잘 보이던 라이브러리 패널이 갑자기 사라졌어요. 어떻게 하죠?

초보자 입장에서는 난감한 상황입니다. 버튼을 아무래도 잘못 누른듯합니다. 해결 방법은 우선 왼쪽 상단에 있는 툴 바(Tool bar)에서 라이브러리 아이콘이 켜져 있는지 살펴보세요. 다음 그림을 보면 라이브러리 아이콘이 꺼져있는 상태입니다. 이 아이콘을 다시 클릭하면 예전처럼 라이브러리 패널의 모습을 확인할 수 있습니다. 또한 라이브러리를 활성화하는 단축키는 command + 2입니다. 활성화 상태에서 다시 한번 단축키를 입력하면 비활성화되어 보이지 않게 됩니다.

그림 1-22 비활성화된 라이브러리 아이콘

인스펙터 패널은 모션 프로젝트에서 오브젝트들의 속성값을 조정하는 일종의 통제실입니다. 오브젝트란 흔히 이야기하는 영상의 소스(이미지나 영상 클립)와 이펙트 등을 말합니다. 이런 오브젝트들은 저마다의 위치나 크기 등 속성값을 가지고 있습니다. 이 속성값에 변화를 줄 때 비로소 오브젝트가 움직이고 이펙트가 적용됩니다. 앞으로 모션 작업하면서 가장 많이 들락날락할 곳이기도 합니다. 인스펙터 패널의 전체적인 구성은 다음과 같습니다.

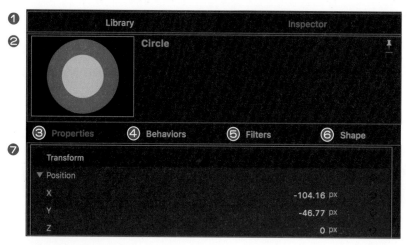

그림 1-23 인스펙터 패널의 구성

❶ 인스펙터 패널을 선택하는 곳입니다. [Inspector] 탭을 누르면 인스펙터가 활성화됩니다. 단축키는 command + 3입니다.

❷ 선택된 콘텐츠(이미지, 영상 클립, 이펙트 등)를 미리 보여주는 곳입니다.

❸ Properties Inspector(프로퍼티즈 인스펙터)는 선택된 오브젝트의 기본적인 속성들을 제어하는 곳입니다. 위치 (Position), 크기(Scale), 회전(Rotation) 및 블렌딩(Blending) 등을 설정할 수 있습니다.

❹ Behaviors Inspector(비헤이비어 인스펙터)는 오브젝트에 적용된 동작과 시뮬레이션 효과들을 제어하는 곳입니다. 오브젝트의 동작을 제어할 수 있습니다.

❺ Filters Inspector(필터 인스펙터)는 시각적인 효과를 주는 필터를 제어하는 곳입니다. 비헤이비어가 움직임, 동작에 초점을 맞췄다면 필터는 시각적 효과에 초점을 맞췄습니다.

❻ Object Inspector(오브젝트 인스펙터)는 선택된 오브젝트에 따라 이름이 달라집니다. 예를 들어 텍스트 오브젝트를 선택하면 Text Inspector, 도형 오브젝트를 선택하면 Shape Inspector, 이미지 오브젝트를 선택하면 Image Inspector로 이름이 바뀝니다. 각 오브젝트 성격에 따라 좀 더 특화된 속성값을 제어할 수 있습니다. 예를 들어 텍스트는 글자의 스타일을 지정할 수 있게 글자 크기, 폰트 등과 같은 속성이 나타납니다. 도형은 도형의 스타일을 지정할 수 있게 외곽선과 내부 영역의 색, 전체적인 모양을 바꿀 수 있는 속성이 나타납니다.

❼ 속성값을 제어할 수 있는 영역입니다. 선택한 카테고리에 따라(❸~❻) 서로 다른 속성값이 나타납니다.

1.3.2 _ 프로젝트 패널(Project Panel)

화면 상단의 가운데에 위치한 프로젝트 패널은 프로젝트 내의 오브젝트 레이어, 미디어, 오디오 리스트 등을 나타냅니다. 상단에 각각 3개의 탭(Layers, Media, Audio)이 있습니다. 그중 레이어 탭을 클릭하면 포토샵의 레이어 화면과 비슷하다는 느낌이 듭니다. 오브젝트가 어떤 순서로 위치하고 있는지 한눈에 파악할 수 있습니다

그림 1-24 프로젝트 패널 중 레이어 패널

프로젝트 패널은 라이브러리 및 인스펙터 패널과 캔버스 사이에 있기 때문에 크기를 조절할 수 있으며 단축키 F5를 눌러서 활성화/비활성화할 수 있습니다.

1.3.3 _ 캔버스(Canvas)

모션 그래픽 영상은 프레임이 연속적으로 움직여 마치 움직이는 영상처럼 보입니다. 일반적으로 1초에 30개의 프레임으로 구성돼 있습니다. 한 프레임만 놓고 본다면 이미지와 텍스트, 도형, 이펙트 등

이 하나로 합성된 형태입니다. 다음 그림도 지도 위에 행선지를 표시한 이미지로 보입니다. 좀 더 살펴보면 모두 독립적인 레이어로 존재하고 있고(지도 그림, 원, 화살표, 배경 이미지 등) 사람이 볼 때는 이 레이어들이 하나로 합쳐져 있는 이미지로 보입니다. 그래서 이것을 '구성됐다'는 의미로 컴포지션(Composition)이라고 합니다.

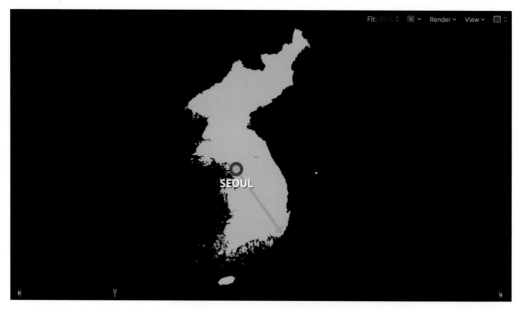

그림 1-25 캔버스

캔버스는 컴포지션의 내용을 볼 수만 있는 수동적인 공간에서 한 단계 더 나아가 직접 그리거나 수정할 수 있는 능동적인 공간입니다. 작업 내용을 실시간으로 볼 수 있고 직접 수정할 수 있기 때문에 모션 윈도우에서 가장 많은 공간을 차지하고 있습니다.

캔버스는 크기를 좀 더 확대해서 볼 수도 있고, 단축키 F8 키를 누르면 플레이어 모드(Player Mode)로 들어가 캔버스 화면과 툴 바밖에 없는 상태가 됩니다. 화면에 좀 더 집중하고자 할 때 활용하면 좋습니다. 원래의 상태로 돌아가고자 할 때는 다시 한번 단축키 F8 키를 누르면 됩니다.

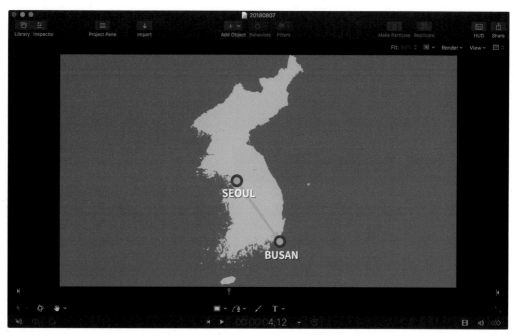

그림 1-26 플레이어 모드일 때 모션 윈도우의 모습

단축키 F8을 눌렀는데 반응이 없거나 음악이 재생되네요. 어떻게 해야 하나요?

네, 그런 경우에는 fn 키와 F8 키를 함께 눌러야 합니다. macOS에 내장된 특수 기능을 활용할 때 키보드의 맨 윗줄에 있는 키를 활용하는데 표준 기능키로 작동시키려면 키보드 왼쪽 아래에 있는 fn 키와 함께 이용해야 합니다. fn 키를 누르지 않고 맨 윗줄에 있는 키가 항상 표준 기능키로 동작하게 하려면 다음과 같은 순서로 설정하세요.

[시스템 환경설정] – [키보드] – [F1, F2 등의 키를 표준 기능 키로 사용]에 체크

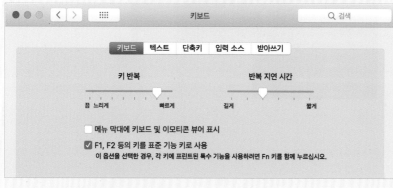

그림 1-27 macOS 키보드 표준 기능 키 사용

1.3.4 _ 툴 바(Tool Bar)

모션 5에는 주요 기능을 좀 더 간편하게 활용할 수 있는 두 개의 툴 바가 있습니다. 하나는 모션 윈도우 최상단에 있는 툴바이고, 다른 하나는 캔버스와 타이밍 패널 사이에 있는 툴 바(캔버스 툴 바, 타이밍 툴 바)입니다.

그림 1-28 상단에 있는 툴 바 (왼쪽)

❶ Library: 라이브러리 패널을 표시하거나 숨깁니다.

❷ Inspector: 인스펙터 패널을 표시하거나 숨깁니다.

❸ Project Pane: 프로젝트 패널을 표시하거나 숨깁니다.

❹ Import: 임포트(Import) 창을 엽니다. 이미지, 영상 클립, 오디오 등 외부 파일을 가져올 수 있습니다.

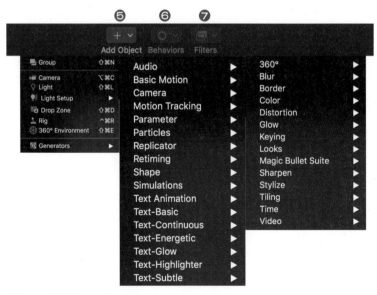

그림 1-29 상단에 있는 툴 바 (가운데)

❺ Add Object: 새 그룹, 카메라, 조명, 드롭 존, 리그 등을 추가할 수 있습니다.

❻ Behaviors: 모션과 애니메이션 효과를 담당하는 비헤이비어 프리셋을 추가할 수 있습니다.

❼ Filters: 시각적인 효과를 담당하는 필터 프리셋을 추가할 수 있습니다.

그림 1-30 상단에 있는 툴 바 (오른쪽)

❽ **파티클 만들기(Make Particles)**: 특정한 모양의 오브젝트를 계속해서 생성하는 기능입니다. 이 책의 9장에서 관련 기능을 다룹니다.

❾ **레플리케이트(Replicate)**: 기존 오브젝트를 바탕으로 복제하여 생성하는 기능입니다. 이 책의 10장에서 관련 기능을 다룹니다.

❿ **HUD**: HUD 윈도우를 표시하거나 숨길 수 있습니다.

⓫ **Share**: 파일로 출력하는 윈도우가 나타납니다.

캔버스 툴 바는 캔버스의 하단에 있습니다. 바로 위 캔버스(Canvas)와 함께 활용할 수 있는 도구들이 모여 있습니다.

그림 1-31 캔버스 툴 바 (왼쪽)

❶ 오브젝트를 선택해 위치를 변경하거나 그림자 추가, 자르기 등을 할 수 있습니다.

❷ 3D 레이어로 전환되어 X, Y, Z 축의 위치를 변경할 수 있습니다.

❸ 화면을 이동하거나 확대하고자 할 때 사용합니다.

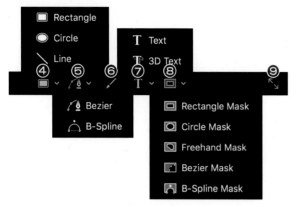

그림 1-32 캔버스 툴 바 (가운데)

④ 사각형, 원, 선 등의 도형을 그릴 수 있습니다.

⑤ 패스(Path) 선을 생성할 수 있습니다.

⑥ 페인트 스트로크 툴(Paint Stroke Tool)로 캔버스에 직접 선을 그릴 수 있습니다.

⑦ 텍스트를 입력할 수 있습니다. 3D 텍스트도 간단하게 입력할 수 있습니다.

⑧ 마스크 툴입니다. 다양한 마스크를 생성할 수 있습니다.

⑨ 캔버스를 최대화합니다.

타이밍 툴 바입니다. 타이밍 패널과 함께 활용할 수 있는 도구들이 모여 있습니다.

그림 1-33 타이밍 툴 바 (왼쪽)

❶ 소리를 켜거나 끌 수 있습니다.

❷ Loop 기능으로 플레이를 반복할 수 있습니다.

❸ Record 버튼으로 직관적인 키프레임 애니메이션 연출을 가능하게 합니다.

그림 1-34 타이밍 툴 바 (가운데)

❹ 맨 처음 프레임으로 이동하는 버튼입니다.

❺ Play 버튼으로 영상을 재생합니다.

❻ 타임코드나 프레임을 보여줍니다. 타임코드는 '시 : 분 : 초 : 프레임'으로 읽습니다.

❼ 옵션 창입니다. 타임코드나 프레임 중에서 선택할 수 있습니다.

❽ 전체 프로젝트 길이를 확인할 수 있습니다.

그림 1-35 타이밍 툴 바 (오른쪽)

❾ 비디오 타임라인을 표시하거나 숨깁니다.

❿ 오디오 타임라인을 표시하거나 숨깁니다.

⓫ 키프레임 에디터를 표시하거나 숨깁니다.

1.3.5 _ 타이밍 패널(Timing Panel)

타이밍 패널은 모션 윈도우의 아래쪽에 있습니다. '타임라인(Timeline)'이라고 할 수 있으며 시간대별로 오브젝트를 확인하고 수정할 수 있습니다.

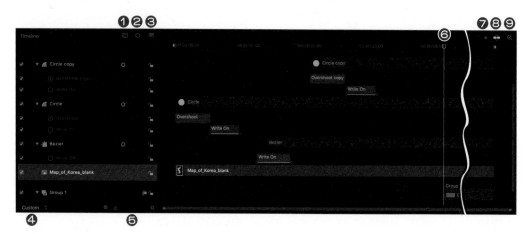

그림 1-36 타이밍 패널

그림 1-37 타이밍 패널의 왼쪽 위

❶ 각 오브젝트에 적용된 마스크를 보여주거나 숨깁니다.

❷ 각 오브젝트에 적용된 비헤이비어를 보여주거나 숨깁니다.

❸ 각 오브젝트에 적용된 필터를 보여주거나 숨깁니다.

그림 1-38 타이밍 패널의 왼쪽 아래

❹ 타임라인 레이어(타이밍 패널의 왼쪽) 보기 옵션입니다. Mini, Small, Medium, Large 옵션이 있습니다.

❺ 타임라인 트랙(타이밍 패널의 오른쪽)을 좀 더 확대/축소해서 볼 수 있습니다.

그림 1-39 타임 인디케이터

❻ 타임 인디케이터로 시간대별로 이동할 수 있습니다.

그림 1-40 타이밍 패널의 오른쪽 위

❼ 각 오브젝트에 적용된 키프레임을 보여주거나 숨깁니다.

❽ 스냅 기능을 활성화/비활성화합니다. 스냅 기능은 근처 오브젝트끼리 타이밍을 맞출 수 있게 해주는 일종의 가이드 역할을 합니다.

❾ 타임라인을 프로젝트에 맞게 세로로 확대합니다.

1.4 _ 모션 5의 구매 및 최소 시스템 요구 사항

모션 5는 macOS의 앱스토어에서 구매하고 내려받을 수 있습니다. 단품으로 원화 65,000원(달러 49.99)에 판매하고 있습니다. 애플 계정으로 앱스토어에 로그인한 후에 구매할 수 있으며, 한 번 정품을 구입하면 이후 최신 버전 업데이트는 무료로 받을 수 있습니다.

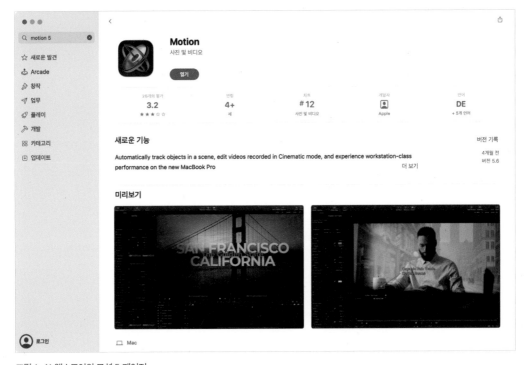

그림 1-41 앱스토어의 모션 5 페이지

최소 시스템 요구 사항

- macOS 11.5.1 이상 (빅 서 Big Sur)

- 4GB RAM (4K 편집 및 3D 타이틀 및 360° 비디오 편집은 8GB 권장)

- Metal 지원 그래픽 카드(4K 편집 및 3D 타이틀 및 360° 비디오 편집은 1GB VRAM 권장)

- 4.7 GB의 디스크 공간 (3.5GB 앱, 1.2GB 보조 콘텐츠)

로고가 나오는 애니메이션 만들기

이제 실진 예제를 만들어 보면서 본격적으로 모션 5를 사용하는 방법을 알아보겠습니다. 이번 장에서는 로고가 나오는 애니메이션을 만들어보겠습니다. 간단해 보이지만, 배경을 만들고 도형 안에 이미지를 넣고 텍스트 애니메이션이 들어가는 작업입니다. 이 작업을 통해 모션 5의 기본적인 흐름을 파악할 수 있습니다. 그리고 이렇게 만든 로고가 나오는 애니메이션 영상은 여러분이 제작하는 영상의 앞부분이나 뒷부분에 활용할 수 있습니다.

그림 2-1 로고가 나오는 애니메이션 완성작

이 책의 특징은 유튜브 영상(동영상 강좌)과 함께 책을 활용할 수 있다는 점입니다. 유튜브에 올라온 빠르크의 모션 5 3분강좌 1강과 2강에서 이번 장에 나오는 내용을 다루고 있으니 책과 함께 영상을 통해서도 실습할 수 있습니다.

2.1 _ 프로젝트 브라우저(Project Browser)에서 새로운 모션 프로젝트 생성

모션 5를 실행하고 사용자가 제일 처음 만나는 화면은 프로젝트 브라우저(Project Browser)입니다. 프로젝트 브라우저에서는 프로젝트의 유형과 프레임 레이트(Frame Rate) 그리고 프로젝트 길이(Duration)를 설정할 수 있습니다. 다음과 같은 순서로 새로운 모션 프로젝트를 생성합니다.

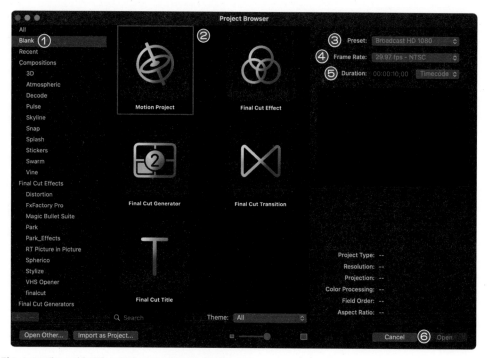

그림 2-2 프로젝트 브라우저에서 새로운 모션 프로젝트를 생성하는 순서

1 _ 왼쪽 사이드바에서 Blank를 선택합니다.

2 _ 모션 프로젝트(Motion Project)를 선택합니다.

3 _ 프리셋(Preset)은 Broadcast HD 1080으로 선택합니다. 해상도(Resolution)가 가로 1,920픽셀, 세로 1,080픽셀인 HD 영상을 만들겠다는 뜻입니다.

4 _ 프레임 레이트(Frame Rate)를 29.97fps(Frame Per Second)로 선택합니다. 1초당 29.97의 프레임이 나타납니다. 참고로 영화는 24fps, 방송 영상은 29.97fps로 제작합니다. 프레임의 수가 많을수록 더욱더 자연스러운 영상을 만들 수 있습니다.

5 _ 길이(Duration)는 00:00:10;00으로 설정해 전체 10초 길이의 프로젝트를 만듭니다. 타임코드를 읽는 방법은 '시 : 분 : 초 ; 프레임'입니다. '00:00:10;00'은 10초 0프레임을 나타냅니다.

6 _ [Open] 버튼을 클릭하면 설정한 대로 새로운 모션 프로젝트가 생성됩니다.

모션 5에서 지원하는 프로젝트 프리셋에는 어떤 것이 있나요?

모션 5에서는 다양한 프로젝트 프리셋을 지원합니다. 모션 최신 버전(5.6)을 기준으로 흔히 이모지(Emoji)라고 부르는 스티커부터 HD, 4K, 360도 영상 프로젝트 등을 지원합니다. 요즘은 영상을 보여주는 플랫폼이 다양해진 관계로 미리 설정된 프리셋에서 벗어나 새로운 크기로 작업해야 하는 경우가 있습니다. 대표적으로 인스타그램과 같은 SNS에서 지원하는 1:1 비율의 영상이나 모바일 화면에 최적화된 세로로 긴 영상이 그렇습니다. 이런 경우에는 Custom을 눌러서 가로와 세로의 크기를 지정해야 합니다. 인스타그램과 같은 SNS 사이트는 1:1로 보통 가로 1,080픽셀, 세로 1,080픽셀로 작업합니다. 모바일 화면에 최적화된 영상은 일반적으로 가로 1,080픽셀, 세로 1,920픽셀로 설정하고 작업하면 됩니다.

그림 2-3 모션 5에서 지원하는 프로젝트 프리셋

2.2 _ 마우스 드래그 앤드 드롭으로 단색 배경 만들기(Background)

한 가지 색으로 구성된 단색 배경(Color Solid)을 영상에 추가해 보겠습니다. 모션 5의 기본적인 콘텐츠는 모두 라이브러리에 저장돼 있습니다. 우선 왼쪽에 위치한 라이브러리 패널로 이동합니다.

1 _ 라이브러리(Library) 패널을 선택합니다. 단축키는 command(⌘) + 2입니다.

2 _ 제네레이터(Generators) 카테고리를 선택합니다.

3 _ 컬러 솔리드(Color Solid)를 선택합니다.

4 _ 타임라인으로 드래그 앤드 드롭합니다.

그림 2-4 드래그 앤드 드롭으로 단색 배경 만들기

단색 배경(Color Solid)을 라이브러리 패널에서 타임라인으로 드래그 앤드 드롭해 배치하면 새로운 그룹(Group 1)이 만들어집니다. 그리고 캔버스에는 파란색 배경이 생겼습니다. 모션 5는 그룹(Group)을 중심으로 레이어를 관리합니다. 새로운 오브젝트를 추가하면 무조건 그룹에 속하게 됩니다. 따라서 여러분이 모션 5를 능숙하게 사용하려면 그룹을 이해하고, 이 그룹을 관리할 수 있어야 합니다. 가장 기본적인 그룹을 삭제하고 이름을 변경하는 방법을 알아보겠습니다.

1 _ 기존에 있던 그룹(Group)을 마우스 오른쪽 버튼으로 클릭합니다.

2 _ 팝업 메뉴에서 [Delete]를 선택합니다.

그림 2-5 그룹 삭제

그룹을 삭제하는 방법은 마우스 오른쪽 버튼을 클릭해서 삭제하는 방법도 있지만, Delete 키(⌫)를 누르면 삭제됩니다. 이번에는 그룹 이름을 변경해 보겠습니다.

1 _ 이름을 변경하고자 하는 그룹을 선택한 다음 엔터키를 누릅니다.

2 _ 원하는 그룹 이름으로 변경합니다. 예제에서는 '배경'으로 입력하겠습니다.

그림 2-6 그룹 이름 변경

그룹 관리를 꼭 해야 할까요?

사실 그룹의 이름을 변경하지 않고 그냥 작업해도 무방합니다. 그런데도 그룹의 이름을 변경하고 그룹을 관리하는 이유는 기초를 충실하게 다지기 위해서 입니다. 지금 우리는 초기 단계라 레이어 수가 많지 않습니다. 하지만 좀 더 복잡한 작업 단계로 들어가면 모션 그래픽의 특성상 타임라인에 수많은 레이어가 생성됩니다. 이를 처음부터 관리하지 않으면 나중에 매우 혼란스럽게 됩니다. 결국 작업의 효율성이 떨어지게 됩니다. 이를 방지하고자 미리 그룹을 관리하는 습관을 들이려고 합니다. 또한 그룹으로 관리하면 그룹 자체에 애니메이션 효과를 적용할 수도 있기 때문에 비슷한 성격의 그룹들을 모아놓는 것은 하나의 전략이라고 볼 수 있습니다.

파란색 배경의 색을 바꿔보겠습니다. 배경색은 인스펙터에서 변경할 수도 있고, HUD에서 변경할 수도 있습니다. 강좌 영상에서는 인스펙터에서 변경하는 방법을 사용했으며, 책에서는 HUD를 이용해서 변경해 보겠습니다. HUD를 실행하려면 툴 바에서 HUD 아이콘을 클릭하거나 단축키 F7을 누릅니다.

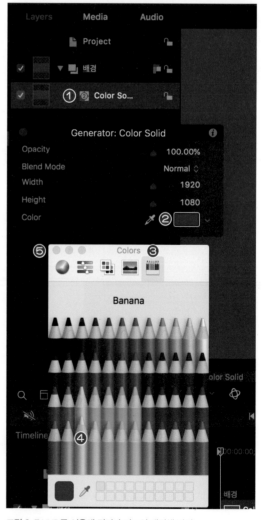

1 _ 프로젝트 패널이나 타임라인에서 컬러 솔리드(Color Solid) 레이어를 선택합니다.

2 _ HUD에서 Color 항목의 색상 부분을 클릭합니다 (HUD 단축키 : F7).

3 _ 색상 선택 윈도우가 나타납니다. 상단에 있는 5개의 탭 중에서 가장 오른쪽에 있는 색연필 모양의 탭을 클릭합니다.

4 _ 가장 첫 줄 왼쪽에서 3번째에 있는 Banana 색상을 선택합니다.

5 _ 색상 선택 윈도우를 닫습니다.

그림 2-7 HUD를 이용해 컬러 솔리드의 배경색 변경

2.3 _ 도형 오브젝트 그리기

이번에는 도형을 그려보겠습니다. 도형을 그리는 도구는 캔버스 하단 툴 바에 위치해 있습니다. Circle
을 선택한 다음 캔버스 화면에 직접 그려보고 화면 정중앙에 배치하는 작업까지 해보겠습니다.

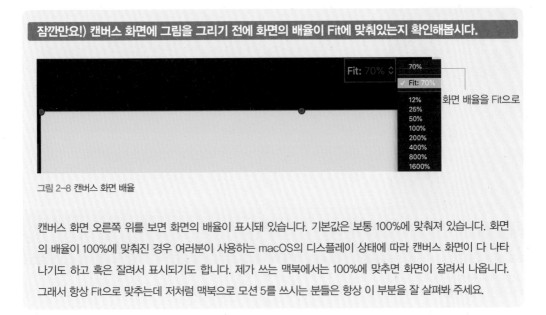

그림 2-8 캔버스 화면 배율

캔버스 화면 오른쪽 위를 보면 화면의 배율이 표시돼 있습니다. 기본값은 보통 100%에 맞춰져 있습니다. 화면
의 배율이 100%에 맞춰진 경우 여러분이 사용하는 macOS의 디스플레이 상태에 따라 캔버스 화면이 다 나타
나기도 하고 혹은 잘려서 표시되기도 합니다. 제가 쓰는 맥북에서는 100%에 맞추면 화면이 잘려서 나옵니다.
그래서 항상 Fit으로 맞추는데 저처럼 맥북으로 모션 5를 쓰시는 분들은 항상 이 부분을 잘 살펴봐 주세요.

1 _ 툴 바에서 도형 아이콘의 오른쪽 부분(∨)을 클릭합니다. 사각형(Rectangle), 원(Circle), 선(Line) 중에서 원(Circle)을
선택합니다.

그림 2-9 툴 바에서 도형 선택

2 _ 캔버스 화면에서 비어있는 부분을 드래그하여 도형을 그립니다. 이때 shift 키를 누를 채로 드래그하면 반지름이 일정
한 원을 그릴 수 있습니다.

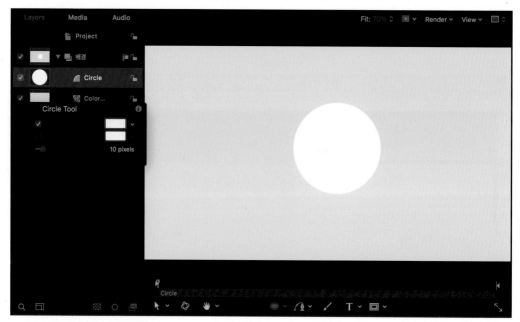

그림 2-10 캔버스 화면에 도형 그리기

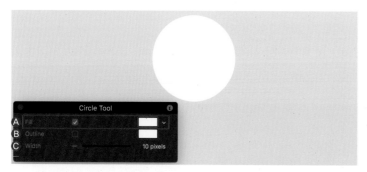

그림 2-11 HUD에서 도형의 스타일 설정

이번에는 인스펙터 패널에서 도형의 위치를 정중앙으로 정렬하겠습니다.

3 _ 화면 왼쪽 상단 인스펙터(Inspector)를 클릭하면 인스펙터 패널이 나타납니다.

4 _ 특성(Properties) 탭을 클릭합니다. 이곳에서는 기본적인 위치, 크기, 투명도를 조정할 수 있습니다.

5 _ [Transform] - [Position]의 오른쪽 끝에 마우스를 갖다 대면 숨겨져 있던 화살표(∨)가 나타납니다. 그 화살표를 클
릭합니다.

6 _ 파라미터 재설정(Reset Parameter)을 클릭합니다. 클릭하면 Position 값이 X, Y 축 모두 0픽셀(px)로 변경됩니다.

그림 2-12 도형 오브젝트를 정중앙으로 정렬

도형 오브젝트의 포지션(position) 값이 X, Y : 0px, 0px이 되면서 캔버스 화면 중앙에 원의 중심이
위치하게 됐습니다. 이제 도형이 그림 2-13과 같이 나타납니다. 중앙 정렬은 앞으로도 많이 쓰이는 기
능입니다. 인스펙터의 포지션 값에 입력된 값을 파라미터 재설정(Reset Parameter)을 이용해 초기화
시키는 원리입니다. 자연스럽게 쓰다 보면 어느새 익숙해질 것입니다.

그림 2-13 중앙 정렬된 도형 오브젝트

2.4 _ overshoot 비헤이비어로 도형 움직이기

이번에는 지금까지 그린 도형에 움직임을 추가해 보겠습니다. 움직임을 설정하는 방법에는 크게 2가지가 있습니다. 하나는 전통적인 키프레임 애니메이션을 이용하는 방법입니다. 키프레임 애니메이션은 처음 값과 마지막 값을 입력하면 컴퓨터가 그 중간 과정을 계산하여 움직임을 설정하는 원리입니다. 이 방식은 파이널 컷 프로 X, 모션 5, 프리미어 프로, 애프터이펙트 등 여러 프로그램에서 많이 활용되는 방법입니다.

모션 5에서는 다른 프로그램에서는 찾아볼 수 없는 비헤이비어(Behavior)라는 프리셋(Preset) 개념을 이용해 오브젝트에 움직임을 설정할 수 있습니다. 모션 5가 5.4 버전으로 업데이트되면서 Overshoot 이라는 비헤이비어가 새로 추가됐습니다. Overshoot 비헤이비어를 적용하면 오브젝트의 움직임이 딱 끊어지지 않고 조금 넘쳤다가 원래대로 돌아가는 느낌으로 나타납니다. 달리기할 때 전력 질주를 하다가 갑자기 멈춰서면 완전히 멈추지 못하고 관성 때문에 몸이 움직이는 그런 느낌이라고 생각하면 됩니다.

2.4.1 _ Overshoot 비헤이비어 추가하기

1 _ 툴 바 가운데에 위치한 톱니바퀴 모양의 비헤이비어(Behaviors) 아이콘을 클릭합니다.

2 _ [Parameter] 카테고리로 이동해 [Overshoot] 비헤이비어를 클릭합니다. 클릭과 함께 Circle 오브젝트에 비헤이비어가 추가됩니다.

그림 2-14 Overshoot 비헤이비어 추가

Overshoot 비헤이비어를 적용하는 순간 모션 프로젝트에 변화가 생겼습니다. 어떤 변화가 생겼는지 그림 2-15를 통해 살펴보겠습니다.

3 _ 인스펙터 패널에서 Behaviors 탭이 활성화됐습니다. 비헤이비어와 관련한 속성값은 모두 인스펙터의 Behaviors 탭에서 다룹니다. 평소에는 Behaviors 탭이 안보이지만 비헤이비어를 적용하면 활성화됩니다.

4 _ 타임라인에서 비헤이비어는 보라색으로 나타납니다. Circle 레이어에 비헤이비어가 적용됐다는 것을 상하 관계를 통해 확인할 수 있습니다.

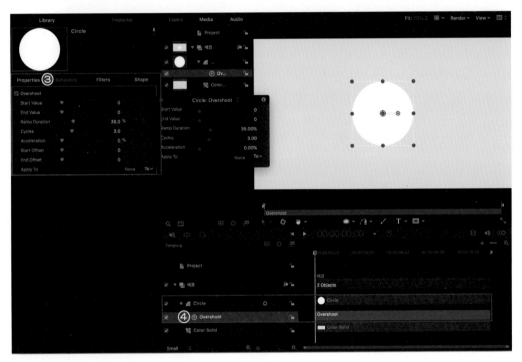

그림 2-15 비헤이비어 적용 후 변화

2.4.2 _ 인스펙터에서 Overshoot 비헤이비어 설정하기

Overshoot 비헤이비어의 인스펙터를 살펴보면 Start Value, End Value 등에 아무런 값이 입력되지 않은 상태입니다. 그래서 재생 버튼(단축키 space)을 눌러봐도 아무 변화가 없습니다. 인스펙터의 값들도 입력되지 않은 상태에다가 어떤 대상에 적용할 것인지(Apply to) 목적도 정해져 있지 않은 상태입니다. Overshoot 비헤이비어 인스펙터에서 오브젝트의 어떤 부분에 동작을 적용할 것인지(Apply to)와 Value 값을 설정해 보겠습니다.

5 _ 먼저 오브젝트의 어떤 값에 비헤이비어를 적용할 것인지(Apply To) 결정해야 합니다. Apply To의 오른쪽 끝부분에 있는 [To ∨]를 클릭해서 [Properties] – [Transform] – [Scale] – [X and Y]를 순서대로 선택합니다.

그림 2–16 Overshoot 비헤이비어의 대상 설정

Apply To를 성공적으로 설정했다면 그림 2–17 처럼 Apply To에 Properties.Transform. Scale.X and Y라고 나옵니다.

6 _ Start Value를 –100%로 설정합니다.

그림 2–17 처음 값(Start Value) 입력하기

책에 나오는 순서대로 적용해보고 값을 입력해봤는데, 이러한 설정이 무엇을 의미하는 것일까요? 우리는 지금 오브젝트의 스케일(Scale, 크기)에 비헤이비어를 적용한 상태입니다. 재생 버튼(단축키 space)을 클릭하면 원이 처음에는 보이지 않는 상태였다가 천천히 '커지는' 모습을 확인할 수 있습니다. 처음 값이 −100이라는 뜻은 아예 화면에서 보이지 않게 설정한다는 뜻입니다. 마지막 값이 0이므로 처음 도형을 그렸던 크기로 돌아갑니다. 즉, '−100(Start)에서 0(End)'은 보이지 않을 만큼 작은 도형(Start, Scale −100%)으로 시작해서 점점 '커지는' 것(End, Scale 0%)을 의미합니다. 반대로 Start Value를 100으로 입력하면 어떻게 될까요? '100(Start)에서 0(End)'은 아주 큰 도형으로 시작해서 점점 작아집니다. 이것을 그림으로 나타내면 그림 2−18과 같습니다.

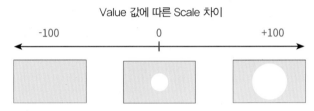

그림 2−18 Value 값에 따른 크기(Scale) 차이

비헤이비어를 추가하면 오브젝트가 표시되는 길이만큼 타임라인에 표시됩니다. 재생 버튼을 누르면 천천히 도형이 커지는 모습을 볼 수 있는데, 이 부분은 마우스 드래그를 통해 속도를 조절할 수 있습니다. 타임라인의 보라색 영역으로 표시된 비헤이비어에서 오른쪽 가장자리 부분을 클릭한 다음 왼쪽으로 마우스를 드래그해 봅시다.

7 _ Overshoot 비헤이비어의 오른쪽 영역을 드래그해 0초 20프레임에 맞춰줍니다(Out: 00:00:00:20 또는 Out:20 Dur:20 으로 표시되면 됩니다).

그림 2−19 드래그를 이용한 속도 조절

이제 재생 버튼을 눌러보면 아까와는 다르게 좀 더 빠르게 툭 튀어나오는 도형 애니메이션을 볼 수 있습니다. Overshoot 비헤이비어를 드래그 앤드 드롭으로 적용한 다음 몇 개의 옵션 값만 입력했을 뿐인데 쉽게 애니메이션을 구현했습니다. 이번에는 로고 이미지를 불러온 다음 도형과 함께 결합해 보겠습니다.

2.5 _ 로고 이미지 임포트(Import)하기

로고로 사용할 이미지 파일을 임포트(Import, 불러오기)하겠습니다. 임포트하는 방법에는 4가지가 있습니다.

- 상단 메뉴의 [File]에서 [Import] 선택
- 파인더(Finder)에서 파일을 모션 5로 드래그 앤드 드롭
- 툴 바에 위치한 임포트 아이콘 클릭
- 단축키 command + I

1 _ 상단 메뉴에서 [File] → [Import...]를 클릭합니다(단축키 command + I).

2 _ 예제 파일에 첨부된 이미지 파일을 선택합니다(AppLanding_Motion.png).

(2장 예제 폴더의 Media 폴더에 이미지 파일이 있습니다)

3 _ [Import] 버튼을 클릭합니다.

그림 2-20 이미지 파일 임포트하기

임포트 환경 설정하기

프로젝트로 미디어 파일을 임포트하면 기본적으로 타임라인의 현재 프레임을 기준으로 임포트한 파일이 위치합니다. 하지만 환경 설정을 통해 프로젝트의 맨 처음에 위치하도록 설정할 수 있습니다.

1 _ 상단 메뉴에서 [Motion] → [Preference]를 클릭합니다(단축키 command + ,).

2 _ [Project] 탭을 클릭하고 'Create Layers At'에서 옵션을 선택합니다.

- Current frame: 타임라인의 현재 프레임에 위치시키기
- Start of project: 프로젝트의 맨 처음에 위치시키기

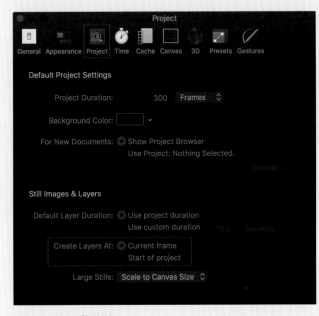

그림 2-21 임포트 환경설정

불러온 로고 이미지의 크기(Scale)를 조정하겠습니다.

4 _ [Inspector] 패널을 클릭합니다.

5 _ [Properties] 탭을 클릭합니다.

6 _ Scale 값을 설정합니다. 로고 이미지의 크기가 그림 2-22와 같이 이미지가 원에 걸쳐진 형태로 값을 조정합니다.

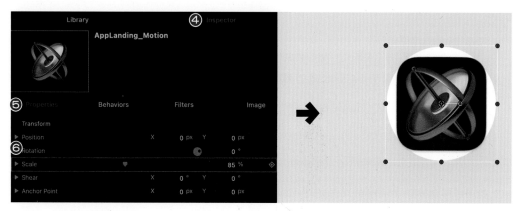

그림 2-22 스케일을 조정한 이미지

2.6 _ 이미지 마스크 넣기

지금은 원 밖으로 이미지가 나와 있는 형태입니다. 이미지가 원 안에서만 나타나게 표현하고 싶다면 이미지 마스크(Image Mask) 기능을 활용할 수 있습니다. 이미지 마스크 기능을 이용해 도형과 이미지가 결합한 형태를 만들어 보겠습니다.

이미지 마스크는 일종의 마스크(Mask) 기능입니다. 마스크는 '가면'이란 뜻의 영어 단어로, 어떤 부분은 보여주고 어떤 부분은 가리는 간단한 원리입니다. 원리는 간단하지만, 실제 다양한 부분에서 응용할 수 있습니다. 사진 편집 경험이 있는 분이라면 포토샵에서 마스크 기능을 사용해본 적이 있을 겁니다. 영상 편집뿐만 아니라 모션 그래픽에서도 마스크 기능은 필수라고 할 수 있을 만큼 다양하게 응용되고 있습니다.

이미지 마스크는 이미지의 모양대로 마스크를 적용하는 것입니다. 이미지의 모양대로 어떤 부분은 보여주고 어떤 부분은 가리는 것입니다. 그림 2-23은 이미지 마스크의 원리를 나타낸 그림입니다. 원의 안쪽은 보여주는 부분이고 바깥쪽은 그 반대로 가리는 부분입니다. 따라서 이 원의 '이미지'대로 마스크를 적용하면 원의 안쪽 부분만 나타나고 바깥쪽 부분은 가려지게 됩니다.

그림 2-23 이미지 마스크의 원리

1 _ 레이어 패널에 위치한 로고 이미지를 마우스 오른
쪽   버튼으로 클릭합니다.

2 _ [Add Image Mask]를 클릭합니다(단축키 shift +
command + M).

그림 2-24 이미지 마스크 추가

3 _ 레이어 패널에서 새로 추가된 이미지 마스크(Image Mask) 레이어를 선택합니다.

4 _ [Inspector] 패널을 클릭합니다.

5 _ [Image Mask] 탭을 클릭합니다.

6 _ 마스크의 소스가 되는 레이어를 드래그 앤드 드롭해 Mask Source에 적용합니다. 예제에서는 Circle 레이어를 마스
크의 소스로 설정하겠습니다. Circle 레이어를 그림 2-25에서 점선으로 표시한 영역으로 드래그 앤드 드롭합니다. 혹
시 인스펙터에서 마스크 소스가 사라졌다면 다시 3번 과정부터 하면 됩니다.

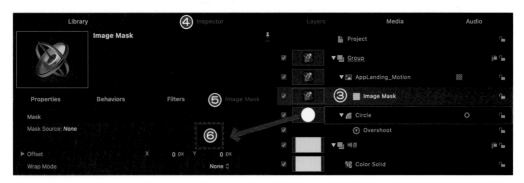

그림 2-25 이미지 마스크 지정

이미지 마스크를 적용하면 어떤 모습이 되는지 살펴보겠습니다. 그림 2-26은 이미지 마스크를 적용한 모습입니다. 인스펙터 패널과 레이어 패널 그리고 캔버스의 모습을 보면서 이야기하겠습니다.

7 _ 이미지 마스크(Image Mask) 레이어의 인스펙터에서 Mask Source로 Circle이 적용된 모습을 확인할 수 있습니다.

8 _ 이미지 마스크의 소스가 된 Circle 레이어는 레이어의 왼쪽에 있는 체크 표시가 해제됐습니다. 체크 표시가 해제되면 캔버스 화면에서 보이지 않게 됩니다.

9 _ 로고 이미지의 가장자리 부분이 잘렸습니다. Circle 레이어를 벗어난 부분은 캔버스 화면에 나타나지 않습니다.

그림 2-26 이미지 마스크 적용 후의 모습

2.7 _ 비헤이비어 복사 후 로고 이미지에 붙여넣기

이미지 마스크까지 작업하고 재생해보면 어딘가 어색한 부분이 있습니다. 로고 이미지가 가운데에서 등장하는 점입니다. 이것도 나쁘진 않지만, 우리가 의도했던 것과는 다른 조금 어색한 부분이 있습니다. 이 어색한 부분을 해결하기 위해 Circle 레이어에 적용한 비헤이비어를 복사해 로고 이미지에 적용해 보겠습니다.

1 _ Circle 레이어에 적용된 Overshoot 비헤이비어를 마우스 오른쪽 버튼으로 클릭합니다.

2 _ [Copy]를 클릭합니다.

3 _ 로고 이미지 레이어를 선택한 다음 마우스 오른쪽 버튼을 클릭합니다.

4 _ [Paste]를 클릭합니다.

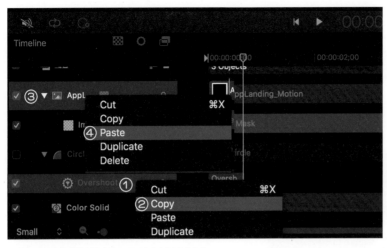

그림 2-27 비헤이비어 복사 후 로고 이미지에 붙여넣기

그림 2-28 복사된 비헤이비어가 적용된 이미지 레이어

비헤이비어를 복사해서 붙여넣으면 작업 시간을 줄일 수 있습니다. 이미 인스펙터의 설정값들과 길이를 조정했기 때문입니다. 처음부터 비헤이비어를 새로 추가하고 인스펙터에서 값을 설정하고 길이를 줄였다면 시간이 오래 걸렸을 것입니다. 실제 작업할 때에도 이렇게 미리 만들어진 것들을 복사해서 설정값만 변경하는 방식으로 작업하면 작업 시간을 줄일 수 있어서 큰 도움이 됩니다.

이런 방법도 있어요 _ 그룹으로 지정 후 비헤이비어 적용하기

모션 5는 모든 레이어가 그룹에 속하게 됩니다. 레이어가 하나여도 그룹 안에 속하게 됩니다. 이런 부분은 모션 5의 특징이기도 하고 처음 모션 5를 접하는 분들이 당황스럽게 생각하는 부분이기도 합니다. 하지만 이런 부분을 역이용하면 좀 더 효율적인 작업을 할 수 있습니다. 바로 특정 비헤이비어나 이펙트 등을 일일이 레이어에 적용하는 게 아니라 그룹에 적용하는 방법입니다.

그림 2-29 그룹에 적용한 비헤이비어

이번 장에서 만든 예제는 비헤이비어가 로고 이미지와 도형 레이어에 각각 적용돼 있습니다. 레이어의 수가 적기 때문에 큰 부담은 없었지만 레이어가 많아진다면 일일이 적용하는 것도 번거로울 것입니다. 비헤이비어를 그룹에 적용하려면 먼저 로고 이미지와 도형 레이어를 따로 그룹으로 구성해 배치합니다. 그리고 그 그룹에 Overshoot 비헤이비어를 적용합니다. 그림 2-29는 그룹에 비헤이비어를 적용한 형태입니다.

1 _ 그룹을 나타내는 아이콘입니다.

2 _ 비헤이비어를 그룹에 적용하면 해당 그룹에 속한 레이어들이 영향을 받습니다.

2장에서는 로고가 나오는 애니메이션을 만들었습니다. 지금까지 만든 작품을 저장해 보겠습니다. 상단 메뉴에서 [File] → [Save]를 클릭하여 저장합니다(단축키 command + S). 저장할 파일의 이름과 위치는 원하는 이름과 저장할 경로를 지정합니다.

다음 장에서는 이 파일을 바탕으로 텍스트 애니메이션을 추가해 보겠습니다.

텍스트 애니메이션 만들기

이번 장에서는 텍스트 애니메이션을 만들어 보겠습니다. 텍스트 애니메이션의 활용 범위는 다양합니다. 영상의 자막을 좀 더 생동감 있고 화려하게 만들어 주기도 하고 더 나아가 키네틱 타이포그래피 (Kinetic Typography) 영상을 만들기도 합니다. 우리가 흔히 보는 예능 프로그램의 자막도 움직임이 없는 그래픽에서 벗어나 모션이 추가돼 다양하게 움직이는 그래픽이 됐습니다.

모션 5에서는 텍스트 애니메이션을 다양한 방법으로 연출할 수 있습니다. 전통적인 키프레임 애니메이션을 이용할 수도 있고 모션 5만의 특징이라고 할 수 있는 비헤이비어(Behavior)를 적용해 연출하는 방법도 있습니다. 또한, 모션 5에서 만든 자막을 파이널 컷에서 적용할 수도 있습니다.

키네틱 타이포그래피: 움직임을 의미하는 그리스어 '키네시스(Kinesis)'에 어원을 두고 있는 키네틱(Kinetic)과 문자 그래픽을 뜻하는 타이포그래피(Typography)의 합성어입니다. 움직이는 글자, 즉 무빙 텍스트(Moving Text)입니다.

3.1 _ 텍스트 입력하기

2장에서 만들었던 파일을 불러온 다음 하단에 텍스트를 입력하는 작업을 하겠습니다. 텍스트는 툴 바에 위치한 T 아이콘을 클릭한 다음 텍스트 입력 모드로 바뀌면 입력합니다. 기본적으로 2D 텍스트를 입력할 수 있지만, 3D 텍스트도 쉽게 입력할 수 있습니다.

1 _ 툴 바에서 'T' 모양 아이콘을 클릭해 텍스트 입력 모드로 들어갑니다.

2 _ 캔버스 화면에서 텍스트를 추가하고자 하는 위치를 클릭한 다음 텍스트를 입력합니다.

3 _ 텍스트 입력이 완료되면 선택/변형(Select/Transform) 툴을 클릭합니다. 선택 툴을 클릭하면 텍스트 입력 모드에서 벗어날 수 있습니다.

그림 3-1 툴 바에 위치한 텍스트 입력 아이콘

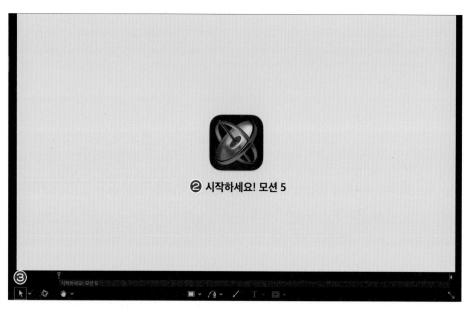

그림 3-2 캔버스 화면에 텍스트 입력

텍스트를 입력한 다음 선택 툴을 클릭하면 그림 3-3과 같이 텍스트를 둘러싼 네모 박스(Bounding Box)가 나타납니다. 네모 박스의 가장자리에는 파란색 원(Transform Handles)이 있습니다. 이를 이용해 캔버스에서 직관적으로 원하는 위치로 텍스트를 옮길 수 있습니다. 그뿐만 아니라 형태를 변형하는 기능도 있기 때문에 캔버스에서 글자를 키우거나 줄일 수 있으며, 회전 기울기를 줄 수 있습니다.

ⓐ 이 부분을 드래그하면 위치(Position)를 변경할 수 있습니다.

ⓑ 회전(Rotation) 기울기를 줄 수 있습니다.

ⓒ 좌우로 드래그하여 글자의 자간을 조정합니다(Scale의 X축 값).

ⓓ 대각선 방향으로 드래그하여 글자의 크기를 조정합니다. Shift 키를 누른 채로 드래그하면 비율을 유지한 채로 크기를 키우거나 줄일 수 있습니다.

그림 3-3 텍스트 입력 후 나타나는 네모 박스(Bounding Box)와 파란색 원(Transform Handles)

3.2 _ 인스펙터 패널에서 텍스트의 속성과 스타일 변경하기

기본적인 텍스트의 위치나 크기는 캔버스 화면에서 직관적으로 조정할 수 있습니다. 하지만 좀 더 세부적인 작업을 하려면 역시 인스펙터 패널에서 조정해야 합니다. 인스펙터 패널에서 글자의 기본적인 속성과 스타일을 변경하는 방법을 살펴보겠습니다.

3.2.1 _ 글자 크기 변경하기

인스펙터 패널을 이용해 글자 크기를 변경하겠습니다. 글자 크기는 인스펙터 패널의 [Text] – [Format] 탭에서 설정합니다. 그림 3-4와 같이 순서대로 클릭해 [Text] – [Format] 탭으로 이동합니다.

Ⓐ Size: 텍스트 사이즈를 설정할 수 있습니다. 슬라이더를 좌우로 드래그하거나 값을 입력해 크기를 조정합니다.

Ⓑ Scale: 텍스트의 스케일 옵션을 슬라이더로 드래그해 크기를 키우거나 줄일 수 있습니다. Scale 왼쪽에 있는 닫힌 삼각형을 클릭하면 X와 Y의 스케일을 조정할 수 있는 슬라이더가 나타납니다.

그림 3-4 인스펙터 패널을 이용해 글자 크기 변경하기

3.2.2 _ 텍스트의 회전 및 기울기 설정하기

텍스트의 회전(Rotation)과 기울기(Slant)
는 비슷하면서도 차이점이 있습니다. 그림
3-5와 같이 회전은 한 글자 한 글자 Z 축
에서 글자에 회전을 주는 반면에 기울기는
전체적으로 기울어지는 특징이 있습니다.

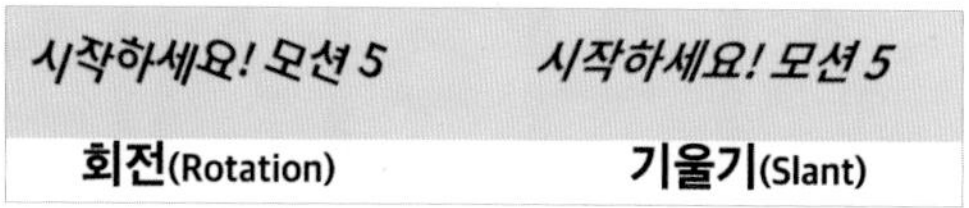

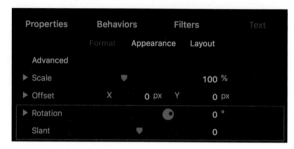

그림 3-5 텍스트의 회전 및 기울기

텍스트의 회전과 기울기를 설정하기 위
해 인스펙터의 [Text] – [Format] 탭으로
이동합니다. Advance Formatting에서
Rotation(회전)과 Slant(기울기)를 조정할
수 있습니다.

그림 3-6 인스펙터의 회전 및 기울기

3.2.3 _ 텍스트 색 바꾸기

텍스트 색은 [인스펙터] – [Text] –
[Appearance] 탭에서 설정합니다. 3D
텍스트의 스타일 설정은 물론 2D 텍스
트의 Face(칠하기), Outline(외곽선),
Glow(발광), Drop Shadow(그림자)
등을 설정할 수 있습니다.

가장 기본적으로 텍스트의 색을 바꾸는
방법은 Face 패널에서 설정하는 것입니
다. 그림 3-7을 참고하여 인스펙터에서
[Text] – [Text] – [Appearance] 탭을
순서대로 클릭합니다.

그림 3-7 Face 패널에서 텍스트 색 바꾸기

ⓐ **Fill with**: 기본값은 Color로 지정돼 있습니다. 한 가지 색으로 텍스트 색을 칠하겠다는 의미입니다. 이외에도 Gradient(그러데이션), Texture(텍스처)를 지정할 수 있습니다.

ⓑ **스포이트**: 특정 이미지의 색을 추출해 색상을 지정할 수 있습니다.

ⓒ **Color**: 색상을 선택할 수 있습니다. 이때 어느 부분을 클릭하는지에 따라 색을 선택하는 창이 다르게 나타납니다.

둥근 모서리의 네모 부분(컬러 웰, Color well)을 클릭하면 그림 3-8과 같은 애플의 전통적인 색상 선택 윈도우(Colors window)가 나타납니다. 파이널 컷에서 사용하던 색상 선택 윈도우를 모션 5도 같이 사용합니다.

컬러 웰의 오른쪽에 위치한 [화살표(∨)]를 클릭하면 그림 3-9와 같은 컬러 팔레트(Color palette) 팝업 창이 나타납니다. 컬러 팔레트의 상단 영역에서는 일반적인 색상을 선택할 수 있고 하단 영역에서는 그레이스케일 컬러(Grayscale color)를 선택할 수 있습니다.

그림 3-8 색상 선택 윈도우

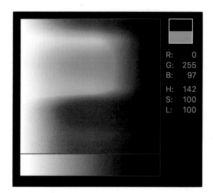

그림 3-9 컬러 팔레트

왼쪽에 있는 닫힌 삼각형을 클릭하면 Red, Green, Blue 색상 값의 슬라이더가 나타나는 데 이를 이용해 색상을 세부적으로 조정할 수 있습니다.

ⓓ **불투명도(Opacity)**: 불투명도를 조정할 수 있습니다. 100%는 완전히 불투명한 것이고, 값이 작아질수록 투명해집니다. 텍스트의 색을 희미하게 나타내고자 할 때 사용합니다.

3.2.4 _ 텍스트의 외곽선과 그림자 추가하기

텍스트에 외곽선과 그림자를 추가하면 가독성을 높일 수 있습니다. 또한 텍스트의 스타일을 다양하게
연출하기 위해 외곽선과 그림자를 이용합니다. 외곽선과 그림자의 추가는 인스펙터 패널에서 체크해야
만 이용할 수 있습니다.

그림 3-10 텍스트의 외곽선(Outline) 추가

텍스트의 외곽선과 관련한 옵션은 다음과 같습니다.

- Ⓐ **Outline 체크박스**: Outline 왼쪽에 있는 체크박스에 체크하면 텍스트의 외곽선이 생성됩니다. 다시 한번 클릭해
체크를 해제하면 외곽선이 사라집니다.

- Ⓑ **색상 선택**: 외곽선의 색상을 변경할 수 있습니다. 기본색으로 붉은색이 적용됩니다. 원하는 색상으로 변경해 사용
합니다.

- Ⓒ Blur: 흐리게 하는 효과입니다. 값이 높을수록 외곽선이 흐려져 좀 더 부드러운 모양이 됩니다.

- Ⓓ Width: 외곽선의 굵기입니다. 값이 높을수록 외곽선의 두께가 굵어집니다.

그림 3-11 텍스트의 그림자(Drop Shadow) 추가

텍스트 그림자와 관련한 옵션은 다음과 같습니다.

- **Ⓐ Drop Shadow 체크박스**: Drop Shadow 왼쪽에 있는 체크박스에 체크하면 텍스트의 그림자가 생성됩니다. 체크를 다시 한번 클릭해 체크를 해제하면 그림자가 사라집니다.

- **Ⓑ Color**: 그림자의 색상을 변경할 수 있습니다. 기본색으로 검은색이 적용됩니다. 그림자의 색은 보통 검은색에서 회색 사이로 설정하면 자연스러운 느낌이 납니다.

- **Ⓒ Distance**: 그림자와 텍스트 사이의 거리입니다. 값이 높을수록 그림자와 텍스트 사이가 멀어집니다.

- **Ⓓ Angle**: 그림자가 생성되는 방향입니다. 기본값은 315도로 설정돼 있어서 그림자가 텍스트의 오른쪽 아래(시계 5시 방향)에 생성됩니다.

3.3 _ 나만의 예능 프로그램 자막 만들기

앞에서 살펴본 텍스트 스타일 설정을 연습해 보면서 예능 프로그램 자막을 만들어 보겠습니다.

자막을 만들 때 가장 관건이 되는 부분은 폰트 설정입니다. 폰트에 따라 자막의 느낌도 사뭇 달라집니다. 일반적인 사용자들이 예능 프로그램 자막을 만들려고 할 때도 가장 먼저 부딪히는 문제가 폰트의 확보입니다. 특히나 폰트를 사용할 때는 저작권에 주의해야 합니다.

폰트의 저작권 문제를 해결할 수 있는 웹 사이트 중 하나는 바로 '눈누 프로젝트(https://noonnu.cc)'라는 사이트입니다. 이 웹 사이트는 여기저기 공개된 한글 폰트의 설치 링크를 제공하며, 상업적으로 사용할 수 있는지 사용 범위도 보기 좋게 잘 정리해놓은 사이트입니다.

그림 3-12 눈누 상업용 무료 한글 폰트 사이트(https://noonnu.cc)

직접 제작한 자막을 파이널 컷에서 활용하려면 모션 5에서 'Final Cut Title'(파이널 컷 타이틀) 프로젝트를 생성해야 합니다. 모션 5를 실행한 다음 프로젝트 브라우저에서 ❶'Final Cut Title'을 선택하고 ❷[Open] 버튼을 클릭합니다. 파이널 컷 타이틀 프로젝트는 일반 모션 프로젝트와 달리 회색 배경의 타이틀 백그라운드(Title Background)가 있습니다. 타이틀 백그라운드는 일종의 투명한 배경으로 모션 5에서 작업할 때는 회색으로 보이지만, 파이널 컷에 적용했을 때는 보이지 않습니다.

그림 3-13 파이널 컷 타이틀 프로젝트 생성

3.3.1 _ 가장 단순하지만 다양하게 응용할 수 있는 기본 스타일의 자막

그림 3-14 상황을 설명할 때 사용할 기본 스타일 자막의 예

상황을 설명할 때 쓰이는 기본 스타일의 자막을 만들어 보겠습니다. 시작하기에 앞서 미리 본고딕 폰트를 설치해주세요. 구글에서 제공하는 링크(https://www.google.com/get/noto)로 이동한 다음 검색을 이용해 'Noto Sans CJK KR'을 찾아서 내려받으면 됩니다.

모션 5의 타이틀 프로젝트에서 자막 문구를 입력하겠습니다.

1 _ 타임라인에서 Type Text Here 레이어를 선택합니다.

2 _ 캔버스에서 'Type Text Here' 부분을 더블클릭한 다음 '책 욕심 많은 독서마니아'로 문구를 수정합니다.

3 _ 문구를 수정하고 선택 툴을 클릭하면 텍스트 수정 모드가 해제됩니다.

그림 3-15 모션 5 타이틀 프로젝트에서 자막 입력

자막 입력의 가이드 역할을 하는 Safe Zones 활성화하기

입력한 텍스트 문구의 스타일을 설정하기 전에 Safe Zones을 켜도록 하겠습니다. Safe Zones은 일종의 가이드 선입니다. 가이드 선을 보면서 타이틀 작업을 하면 타이틀을 일정한 위치에 맞춰 통일성 있게 배치할 수 있습니다. 또한 작업한 영상물을 TV나 영화 등 화면비가 다른 환경에서 재생해야 할 때 영상의 가장자리 부분이 나타나지 않을 수 있습니다. 이로 인해 자막이 잘려서 표시될 수도 있는데 Safe Zones은 그런 부분을 예방할 수 있는 좋은 방법입니다. 캔버스 오른쪽 위에 있는 [View] 메뉴에서 [Safe Zones]을 클릭해 캔버스 화면에 표시합니다.

그림 3-16 타이틀 작업의 필수인 Safe Zones 켜기

입력한 텍스트의 스타일 변경하기

텍스트의 스타일을 변경해 보겠습니다. 스타일을 변경하는 방법은 두 가지가 있습니다. 첫 번째는 인스펙터에서 수정하는 방법입니다. 인스펙터에는 스타일을 변경하기 위한 모든 옵션이 모여 있습니다. 두 번째는 HUD에서 수정하는 방법입니다. HUD에는 변경할 수 있는 옵션이 제한적이지만, 좀 더 직관적인 방법으로 쉽게 스타일을 변경하고자 한다면 HUD를 이용하는 방법이 편리합니다.

1 _ 폰트는 [본고딕 KR] – [Bold]로 설정합니다.

2 _ 글자 크기는 152.0으로 설정합니다.

3 _ 정렬은 중앙 정렬을 클릭합니다.

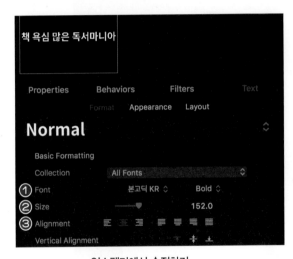

인스펙터에서 수정하기　　　　　　　　　　HUD에서 수정하기

그림 3-17 텍스트 스타일을 변경하는 두 가지 방법

이어서 텍스트의 색상을 변경하겠습니다. 예제에서는 색상을 총 3부분으로 나누어 지정하겠습니다. '책 욕심', '독서마니아'와 같이 핵심 단어 부분에 색상을 서로 다르게 지정하고자 합니다.

캔버스 화면에 있는 텍스트를 더블 클릭합니다. '책 욕심' 부분만 드래그해 해당 영역만 블록으로 설정합니다.

그림 3-18 텍스트의 특정 영역만 블록으로 설정

텍스트의 색상은 인스펙터나 HUD에서 변경할 수 있습니다. '책 욕심' 텍스트의 색상을 다음과 같이 변경합니다.

4 _ 인스펙터의 [Text] – [Appearance] 탭에 위치한 Color 또는 HUD에서 텍스트 색상을 변경할 수 있습니다. 컬러 웰 부분을 클릭하면 색상 선택 윈도우가 나타납니다.

5 _ 상단에서 왼쪽에서 2번째에 위치한 [Slider](슬라이더) 탭을 클릭합니다. RGB 값을 입력하거나 Hex Color 값을 입력해 색상을 선택할 수 있습니다(R:254, G:137, B:146, #FE8992).

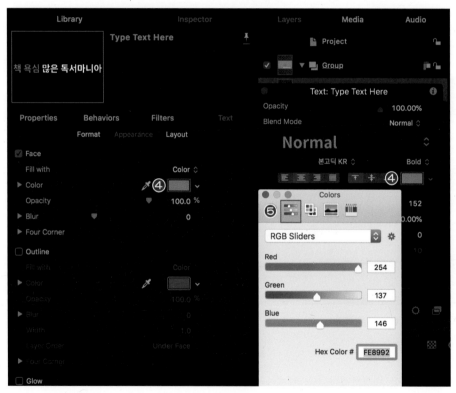

그림 3-19 색상 바꾸기

같은 방법으로 '독서마니아' 글자의 색상도 변경합니다(R:188, G:255, B:255, #BCFFFF).

그림 3-20 텍스트의 색상 바꾸기

텍스트에 외곽선과 그림자 추가하기

예능 자막의 필수라고 할 수 있는 외곽선과 그림자 작업을 하겠습니다. 모션 5에서는 간단한 체크 설정만으로도 쉽게 외곽선과 그림자를 연출할 수 있습니다. 외곽선과 그림자는 전체 텍스트에 적용하려고 합니다. 텍스트를 선택한 상황에서 command + A를 눌러 텍스트의 전체 영역을 선택합니다.

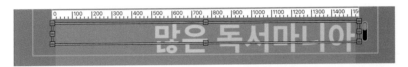

그림 3-21 텍스트의 전체 영역 선택

먼저 외곽선을 설정하겠습니다. 외곽선을 설정하는 방법은 다음과 같습니다.

1 _ Outline 왼쪽에 있는 체크박스에 체크해 외곽선을 활성화합니다.

2 _ 외곽선의 색상을 변경합니다.

3 _ 색상 선택 윈도우에서 가장 오른쪽에 있는 [Pencils](색연필) 탭을 클릭합니다.

4 _ 왼쪽 상단에 위치한 'Licorice'를 선택합니다.

5 _ 외곽선의 굵기는 2.0으로 설정합니다.

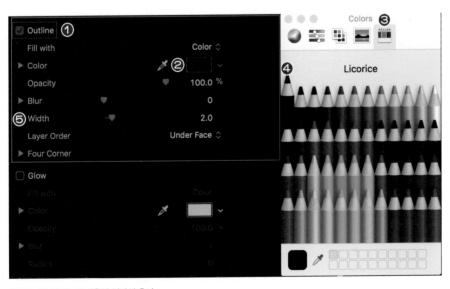

그림 3-22 텍스트에 검은색 외곽선 추가

이어서 그림자를 설정하겠습니다.

1 _ Drop Shadow 왼쪽에 있는 체크박스에 체크해 그림자를 활성화합니다.

2 _ 불투명도를 기본값 75%에서 100%로 변경합니다. 그림자의 불투명도가 높아져 색이 처음보다 더 진하게 나타납니다.

3 _ Blur 값을 10으로 설정합니다. 선명하던 그림자가 흐려지는 느낌으로 부드럽게 연출됩니다.

4 _ Distance 값을 10으로 설정합니다. 텍스트와 그림자의 거리가 처음보다 멀어졌습니다.

그림 3-23 텍스트에 그림자 효과 추가

텍스트의 색상을 변경하고 외곽선과 그림자를 설정해 완성한 모습입니다.

그림 3-24 외곽선과 그림자가 설정된 텍스트의 모습

파이널 컷 프로로 완성한 자막 내보내기

완성한 자막을 파이널 컷으로 내보내겠습니다. 완성한 자막은 템플릿 형태로 파이널 컷 프로에서 사용할 수 있으며, 텍스트 수정은 물론 스타일도 수정할 수 있습니다. 모션 5의 상단 메뉴에서 [File] → [Save]를 차례대로 클릭합니다.

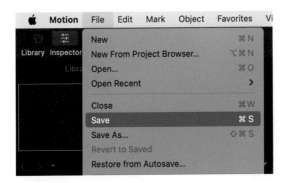

그림 3-25 타이틀 프로젝트 저장

타이틀 프로젝트를 저장하는 화면은 파이널 컷의 템플릿으로 출력하는 화면과 같습니다. 다음과 같이 순서대로 설정한 다음 최종 출력(Publish)을 완료하면 파이널 컷 타이틀 템플릿으로 출력됩니다.

1 _ 템플릿의 이름을 지정합니다. 예제에서는 '스타일 01'로 지정했습니다.

2 _ 템플릿을 저장할 카테고리(폴더)를 지정합니다. 기본값은 3D입니다. 클릭한 다음 변경하겠습니다.

3 _ 현재 템플릿 카테고리들이 나타납니다. 기존 카테고리를 지정해도 됩니다. 새로운 카테고리를 추가하고자 할 때는 아래에 있는 [New Category...]를 클릭합니다.

4 _ 새로운 카테고리의 이름을 입력합니다. 예제에서는 'Custom'으로 설정했습니다. 이름을 입력한 다음 [Create] 버튼을 클릭합니다.

5 _ [Publish] 버튼을 클릭하면 작업이 완료됩니다.

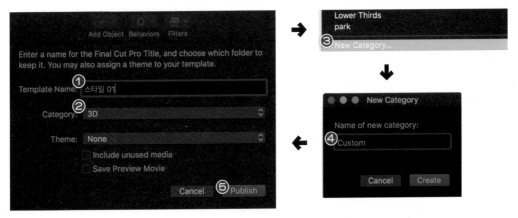

그림 3-26 타이틀 프로젝트 저장 과정

파이널 컷에서 출력된 타이틀을 확인하겠습니다. 파이널 컷을 실행한 다음 타이틀 사이드바로 이동합니다. 새로 만든 Custom 폴더가 있으며 Custom 폴더에서 '스타일 01' 타이틀 템플릿을 확인할 수 있습니다. 이를 영상이나 사진에 적용해보면 자연스럽게 적용된 모습을 볼 수 있습니다.

그림 3-27 파이널 컷에서 적용한 텍스트

지금까지 만든 스타일의 자막은 가장 단순하게 만들 수 있으면서 다양하게 응용할 수 있습니다. 글자색에 변화를 줄 수도 있고, 폰트를 변경하여 언제든지 다른 스타일로 만들 수 있습니다.

3.3.2 _ 글자 수에 따라 길이가 조절되는 반응형 자막

인물의 대사를 나타낼 수 있는 반응형 자막을 만들어보겠습니다. 검은색 배경에 흰색 글씨가 들어간 단순한 구조이지만 특유의 느낌이 있어서 예능 프로그램에서도 자주 볼 수 있는 자막 스타일입니다.

그림 3-28 예능 자막에서 사용되는 반응형 자막의 예

새로운 자막 스타일을 만들기 위해 모션 5에서 타이틀 프로젝트를 새로 생성합니다. 반응형 자막에서 사용된 폰트는 본고딕 입니다. 이전 예제에서 설치하지 않았다면 시작하기에 앞서 미리 본고딕 폰트를 설치해주세요. 구글에서 제공하는 링크(https://www.google.com/get/noto)로 이동한 다음 검색을 이용해 'Noto Sans CJK KR'을 찾아서 내려받으면 됩니다.

새로운 모션 프로젝트(Final Cut Title)를 생성한 다음 가이드 역할을 해줄 수 있는 Safe Zones을 활성화합니다.

1 _ 캔버스 오른쪽 위에 있는 [View] 메뉴를 클릭합니다.

2 _ Safe Zones을 체크하여 활성화합니다.

이외에도 단축키 '(Return 키 왼쪽)를 눌러서 적용하거나 해제할 수 있습니다.

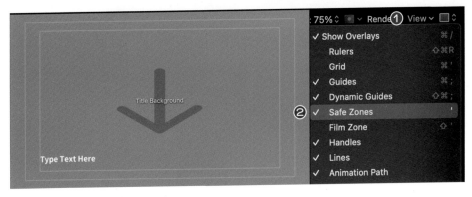

그림 3-29 Safe Zones 활성화

자막의 배경 그래픽 그리기

텍스트의 배경이 될 검은색 사각형을 만들어 보겠습니다. 도형 그리기 툴로 캔버스에서 마우스 드래그를 통해 직관적으로 그릴 수 있습니다. 그림 3-30과 같이 사각형을 그립니다.

1 _ 툴 바에서 [도형] – [사각형 툴](Rectangle Tool, 단축키 R)을 클릭합니다.

2 _ Safe Zones을 기준 삼아 왼쪽 끝에서 오른쪽 끝까지 드래그해 가로로 긴 직사각형을 그립니다. 이것은 자막의 배경이 최대 길이일 때의 모습입니다.

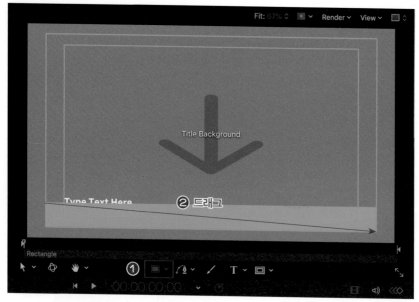

그림 3-30 자막 배경 그리기

자막의 배경 색상 변경하기

자막의 배경 색상을 검은색으로 변경하겠습니다.

1 _ 인스펙터의 [Shape] – [Style] 탭으로 이동합니다.

2 _ Fill Color의 컬러 웰 부분을 클릭합니다.

3 _ 색상 선택 창에서 가장 오른쪽에 있는 [Pencils](색연필) 탭을 클릭합니다.

4 _ 상단 가장 왼쪽에 있는 'Licorice' 색연필을 선택합니다.

5 _ 색상을 선택했으면 X를 클릭해 색상 선택 창을 닫습니다.

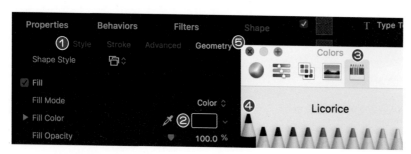

그림 3-31 자막의 배경색 바꾸기

텍스트 작업하기

이제 텍스트 작업을 하겠습니다. 처음에 있던 Type Text Here 레이어는 삭제하고 새로 텍스트를 입력하려 합니다. 기존의 텍스트 레이어는 텍스트 박스가 미리 설정돼 있기 때문입니다. 나중에 링크 작업을 할 때 문제가 될 소지가 있어서 처음부터 깔끔하게 시작하려 합니다.

기존 텍스트 레이어(Type Text Here)를 선택한 다음 마우스 오른쪽 버튼을 클릭하고 [Delete]를 선택합니다. 또는 선택한 다음 바로 키보드에서 Delete 키를 눌러 텍스트 레이어를 삭제합니다.

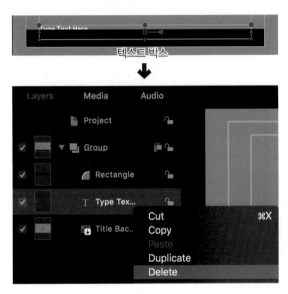

그림 3-32 기존 텍스트 레이어 삭제

텍스트를 입력하겠습니다.

1 _ 툴 바에서 'T' 모양 아이콘을 클릭합니다.

2 _ 배경 그래픽 위에 텍스트를 입력합니다.

3 _ 텍스트를 입력한 후에는 꼭 선택 툴로 변경합니다.

그림 3-33 텍스트 입력 작업

HUD(단축키 F7)를 활성화해 텍스트의 정렬을 중앙 정렬로 변경합니다. 텍스트의 크기도 배경 그래픽과 어울릴 수 있게 조절해 주세요.

그림 3-34 HUD에서 텍스트의 정렬과 크기 수정

이번에는 텍스트의 위치를 인스펙터에서 조정하겠습니다. 캔버스에서 임의로 입력하다 보니 위치가 가운데에서 조금 멀리 떨어져 있습니다. 인스펙터에서 [Properties] 탭을 클릭해 이동합니다. 텍스트의 X축 값을 0으로 맞추면 화면의 가로 중앙으로 위치가 맞춰집니다.

그림 3-35 텍스트의 위치 조정

배경 그래픽과 텍스트를 Link 비헤이비어로 연결하기

배경 그래픽(검은색 사각형)과 예제 텍스트가 입력됐습니다. 이제 배경 그래픽과 텍스트를 연결하는 작업을 해보겠습니다. 검은색 사각형 레이어를 선택한 다음 인스펙터의 [Properties] 탭으로 이동합니다. Scale의 왼쪽에 있는 삼각형 부분을 클릭하면 X, Y, Z를 조절할 수 있는 컴포넌트가 나타납니다. 그중에서 X 축에 글자의 길이를 연결하겠습니다.

1 _ 그래픽 레이어(Rectangle, 검은색 사각형)를 선택합니다.

2 _ 인스펙터의 [Properties] 탭으로 이동합니다.

3 _ Scale의 왼쪽에 있는 삼각형을 클릭해 펼칩니다.

4 _ Scale의 X축 오른쪽 끝부분에 마우스 커서를 올리면 숨겨진 버튼이 나타납니다. 이를 클릭하면 보기와 같이 팝업창이 나타납니다.

5 _ [Add Parameter Behavior]에서 [Link]를 클릭합니다.

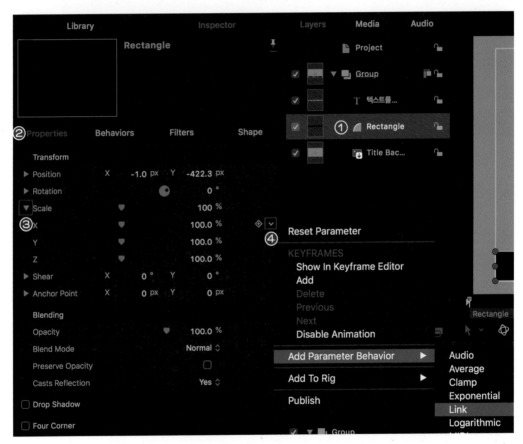

그림 3-36 그래픽 레이어와 텍스트 레이어의 연결(Scale : X)

인스펙터에 표시되는 탭이 Behaviors 탭으로 바뀌었습니다. Link라는 비헤이비어(Behavior)가 추가된 것입니다. Link는 서로 다른 옵션 값을 연결해주는 비헤이비어 입니다. 처음에는 Source Object가 None으로 무엇을 참고할 것인지 설정돼 있지 않습니다. 그래서 이 부분을 연결해야 합니다. 레이어 패널에서 텍스트 레이어를 클릭한 다음 Source Object로 드래그 앤드 드롭해 연결합니다. 다만 이 과정에서 주의할 점은 클릭한 다음에 마우스를 떼면 안 됩니다. 클릭한 다음 마우스 떼지 않고 그대로 드래그 앤드 드롭합니다. Source Object가 None에서 텍스트 관련 문구로 변경되면 성공적으로 적용된 것입니다.

그림 3-37 링크 Source Object에 텍스트 레이어 적용

이어서 Source Parameter를 설정하겠습니다. 예제에서는 텍스트의 길이(Width)에 따라 배경의 길이(Scale : X)가 달라지는 반응형 자막을 만들려고 합니다. Source Parameter는 텍스트의 길이(Width)가 됩니다. [Compatible Parameters]를 클릭한 다음 [Object Attributes] – [Size] – [Width]로 설정합니다.

그림 3-38 Source Parameter로 오브젝트의 길이(width)를 지정

그림 3-39처럼 텍스트의 길이에 따라 검은색 사각형 배경 길이가 자동으로 조절됩니다. 텍스트의 길이에 따라 배경의 길이가 달라지는 반응형 자막입니다. 이를 이용하면 일일이 자막의 길이에 맞춰서 배경 길이를 조절하지 않아도 됩니다. 저장을 눌러 파이널 컷으로 출력합니다.

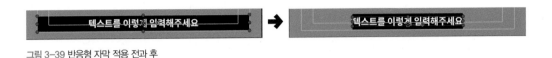

그림 3-39 반응형 자막 적용 전과 후

3.4 _ 키프레임과 비헤이비어로 텍스트 애니메이션 만들기

텍스트 애니메이션을 연출하는 방법은 크게 2가지로 나눠볼 수 있습니다.

- 첫 번째는 키프레임(Keyframe)을 이용해 서로 다른 두 값의 차이로 애니메이션을 만드는 방법입니다. 모션 5뿐만 아니라 애프터이펙트, 파이널 컷 프로 X, 프리미어 프로, 플래시 등 대부분 프로그램에서 애니메이션을 연출할 때 사용하는 전통적인 방법입니다.

- 두 번째는 비헤이비어(Behavior)를 적용해 애니메이션을 만드는 방법입니다. 비헤이비어는 모션 5에서만 사용하는 방법으로 사전에 움직임을 약속해 놓은 명령어라고 생각하면 됩니다.

실습을 통해 두 방법을 익혀보겠습니다. 먼저 새로운 모션 프로젝트를 생성합니다. 그림 3-40과 같이 설정합니다(Preset : Broadcast HD 1080, Frame Rate : 29.97fps, Duration : 10초).

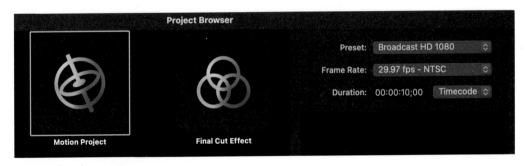

그림 3-40 새 모션 프로젝트 생성

그림 3-41과 같이 텍스트를 입력하겠습니다. 여러분이 원하는 문구로 텍스트를 입력해도 됩니다.

1 _ 툴 바에서 텍스트 툴을 클릭합니다.

2 _ 캔버스의 빈 곳을 클릭한 다음 텍스트를 입력합니다.

3 _ 텍스트를 입력했으면 선택 툴을 클릭해 입력 모드에서 빠져나갑니다.

4 _ 인스펙터나 HUD에서 텍스트의 크기를 조정합니다.

5 _ 텍스트의 위치를 드래그해 가운데로 위치를 조정합니다.

그림 3-41 텍스트 입력

3.4.1_ 키프레임으로 페이드인/아웃(Fade In/Out) 연출하기

텍스트가 자연스럽게 등장했다가 사라지는 페이드인/아웃(Fade In/Out)을 연출해 보겠습니다. 페이드인/아웃은 텍스트의 속성 중 불투명도(Opacity)에 키프레임을 주어 연출할 수 있습니다.

우선 플레이헤드를 1초로 이동시킵니다. 프레임 이동은 플레이헤드를 드래그하거나 타임코드에 숫자를 입력해서 이동할 수 있습니다. 타임코드를 클릭한 다음 숫자 '100'을 입력하면 1초 00 프레임으로 이동됩니다.

타임코드
(Timecode)

플레이헤드
(Playhead)

그림 3-42 프레임 이동

Tip _ 타임코드 읽는 방법

편집하는 데 있어 가장 기본적으로 알아야 할 부분은 타임코드를 아는 것입니다. 타임코드는 다음과 같은 형태입니다.

0:00:00;00

맨 왼쪽부터 가리키는 단위는 시(Hour), 분(Minute), 초(Second)입니다. 그렇다면 맨 오른쪽에 있는 단위는 무엇일까요? 그것은 바로 프레임(Frames)입니다.

만약 1시 3분 5초 7프레임을 나타내려면 [1:03:05;07]로 입력합니다.

페이드인을 위한 키프레임 추가하기

1 _ 인스펙터의 [Properties] 탭으로 이동합니다. 중간 영역에 있는 Blending 박스에 Opacity(불투명도) 옵션이 있습니다. 키프레임을 추가하는 버튼은 평소에는 숨겨져 있습니다. 마우스를 오른쪽 영역으로 가져가면 숨겨져 있던 키프레임 추가 버튼(Add a keyframe)이 나타납니다.

2 _ 키프레임 추가 버튼을 클릭해 키프레임을 추가합니다.

그림 3-43 키프레임 추가

Opacity에 키프레임 추가 버튼을 클릭했더니 관련된 값이 붉은색으로 표시되며 타임라인에도 붉은색 점이 추가됐습니다. 두 번째 키프레임도 다음과 같이 추가합니다.

3 _ 플레이헤드를 0초, 맨 처음으로 이동시킵니다.

4 _ Opacity의 값을 0으로 설정합니다. 슬라이더를 왼쪽으로 드래그하거나 값을 클릭한 다음 0을 입력합니다. 값만 변경 해도 1초에 있는 키프레임 값(Opacity : 100%)과 차이가 있기 때문에 자동으로 키프레임이 추가됩니다.

그림 3-44 숫자 값을 변경해 키프레임 추가

재생해서 키프레임이 적용됐는지 확인해보겠습니다. 플레이헤드를 0초에서 출발시키면 0~1초 사이에 서 텍스트가 자연스럽게 나타나는 페이드인(Fade In) 효과가 적용된 것을 볼 수 있습니다. 인스펙터의 Opacity 값도 0에서 100까지 증가하는 것을 확인할 수 있습니다. 여러분이 키프레임 2개를 추가하면 그 사잇값들은 컴퓨터가 자동으로 계산해 프레임마다 나타내 줍니다.

키프레임의 속도 조정하기

현재 타임라인에는 0초와 1초에 각각 키프레임이 있습니다. 키프레임을 드래그하면 키프레임의 애니메이션 속도를 조정할 수 있습니다. 1초에 있는 키프레임을 왼쪽으로 드래그해 15 프레임에 위치시킨 다음 재생을 눌러봅시다.

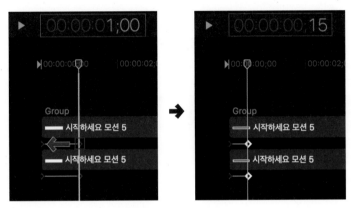

그림 3-45 키프레임의 속도 조절(빠르게)

텍스트가 나타나는 속도가 처음보다 빨라졌음을 알 수 있습니다. 마지막 키프레임을 왼쪽으로 드래그하면 두 키프레임의 간격이 좁아지고 속도도 그만큼 빨라집니다. 반대로 속도를 느리게 하려면 어떻게 해야 할까요? 마지막 키프레임을 오른쪽으로 드래그하면 애니메이션의 속도가 느려집니다. 드래그를 통해 간단하게 속도를 조정할 수 있지만 좀 더 세부적인 조정은 키프레임 에디터(Keyframe Editor)를 이용해야 합니다. 키프레임 에디터는 다른 장에서 좀 더 자세히 다루겠습니다.

페이드아웃을 위한 키프레임 추가하기

이번에는 페이드아웃(Fade Out)을 연출해 보겠습니다. 이번에도 필요한 키프레임은 2개입니다.

1 _ 먼저 플레이헤드를 9초로 이동시킵니다. 페이드아웃이 시작되는 키프레임을 이곳에 추가하겠습니다.

2 _ 인스펙터의 [Properties] 탭에서 Opacity의 값은 변경하지 않고, 바로 키프레임을 추가합니다.

3 _ 9초에 키프레임이 추가됐습니다.

그림 3-46 페이드아웃을 위한 첫 번째 키프레임 추가하기

4 _ 플레이헤드를 10초, 맨 마지막으로 이동시킵니다.

5 _ Opacity의 값을 0으로 설정합니다. 슬라이더를 왼쪽으로 드래그하거나 값을 클릭한 다음 0을 입력합니다. 값만 변경
해도 자동으로 키프레임이 추가됩니다.

그림 3-47 페이드아웃을 위한 두 번째 키프레임 추가

재생해보면 텍스트가 자연스럽게 희미해지면서 사라지는 모습을 확인할 수 있습니다. 이를 통해 페이
드아웃이 잘 적용된 것을 확인할 수 있습니다.

3.4.2 _ 비헤이비어로 페이드인/아웃(Fade In/Out) 연출하기

앞서 키프레임을 이용해 페이드인/아웃을 연출했습니다. 이번에는 같은 페이드인/아웃을 모션 5만의
장점인 비헤이비어(Behavior)를 적용해 간단하게 연출해 보겠습니다.

기존 입력된 키프레임 삭제하기

사전에 입력한 키프레임은 아쉽지만(!) 비헤이비어 적용을 위해 모두 삭제하겠습니다.

1 _ 키프레임 중 하나를 마우스 오른쪽 버튼으로 클릭합니다.

2 _ 팝업 메뉴에서 가장 아래에 있는 [Delete All Keyframes]를 선택합니다.

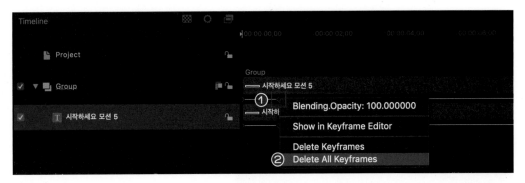

그림 3-48 모든 키프레임 삭제

Fade In/Out 비헤이비어 추가하기

이제 비헤이비어를 추가하겠습니다. 비헤이비어를 추가하는 방법은 여러 가지가 있습니다. 여기에서는 툴 바 가운데에 있는 톱니바퀴 모양의 Behaviors 아이콘을 클릭해 추가하겠습니다. Behaviors 아이콘을 클릭하면 팝업 메뉴가 나타납니다. [Basic Motion]에서 [Fade In/Fade Out]을 클릭해 비헤이비어를 추가합니다.

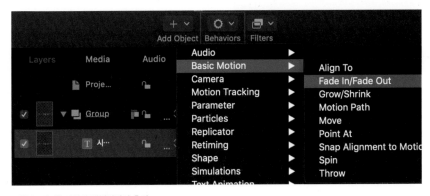

그림 3-49 툴 바에서 비헤이비어 추가

인스펙터에서 비헤이비어 조정하기

비헤이비어가 추가되면서 인스펙터에 표시되는 화면도 바뀝니다. Behaviors 탭이 활성화되고 Fade In/Fade Out의 값을 조정할 수 있습니다.

Ⓐ Fade In Time: 페이드인의 길이를 나타냅니다. 단위는 프레임입니다.

Ⓑ Fade Out Time: 페이드아웃의 길이를 나타냅니다.

Ⓒ Start Offset: 페이드인 효과가 시작되는 지점을 지연시킵니다.

Ⓓ End Offset: 페이드아웃 효과가 끝나는 지점을 앞당깁니다.

그림 3-50 Fade In/Fade Out 비헤이비어 인스펙터

인스펙터에서 값을 조절해 페이드인/아웃의 속도를 조정할 수 있습니다. 값이 작을수록 그만큼 속도가 빨라져 순식간에 페이드 됩니다. 반면에 값이 커질수록 그만큼 속도가 느려져 천천히 페이드 됩니다.

숫자 값은 프레임을 나타냅니다. 기본값은 20으로 설정돼 있는데 20프레임 동안 페이드가 진행된다는 의미입니다. 만약 약 1초간 페이드하고 싶다면 30을 입력하면 됩니다(프로젝트 프레임 레이트가 29.97fps일 때). 약 2초간 페이드하고 싶다면 60을 입력하면 됩니다.

HUD에서 비헤이비어 조정하기

HUD에서는 인스펙터보다 더 직관적으로 페이드 효과를 조정할 수 있습니다. HUD를 열어 보면 페이드가 적용되는 범위를 시각적으로 확인할 수 있습니다. 또한 드래그를 통해 직관적으로 페이드인/아웃의 길이를 조정할 수 있습니다. 그림 3-51을 보면 HUD에서 조정한 값이 인스펙터에서도 그대로 반영되는 것을 알 수 있습니다.

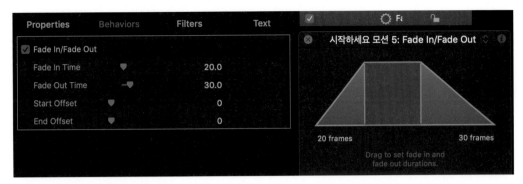

그림 3-51 HUD와 인스펙터(페이드인/아웃)

비헤이비어의 길이 조절은 타임라인에서 마우스를 드래그해 적용할 수 있습니다. 현재 Fade In/Out 비헤이비어의 길이를 살펴보겠습니다. 처음 시작(0초)부터 끝날 때(10초)까지 비헤이비어가 적용되고 있습니다. 그림 3-52에서 보라색 배경의 비헤이비어가 타임라인에 적용된 모습을 확인할 수 있습니다.

그림 3-52 타임라인에서 확인한 비헤이비어의 길이

비헤이비어의 길이를 조정해보겠습니다. 이제는 직관적인 방법이 익숙해져서 마우스 드래그로 쉽게 조정할 수 있을 것입니다. 혹은 플레이헤드를 원하는 위치로 이동시킨 다음 단축키 O를 이용하는 방법도 있습니다.

그림 3-53 길이를 조정한 비헤이비어

비헤이비어의 길이를 조정한 다음 재생해보면 4–5초 구간에서 페이드아웃이 적용되다가 5초 이후에
다시 원래의 텍스트가 나타나고 아무런 변화 없이 마지막까지 재생되는 모습을 볼 수 있습니다. 즉, 비
헤이비어가 적용된 구간(0–5초)만 페이드인/아웃이 적용되는 것을 알 수 있습니다.

비헤이비어의 특성을 잠시 정리하고 가겠습니다.

1 _ 비헤이비어는 타임라인에서 보라색으로 표시된다.

2 _ 비헤이비어는 적용 구간에서만 유효하다.

3 _ 비헤이비어는 적용 구간을 조정할 수 있다(마우스 드래그, 단축키 I/O).

또한 비헤이비어를 컨트롤 할 수 있는 버튼들이 레이어 리스트(Layer List)와 툴 바(Tool Bar) 등 곳곳에 위치해
있습니다. 비헤이비어를 좀 더 능숙하게 다루려면 이러한 버튼도 알아두면 좋습니다.

먼저 레이어 리스트에서는 비헤이비어의 활성화/비활성화, 잠금 기능 등을 간단하게 클릭만으로 설정할 수 있
습니다.

Ⓐ 작은 기어 모양의 버튼은 해당 레이어에 적용된 모든 비헤이비어를 활성화/비활성화하는 기능입니다.

Ⓑ 체크박스를 통해 비헤이비어를 활성화/비활성화할 수 있습니다.

Ⓒ 잠금 기능입니다. 잠그게 되면 비헤이비어의 값을 수정할 수 없습니다.

그림 3-54 레이어 리스트에 있는 비헤이비어의 컨트롤 버튼

툴 바에서는 비헤이비어를 표시/미표시하는 버튼이 있습니다. 작업이 좀 더 복잡한 프로젝트에서 레이어 사이
의 관계를 파악하기 위해 자주 사용하는 기능입니다.

ⓓ 비헤이비어를 타임라인에 표시/미표시합니다.

그림 3-55 툴 바의 비헤이비어 컨트롤 버튼

이번에는 다른 텍스트 비헤이비어를 적용해 보겠습니다. 기존에 적용한 Fade In/Out 비헤이비어는 레이어 리스트나 타임라인에서 체크 표시를 클릭해 비활성화합니다.

그림 3-56 기존에 적용된 비헤이비어의 비활성화

3.4.3 _ 라이브러리 패널에서 비헤이비어 미리 보고 적용하기

모션 5에서 적용할 수 있는 비헤이비어는 종류가 굉장히 다양합니다. 비헤이비어가 어떤 기능을 하는지 텍스트로만 파악하기에는 한계가 있습니다. 그래서 이번에는 라이브러리에서 비헤이비어를 미리 살펴본 다음에 적용해 보겠습니다.

1 _ 화면 왼쪽 위에 있는 라이브러리 패널을 클릭합니다.

2 _ [Behaviors] 카테고리를 클릭한 다음 [Text Animation] 카테고리를 클릭합니다.

3 _ [Type On] 비헤이비어를 클릭합니다.

4 _ 미리보기 창에서 선택한 비헤이비어가 어떤 동작을 하는지 미리 확인할 수 있습니다.

5 _ [Apply] 버튼을 클릭해 비헤이비어를 추가합니다.

그림 3-57 라이브러리 패널에서 비헤이비어 추가

Type On 비헤이비어는 글자를 타이핑하는듯한 모습을 연출합니다. 비헤이비어를 적용한 다음 재생을 눌러보면 천천히 한 글자씩 입력되는 모습을 확인할 수 있습니다. 다만 텍스트의 길이만큼 비헤이비어도 같은 길이로 적용돼서 속도가 조금 답답하게 느껴집니다. 그림 3-58과 같이 비헤이비어의 길이를 1초로 조정한 다음 다시 재생해보면 훨씬 빨라진 속도를 느낄 수 있습니다.

그림 3-58 마우스 드래그로 비헤이비어 길이 조절

이렇게 비헤이비어의 동작들을 미리 살펴볼 수 있어서 사용자 입장에서는 좀 더 직관적으로 비헤이비어의 동작을 파악할 수 있습니다. 다른 프로그램에서도 효과들을 미리 살펴보려면 별도의 프로그램을 실행해 살펴볼 수 있지만, 모션 5는 프로그램에서 자체적으로 미리 보기 기능을 지원해주므로 훨씬 간편하다는 장점이 있습니다.

이번에는 텍스트 애니메이션을 좀 더 세분화한 Text Sequence(텍스트 시퀀스) 카테고리에 있는 비헤이비어를 살펴보겠습니다. 텍스트 시퀀스 카테고리에는 6개의 카테고리가 있습니다. 오른쪽 아래에 있는 [목록 보기] 아이콘을 클릭하면 그림 3-59와 같이 보면 좀 더 일목요연하게 살펴볼 수 있습니다.

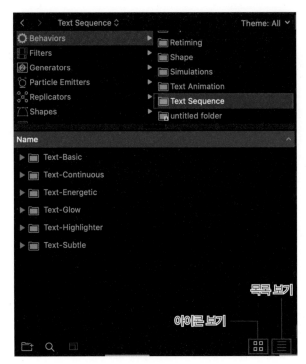

그림 3-59 텍스트 시퀀스 카테고리에 있는 텍스트 애니메이션 효과 카테고리

텍스트 시퀀스 카테고리 하위에 있는 각 카테고리의 특징은 다음과 같습니다.

- Text - Basic: 페이드인 또는 블러 아웃과 같은 텍스트가 등장하고 사라지는 간단한 애니메이션입니다.

- Text - Continuous: 연속적으로 움직이는 텍스트 애니메이션입니다. 따로 텍스트가 등장하고 사라지는 것이 없습니다.

- Text – Energetic: 튀어 오르거나 튀어나오는 텍스트 애니메이션으로 텍스트가 등장하고 사라지는 애니메이션입니다.

- Text – Glow: flare와 같이 빛나는 효과를 만드는 텍스트 애니메이션입니다. 텍스트의 등장과 사라짐이 있습니다.

- Text – Highlighter: 텍스트가 시작되는 부분에 적용할 수 있는 강조 효과가 있습니다.

- Text – Subtle: 세밀한 텍스트 애니메이션 효과가 있습니다.

Text – Glow 카테고리에 있는 Flare In 텍스트 애니메이션을 적용해 보겠습니다. Flare In 텍스트 애니메이션을 적용해보면 그림 3-60과 같이 키프레임을 이용해 애니메이션을 연출했음을 알 수 있습니다.

그림 3-60 키프레임으로 구성된 Flare In 텍스트 애니메이션

Flare In뿐만 아니라 텍스트 시퀀스 카테고리에 있는 대부분의 텍스트 애니메이션은 키프레임을 이용해 만든 일종의 프리셋입니다. 미리 만들어 놓은 것이라서 여러분이 키프레임이나 세부 값을 조정하지 않고 그냥 사용해도 되고, 필요에 따라 수정할 수도 있습니다.

3.4.4 _ 시퀀스 텍스트 비헤이비어로 텍스트 애니메이션 만들기

시퀀스 텍스트 비헤이비어를 이용하면 텍스트에 한 글자씩 애니메이션을 줄 수 있습니다. 보통 텍스트 애니메이션은 한 줄 단위나 한 단어씩 애니메이션이 들어갑니다. 이렇게 한 줄 단위나 한 단어씩 애니메이션이 들어가다 보니 글자 하나하나에 애니메이션을 주고자 할 때 기존과는 다른 방법을 이용해야 합니다. 이럴 때 유용하게 사용할 수 있는 비헤이비어가 바로 Sequence Text입니다. 이 비헤이비어는 그림 3-61과 같이 Text Animation 카테고리 아래에 있습니다.

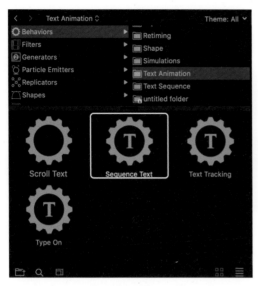

그림 3-61 한 글자씩 애니메이션을 연출하는 Sequence Text

Sequence Text 비헤이비어를 텍스트에 적용해보겠습니다. 적용 후 재생해보면 별다른 변화가 없습니다. 다른 비헤이비어는 적용과 동시에 재생하면 애니메이션이 연출됐는데 Sequence Text는 인스펙터에서 설정해야만 애니메이션이 연출됩니다. Sequence Text의 인스펙터를 살펴보겠습니다.

그림 3-62 Sequence Text 비헤이비어의 인스펙터

현재 파라미터(Parameter, 매개변수)에 아무런 항목도 설정돼 있지 않은 상태입니다. 파라미터의 [Add]를 클릭한 다음 [Format] - [Opacity](불투명도)를 클릭합니다.

그림 3-63 파라미터에 Opacity 추가

Format 탭이 새로 생기면서 Opacity(불투명도)가 추가됐습니다. 슬라이더를 드래그해 Opacity의 값을 100%에서 0%로 변경합니다.

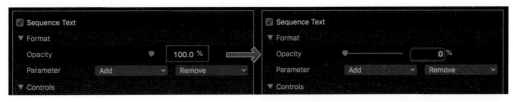

그림 3-64 Opacity의 값 조정하기

재생해 보겠습니다. 텍스트가 한 글자씩 페이드인(Fade In) 되면서 나타납니다. 길이가 10초 정도로 적용돼 있어서 천천히 나타납니다. 비헤이비어의 길이를 조정해 속도를 높여보겠습니다. 단축키 O를 이용해 길이를 5초로 조정합니다. 다시 재생해보면 적당한 속도감이 붙으면서 몰입감이 있는 텍스트 애니메이션으로 탈바꿈했습니다.

단축키 적용이 안 될 때에는 한글/영문 입력 상태를 확인하고 영문 입력 상태로 변경해야 합니다.

그림 3-65 비헤이비어의 길이 조절

인스펙터에서 Opacity(불투명도)를 0%로 설정한 것은 글자의 처음 시작을 불투명도 0%에서 시작하겠다는 뜻입니다. 처음에는 불투명도 0%로 시작해 보이지 않지만 결국은 불투명도 100%로 끝나게 됩니다. 즉, 페이드인(Fade In)입니다.

그러면 그 반대로 하려면 어떻게 해야 할까요? 불투명도를 0%로 종료한다면 페이드아웃이 될 것입니다. 이를 위해 인스펙터에서 Sequencing을 [From]에서 [To]로 설정합니다.

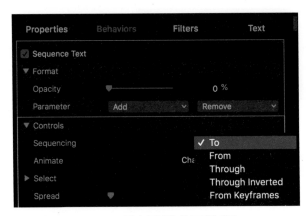

그림 3-66 Sequence Text 비헤이비어에서 페이드아웃 설정

Sequence Text(시퀀스 텍스트) 비헤이비어는 인스펙터에서 볼 수 있듯이 다양한 옵션이 있으며, 다양하게 응용할 수 있습니다. 시퀀스 텍스트 비헤이비어는 비헤이비어에 적용할 파라미터(Parameter, 매개변수)를 추가한 다음 인스펙터의 콘트롤(Controls) 영역에서 값을 세부적으로 수정하여 조정합니다. Text Sequence 카테고리에 있는 무수히 많은 텍스트 애니메이션도 모두 이 Sequence Text 비헤이비어를 이용해 만든 결과물입니다.

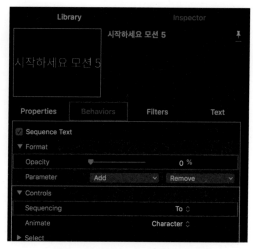

| 텍스트의 기본값 | 시퀀스 텍스트의 설정값(비헤이비어) |

그림 3-67 Sequence text의 작동 원리

Sequencing은 움직이는 방식을 설정하는 팝업 메뉴입니다. 메뉴에는 다섯 가지 옵션이 있습니다.

그림 3-68 Sequencing의 다섯 가지 옵션

Ⓐ To: 텍스트의 기본값에서 시퀀스 텍스트의 설정값으로 이동합니다. 이를 Opacity에 대해 설정하면 페이드아웃(Opacity 100% → 0%)이 됩니다.

Ⓑ From: 시퀀스 텍스트 설정값에서 텍스트의 기본값으로 이동합니다. 이를 Opacity에 대해 설정하면 페이드인(Opacity 0% → 100%)이 됩니다.

Ⓒ Through: 텍스트의 기본값에서 출발해 시퀀스 텍스트 설정값을 거쳐 다시 텍스트의 기본값으로 돌아옵니다. 텍스트의 기본 불투명도 값이 100%이고 시퀀스 텍스트 설정값을 불투명도 0%로 할 경우 100%에서 0%로 갔다가 다시 텍스트의 기본 불투명도 값 100%로 돌아옵니다.

Ⓓ Through Inverted: Through와 정반대로 움직입니다. 시퀀스 텍스트의 설정값에서 출발해 텍스트의 기본값을 거쳐 다시 시퀀스 텍스트의 설정값으로 돌아옵니다.

ⓔ From Keyframes: 시퀀스 텍스트의 설정값을 이용해 애니메이션이 이동하는 방법을 키프레임으로 조정할 수
있습니다.

Speed 옵션을 이용하면 시퀀스 텍스트 애니메이션의 속도를 조정할 수 있습니다. Constant, Ease In,
Ease Out, Ease Both, Accelerate, Decelerate, Custom 등이 있습니다. 애니메이션의 속도감을 다
채롭게 줄 수 있기 때문에 알아두면 좀 더 몰입감 있는 애니메이션을 연출할 수 있습니다.

- Constant: 기본값으로 일정한 속도를 유지하면서 움직입니다.

- Ease In: 느린 속도로 시작하여 점점 보통 속도로 증가합니다.

- Ease Out: 보통 속도로 시작하여 점점 느려집니다.

- Ease Both: 느린 속도로 시작하여 중간쯤에 보통 속도로 증가한 다음 점점 느려집니다.

- Accelerate: 점점 속도가 빨라집니다.

- Decelerate: 점점 속도가 느려집니다.

- Custom: 임의의 키프레임을 통해 속도를 조정합니다.

글자가 튀어나오는 애니메이션 연출하기

시퀀스 텍스트 비헤이비어는 Parameter(파라미터)에 무엇을 추가하느냐에 따라 다양한 애니메이션을
연출할 수 있습니다. 이번에는 파라미터에 Scale(크기)을 추가해 글자가 튀어나오는 애니메이션을 연
출해 보겠습니다.

우선 기존에 적용했던 Opacity는 파라미터에서 삭제하겠습니다. [Remove]를 클릭한 다음 [Format]
- [Opacity]를 클릭합니다.

그림 3-69 파라미터 삭제(Opacity)

파라미터에 Scale(크기)을 추가하기 위해 [Add]를 클릭한 다음 [Format] – [Scale]을 클릭합니다.

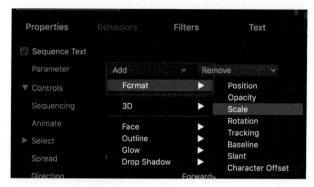

그림 3-70 파라미터 추가(Scale)

추가한 스케일의 값을 0%로 지정하고, Sequencing을 [From]으로 설정합니다.

그림 3-71 스케일 값과 시퀀싱 설정

재생해보면 텍스트 레이어와 비헤이비어가 모두 5초로 설정돼 있어서 느린 속도로 글자가 나타나는 모습을 확인할 수 있습니다. 그리고 텍스트 레이어가 없는 5초 이후에는 글자가 사라집니다. 애니메이션 이후에도 글자가 계속 나타날 수 있게 레이어 길이를 조정하겠습니다. 레이어는 10초로 늘리고 비헤이비어는 1초로 줄이겠습니다. 레이어의 가장자리를 마우스로 드래그해 길이를 조절할 수 있으며 플레이헤드를 이동시킨 다음 단축키 O를 이용할 수도 있습니다.

그림 3-72 텍스트 레이어와 비헤이비어 길이 조절

글자색이 바뀌는 애니메이션

파라미터에 글자색을 추가해 글자의 색이 바뀌는 애니메이션을 연출해 보겠습니다. 글자색은 [Face] –
[Color]를 파라미터에 추가하면 됩니다. 기존에 적용한 Scale은 [Remove]로 제거한 다음 그림 3-73
과 같이 [Face] – [Color]를 추가합니다.

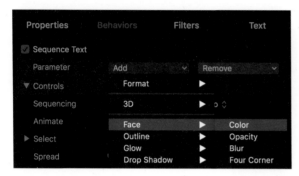

그림 3-73 글자색 파라미터 추가(Face – Color)

Face의 컬러 웰을 클릭한 다음 원하는 색을 선택합니다. 색을 선택한 다음 Sequencing은 [To]로 설
정합니다. 텍스트의 기본색은 흰색이지만 시퀀스 텍스트의 설정값을 푸른색으로 했기 때문에 흰색에서
푸른색으로(To) 변경됩니다.

그림 3-74 컬러 웰 색상 변경 후 시퀀싱 설정

시퀀스 텍스트 비헤이비어(Sequence Text Behavior)는 한 글자마다 텍스트 애니메이션을 적용할 수 있고 파라미터에 어떤 값을 추가하느냐에 따라 다양한 애니메이션을 연출할 수 있습니다. 라이브러리 패널에서 [Behaviors] – [Text Sequence](텍스트 시퀀스)에는 시퀀스 텍스트 비헤이비어를 이용해 만든 다양한 응용작이 있습니다. 시퀀스 텍스트 비헤이버의 사용 방법을 좀 더 알고 싶다면 기존에 적용된 애니메이션을 적용해본 다음 키프레임과 인스펙터를 분석하는 방법으로 살펴봐도 됩니다.

그림 3-75 시퀀스 텍스트 비헤이비어를 이용해 만든 텍스트 시퀀스 애니메이션

텍스트 인스펙터 살펴보기

Properties(속성) 탭

Properties는 '속성'이라는 뜻으로 레이어의 기본적인 속성들을 조정할 수 있습니다.

그림 3-76 인스펙터의 Properties(속성) 탭

Ⓐ Position(위치)

레이어의 위치를 나타냅니다. 레이어는 X축, Y축의 좌푯값(픽셀, px)이 있습니다. 그림 3-77은 프로젝트 사이즈가 1080HD(가로 1920px, 세로 1080px)일 때의 포지션 값을 나타낸 것입니다.

화면 정중앙에 레이어가 위치했을 때 좌푯값은 (0px, 0px)입니다. 가로의 범위는 좌로 −960px, 우로 960px입니다. 이를 합하면 가로 1920px이 됩니다. 세로의 범위는 위로 480px, 아래로 −480px입니다. 이를 합하면 세로 960px입니다.

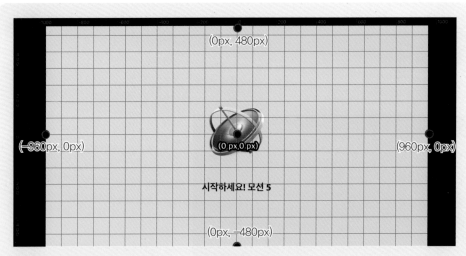

그림 3-77 1080HD 사이즈에서 포지션값

⑧ Rotation(회전)

레이어에 회전을 줄 수 있습니다. 위에서 살펴본 포지션이 px(픽셀) 단위를 사용한 반면 회전은 360도 단위를 사용합니다. 숫자 값을 변경하면 왼쪽에 있는 조그 다이얼 아이콘도 함께 움직입니다. 물론 조그 다이얼 아이콘을 드래그해 회전값을 직관적으로 조정할 수도 있습니다. 회전할 때의 기준점은 앵커 포인트(Anchor Point)입니다. 그래서 회전할 때 꼭 앵커 포인트를 사전에 맞춰 놓고 작업을 진행해야 합니다.

ⓒ Scale(크기)

레이어의 크기를 조정할 수 있습니다. 100%를 기준으로 합니다. 크기를 절반으로 줄이고 싶다면 스케일 값을 50%로 조정하면 됩니다. 크기를 2배로 늘리고 싶다면 스케일 값을 200%로 조정합니다.

ⓓ Shear(전단)

레이어를 양쪽에서 손으로 잡고 잡아당깁니다. 어느 한쪽의 힘이 더 강한 경우 그쪽으로 일그러지게 됩니다. Shear는 레이어에 왜곡된 느낌을 줄 수 있습니다. X와 Y축에 값을 줄 수 있는데, 가로로 잡아당길 수 있고(X축) 세로로 잡아당길 수 있습니다(Y축). 이 기능을 이용해 다양한 디자인을 할 수 있습니다.

ⓔ Anchor Point(기준점)

레이어에 회전이나 크기를 변경하고자 할 때 기준으로 잡는 기준점입니다. 어떤 레이어든지 기준점이 있으며 이 기준점을 바탕으로 위치, 회전, 크기에 변화를 만들 수 있습니다. 학창시절 체육 시간에 기준을 어디에 두는가에 따라서 줄의 모양이 달라졌던 것을 생각해볼 수 있습니다.

❺ Opacity(불투명도)

레이어의 불투명도를 조정할 수 있습니다. 100%일 때 모두 보이는 반면에 0%에 근접할수록 점점 투명해집니다. 이런 속성을 이용해 불투명도에 키프레임 애니메이션 효과를 주어 페이드인/아웃(Fade in/out)을 연출합니다.

❻ Blend Mode(블렌드 모드)

두 개의 레이어를 합성하고자 할 때 사용합니다. 다양한 옵션들이 있으며 각 옵션들은 색상 차이를 어떻게 활용하는가에 따라 다른 결과물을 만들어 줍니다. 예를 들어 Screen(스크린) 옵션으로 블렌드 모드를 설정하면 두 개의 레이어 중 어두운 영역은 투명해지고 밝은 영역은 더욱더 하얗게 되어 전체적으로 밝은 이미지가 됩니다. 반면에 Multiply(곱하기) 옵션으로 블렌드 모드를 설정하면 두 개의 레이어 중 어두운 영역은 더욱더 어두워지고 밝은 영역은 투명해져서 더욱더 어둡게 되어 전체적으로 어두운 이미지가 됩니다.

❼ Preserve Opacity(불투명도 보존)

이 기능은 불투명도 속성을 활용한 마스크 기능입니다. 두 개의 레이어가 있으면 한쪽 레이어의 모양대로 다른 레이어를 나타냅니다. 예를 들어 텍스트 레이어와 이미지 레이어가 있는 상태에서 이미지 레이어의 Preserve Opacity에 체크하면 이미지가 다음 그림처럼 나타납니다.

그림 3-78 Preserve Opacity 체크 후 모습

❽ Cast Reflection(반사 속성)

레이어가 빛과 같은 조명을 받았을 때 반사를 할 수 있는지 체크할 수 있습니다. 세 가지 옵션이 있습니다. Yes/No는 물체의 반사 속성을 설정/해제합니다. Reflection only는 원본의 모습은 감추고 반사된 모습만 보여주는 옵션입니다.

❾ Timing(타이밍)

레이어의 시작 시각(In)과 종료 시각(Out) 그리고 길이(Duration)를 설정할 수 있습니다. 타임라인에서 직관적으로 드래그하여 조정할 수 있지만 인스펙터에서도 숫자 값을 입력해 조정할 수 있습니다.

Text 탭

인스펙터의 4개의 탭 중에서 가장 오른쪽에 위치한 탭은 선택한 레이어의 속성마다 다르게 나타납니다. 이미지 레이어를 선택하면 Image 탭이 나타나고, 텍스트 레이어를 선택하면 Text 탭이 나타납니다. Text 탭은 하위 3개의 탭으로 다시 나눌 수 있는데 각각 Format, Appearance, Layout 탭이 있습니다. 이 중에서 Format 탭을 클릭해 어떻게 텍스트를 수정할 수 있는지 살펴보겠습니다.

그림 3-79 텍스트 탭의 하위 3가지 탭

텍스트의 글꼴, 크기, 자간 등의 기본 형식을 지정할 수 있는 Basic Formatting 옵션은 그림 3-80과 같습니다.

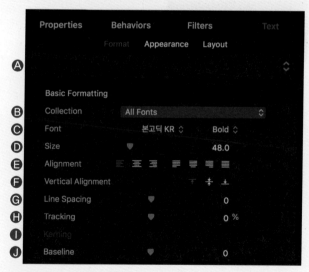

그림 3-80 텍스트 탭의 Basic Formatting

Ⓐ 프리셋(Preset)

프리셋은 Format(포맷) 패널 상단에 위치한 팝업 메뉴입니다. 라이브러리에 저장된 텍스트 스타일 프리셋들을 적용할 수 있습니다. 또한 사용자가 직접 프리셋으로 저장하여 필요할 때마다 사용할 수 있습니다. 자주 쓰는 스타일은 프리셋으로 미리 저장하면 다음 번에 간편하게 적용할 수 있습니다.

Ⓑ 컬렉션(Collection)

바로 아래쪽에 붙어 있는 Ⓒ폰트 옵션과 연동하여 사용할 수 있습니다. All fonts로 선택하면 macOS에 설치된 모든 폰트를 표시합니다. 하지만 컬렉션에서 각 카테고리별로 선택하면 해당하는 폰트만 나타날 수 있게 해줍니다. 기본적으로 지원하는 카테고리로는 Favorites(즐겨찾기), Recently Used(최근 사용한 폰트), 기본, 재미, 웹, 모던 등이 있습니다.

Ⓒ 폰트(Font)

글꼴과 글꼴에 따른 스타일(보통, 굵게, 기울게 등)을 선택할 수 있습니다.

Ⓓ 크기(Size)

텍스트의 크기를 조정할 수 있습니다. 슬라이더를 드래그하여 설정할 수 있는 최대 크기는 288포인트입니다. 288포인트 이상으로 입력하고자 할 때는 두 가지 방법이 있습니다. 첫 번째는 숫자 부분을 위아래로 드래그하여 입력하는 방법이고, 두 번째는 숫자 부분을 클릭한 후에 새로운 숫자 값을 입력하고 Return 키를 눌러 입력하는 방법입니다.

Ⓔ 정렬(Alignment)

텍스트의 정렬을 설정합니다. 왼쪽 정렬, 가운데 정렬, 오른쪽 정렬과 함께 배분 정렬과 양쪽 정렬을 설정할 수 있습니다.

Ⓕ 수직 정렬(Vertical Alignment)

수직 정렬은 텍스트 상자가 있을 경우 텍스트 상자 내에서 상자 위쪽, 가운데, 아래쪽으로 정렬할 수 있는 옵션입니다.

Ⓖ 줄 간격(Line Spacing)

텍스트의 각 줄 사이의 거리를 설정할 수 있습니다.

Ⓗ 자간(Tracking)

텍스트의 사이사이 간격을 설정할 수 있습니다.

Ⓘ 간격 좁힘(Kerning)

특정 텍스트 간의 간격을 줄일 수 있습니다.

Ⓙ 베이스라인(Baseline)

입력된 텍스트는 맨 아래 정렬을 해주는 보이지 않는 기준선이 있습니다. 이를 베이스라인이라고 합니다. 베이스라인은 이 기준선을 조정하는 옵션입니다.

이번에는 Advance Formatting 옵션들을 살펴보겠습니다.

그림 3-81 텍스트 탭의 Advanced Formatting

Ⓐ 스케일(Scale)

텍스트 문자의 크기를 비율에 맞게 조정할 수 있습니다. 펼침 삼각형을 클릭하면 X 또는 Y의 비율 값만 조정할 수 있습니다.

Ⓑ 오프셋(Offset)

텍스트를 원래 위치(앵커포인트)에서 이동시킬 수 있습니다. 펼침 삼각형을 클릭하면 X, Y 및 Z 위칫값을 조정할 수 있습니다.

ⓒ 회전(Rotation)

Z 공간에서 텍스트를 회전시킬 수 있습니다. 텍스트 탭의 로테이션은 글자 하나하나마다 회전을 준 스타일입니다. 반면에 속성(Properties) 탭에 있는 회전은 텍스트를 전체적으로 회전을 준 차이가 있습니다. 펼침 삼각형을 클릭하면 X, Y 및 Z 공간에 회전을 줄 수 있습니다.

ⓓ 기울기(Slant)

텍스트에 기울기 값을 추가하여 기울어진 글자를 연출할 수 있습니다.

ⓔ 고정 폭(Monospace)

체크박스를 선택하면 텍스트 글자 간 고정적인 간격이 적용됩니다.

ⓕ 모든 대문자(All caps)

영어로 입력한 텍스트의 경우 소문자도 모두 대문자로 만들어 줍니다.

ⓖ 모든 대문자 크기(All caps size)

텍스트 크기의 백분율을 기준으로 대문자의 크기를 설정할 수 있습니다. 위쪽의 '모든 대문자(All caps)' 옵션에 체크했을 때 적용할 수 있습니다.

ⓗ 파이널 컷 프로 X에서 편집 가능(Editable in FCP)

체크박스에 체크하면 파이널 컷 프로 X에 게시된 템플릿에서 텍스트의 모든 사항들을 편집할 수 있습니다.

ⓘ 텍스트 입력 칸(Text)

캔버스에서 직접 클릭하여 텍스트 내용을 수정할 수 있지만 인스펙터의 이 칸을 이용해서 텍스트 내용을 수정할 수도 있습니다.

04
CHAPTER

영상 파일로 출력하기

이번 장에서는 모션 프로젝트 파일을 영상 파일로 출력하는 방법을 알아보겠습니다. 모션에서 작업한 프로젝트는 파일로 출력해 동영상 공유 사이트에 업로드 할 수 있으며 영상 편집 작업에 다시 활용할 수 있습니다. 특히 배경을 제거한 알파 채널(Alpha Channel) 영상으로 출력하면 어느 편집 프로그램에서도 쉽게 활용할 수 있는 소스 파일로 만들 수 있습니다.

모션 5에서 기본적으로 제공하는 템플릿 파일을 이용해 오프닝 영상의 문구를 수정해 보고, 직접 출력하는 방법을 살펴보겠습니다.

4.1 _ 템플릿을 이용한 오프닝 영상 출력하기

모션 5에는 기본적으로 제공하는 템플릿 파일이 있습니다. 프로젝트 브라우저의 [Composition] 카테고리에서 3D, Atmospheric, Decode, Pulse, Skyline, Snap, Splash, Stickers, Swarm, Vine 등의 템플릿을 제공합니다. 이를 이용해 오프닝 타이틀 영상이나 DVD를 제작할 때 활용할 수 있는 메뉴 및 하단 표시 자막(Lower Third)을 쉽게 수정하고 제작할 수 있습니다.

1 _ 프로젝트 브라우저의 왼쪽 사이드 패널에서 [Compositions] 카테고리에 있는 [Swarm]을 클릭합니다.

2 _ [Swarm – Open] 템플릿을 선택합니다.

3 _ [Open a Copy] 버튼을 클릭하여 프로젝트를 열어보겠습니다.

그런 다음 스페이스 키를 이용해 10초 길이 분량의 전체 프로젝트를 재생해보겠습니다. QR 코드를 스캔하면 이번 장에서 만들 예제 영상을 볼 수 있습니다.

Swarm 예제 영상 보기
(https://youtu.be/a4-hnKa2aRo)

그림 4-1 프로젝트 브라우저에서 Swarm-Open 템플릿 선택

타임라인에서 6초 10프레임(00:00:06;10)으로 이동하겠습니다. 플레이헤드를 드래그해서 6초 10프레임으로 이동하는 방법도 있지만, 타임코드를 이용하는 방법이 있습니다.

1 _ 타임코드를 더블 클릭합니다.

2 _ '610'을 입력합니다.

3 _ 6초 10프레임으로 이동하여 타임코드가 '00:00:06;10'으로 표시됩니다..

그림 4-2 프레임 이동 방법(타임코드 입력)

캔버스에서 텍스트를 클릭해서 수정하려 해도 텍스트가 잘 선택되지 않습니다. 타임라인에서 확인해보니 Text Elements가 그룹으로 묶여 있는 것을 확인할 수 있습니다. 이렇게 그룹으로 묶여 있을 때는 왼쪽에 있는 닫힌 삼각형 부분을 클릭해 펼친 다음에 텍스트 레이어를 각각 수정해야 합니다. 그림 4-3과 같이 Text Elements 왼쪽에 있는 닫힌 삼각형을 클릭하면 그룹으로 묶인 텍스트 레이어가 나타납니다.

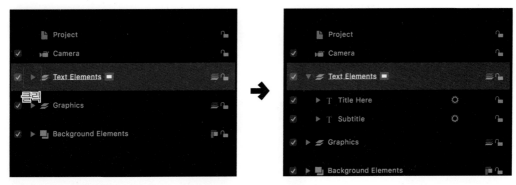

그림 4-3 닫힌 삼각형을 클릭해 레이어 확인

기존 텍스트 수정하기

기존에 입력된 텍스트를 원하는 문구로 수정하겠습니다.

1 _ Title Here 레이어를 선택합니다. 레이어는 타임라인에서 선택해도 되고 레이어 패널에서 선택해도 됩니다.

2 _ 텍스트 내용은 '시작하세요 모션 5'로 했습니다. 텍스트는 여러분이 원하는 문구로 수정해도 됩니다.

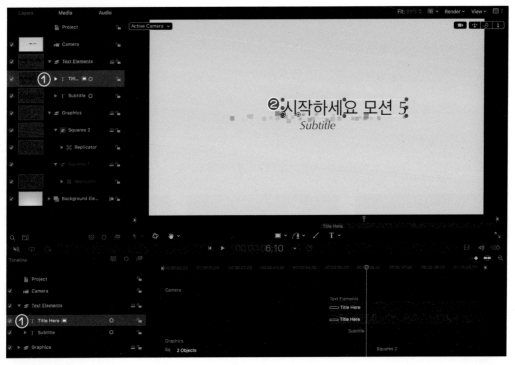

그림 4-4 텍스트 문구 수정

HUD에서 폰트와 정렬 방식을 수정하겠습니다. HUD는 단축키 F7(또는 Fn+F7) 키로 활성화할 수 있습니다.

1 _ 폰트는 [본고딕] – [Heavy]로 설정합니다.

2 _ 텍스트 정렬 방식은 중앙 정렬을 클릭합니다.

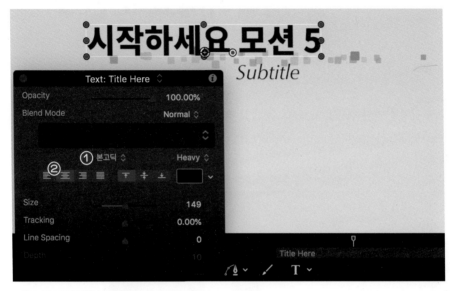

그림 4–5 HUD에서 텍스트 수정

이번에는 '시작하세요 모션 5'의 위치를 수정하겠습니다. 캔버스 화면에서 텍스트를 드래그해 중앙으로 배치합니다. 다음 그림과 같이 '시작하세요 모션 5' 글자가 화면 중앙에 배치된 모습을 확인할 수 있습니다.

그림 4–6 텍스트의 위치 조정

아래에 있는 'Subtitle' 텍스트도 같은 방법으로 수정하겠습니다. 레이어 패널 또는 타임라인에서 Subtitle 레이어를 선택한 다음 텍스트 내용을 수정합니다. 그리고 폰트, 정렬, 위치 값을 세부적으로 조정합니다.

- **폰트**: 본고딕 Extralight

- **텍스트 정렬**: 중앙 정렬

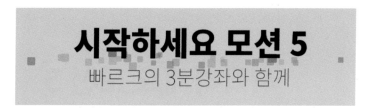

그림 4-7 Subtitle의 텍스트 수정

이제 이렇게 수정 작업을 마친 템플릿 프로젝트를 영상 파일로 출력하겠습니다. 상단 메뉴에서 [File] − [Share] − [Export Movie](단축키 command + E)를 클릭합니다.

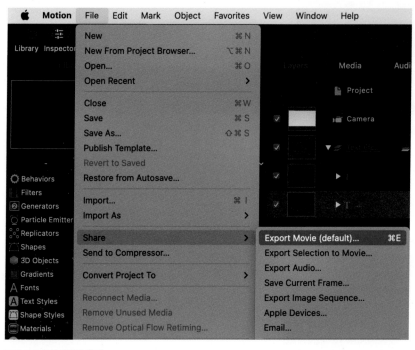

그림 4-8 영상 파일로 출력

[Export Movie...]를 클릭하면 출력 창(Export Window)이 나타납니다. 출력 창의 옵션은 그림 4-9 와 같이 설정합니다.

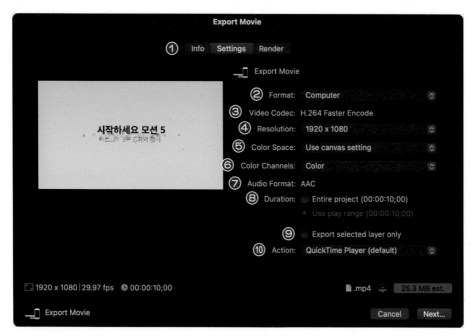

그림 4-9 출력 창(Export Window)

❶ 탭 선택하기

'Info', 'Settings', 'Render' 탭을 선택하여 출력 설정을 변경할 수 있습니다.

❷ Format(포맷)

영상을 출력할 때 기본적으로 비디오와 오디오를 모두 포함(Video and Audio)하여 출력하지만 특별한 경우 비디오만 출력할지(Video Only) 혹은 오디오만 출력할지(Audio Only) 선택할 수 있습니다. 이외에도 아이폰과 아이패드와 같은 애플 기기에 최적화된 영상 포맷(Apple Devices)과 맥과 PC에서도 범용으로 재생되는 포맷(Computer) 그리고 유튜브와 비메오와 같은 웹 비디오 호스팅용 포맷(Web Hosting)을 선택할 수 있습니다.

❸ Video Codec(비디오 코덱)

앞서 선택한 포맷에 따라 설정할 수 있는 영상의 코덱이 달라집니다. 기본적으로 영상 소스의 코덱이 선택되는데 다른 비디오 코덱을 선택할 수 있습니다.

> **Tip _ 어떤 코덱을 선택해야 할까요?**
>
> 모션 5에서는 애플의 ProRes 코덱을 지원하며 H.264 코덱도 함께 지원합니다. 사용 용도에 따라 코덱을 다르게 지정할 수 있습니다. 모션 프로젝트에서 출력한 영상을 나중에 파이널 컷 프로, 프리미어 프로 등에서 다시 편집하려면 애플의 ProRes 코덱 계열이 후반 편집에 유리합니다. 반면 영상을 동영상 스트리밍 사이트에 업로드하거나 공유 및 배포하고자 할 때는 H.264 코덱을 선택하는 것이 더 좋습니다.

❹ Resolution(해상도)

기본적으로 프로젝트에서 설정한 해상도로 셋팅이 됩니다.

❺ Color Space(색 공간)

기본적으로 프로젝트에서 설정한 색 공간으로(Use Canvas Settings) 셋팅됩니다. 대부분은 프로젝트에서 설정한 색 공간으로 출력하지만 HDR 영상을 출력할 때는 색 공간을 HDR에 맞추어 변경해주어야 합니다.

❻ Color Channels(색 채널)

영상으로 출력 시 컬러 채널을 RGB로만 할 것인지(Color) 혹은 투명한 알파 채널을 포함하여 출력할 것인지(Color + Alpha) 설정할 수 있습니다. 알파 채널을 포함하여 출력할 때는 알파 채널을 지원하는 비디오 코덱(Apple ProRes 4444)을 선택해야 합니다.

❼ Audio Format(오디오 포맷)

포맷이나 비디오 코덱에 따라 선택할 수 있는 오디오 포맷이 정해져 있습니다. 만약 포맷을 'Audio Only'로 두면 선택할 수 있는 오디오 포맷으로 WAV, MP3, AC3, AIFF 등이 있습니다.

❽ Duration(길이)

출력을 할 때 전체 프로젝트를 출력할 것인지(Entire Project) 혹은 선택한 플레이 범위 내에서 출력할 것인지(Use Play Range) 선택할 수 있습니다.

❾ Export Selected layer only

프로젝트에서 선택한 레이어만 따로 출력할 수 있는 옵션입니다.

❿ Action

영상의 출력을 마친 다음 macOS가 할 작업을 지정합니다. 기본값으로는 영상이 출력되면 퀵타임 플레이어를 자동 실행해 출력한 영상을 확인하는 옵션(QuickTime Player)이 선택돼 있습니다. None으로 지정하면 영상을 출력한 다음 아무 작업도 하지 않습니다.

옵션 설정을 완료한 후에 [Next] 버튼을 클릭하면 저장 위치와 파일 이름을 지정하는 단계로 넘어갑니다.

출력한 파일을 저장할 위치와 이름을 지정하는 단계로 넘어왔습니다. 본인이 기억하기 쉬운 위치에 저장하는 것을 추천합니다. 이 책에서는 데스크탑(Desktop)에 '4장_오프닝 영상 예제'라는 이름으로 저장했습니다.

1 _ 왼쪽 사이드바에서 저장할 위치를 선택합니다. 데스크탑(Desktop)을 선택했습니다.

2 _ 출력할 영상 파일의 이름을 지정합니다.

3 _ [Save] 버튼을 누르면 출력 작업이 진행됩니다.

그림 4-10 저장 위치 및 이름 지정

출력 작업의 진행 상황을 알고자 한다면 상단 메뉴 [Window] – [Show Task List](단축키 F9)를 눌러 확인할 수 있습니다. 출력이 완료되면 다음과 같이 출력 파일을 확인할 수 있습니다.

그림 4-11 Show Task Lis

시작하세요 모션 5
빠르크의 3분 강좌와 함께

그림 4-12 출력된 영상 파일

출력할 때 알아두면 좋은 코덱 이야기

모션 5에서 출력한 영상 파일의 확장자는 모두 MOV 파일입니다. 사람들에게 많이 알려진 영상 파일의 확장 자로는 AVI, WMV, MP4, MOV 등이 있습니다. 이런 확장자들을 전문 용어로 디지털 컨테이너 포맷(Digital Container Format, 이하 컨테이너)이라고 합니다. 일종의 포장 박스, 내용물을 담는 컵과 같은 역할을 합니다.

코덱(Codec)과 컨테이너의 관계를 좀 더 쉽게 설명하기 위해 비유하여 설명하겠습니다. 오렌지 생과일주스라 는 영상 파일을 만들려고 합니다. 오렌지를 컵에 담으려면 믹서기에 갈아야 합니다. 좋은 믹서기(코덱)일수록 오 렌지(영상 파일)를 더욱 작고 곱게(압축) 갈 것입니다. 그리고 이 내용물을 담을 컵(컨테이너)이 필요합니다. 안에 서 마실지 밖으로 들고 나갈지에 따라 머그잔, 종이컵, 플라스틱 컵 등에 담을 수 있습니다.

AVI는 마이크로소프트사에 개발한 전통적인 컨테이너입니다. 대부분 사람들이 알고 있으며 또 그에 따라 오해 도 받고 있습니다. 대표적인 오해가 AVI 파일은 화질이 좋다/안 좋다입니다. 다른 컨테이너와 비교했을 때 담을 수 있는 코덱이 워낙 많아서 그런 오해를 받습니다. 실제로 화질과는 관련이 없습니다. 결국 어떤 코덱으로 영상 을 압축했는지에 따라 화질이 결정되기 때문입니다. 최근에는 사용이 점점 줄어들고 있는 컨테이너입니다.

MOV는 애플에서 개발한 퀵타임 기반의 컨테이너입니다. 애플의 ProRes 코덱을 지원하는 유일한 컨테이너입니 다. 애플의 ProRes 코덱은 영상 편집을 위해 개발된 코덱으로 현존하는 최고의 코덱으로 평가받고 있습니다. 원본의 화질을 손상 없이 유지하되 용량은 무압축일 때보다 더욱 합리적으로 잡아주기 때문입니다. 고화질의 캠 코더 및 DSLR 등의 영상 촬영 장비에서 ProRes 코덱을 사용하고 있으며 자연스럽게 MOV 컨테이너를 사용하 고 있습니다. 애플의 ProRes뿐만 아니라 H.264 코덱도 지원합니다.

MP4는 MPEG-4 Part 14라는 정식 이름이 있으며 국제 표준으로 인정된 동영상 파일 컨테이너입니다. 국제표준기에 사용되는 범위가 넓습니다. MP4가 담을 수 있는 코덱 중 많이 사용되는 코덱이 바로 H.264(MPEG-4 Part 10, MPEG-4 AVC)입니다. H.264는 영상의 원본 화질을 적은 용량으로 압축할 수 있어서 인터넷 스트리밍은 물론 HDTV 방송에서도 널리 사용하고 있습니다. 또한 macOS뿐만 아니라 일반 윈도우 PC에서도 사용할 수 있는 특징이 있어 많이 사용됩니다.

결론적으로 이야기하면 모션 5에서는 MOV라는 컨테이너에 영상 파일을 애플의 ProRes 코덱 또는 H.264 코덱으로 압축해 담을 수 있습니다. 같은 길이의 프로젝트도 어떤 코덱을 선택하는가에 따라 용량이 천차만별입니다. 용량으로 따졌을 때는 H.264 코덱이 ProRes 코덱보다 더 적은 용량으로 출력할 수 있습니다. 하지만 출력한 영상 파일을 다시 편집 작업에 사용하고자 할 때는 압축으로 인한 화질 손실이 적은 ProRes 코덱으로 출력하는 것이 좋습니다. 편집 작업을 하지 않고 영상 파일을 공유하거나 배포할 때는 H.264 코덱으로 출력하는 것이 좋습니다.

4.2 _ 영상 파일의 PNG 버전, 알파 채널 영상 출력하기

이미지 파일 형식 중 PNG 파일 형식이 있습니다. PNG 파일은 알파 채널을 지원하는 파일 형식입니다. 알파 채널은 달리 이야기하면 투명한 배경입니다. 사람이 볼 때는 아무 색도 없는 것처럼 보이지만 사실은 그 부분도 컴퓨터에서는 보이지 않게끔 데이터로 처리된 구간입니다. 배경을 투명하게 만들어주는 속성으로 인해 스틸 이미지 편집과 합성 작업에 자주 사용됩니다.

영상 파일 역시 알파 채널을 지원하는 파일 형식이 있습니다. 애플의 ProRes 4444 코덱은 알파 채널을 지원하는 특징이 있습니다. 알파 채널 영상은 배경이 보이지 않기 때문에 영상의 합성 작업에 쉽게 활용할 수 있습니다.

모션 5에서 작업한 프로젝트를 알파 채널 영상으로 만들면 편집 툴을 가리지 않고 어디서든 영상 편집 작업에 쓸 수 있습니다. 템플릿 출력은 파이널 컷에서만 작동하는 반면 알파 채널 영상은 파이널 컷뿐만 아니라 프리미어 프로, 다빈치 리졸브, 베가스 등 다른 영상 편집 프로그램에서도 사용할 수 있습니다.

이번 예제에서는 모션 5에서 기본적으로 제공되는 스티커 템플릿과 크로마키 기법을 이용해 알파 채널의 영상을 출력하겠습니다. 그리고 이렇게 출력된 알파 채널 영상을 다른 영상 편집 프로그램에서 불러와 활용해 보겠습니다.

배경이 없는 알파 채널 영상 출력하기

모션 5를 실행한 다음 프로젝트 브라우저 카테고리에서 [Stickers]를 선택합니다. 그중에서 [Heart –
Large]를 선택하고 [Open a Copy] 버튼을 클릭합니다.

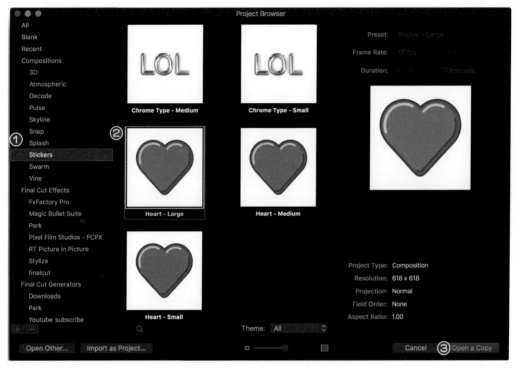

그림 4-13 프로젝트 브라우저에서 스티커 템플릿 선택

전체 길이가 1초(15프레임) 분량인 하트 모양의 이미지가 나타납니다. 캔버스와 타임라인 사이에 있는
툴 바(Tool Bar)에서 [Loop] 아이콘에 체크하고 재생 버튼을 눌러봅니다.

그림 4-14 Loop 아이콘에 체크

Loop 아이콘에 체크하고 재생해보면 반복해서 재생됩니다. 하트 이미지가 계속해서 움직이는 모습을
확인할 수 있습니다.

이 템플릿의 구성을 살펴보면 Heart Art 이미지 파일에 'Oscillate 비헤이비어'를 적용한 단순한 구성입니다. Oscillate는 반복적인 동작을 애니메이션으로 나타낼 때 사용하는 비헤이비어(Behavior)입니다. 우리가 열어본 템플릿 속 하트 이미지도 커졌다 작아졌다를 계속 반복하고 있는데 이것은 Scale(크기)에 대해 'Oscillate 비헤이비어'가 적용돼 있기 때문입니다.

그림 4-15 Heart – Large 템플릿의 구성

이번에는 이 템플릿 프로젝트의 인스펙터에서 정보를 살펴보겠습니다.

1 _ 그림 4-16과 같이 타임라인 상단에 있는 [Project] 레이어를 선택합니다.

2 _ 인스펙터를 클릭합니다.

3 _ [Properties] 탭을 클릭합니다.

4 _ Background Color는 흰색으로 설정돼 있습니다. 어떤 색으로 설정하더라도 실제 알파 채널로 출력하는 영상에서는 투명하게 보입니다. Background Color 아래에 있는 Background 속성이 Transparent(투명)로 설정돼 있기 때문입니다.

알파 채널 영상을 출력하려면 반드시 Background 속성을 Transparent로 설정해야 온전하게 출력할 수 있습니다. 스티커 템플릿은 기본적으로 투명으로 설정돼 있지만, 여러분이 직접 알파 채널 영상을 작업할 때는 반드시 이 부분을 체크해야 합니다.

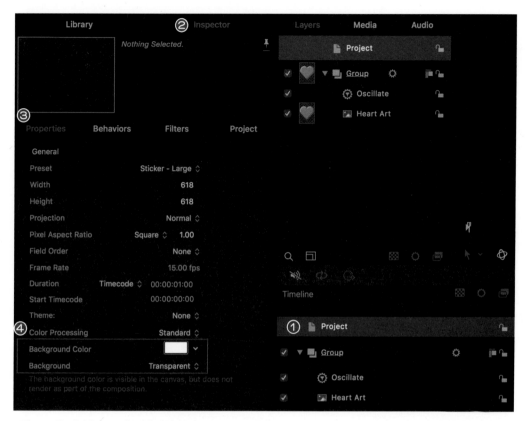

그림 4-16 인스펙터에서 프로젝트의 속성 살펴보기

이제 알파 채널 영상을 출력해 보겠습니다. 상단 메뉴의 [File] - [Share]에서 [Export Movie](단축키 command + E)를 선택합니다.

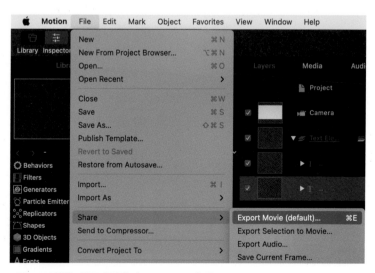

그림 4-17 영상을 파일로 출력하는 [Export Movie...] 메뉴

익스포트 창에서 [Settings] 탭을 클릭하여 이동합니다. 오디오가 없으므로 [Format]은 'Video Only'
로 선택합니다. [Video Codec]은 [Apple ProRes 4444]를 선택합니다. ProRes 4444가 알파 채널을
지원하는 코덱이기 때문입니다. [Color Channels]은 'Color + Alpha'로 선택합니다. 알파 채널 영상
을 출력하기 위한 설정을 마무리했으면 [Next] 버튼을 클릭합니다.

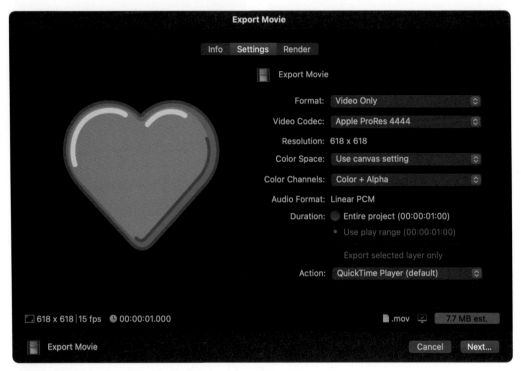

그림 4-18 알파 채널을 지원하는 ProRes 4444 코덱

출력한 영상 파일을 저장할 위치와 파일명을 지정하는 과정입니다. 이 부분은 앞에서 설명했으니 넘어
가겠습니다.

이제 출력한 파일을 파이널 컷 프로와 프리미어 프로 등 동영상 편집 프로그램에서 활용하면 됩니다.
영상 편집 프로그램을 실행한 다음 출력한 영상을 임포트해보면 자연스럽게 삽입된 모습을 확인할 수
있습니다.

파이널 컷 프로 X

프리미어 프로

그림 4-19 동영상 편집 프로그램에 알파 채널 영상을 삽입한 모습

크로마키를 활용한 알파채널 영상 출력

예제 폴더의 '4-2 알파 채널 영상 만들기'로 이동한 다음 '4-2 알파 채널 영상 만들기' 모션 프로젝트를
열어보겠습니다. 모션 프로젝트를 열어보면 아래 그림과 같이 녹색 배경의 영상 클립이 있습니다. 녹색
이나 파란색 배경에서 촬영한 영상 클립을 모션 5에서 알파 채널 영상으로 만드는 방법을 함께 실습하
겠습니다.

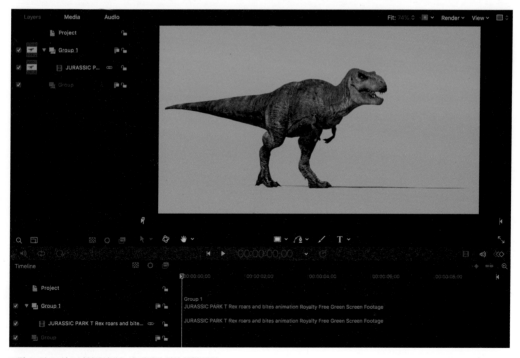

그림 4-20 모션 5 타임라인에 녹색 배경의 영상 클립 배치

> 합성 작업에 사용되는 녹색 배경의 영상 클립을 구하고자 한다면 유튜브에서 Royalty Free Green Screen Footage'나 'green screen effect'로 검색하면 녹색 배경의 영상 클립을 구할 수 있습니다. 'Green'을 'Blue'로 변경한 다음 검색하면 파란색 배경의 영상 클립도 찾아볼 수 있습니다.

녹색 배경을 제거해 보겠습니다. 배경을 제거하는 방법은 매우 간단합니다.

1 _ 라이브러리 패널을 클릭합니다.

2-3 _ [Filters] – [Keying]으로 이동합니다.

4-5 _ Keyer 필터를 클릭한 다음 'JURASSIC PARK 레이어'로 드래그 앤드 드롭해 적용합니다.

그림 4-21 녹색 배경을 제거하는 Keyer 필터 적용

Keyer 필터를 적용하기만 했는데, 그림 4-22와 같이 깔끔하게 녹색 배경이 제거됐습니다. 재생 버튼을 눌러서 영상을 확인해봅시다.

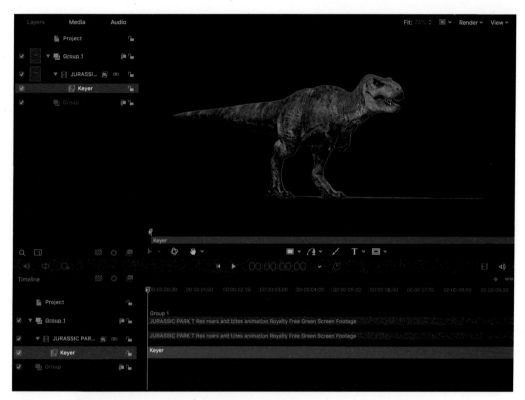

그림 4-22 녹색 배경이 제거된 모습

영상 클립에서 불필요한 구간 잘라내기

영상 클립을 재생해보니 뒷부분은 불필요한 부분이라는 판단이 들었습니다. 그래서 이 부분을 잘라내도록 하겠습니다. 예제에서는 5초 6프레임 이후의 영상을 제거하겠습니다. 단축키 O(Mark Out)를 이용하면 간단하게 불필요한 영상을 잘라낼 수 있습니다.

1 _ 5초 6프레임으로 플레이헤드를 이동시킵니다.

2 _ 단축키 O 키를 눌러주세요.

영상 클립의 길이가 5초 6프레임으로 조정되고, 플레이헤드를 기준으로 이후 부분은 삭제됩니다.

그림 4-23 단축키 O (Mark Out)를 이용한 불필요한 구간 잘라내기

기존 프로젝트의 길이를 다시 조정하기

이번에는 전체 프로젝트의 길이를 줄여보겠습니다. 현재 프로젝트의 길이가 10초 분량으로 설정돼 있지만, 영상 클립의 길이는 약 5초입니다. 이대로 영상 파일로 출력하면 앞의 5초는 화면이 있지만, 뒤의 5초는 검은 화면만 나오는 영상 파일이 됩니다. 따라서 프로젝트 길이를 조정해 불필요한 분량을 미리 없애 보겠습니다.

1 _ 영상 클립의 가장 마지막 프레임으로 플레이헤드를 이동시킵니다. 예제 영상 클립에서는 5초 6프레임이 마지막 프레임입니다.

2 _ 단축키 option + command + O 키를 누릅니다.

플레이헤드를 기준으로 플레이헤드 뒷부분의 타임라인이 희미해지고 비활성화됐습니다. 프로젝트 길이가 10초에서 5초 6프레임으로 조정된 것입니다.

그림 4-24 단축키를 이용한 프로젝트 길이 조절

영상의 클립 길이와 프로젝트의 길이를 조정했으니 이제 알파 채널을 포함한 영상으로 출력하겠습니다. Export Movie(단축키 command + E)를 실행합니다.

1 _ 비디오 코덱은 [Apple ProRes 4444]를 선택합니다.

2 _ 컬러 채널은 'Color + Alpha'로 선택합니다.

3 _ [Use play range]를 선택합니다. 줄어든 길이만큼 프로젝트를 출력할 수 있습니다.

4 _ [Next] 버튼을 클릭해 다음 단계로 진행합니다.

그림 4-25 익스포트 옵션 설정

파일의 이름과 저장할 위치를 지정합니다. 출력이 완료된 파일은 영상 편집 프로그램으로 다시 불러와서 다양한 용도로 사용할 수 있습니다. 그림 4-26은 알파 채널로 출력한 공룡 영상과 불이 난 도시의 배경 사진을 합성한 예시입니다. 좀 더 몰입감을 높이기 위해 안개 영상도 합성했습니다. 안개, 불, 빛과 같은 효과도 알파 채널이 포함된 영상을 활용하면 영상으로 표현할 수 있는 범위가 무궁무진할 것입니다.

그림 4-26 알파 채널 영상으로 합성한 예시

05 CHAPTER

파이널 컷 프로용 템플릿 만들기

파이널 컷 프로 X(이하 파이널 컷)에서 사용하는 타이틀, 트랜지션, 이펙트, 제네레이터 등의 템플릿
은 모두 모션 5로 제작한 것입니다. 기본적으로 파이널 컷에 설치된 템플릿은 모션 5에서 열어볼 수 있
습니다. 반대로 모션 5에서 제작한 템플릿을 저장하여 파이널 컷에서 사용할 수도 있습니다. 영상 편집
프로그램과 모션 그래픽 프로그램을 서로 연동하며 사용할 수 있기 때문에 그만큼 표현할 수 있는 범위
가 넓습니다. 이번 장에서는 파이널 컷에서 사용할 수 있는 템플릿을 모션 5에서 제작해 보겠습니다.

5.1 _ 검색창 스타일 템플릿 만들기

홍보 및 광고 영상에서 자주 사용되는 검색창 스타일의 템플릿을 만들어 보겠습니다. 도형 애니메이션
이 먼저 나타난 다음 검색어가 입력되는 형식입니다.

그림 5-1 검색창 스타일 템플릿 만들기

Final Cut Generator(파이널 컷 제네레이터) 프로젝트 생성하기

새로운 프로젝트를 만들겠습니다.

1 _ 프로젝트의 유형은 '파이널 컷 제네레이터(Final Cut Generator)'로 선택합니다.

2 _ Preset을 'Broadcast HD 1080'으로 선택합니다.

3 _ Frame Rate는 '29.97fps'로 설정합니다.

4 _ Duration은 '00:00:10;00'으로 10초로 설정합니다.

5 _ [Open] 버튼을 클릭하여 프로젝트를 생성합니다.

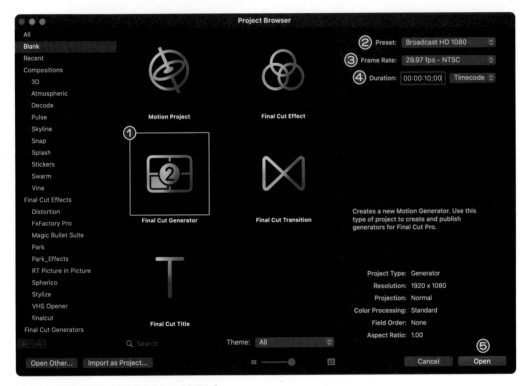

그림 5-2 새로운 프로젝트 만들기(파이널 컷 제네레이터)

단색 배경 만들기

프로젝트가 생성됐으면 먼저 배경을 만들겠습니다.

1 _ 화면 상단 중앙 [Add Object] 아이콘을 클릭합니다.

2 _ [Generators] – [Generators] – [Color Solid]를 차례대로 선택합니다.

그림 5-3 배경 역할을 하는 컬러 솔리드(Color solid) 추가

컬러 솔리드를 선택한 다음 인스펙터에서 배경색을 변경하겠습니다.

1 _ 인스펙터 패널을 클릭합니다.

2 _ Color의 색상 부분(컬러 웰)을 클릭합니다.

3 _ 상단 5개의 탭 중에서 [Pencils](색연필)
아이콘을 클릭합니다.

4 _ [Mercury] 색을 선택합니다.

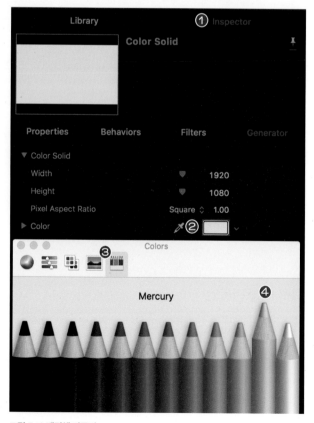

그림 5-4 배경색 바꾸기

검색창의 틀 만들기

검색창의 틀이 되는 도형을 만들어 보겠습니다. 캔버스 화면 아래에 있는 툴 바에서 [Retangle] 버튼을 클릭한 다음 캔버스에서 드래그해 도형을 그립니다.

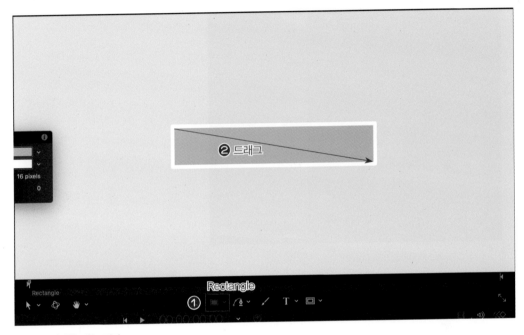

그림 5-5 사각형 도형 그리기

인스펙터에서 마우스로 그린 사각형 도형의 속성을 조정하겠습니다. 도형 레이어를 선택한 다음 인스펙터를 보면 [Shape] 탭이 활성화됩니다. [Shape] 탭의 [Style]에서 안쪽 면의 색과 외곽선을 설정할 수 있습니다.

1 _ Fill 속성은 체크를 해제합니다. 체크를 해제하면 안쪽 면의 색상이 사라집니다.

2 _ Outline 속성은 체크합니다. 체크와 함께 외곽선이 나타납니다.

3 _ 외곽선의 색상을 지정합니다. 예제에서는 검은색으로 설정했습니다.

4 _ 외곽선의 두께를 지정합니다. 예제에서는 16으로 설정했습니다.

5 _ 가장자리를 처리하는 옵션입니다. Joint는 선과 선이 이어질 때, Start Cap은 선이 시작하는 부분, End Cap은 선의 끝나는 부분입니다. 모두 [Round]로 설정해 둥글게 처리합니다.

그림 5-6 사각형 도형 스타일의 인스펙터 설정

모서리가 둥근 사각형 만들기

이번에는 Geometry 탭으로 이동한 다음 Roundness 값을 조정해 사각형 모서리의 둥글기를 설정하겠습니다.

1 _ Geometry 탭으로 이동합니다.

2 _ Roundness 값을 조정합니다. 값이 커질수록 점점 원에 가까운 모습으로 변합니다. Roundness 값을 25로 설정해 모서리가 둥근 사각형으로 만듭니다.

그림 5-7 모서리가 둥근 사각형 만들기

도형의 스타일을 설정했으니 이제는 위치를 설정하겠습니다. 인스펙터에서 포지션 값을 리셋하면 X축과 Y축 모두 0px로 설정되고, 사각형 도형이 화면 중앙에 위치하게 됩니다.

1 _ [Properties] 탭을 클릭합니다.

2 _ Transform – Position의 오른쪽 끝으로 이동하면 숨겨져 있던 화살표(∨) 모양의 펼침 버튼이 나타납니다. 펼침 버튼을 클릭합니다.

3 _ [Reset Parameter]를 클릭합니다. 값이 초기화되면서 Position 값이 X, Y (0 px, 0 px)로 변경됩니다.

그림 5-8 사각형 도형을 중앙 정렬

그림 5-9와 같이 검은색 외곽선에 모서리가 둥근 사각형이 화면 중앙에 배치됐습니다. 검색창 틀을 완성했습니다. 잘하셨습니다!

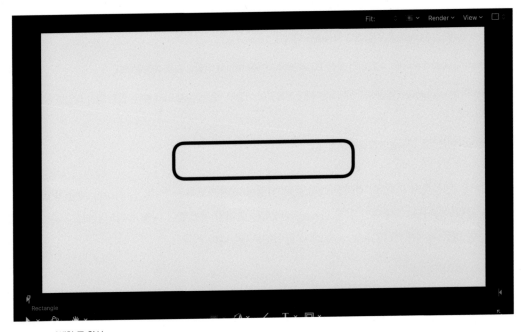

그림 5-9 검색창 틀 완성

파이널 컷 제네레이터 템플릿으로 저장하기

작업한 양이 많지는 않지만 그래도 틈틈이 저장해야 합니다. 앞서 프로젝트를 만들 때 파이널 컷 제네레이터(Final Cut Generators)로 만들었습니다. 그래서 저장(Save)을 누르면 그림 5-10과 같이 파이널 컷 프로의 템플릿 저장 팝업 창이 나타납니다.

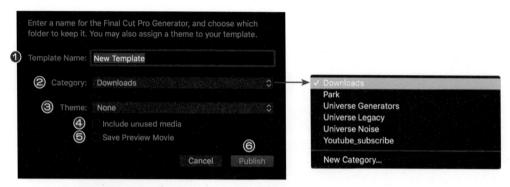

그림 5-10 템플릿 저장 팝업 창

1 _ Template Name: 템플릿 이름을 설정합니다.

2 _ Category: 템플릿을 저장할 카테고리를 지정합니다. 기존에 있는 카테고리를 선택할 수도 있고, 새로운 카테고리를 생성할 수도 있습니다.

3 _ Theme: 주제를 정해 저장합니다. 예를 들어 뉴스에서 사용하는 템플릿이라면 News라는 테마로 저장할 수 있습니다. 선택사항이므로 None으로 지정하고 저장해도 됩니다.

4 _ Include unused media: 체크하면 모션 프로젝트에 사용된 미디어 파일이 모두 저장됩니다.

5 _ Save Preview Movie: 템플릿을 선택하면 해당 템플릿이 어떻게 작동하는지 미리 볼 수 있는 영상 파일을 만드는 옵션입니다.

6 _ Publish: 템플릿을 파이널 컷으로 출력합니다.

예제에서는 템플릿의 이름을 '검색창 스타일'로 지정하고 카테고리는 'Park'로 지정한 다음 [Publish] 버튼을 클릭했습니다. 그렇다면 실제 파이널 컷에서는 출력한 템플릿이 어떻게 나타날까요? 파이널 컷을 실행한 다음 제네레이터(Generator)에서 확인해보겠습니다.

저장된 제너레이터 템플릿은 파인더(Finder)를 열고 [동영상] 폴더 - [Motion Templates] - [Generators] - [폴더명]으로 이동하면 확인할 수 있습니다. 또는 파이널 컷 프로에서 해당 템플릿을 마우스 오른쪽 버튼으로 클릭한 다음 [Reveal in Finder]를 클릭하면 파인더가 실행되며 템플릿을 나타냅니다.

1 _ 파이널 컷 프로 X의 타이틀/제너레이터 사이드 바 아이콘을 클릭합니다.

2 _ [Generators] 카테고리를 클릭합니다.

3 _ 지정한 카테고리를 찾아 클릭합니다.

4 _ 검색창 스타일 템플릿을 확인할 수 있습니다.

그림 5-11 파이널 컷으로 들어온 자체 제작한 템플릿

그림 5-11과 같이 파이널 컷에서 방금 출력한 템플릿을 확인할 수 있습니다. 그리고 이렇게 출력한 템플릿을 마우스 오른쪽 버튼으로 클릭한 다음 [Open in Motion]을 클릭하면 언제든지 모션 5에서 열어보고 수정할 수 있습니다.

마우스 커서 이미지 추가하기

다시 모션 5로 돌아와서 마우스 커서 이미지를 추가해 보겠습니다. 마우스 커서가 클릭하는 애니메이션을 연출해보려고 합니다. 먼저 마우스 커서 이미지가 필요한데, 이미지를 어디서 내려받아야 할지 고민됩니다. 하지만 걱정하지 않아도 됩니다. 기본적인 그래픽 소스는 모션 5에 자체적으로 내장돼 있으며 언제든지 찾아서 사용할 수 있습니다.

1 _ [Library]를 클릭해 라이브러리 패널로 이동합니다.

2 _ [Shapes]를 클릭합니다.

3 _ [Arrow Cursor]를 클릭해 선택합니다.

4 _ [Apply] 버튼을 클릭해 선택한 그래픽 콘텐츠를 적용합니다.

5 _ 마우스 커서 이미지가 적용됐습니다.

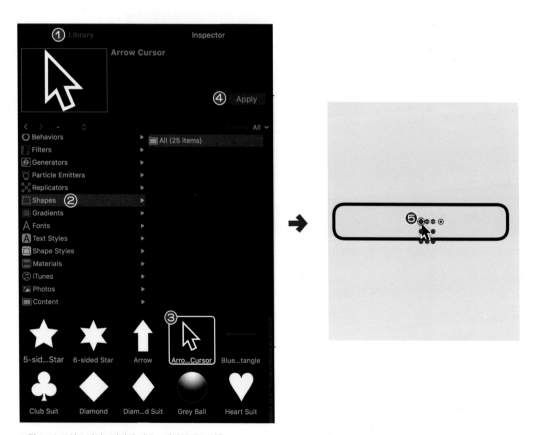

그림 5–12 모션 5 라이브러리의 기본 그래픽 콘텐츠 적용

캔버스에서 마우스 커서 이미지를 바운딩 박스가 둘러싸고 있습니다. 바운딩 박스를 이용해 이미지의 크기 조절과 회전 및 위치를 변경할 수 있습니다. 마우스 커서 이미지를 검색창의 오른쪽으로 이동시킨 다음 인스펙터에서 색상을 변경해 보겠습니다.

1 _ 마우스 커서 이미지를 클릭한 다음 드래그해 검색창 틀 오른쪽으로 이동시킵니다.

2 _ [Inspector]를 클릭해 인스펙터 패널로 이동합니다.

3 _ Fill의 [Color Well](색상 영역)을 클릭하면 색상 선택창이 나타납니다.

4 _ 오른쪽 아래에 있는 [Carnation] 색상을 선택합니다.

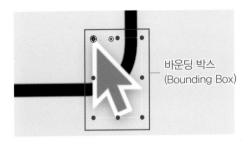

그림 5-13 바운딩 박스

그림 5-14 마우스 커서 위치 변경 후 색상 변경

검색창 틀 안에 텍스트를 입력하겠습니다. 툴 바에서 텍스트 아이콘(T)을 클릭 다음 캔버스에서 바로 텍스트를 입력합니다. HUD와 인스펙터를 이용해 텍스트의 폰트, 크기, 색상 등을 설정합니다

- Font: 배달의 민족 한나는 열한살체

- Size: 90

- Color: Aqua

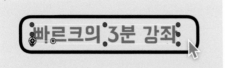

그림 5-15 텍스트 입력

지금까지 검색창 틀과 텍스트 그리고 마우스 커서 이미지를 넣었습니다. 기본적인 그래픽 작업을 완료했으니 이어서 그래픽에 모션 작업을 해보겠습니다.

비헤이비어를 이용한 도형 애니메이션 연출

모서리가 둥근 사각형이 그려지는 모습은 비헤이비어를 적용해 간단하게 구현할 수 있습니다.

1 _ Rectangle 레이어를 선택합니다.

2 _ 상단에 있는 비헤이비어 추가 버튼을 클릭합니다.

3 _ [Shape] – [Write On]을 순서대로 클릭해 적용합니다.

그림 5-16 도형이 그려지는 비헤이비어 추가

적용과 동시에 캔버스에서 도형이 사라졌습니다. 타임라인을 보니 비헤이비어의 처음과 끝에 키프레임이 적용됐음을 확인할 수 있습니다. 재생을 눌러보면 천천히 도형이 그려지는 모습을 볼 수 있습니다. Write On 비헤이비어의 길이를 1초로 조정해 속도를 높여보겠습니다.

4 _ 플레이헤드를 1초로 이동시킵니다.

5 _ 마우스를 드래그하거나 단축키 O를 눌러 비헤이비어의 길이를 조정합니다.

그림 5-17 Write On 비헤이비어의 길이 조절

이때 주의해야 할 점은 Rectangle 레이어의 길이를 조절하면 안 됩니다. Rectangle 길이를 조절하면 물론 비헤이비어도 그만큼 줄어들지만, 시간이 지나면 도형이 화면에서 사라져 버릴 수도 있습니다. 타임라인에서 보라색으로 표시된 비헤이비어만 조절해야 합니다.

텍스트에 비헤이비어 적용하기

이번에는 텍스트에 비헤이비어를 적용해보겠습니다. Type On 비헤이비어는 텍스트가 입력되는 느낌을 연출합니다. 비헤이비어를 적용하는 방법도 같습니다.

1 _ 텍스트 레이어를 클릭해 선택합니다.

2 _ 화면 상단에 있는 비헤이비어 추가 버튼을 클릭합니다.

3 _ [Text Animation] – [Type On]을 순서대로 클릭해 적용합니다.

그림 5-18 텍스트에 Type On 비헤이비어 추가

텍스트 레이어에 Type On 비헤이비어가 추가됐습니다. 하지만 레이어의 전체 길이에 맞춰 비헤이비어가 적용돼 속도가 느립니다. 비헤이비어의 길이를 2초 정도로 조절하겠습니다.

1 _ 비헤에비어 레이어(Type On)를 클릭해 선택합니다.

2 _ 플레이헤드를 드래그해 2초로 위치시킵니다.

3 _ 단축키 O를 누르면 비헤이비어의 길이가 2초로 조정됩니다.

그림 5-19 비헤이비어의 길이 조절

비헤이비어 애니메이션의 타이밍 조정하기

플레이헤드를 맨 처음으로 옮긴 다음 다시 재생해보면 모서리가 둥근 사각형이 그려짐과 동시에 텍스트가 함께 등장합니다. 조금 어색한 부분이 있기 때문에 타임라인에서 텍스트 레이어가 나타나는 타이밍을 변경하겠습니다. 맨 처음에는 모서리가 둥근 사각형이 그려지고 다 그려진 이후에 텍스트가 등장하도록 진행하려 합니다. 이를 위해 텍스트 레이어를 클릭해 선택하고 레이어를 오른쪽으로 드래그해 1초 뒤로 이동시킵니다.

그림 5-20 텍스트 레이어의 이동

마우스 커서가 이동하는 애니메이션 추가(키프레임)

이번에는 마우스 커서에 애니메이션 작업을 추가하겠습니다. 지금까지는 비헤이비어를 이용해 애니메이션 작업을 했는데, 이번에는 키프레임을 이용해서 애니메이션 작업을 해보겠습니다. 특별히 모션 5에는 녹화 기능이 있습니다. 녹화 기능을 이용하면 별도의 키프레임 추가 버튼을 이용하지 않아도 사용자가 캔버스에서 직관적으로 움직인 동작을 키프레임으로 처리해줍니다.

그림 5-21 툴 바에 위치한 녹화 버튼

녹화 버튼을 이용해 키프레임 애니메이션을 추가해 보겠습니다. 마우스 커서가 화면 바깥에서 등장하여 검색창 부분을 클릭하는 모습을 구현하려 합니다. 화면 바깥 부분을 사용해야 하므로 화면을 축소해 바깥 영역도 볼 수 있게 합니다. 캔버스 화면 오른쪽 위에 있는 화면 배율을 클릭한 다음 현재 배율보다 낮게 설정합니다. 그림 5-22는 화면을 자동 맞춤(Fit)으로 하여 배율이 88%입니다. 88%보다 낮은 50%의 배율을 선택하면 화면이 축소됩니다.

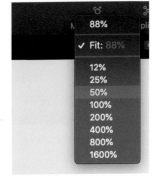

그림 5-22 화면 배율의 조정

툴 바에 있는 녹화(Record) 버튼을 클릭합니다. 녹화 버튼을 클릭하면 그림 5-23과 같이 인스펙터 패널의 모든 값이 붉은색으로 변합니다. 포지션, 로테이션, 스케일 등 주요 값이 모두 붉은색으로 표시됐는데, 이는 사용자가 어떤 값을 변경하더라도 모두 키프레임으로 처리하겠다는 뜻입니다.

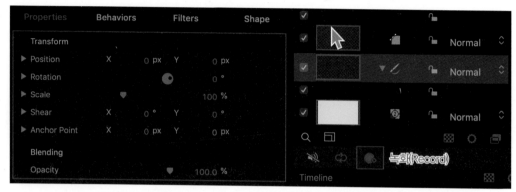

그림 5-23 녹화 버튼을 클릭해 바뀐 인스펙터 패널

녹화 기능은 먼저 플레이헤드를 옮긴 다음에 캔버스에서 위치나 동작만 설정하면 됩니다. 나머지는 모두 모션 5가 키프레임 애니메이션으로 처리해줍니다. 그럼 녹화를 이용해 마우스 커서가 움직이는 애니메이션을 처리해 보겠습니다. 맨 처음 프레임에서는 마우스 커서를 밖으로 이동시켜 놓습니다.

1 _ 마우스 커서 이미지 레이어를 클릭해 선택합니다.

2 _ 플레이헤드를 맨 처음 프레임으로 이동시킵니다.

3 _ 캔버스에서 마우스 커서 이미지를 드래그해 화면 밖으로 이동시킵니다.

4 _ 타임라인과 인스펙터의 Position을 보면 자동으로 키프레임이 추가된 것을 확인할 수 있습니다.

그림 5-24 움직이는 마우스 커서 애니메이션의 맨 처음 프레임

이번에는 마우스 커서가 들어오는 장면입니다. 플레이헤드를 20프레임 이후로 이동시킵니다. 그리고 캔버스에서 마우스 커서를 드래그해 화면 안쪽에 다시 배치합니다.

5 _ 플레이헤드를 현재보다 20프레임 뒤로 이동시킵니다.

6 _ 캔버스에서 마우스 커서를 드래그해 화면 안쪽에 재배치합니다.

7 _ 키프레임이 생성됐는지 확인합니다.

 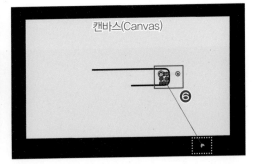

그림 5-25 움직이는 마우스 커서 애니메이션의 두 번째 작업

재생해보면 마우스 커서가 화면 밖에서 등장해 안쪽으로 들어오는 모습을 볼 수 있습니다. 하지만 아직 클릭하는 동작은 넣지 않았기 때문에 이동만 할 뿐입니다.

마우스 커서를 클릭하는 애니메이션 추가하기

마우스 커서를 클릭하는 애니메이션은 스케일(Scale)을 이용합니다. 클릭하는 순간 스케일을 줄였다가 다시 원래대로 되돌리면 마우스 커서를 클릭한 것처럼 보입니다.

1 _ 플레이헤드를 30프레임으로 이동시킵니다.

2 _ [인스펙터] 패널에서 Scale의 [키프레임 추가] 버튼을 클릭합니다(값은 변경하지 않습니다).

3 _ 30프레임에 키프레임이 추가됐습니다.

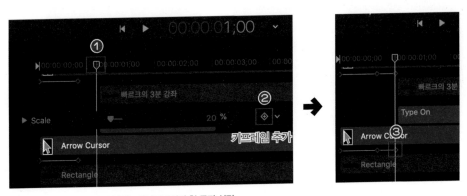

그림 5-26 마우스 커서를 클릭하는 애니메이션의 첫 동작 설정

이번에는 스케일이 작아지는 키프레임을 추가해 보겠습니다.

4 _ 플레이헤드를 37프레임(1분 7초)으로 이동시킵니다.

5 _ 인스펙터에서 Scale의 값을 현재보다 작은 값으로 설정합니다. 예제에서는 13%를 입력했습니다.

6 _ 두 번째 키프레임은 보통 이렇게 값만 변경해도 자동으로 키프레임이 추가됩니다.

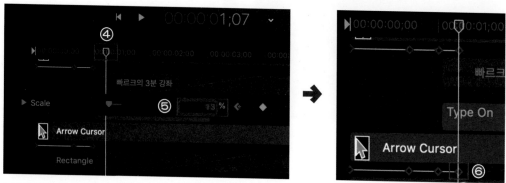

그림 5-27 마우스 커서를 클릭하는 애니메이션의 두 번째 동작 설정

마우스 클릭 후 다시 크기(Scale)가 원래대로 돌아오면서 클릭이 완료되는 마지막 동작입니다.

7 _ 플레이헤드를 44프레임(1분 14초)으로 이동시킵니다.

8 _ 인스펙터에서 Scale의 값을 원래 값으로 되돌립니다. 예제에서는 20%를 입력했습니다.

9 _ 키프레임이 새로 추가됐습니다.

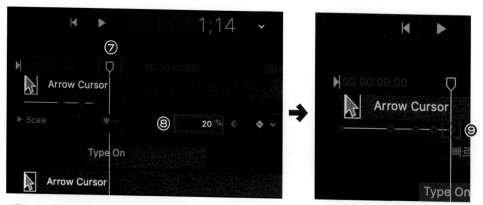

그림 5-28 마우스 커서를 클릭하는 애니메이션의 마지막 동작 설정

맨 처음 프레임으로 이동한 다음 재생해 보겠습니다. 개별적인 모션 동작들은 정상적으로 잘 작동하고 있습니다. 하지만 각 레이어의 순서를 재배치할 필요가 있어 보입니다.

레이어의 순서 재배치하기

타임라인에는 현재 4개의 레이어가 있습니다. 그림 5-29와 같이 레이어의 순서를 조정합니다. 검색창을 그린 다음 마우스 커서가 등장해 클릭하고 텍스트를 입력하는 순서로 애니메이션 될 수 있게 순서를 변경해 보겠습니다. Rectangle 도형의 애니메이션이 끝나는 프레임(1초 1프레임)에 Arrow Cursor(마우스 커서) 레이어가 시작될 수 있게 마우스로 드래그합니다. 그리고 마우스 커서 레이어가 애니메이션을 완료하는 프레임(2초 16프레임)에 텍스트 레이어가 시작될 수 있게 마우스로 드래그해 레이어의 위치를 설정합니다.

그림 5-29 순서를 재배치한 타임라인

이 상태에서 파이널 컷으로 출력해도 정상적으로 작동하며, 파이널 컷에서 텍스트를 수정할 수도 있습니다. 하지만 사용하다 보니 그래픽 소스의 색상도 변경하고 싶고 크기도 변경하고 싶다는 생각이 듭니다. 사용자마다 취향이 다르기 때문에 좀 더 자신에게 맞는 소스로 바꿔보고 싶은 마음이 있습니다. 그래서 이번에 알아볼 기능은 퍼블리시(Publish)입니다.

퍼블리시 기능을 활용하여 특정 매개변수 출력하기

퍼블리시를 이용하면 모션 5에서 수정한 파라미터(Parameter, 매개변수)를 파이널 컷에서도 수정할 수 있습니다. 그림 5-30은 지금까지 작업한 검색창 템플릿의 주요 매개변수를 퍼블리시한 모습입니다

다. 파이널 컷의 인스펙터에서 검색창(사각형)의 색상, 모서리의 둥글기, 크기, 마우스 커서 포인터의
유무, 텍스트의 색상, 폰트, 크기 등을 조정할 수 있습니다.

그림 5-30 파이널 컷으로 퍼블리시된 매개변수

차근차근 따라 해보며 퍼블리시 기능을 익혀보겠습니다. 우선 검색창인 Ractangle 사각형의 내부 면
(Fill), 내부 면 색상(Fill Color), 외곽선(Outline), 모서리의 둥글기(Roundness), 크기(Scale) 등의 매
개변수를 퍼블리시하겠습니다.

가장 먼저 사각형의 색상 중 Fill(내부 면)을 퍼블리시해 보겠습니다. 순서는 그림 5-31과 같습니다.

1 _ 사각형(Rectangle) 레이어를 선택합니다.

2 _ 인스펙터에 있는 상위 4개의 탭 중에서 가장 오른쪽에 있는 [Shape] 탭을 클릭합니다.

3 _ [Style]을 선택합니다.

4 _ Fill의 오른쪽 끝으로 이동하면 나오는 화살표(∨) 모양의 펼침 버튼을 클릭합니다.

5 _ 팝업 메뉴의 가장 아래에 있는 [Publish]를 클릭합니다.

그림 5-31 사각형의 내부 면(Face) 퍼블리시

퍼블리시가 잘 됐는지 살펴보겠습니다. 다시 한번 화살표(∨) 모양의 펼침 버튼을 클릭하면 팝업 메뉴의 가장 아래에 있던 [Publish]가 [Unpublish]로 바뀌어 있습니다. 바뀐 부분을 확인만 하세요. Unpublish를 클릭하게 되면 다시 처음 상태로 돌아가기 때문입니다.

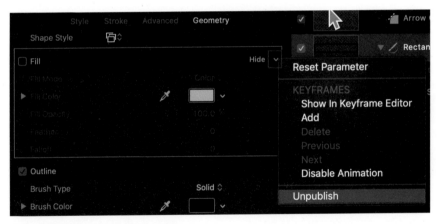

그림 5-32 퍼블리시되면 Unpublish로 표시됨

이번에는 그림 5-33처럼 레이어 패널이나 타임라인에서 [Project]를 클릭해보겠습니다. Project를 클릭하면 인스펙터의 [Project] - [Publishing] 탭에서 퍼블리시 된 매개변수를 한눈에 확인할 수 있습니다. 또한 매개변수의 이름도 사용자가 좀 더 구분하기 쉽게 수정할 수 있습니다. 아직은 사각형의 Fill(내부 면)만 퍼블리시했기 때문에 매개변수가 하나밖에 없지만 계속해서 추가하면 이 부분이 많아질 것입니다.

그림 5-33 프로젝트에서 퍼블리시 된 매개변수 확인

추가로 그림 5-34와 같이 사각형의 Fill(내부 면)에서 Fill Color(내부 면 색상)를 퍼블리시하겠습니다. 방법은 앞서 살펴본 방법과 같습니다.

1 _ 사각형 레이어를 선택합니다.

2-3 _ 인스펙터에서 [Shape] – [Style] 탭으로 이동합니다.

4 _ Fill Color 부분의 오른쪽 끝으로 이동한 다음 화살표(∨) 모양의 펼침 버튼을 클릭합니다.

5 _ 팝업 메뉴에서 [Publish]를 클릭합니다.

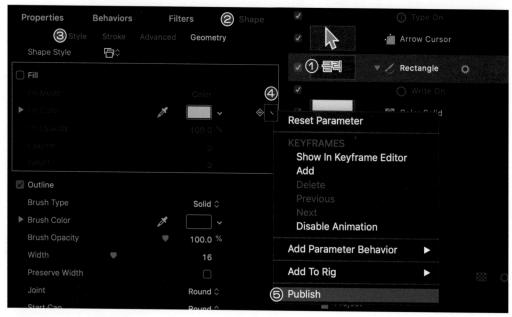

그림 5-34 Fill Color 매개변수 퍼블리시

다시 레이어 패널이나 타임라인에서 프로젝트를 선택한 다음 퍼블리시된 매개변수를 확인해 보겠습니다. 아까와 달리 Fill Color 매개변수가 새로 추가됐습니다.

그림 5-35 추가된 매개변수 확인

매개변수의 이름은 그때그때 수정하는 것이 좋습니다. 이어서 마우스 커서의 내부 면과 외곽선도 바꿀 수 있게 매개변수를 추가할 예정이므로 헷갈리지 않게 미리 수정해 두는 게 좋습니다. 매개변수의 이름을 수정하는 방법은 파일 이름을 바꾸는 방법과 같습니다. 이름 부분을 더블 클릭하면 이름을 수정할 수 있는 편집 모드로 바뀝니다. Fill 글자를 더블 클릭해 Rectangle Fill로 수정하겠습니다. 같은 방법으로 Fill Color도 Rectangle Fill Color로 수정합니다. Fill Color가 수정이 안 되면 임시로 Fill의 체크박스에 체크합니다. 그러면 회색의 Fill Color가 흰색으로 변하면서 활성화됩니다. 그 상태에서 더블클릭해 이름을 수정합니다. 이름를 수정했으면 다시 Fill의 체크박스를 클릭해 체크를 해제하면 됩니다.

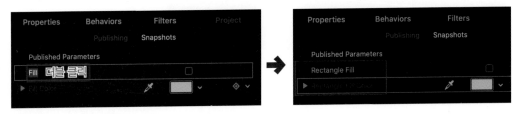

그림 5-36 퍼블리시 된 매개변수의 이름 수정

이번에는 검색창(사각형) 레이어의 Outline 중 Brush Color와 Width를 퍼블리시하겠습니다. 많은 매개변수가 있지만, 검색창의 외곽선 색과 두께를 가장 많이 수정하므로 해당 매개변수를 퍼블리시합니다. 사각형 레이어를 클릭해 선택한 다음 인스펙터로 이동해 Outline을 확인합니다. Outline의 Brush Color와 Width를 각각 퍼블리시합니다.

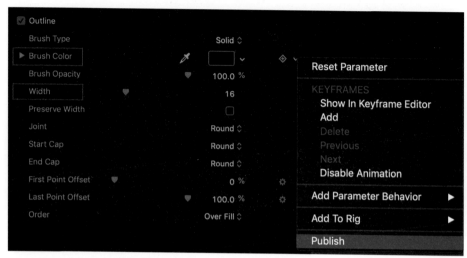

그림 5-37 외곽선의 Brush Color와 Width 퍼블리시

프로젝트를 클릭해 퍼블리시 된 매개변수를 확인하겠습니다. 매개변수의 이름은 Brush Color, Width 입니다. 해당 매개변수의 이름은 바로 변경합니다. 매개변수 이름을 더블 클릭해 Brush Color는 Rectangle Outline Color, Width는 Rectangle Width로 이름을 변경합니다.

그림 5-38 퍼블리시 된 매개변수의 이름 변경

이번에는 사각형의 모서리 둥글기를 조절할 수 있는 매개변수인 Roundness를 퍼블리시하겠습니다. 사각형 레이어를 선택하고 인스펙터의 [Shape] – [Geometry] 탭으로 이동합니다. 여기에서 Roundness 매개변수를 퍼블리시합니다.

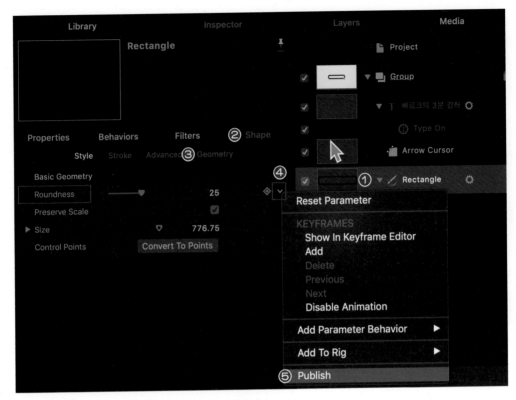

그림 5-39 사각형 모서리의 둥글기를 조절하는 Roundness 퍼블리시

이어서 마우스 커서의 그래픽 부분을 수정할 수 있도록 관련된 매개변수를 퍼블리시하겠습니다. 그림 5-40과 같이 마우스 커서 레이어를 선택한 다음 인스펙터의 [Shape] - [Style] 탭에서 퍼블리시합니다.

1 _ Arrow Cursor 레이어를 클릭해 선택합니다.

2 _ 인스펙터의 [Shape] 탭으로 이동합니다.

3 _ [Style]을 클릭합니다.

4 _ Fill Color를 퍼블리시합니다. 마우스 커서 내부 면의 색을 설정할 수 있습니다.

5 _ Outline을 퍼블리시합니다. 때에 따라 외곽선이 필요하지 않을 수도 있기 때문입니다.

6 _ Brush Color를 퍼블리시합니다. 마우스 커서의 외곽선 색을 설정할 수 있습니다.

7 _ Width를 퍼블리시합니다. 마우스 커서의 외곽선 굵기를 설정할 수 있습니다.

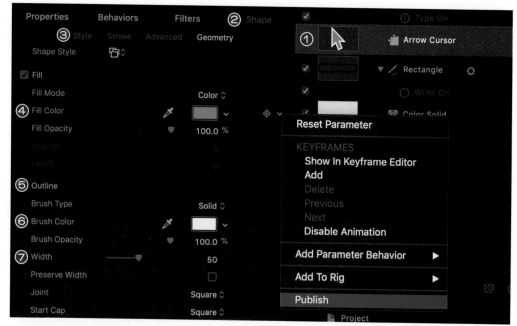

그림 5-40 마우스 커서 레이어와 관련된 매개변수 퍼블리시

이렇게 퍼블리시 한 매개변수들은 혼란을 줄이기 위해 퍼블리시한 직후에 바로 프로젝트의 인스펙터에서 이름을 수정해야 합니다. 그림 5-41과 같이 Fill Color는 Cursor Fill, Outline은 Cursor Outline으로 수정합니다. 그리고 Brush Color와 Width도 각각 Cursor Outline color, Cursor Width로 이름을 수정합니다.

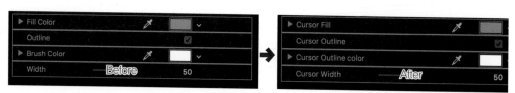

그림 5-41 퍼블리시 된 매개변수의 이름 수정(마우스 커서 레이어)

마지막으로 텍스트 레이어에서 퍼블리시 작업을 하겠습니다. 텍스트 레이어에서는 텍스트 내용을 입력하는 텍스트 박스와 폰트, 색상만 퍼블리시하겠습니다. 텍스트 레이어는 다른 레이어와 달리 텍스트 인스펙터가 별도로 파이널 컷에서 지원되므로 많은 매개변수를 퍼블리시할 필요가 없습니다.

1 _ Text를 퍼블리시합니다. 텍스트 입력창을 퍼블리시하므로 나중에 인스펙터에서 텍스트 박스를 통해 내용을 수정할 수 있습니다.

2 _ Font를 퍼블리시합니다. 글꼴을 설정할 수 있습니다.

3 _ Size를 퍼블리시합니다. 글꼴에 따라 사이즈가 작게 보일 수도 있고, 글자 수에 따라 사이즈를 조절해야 할 수도 있으므로 퍼블리시합니다.

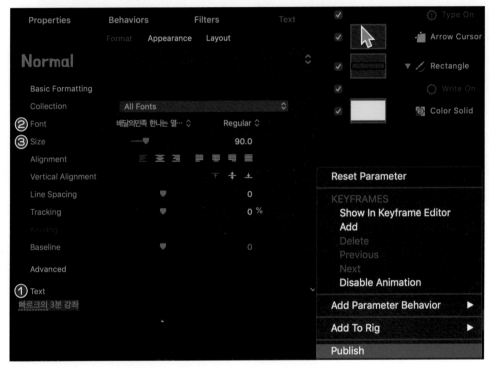

그림 5-42 텍스트 레이어와 관련된 매개변수 퍼블리시

Appearance 탭으로 이동한 다음 그림 5-43과 같이 Face의 Color 매개변수를 퍼블리시합니다.

그림 5-43 글자 색 매개변수 퍼블리시

이제 매개변수를 모두 퍼블리시했습니다. 파일을 저장해 파이널 컷으로 내보냅니다. 중간에 저장을 하지 않았다면 다음과 같이 이름을 지정해 저장합니다.

1 _ 상단 메뉴의 [File] → [Save]를 순서대로 클릭합니다.

2 _ 템플릿의 이름은 '검색창 스타일'로 지정합니다.

3 _ 카테고리는 Custom 카테고리를 새로 만들어 저장합니다.

4 _ [Publish] 버튼을 클릭합니다.

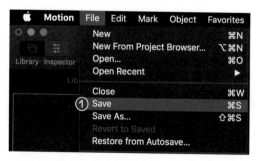
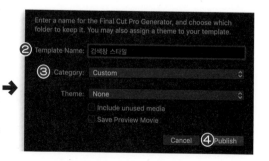

그림 5-44 파이널 컷으로 템플릿 저장하기

파이널 컷 프로에서 템플릿 적용하기

파이널 컷 프로를 실행한 다음 모션 5에서 제작한 템플릿을 적용하겠습니다.

1 _ 왼쪽 타이틀/제네레이터 사이드바 아이콘을 클릭합니다.

2 _ [Generators] – [Custom] 카테고리로 이동합니다.

3 _ 작업한 검색창 스타일 템플릿을 확인할 수 있습니다.

4 _ 검색창 스타일 템플릿을 타임라인으로 드래그해 적용합니다.

5 _ 인스펙터를 확인해 보면 퍼블리시 된 매개변수들이 정상적으로 나타납니다.

그림 5-45 파이널 컷에서 확인한 템플릿

Open In Motion 기능을 활용한 템플릿 수정하기

템플릿을 적용해보니 모션 5에서 작업했던 배경 레이어가 그대로 남아 있습니다. 다른 영상과 자연스럽게 합성하려면 배경 레이어는 불필요합니다. 하지만 지금 인스펙터에서 이 배경을 조정할 수 있는 매개변수가 없습니다. 이럴 때는 다시 모션 5에서 관련 매개변수를 퍼블리시한 다음 저장하기만 하면 간단하게 해결됩니다. 다음 그림과 같이 타이틀/제네레이터 사이드바에서 '검색창 스타일' 템플릿을 마우스 오른쪽 버튼으로 클릭합니다. 팝업 메뉴가 나타나면 [Open in Motion]을 선택합니다.

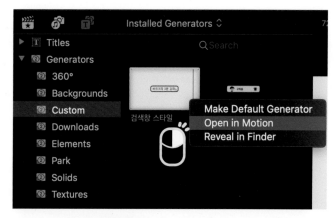

그림 5-46 모션 5에서 템플릿 열기

모션 5가 실행되고 해당 파일이 열렸습니다. 레이어 패널과 타임라인에서 가장 아래에 있는 Color Solid 레이어를 선택하고 인스펙터 패널로 이동합니다. 인스펙터에서 [Properties] 탭으로 이동합니다. 우리가 퍼블리시하고자 하는 매개변수는 Opacity(불투명도)입니다.

이번에는 퍼블리시할 때 불투명도 값을 설정하는 게 아닌 체크박스로 불투명 여부를 설정할 수 있게 해보겠습니다. 체크박스에 체크하면 배경이 있고, 체크를 해제하면 배경을 없애는 방식입니다. 먼저 체크박스는 리그(Rig)를 이용해 만들 수 있습니다. 순서대로 차근차근 진행해 보겠습니다.

> 모션 5에서는 수정을 편하게 도와주는 도구인 위젯(Widget)을 이용하면 '슬라이더를 드래그해 어떤 이펙트의 세기를 조정하고 싶다', '체크박스에 체크하면 페이드 인/아웃이 되게 하고 싶다', '자주 쓰는 스타일을 모아서 팝업 메뉴에서 선택하면 스타일이 바뀌게 하고 싶다'와 같은 형태로도 퍼블리시 할 수 있습니다.
>
> 위젯의 종류로는 슬라이더(Slider), 팝업(Pop-up), 체크박스(CheckBox)가 있습니다. 이 위젯과 오브젝트의 매개변수를 연결해주는 작업을 리그(Rig)라고 합니다.

슬라이더(Slider)   팝업(Pop-up)   체크박스(Checkbox)

그림 5-47 위젯의 3가지 종류 (슬라이더, 팝업, 체크박스)

Opacity의 오른쪽 끝으로 이동한 다음 팝업 메뉴를 엽니다. 팝업 메뉴에서 [Add To Rig] – [Create New Rig] – [Add To New Checkbox]를 순서대로 선택한 다음 클릭합니다.

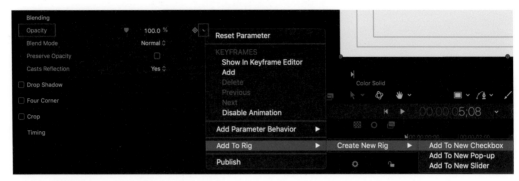

그림 5-48 불투명도(Opacity) 매개변수에 새로운 리그 추가

1 _ Rig(리그) 레이어가 새로 생성됐습니다.

2 _ 인스펙터 패널에서도 자동으로 Widget 탭의 내용이 표시됩니다.

3 _ Edit Mode의 [Start] 버튼을 클릭합니다.

4 _ 편집 모드로 바뀌면 Color Solid.Opacity의 값이 0%가 되게 슬라이더를 왼쪽 끝으로 드래그합니다.

5 _ 윈도우에 있는 [Stop Rig Edit Mode]를 클릭합니다.

그림 5-49 리그 설정

편집 모드가 종료됐습니다. 체크박스를 체크하고 해제해봅시다. 체크박스에 체크하면 배경이 보이지만, 체크를 해제하면 배경이 사라집니다. On/Off 기능을 담당하는 스위치를 만든 것입니다.

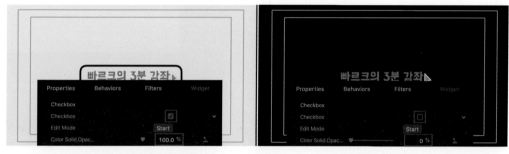

그림 5-50 불투명도를 조절하는 체크박스의 작동 확인

지금까지 체크박스를 추가했는데 그 원리는 간단합니다. 체크박스에 체크하면 원래의 값으로 나타나지만, 체크를 해제하면 사용자가 수정한 값으로 나타나는 것입니다. 배경 레이어의 불투명도(Opacity)가 100%일 때 새로운 리그(Rig)를 추가했으므로 원래 값은 불투명도 100%입니다. 사용자가 수정한 값은 체크를 해제했을 때의 불투명도 값입니다. 이를 0%로 설정했으므로 체크를 해제했을 때의 불투명도는 0%로 배경 레이어가 보이지 않게 됩니다. 리그는 뒤에서도 다룰 예정입니다.

이제 체크박스를 퍼블리시하겠습니다. 체크박스를 아무리 잘 만들어도 퍼블리시하지 않으면 파이널 컷에서 사용할 수 없습니다.

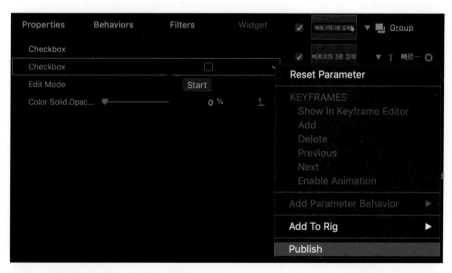

그림 5-51 불투명도를 조절하는 체크박스 퍼블리시

퍼블리시한 다음 방금 퍼블리시한 매개변수의 이름을 변경하고 위치도 변경해보겠습니다.

1 _ 가장 상단에 위치한 Project 레이어를 선택합니다.

2 _ 인스펙터에서 [Project] 탭을 클릭합니다.

3 _ 가장 아래에 있는 Checkbox 매개변수 이름을 Background로 변경합니다.

4 _ 마우스를 드래그 앤드 드롭해 Background 매개변수를 가장 위로 이동시킵니다.

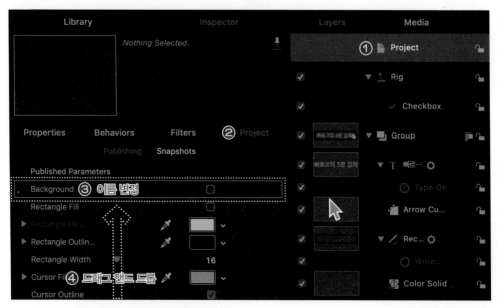

그림 5-52 퍼블리시 된 매개변수 이름 변경 및 위치 수정

모션 5에서 다시 저장하면 파이널 컷으로 돌아갑니다. 타임라인에서 기존에 불러온 템플릿은 방금 퍼블리시한 매개변수(Background)가 나타나지 않습니다. 새로 저장한 템플릿을 다시 드래그 앤드 드롭해 타임라인에 적용해야 합니다. 인스펙터에서 Background 체크박스를 확인할 수 있으며 체크박스가 해제된 상태에서는 기존 영상과 자연스럽게 합성되는 모습을 볼 수 있습니다.

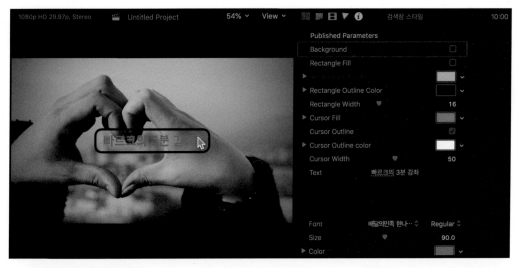

그림 5-53 매개변수를 수정한 템플릿

5.2 _ 진행 상태를 확인할 수 있는 템플릿 만들기

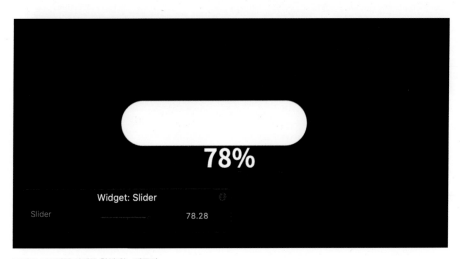

그림 5-54 진행 상태를 확인하는 템플릿

진행 상태를 확인하는 템플릿은 주로 인포그래픽 영상에서 그래프의 증가 및 감소를 나타낼 때 사용합니다. 모션 5에서 슬라이더를 제작한 다음 파이널 컷으로 내보내고, 파이널 컷에서 키프레임을 추가하면 그래프의 증가 및 감소를 애니메이션으로 표현할 수 있습니다. 이번 절에서는 진행 상태를 확인하는 템플릿을 만들어 보겠습니다. 예제에서는 슬라이더 위젯을 추가해 파이널 컷 프로 X에서 조정할 수 있게 할 것입니다.

새로운 모션 프로젝트 만들기(Final Cut Generators)

프로젝트 브라우저에서 파이널 컷 제네레이터(Final Cut Generators)를 선택합니다. 파이널 컷에서 사용하는 템플릿 중에서 그래픽 소스를 기반으로 하는 템플릿은 일반적으로 제네레이터에 속합니다. 이번 절에서 만들 예제 그래프도 그래픽 소스를 기반으로 하므로 파이널 컷 제네레이터를 선택해 만듭니다.

다음과 같이 ❶파이널 컷 제네레이터(Final Cut Pro Generator)를 선택하고 ❷프리셋은 Broadcast HD 1080, 프레임 레이트는 29.97fps, 길이(Duration)는 5초(00:00:05;00)로 지정합니다.

그림 5-55 프로젝트 브라우저에서 파이널 컷 제네레이터 선택하기

화면 배율 조정과 세이프 존 활성화

본격적인 작업을 시작하기에 앞서 화면 배율 조
정과 Safe Zone(세이프 존)을 활성화합니다. 화
면 배율은 [Fit]으로 설정하면 현재 자신의 디스
플레이에 맞게 화면을 자동으로 맞춰줍니다. 세
이프 존은 주로 자막 작업을 할 때 사용하며, 실
제적인 가이드 선 역할을 합니다.

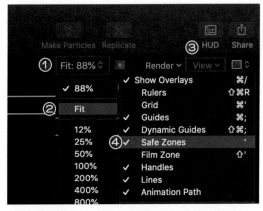

그림 5-56 화면 맞춤과 세이프 존 활성화

기본 그래픽 작업 – 선 그리기

도형 툴에서 선(Line)을 선택하겠습니다. 다음 그림과 같
이 캔버스 아래에 있는 툴 바에서 도형 펼침 버튼을 클릭
하면 팝업 메뉴가 나옵니다. 메뉴에서 선(Line)을 선택합
니다.

그림 5-57 선(Line) 선택

캔버스 화면 중앙에 드래그해 선을 그립니다. 선을 그릴
때 키보드에서 shift 키를 누른 채로 드래그하면 기울어지
지 않은 직선을 그릴 수 있습니다.

그림 5-58 기울어지지 않은 곧은 직선 그리기

캔버스에 하얀색 직선이 생겼습니다. 선 레이어의 인스펙
터에서 도형 스타일([Shape] – [Style]) 탭으로 이동합니다.

1 _ Fill(칠하기) 왼쪽에 있는 체크박스에서 체크를 해제하고, Outline(외곽선)은 나타나게 체크합니다.

2 _ Outline(외곽선)의 두께(Width)는 140으로 설정합니다. 선이 처음보다 많이 두꺼워졌습니다.

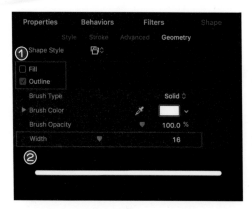 

그림 5-59 선의 외곽선 두께 설정

선을 움직이게 하는 Last Point Offset 매개변수

인스펙터에서 선(Line)의 외곽선(Outline) 매개변수 중에서 우리가 살펴봐야 할 매개변수는 First Point Offset과 Last Point Offset입니다.

First Point Offset은 시작점(First Point)의 위치를 조절하는 매개변수입니다. 현재는 0%인데 값이 커질수록 오른쪽으로 시작점이 이동하게 되고 100%가 되면 외곽선이 아예 사라집니다. 값은 슬라이드를 드래그해 조정합니다.

같은 원리로 Last Point Offset은 종료점(Last Point)의 위치를 조절하는 매개변수입니다. 현재는 100%이지만 값이 작아질수록 왼쪽으로 종료점이 이동하게 되고 0%가 되면 외곽선이 아예 사라집니다.

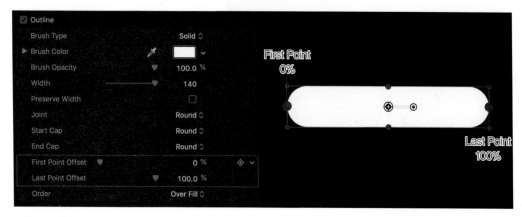

그림 5-60 선 외곽선의 시작점과 종료점

진행 상황을 나타내는 숫자 텍스트 Numbers 추가하기

이번에는 진행 상황을 나타내는 숫자 텍스트를 추가해 보겠습니다. 기존에 살펴봤던 텍스트가 아닌 조금 특별한 텍스트를 추가하겠습니다. 바로 Numbers 라는 텍스트 오브젝트인데 숫자를 순서대로 또는 랜덤으로 표시하는 기능이 있습니다. Numbers 텍스트 오브젝트를 추가하는 방법은 그림 5-61과 같습니다.

1 _ [라이브러리] 패널을 클릭합니다.

2 _ [Generators] 카테고리를 클릭합니다.

3 _ [Text Generators] 카테고리로 이동합니다.

4 _ 목록에서 [Numbers]를 선택합니다.

5 _ [Apply] 버튼을 클릭해 타임라인에 추가합니다.

그림 5-61 숫자를 순서대로 또는 랜덤으로 표시하는 Numbers 텍스트 오브젝트 적용

Numbers 오브젝트를 선택한 상태에서 인스펙터로 이동합니다. 인스펙터에서는 그림 5-62와 같이 설정합니다.

1 _ Numbers의 인스펙터로 이동한 다음 [Properties] 탭을 클릭합니다.

2 _ 선에 가려졌던 텍스트가 보이도록 포지션의 Y축 값을 조정합니다.

3 _ [Text Generator] 탭을 클릭합니다.

4 _ [Format] 탭을 클릭합니다. 여기에서 텍스트 사이즈와 정렬을 변경하겠습니다.

5 _ 텍스트의 사이즈를 조정합니다. 예제에서는 78로 설정했습니다.

6 _ 중앙 정렬을 클릭합니다. 중앙 정렬로 설정하면 숫자 단위가 커질 때 중앙을 기준으로 커집니다.

7 _ [Generator] 탭을 클릭합니다.

8 _ Animate에 있는 체크박스를 클릭해 체크를 해제합니다.

9 _ Format은 [Percent]로 변경합니다.

그림 5-62 Numbers 텍스트 오브젝트의 인스펙터 설정

Numbers의 숫자 값은 Value 매개변수에서 조정할 수 있습니다. 슬라이더를 드래그해 값을 조정할 수 있지만, 아직은 슬라이더를 드래그해도 텍스트 숫자만 바뀌고 선은 아무 변화가 없습니다. 선의 종료점이 변할 때마다 텍스트 숫자의 값을 해당 값(선의 종료점)으로 표시하려면 어떻게 해야 할까요? 이를 위해서 선의 종료점을 나타내는 Last Point Offset과 텍스트 숫자 값을 나타내는 Value 매개변수를 서로 연결(Link)해야 합니다. 두 매개변수를 연결하는 링크(Link) 비헤이비어를 다음과 같이 텍스트 숫자 값의 Value 매개변수에 추가하겠습니다.

1 _ Numbers 레이어를 선택하고 인스펙터에서 [Text Generator] – [Generator] 탭으로 이동합니다.

2 _ Value 매개변수 오른쪽 끝에 있는 화살표(∨) 모양의 펼침 버튼을 클릭하고 [Add Parameter Behavior] – [Link]를 차례로 선택합니다.

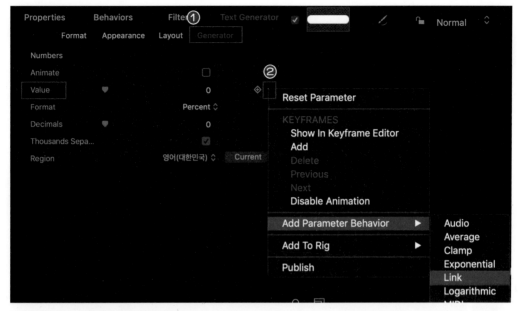

그림 5-63 Value 매개변수에 링크 비헤이비어 추가

추가된 링크 비헤이비어에서 Source Object(소스 오브젝트)를 설정합니다. 직접 레이어를 드래그해 설정하는 방법도 있지만, To 오른쪽에 있는 화살표(∨) 모양의 펼침 버튼을 클릭하고 [Group] – [Line]을 순서대로 선택해 설정할 수도 있습니다.

3 _ Link 비헤이비어의 Source Object 매개변수의 To 오른쪽에 있는 화살표(∨) 모양의 펼침 버튼을 클릭하고 [Group] – [Line]을 추가합니다.

그림 5-64 링크 비헤이비어에 소스 오브젝트 설정

다음은 Source Parameter(소스 파라미터)를 설정합니다. 우리가 선택한 소스 오브젝트는 선(Line) 입니다. 인스펙터에서 조절할 수 있는 다양한 매개변수들 중에서 Last Point Offset 매개변수를 Source Parameter에 추가합니다.

4 _ Source Parameter 오른쪽에 있는 화살표(∨) 모양의 펼침 버튼을 클릭한 다음 [Object] – [Shape] – [Outline] –
[Last Point Offset]을 순서대로 클릭합니다.

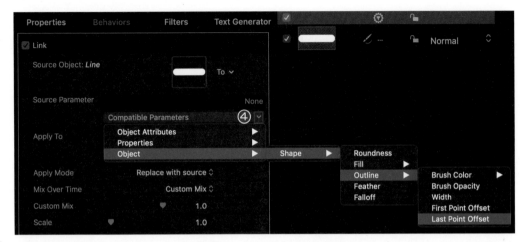

그림 5-65 링크 비헤이비어로 숫자 값과 선의 종료점 연결

Source Parameter까지 추가하면 링크 작업은 끝입니다. 선(Source Object: Line)의 외곽선 종료
점(Source Parameter: Outline.Last Point offset)이 퍼센트 숫자의 값(Numbers.Value)에 연결
(Apply To)됐습니다. 따라서 선의 외곽선 종료점이 달라지면 그에 따라 퍼센트 숫자의 값도 맞춰서 표
시될 것입니다.

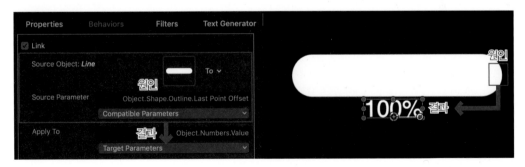

그림 5-66 링크 비헤이비어에서 소스 오브젝트와 Apply To의 관계

선의 외곽선 종료점에 슬라이더 추가하기

선의 외곽선 종료점을 실제로 드래그해보면 퍼센트 숫자 값이 달라집니다. 반대로 퍼센트 숫자 값을 드래그해보면 변화가 없습니다. 원인과 결과의 관계로 설정됐기 때문입니다. 이제 값을 파이널 컷에서 조절하기 위해 선의 외곽선 종료점(Last Point Offset)에 슬라이더를 추가해야 합니다.

1 _ 선(Line) 레이어를 선택합니다.

2 _ 인스펙터에서 외곽선(Outline)의 Last Point Offset 매개변수 오른쪽에 있는 화살표(∨) 모양의 펼침 버튼을 클릭합니다.

3 _ [Add To Rig] – [Create New Rig] – [Add To New Slider]를 순서대로 선택합니다.

그림 5-67 새로운 슬라이더 추가

슬라이더 추가와 함께 인스펙터도 슬라이더 위젯으로 바뀌었습니다. 인스펙터에서 슬라이더의 값과 선의 종료점을 서로 연결하여 맞추는 작업을 해야 합니다. 다음 그림과 같이 슬라이더와 선의 종료점을 서로 유기적으로 연결합니다.

1 _ 슬라이더가 0에 오게 맞춥니다. 기본적으로 슬라이더가 처음 생성될 때 위치가 0에 있습니다.

2 _ [Start] 버튼을 클릭해 Edit Mode(편집 모드)를 시작합니다.

3 _ Line.Last Point Offset의 슬라이더를 왼쪽으로 쭉 드래그해 0%로 맞춥니다. 이는 위쪽의 슬라이더(Slider)가 0일 때 종료점도 0%로 맞추는 것입니다.

반대쪽은 안해도 됩니다. 이미 기본값으로 슬라이더의 100은 종료점의 100%로 맞춰져 있기 때문입니다.

4 _ [Stop Rig Edit Mode]를 클릭해 편집 모드를 종료합니다.

그림 5-68 슬라이더와 매개변수 연결

슬라이더를 드래그하면 그에 따라 도형이 함께 변하는 것을 확인할 수 있습니다. 이제 이 슬라이더를
퍼블리시 해야 파이널 컷에서 조정할 수 있습니다. Slider의 오른쪽 끝에 있는 화살표(∨) 모양의 펼침
버튼을 클릭해 퍼블리시합니다.

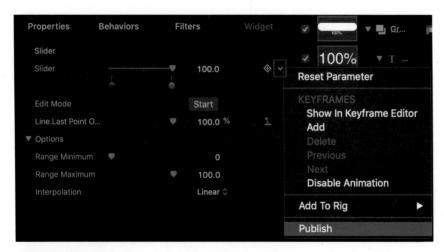

그림 5-69 슬라이더 퍼블리시

슬라이더를 퍼블리시한 다음 상단 메뉴에서 [File] → [Save]를 클릭합니다. 템플릿의 이름과 저장할 카
테고리를 지정하고 [Publish] 버튼을 누릅니다. 예제에서는 템플릿 이름은 'Basic_Gauge'로 지정했
고, 카테고리는 'Park'로 지정했습니다.

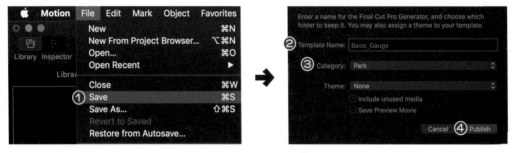

그림 5-70 템플릿을 저장해 파이널 컷으로 출력

파이널 컷을 실행해 확인해 보겠습니다. 방금 저장한 템플릿은 제네레이터의 Park 카테고리에서 확인할 수 있습니다. 이 템플릿을 타임라인에 추가한 다음 인스펙터를 보면 슬라이더가 있습니다. 슬라이더를 드래그해보면 퍼센트 숫자 값과 선의 모양이 함께 변합니다.

그림 5-71 파이널 컷에서 확인한 템플릿

이렇게 슬라이더가 있는 템플릿은 키프레임을 추가해 애니메이션을 만들 수도 있습니다.

1 _ 영상의 처음 시작 프레임으로 플레이헤드를 이동시킵니다.

2 _ 제네레이터 인스펙터에서 슬라이더의 값을 0으로 드래그하여 맞춥니다.

3 _ 오른쪽에 위치한 키프레임 버튼을 클릭해 키프레임을 추가합니다.

그림 5-72 영상의 시작 프레임에 키프레임 추가

4 _ 플레이헤드를 옮겨 영상의 다른 프레임으로 이동합니다.

5 _ 슬라이더를 드래그하거나 숫자를 입력해 원하는 값으로 조정합니다. 이미 키프레임이 추가된 상태이므로 값을 변경하면 키프레임이 자동으로 추가됩니다.

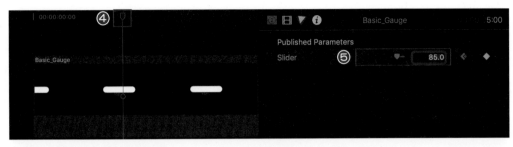

그림 5-73 프레임 이동 후 슬라이더값 변경

재생 버튼을 누르면 그래프 애니메이션을 확인할 수 있습니다. 모션 5 슬라이더 위젯을 만들고, 모션에서 작업한 내용을 파이널 컷에서 조정하는 작업을 했습니다. 대부분 템플릿이 이런 구조로 만들어집니다. 예제에서는 간단하게 크기를 지정하는 슬라이더만 퍼블리시했지만 언제든지 색상이나 퍼센트 텍스트의 표시 유무도 모션에서 퍼블리시 한 다음 파이널 컷의 인스펙터에서 조정할 수 있을 것입니다.

5.3 _ 체크박스와 팝업 위젯을 이용해 업그레이드된 그래프 템플릿 만들기

앞서 5.2절에서는 선이 1개만 있는 그래프 템플릿을 제작했습니다. 하지만 그대로 활용하기에는 다소 부족한 부분이 있습니다. 대부분 인포그래픽 템플릿은 기본적으로 전체 영역이 주어지면 그것을 채워나가는 식으로 수치를 표시합니다. 더 나아가 선분이나 원 등의 기본 도형뿐만 아니라 픽토그램을 활용한 그래픽도 많이 활용되고 있습니다.

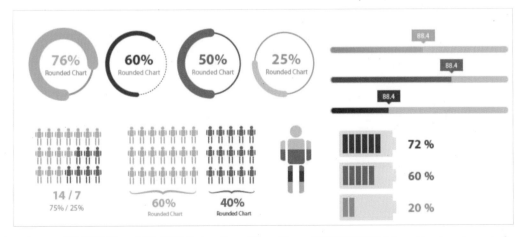

그림 5-74 도형을 활용한 인포그래픽의 예시(출처 : http://www.blugraphic.com/2013/04/08/100-infographic-elements-vector/)

이번 절에서 만들 그래픽 템플릿은 이전에 만들었던 템플릿을 바탕으로 좀 더 업그레이드한 버전입니다. 선을 하나 더 추가해 전체 부분과 현재 부분(표시 부분)으로 나누고, 조정할 수 있는 매개변수를 추가해 파이널 컷 프로에서 좀 더 자유도를 줄 수 있게 하겠습니다. 특히 체크박스와 팝업을 활용해 파이널 컷 프로에서 좀 더 쉽고 간편하게 조정할 수 있도록 작업하려고 합니다.

그림 5-75 체크박스와 팝업을 활용한 그래픽 템플릿

먼저 실습 예제 폴더에서 '5-3 체크박스와 팝업 위젯을 이용해 업그레이드된 그래프 템플릿 만들기' 모션 프로젝트 파일을 열어보겠습니다.

그림 5-76 실습 예제 파일을 모션 5로 실행한 모습

선의 진행 상황을 나타내주는 레이어 복제하여 만들기

기존 선 레이어를 Duplicate(복제)하여 다른 이름으로 변경해 보겠습니다. 복제는 복사(Copy) – 붙여넣기(Paste)의 동작을 한 번에 해주는 기능입니다.

1 _ 타임라인에서 선(Line) 레이어를 선택합니다.

2 _ 마우스 오른쪽 버튼을 클릭하고 [Duplicate](복제)를 클릭합니다. 선 레이어를 복제하면 두 개의 레이어(Line, Line Copy)가 생성됩니다.

3 _ 레이어의 이름 부분을 더블 클릭하면 이름을 변경할 수 있습니다. 선 레이어의 이름을 다음과 같이 변경합니다.

- **Line 레이어**: Line BG

- **Line Copy 레이어**: Line Action

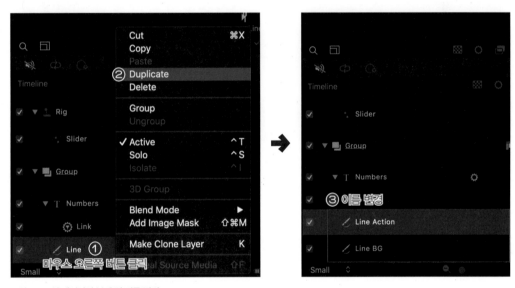

그림 5-77 선 레이어의 복제 및 이름 변경

선의 색상 변경하기

Line Action 레이어의 외곽선 색을 변경하겠습니다.

1 _ Line Action 레이어를 선택한 다음 인스펙터 패널을 클릭합니다.

2 _ [Shape] 탭을 클릭합니다.

3 _ Outline의 Brush Color를 설정하기 위해 컬러 웰을 클릭합니다.

4 _ 색상을 선택합니다. 예제에서는 Spring을 선택했습니다.

5 _ 색상을 선택한 다음 색상 선택 창을 닫습니다.

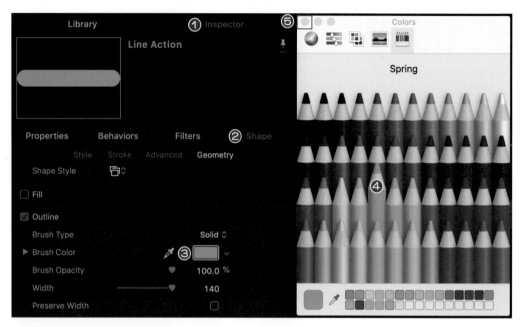

그림 5-78 Line Action의 외곽선 색상 변경

Link(링크) 비헤이비어 수정하기

이번에는 링크(Link) 비헤이비어를 수정하겠습니다. 기존 레이어를 그대로 복제했기 때문에 링크 비헤이비어를 수동으로 다시 설정해야 합니다.

1 _ 타임라인에서 링크(Link) 비헤이비어를 선택한 다음 인스펙터로 이동합니다.

2 _ 인스펙터의 [Behaviors] 탭을 클릭합니다.

3 _ Source Object를 원래 설정된 Line BG에서 Line Action으로 변경해야 합니다. To 오른쪽에 있는 화살표(∨) 모양의 펼침 버튼을 클릭합니다.

4 _ [Group] – [Line Action]을 순서대로 선택합니다.

그림 5-79 Link 비헤이비어의 Source Object 수정

슬라이더 위젯 수정하기

링크 비헤이비어를 수정했으니 그에 따라 슬라이더도 다시 수정해야 합니다. 슬라이더가 가리키는 값
과 새로 지정한 Line Action의 종료점이 서로 일치하도록 맞추는 작업입니다. 그림 5-80과 같이 수정
합니다.

1 _ 타임라인에서 슬라이더(Slider)를 클릭해 선택합니다.

2 _ 슬라이더를 왼쪽으로 끝까지 드래그해 0인 상태로 맞춥니다.

3 _ Edit Mode의 [Start]를 클릭해 편집을 시작합니다.

4 _ Line Action.Last Point Offset의 값을 0%로 드래그합니다.

5 _ [Stop Rig Edit Mode]를 클릭해 편집을 종료합니다.

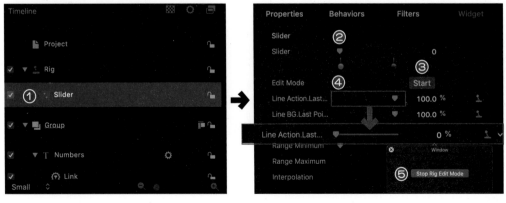

그림 5-80 슬라이더의 수정

슬라이더는 파이널 컷 프로에서 매개변수의 값을 드래그해 조정하고자 할 때 쓰입니다. 선의 종료점 (Line.Last Point Offset)과 같은 매개변수는 모션에서 수정할 수 있지만, 파이널 컷 프로에서 '별도의 작업'을 하지 않는 한 수정할 수 없습니다. 파이널 컷 프로도 모션 5처럼 인스펙터가 있지만 수정할 수 있는 매개변수가 아주 제한적입니다. 그래서 퍼블리시(Publish)라는 '별도의 작업'을 통해 파이널 컷 프로에서도 매개변수를 수정할 수 있게 합니다.

체크박스 추가하기

체크박스(CheckBox)는 파이널 컷의 인스펙터에서 체크하거나 체크를 해제해 간단하게 특정 효과를 켜고 끌 수 있는 스위치 역할을 하는 위젯입니다. 예제에서는 퍼센티지(%) 숫자 텍스트를 나타내거나 숨길 수 있는 체크박스를 만들어 보겠습니다.

여러 매개변수가 있지만 레이어를 화면에 표시하거나 사라지게 할 수 있는 매개변수는 Opacity(불투명도)입니다.

1 _ 텍스트 레이어(Numbers)를 선택합니다.

2 _ 인스펙터 탭의 [Properties]로 이동합니다.

3 _ Opacity의 오른쪽 끝에 있는 화살표(∨) 모양의 펼침 버튼을 클릭합니다.

4 _ [Add To Rig] – [Create New Rig] – [Add to New Checkbox]를 차례로 선택합니다.

그림 5–81 텍스트의 Opacity 매개변수에 체크박스 위젯 추가

체크박스의 추가와 함께 인스펙터도 체크박스 위젯을 설정하는 부분으로 넘어갑니다. 앞서 체크박스를 추가할 때 불투명도(Opacity)의 값은 100%였습니다. 이는 체크박스에 체크했을 때 불투명도를 100% 의 상태, 즉 텍스트가 보이는 상태로 설정해 놓은 것입니다. 따라서 체크를 해제했을 때의 상태만 설정

하면 됩니다. 체크를 해제하면 텍스트가 안 보여야 하므로 불투명도 값을 0%로 설정해야 합니다. 불투
명도 값이 0%이면 텍스트가 보이지 않게 됩니다. 그림 5-82과 같이 체크박스를 편집합니다.

1 _ Checkbox 오른쪽에 있는 체크박스를 해제한 상태에서 Edit Mode의 [Start] 버튼을 클릭해 편집을 시작합니다.

2 _ 불투명도의 슬라이더를 왼쪽으로 드래그해 0%로 만듭니다.

3 _ [Stop Rig Edit Mode] 버튼을 클릭해 편집을 종료합니다.

그림 5-82 체크박스 위젯 설정

Checkbox 오른쪽에 있는 체크박스에 체크했을 때 퍼센티지 텍스트가 보이고 체크를 해제했을 때 텍
스트가 사라지면 잘 설정된 것입니다. 체크박스 설정에서 끝나지 말고 꼭 퍼블리시해서 인스펙터에서
수정할 수 있게 합니다.

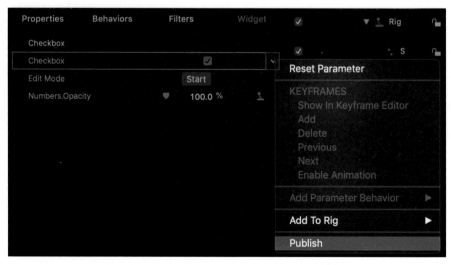

그림 5-83 체크박스 퍼블리시

선의 색상을 변경하는 Brush Color 퍼블리시

추가로 선의 색상을 변경하는 매개변수(Brush Color)를 퍼블리시하겠습니다. 두 개의 선 레이어(Line Action, Line BG)를 각각 선택해 [Shape] – [Sytle] 탭에서 Outline의 Brush Color를 퍼블리시합니다. 선의 색상을 퍼블리시하면 움직이는 선과 배경 선의 색을 파이널 컷 프로에서 변경할 수 있습니다.

그림 5-84 선 레이어의 색을 변경하는 Brush Color 매개변수 퍼블리시

Brush Color를 퍼블리시하면 색상 선택의 자유도는 높지만, 선택사항이 많다 보니 색상을 결정하는 작업도 시간이 오래 걸리기 일쑤입니다. 이럴 때 자주 사용하는 색을 미리 정해놓으면 좀 더 간편하게 색상을 변경할 수 있습니다. 식당에서 음식을 주문할 때 메뉴판에서 메뉴를 고르는 것처럼 선의 색상도 팝업 위젯을 통해 간편하게 선택할 수 있습니다.

팝업 위젯 추가하기

이번에는 팝업 위젯을 추가하는 방법을 알아보겠습니다.

1 _ Line Action 레이어를 클릭합니다.

2 _ 인스펙터 패널로 이동합니다.

3 _ Outline의 Brush Color 오른쪽에 있는 화살표(∨) 모양의 펼침 버튼을 클릭합니다.

4 _ [Add To Rig] – [Create New Rig] – [Add To New Pop-up]을 차례로 선택해 팝업 위젯을 새로 추가합니다.

그림 5-85 Brush Color 매개변수에 팝업 위젯 추가

팝업 위젯을 추가하면 인스펙터도 팝업 위젯을 편집하는 화면으로 넘어갑니다. 팝업은 기본적으로 스냅샷 개념입니다. 마치 사진을 찍는 것처럼 해당 매개변수에 값을 저장했다가 나중에 목록에서 선택하면 저장한 값으로 설정됩니다. 팝업을 편집할 때는 어떤 매개변수가 들어있는지 살펴봐야 합니다. 예제에서는 움직이는 선 레이어의 색상 매개변수(Line Action-Outline-Brush Color)만 팝업 위젯으로 올려놓은 상태입니다. 기본적으로 3개의 스냅샷이 있으며, 스냅샷은 추가하거나 삭제할 수 있고 이름도 변경할 수 있습니다.

그림 5-86 팝업 위젯의 구성

스냅샷의 이름을 색상 이름으로 바꾸고 색상 매개변수를 변경해 보겠습니다.

1 _ Snapshot1을 선택한 다음 [Rename] 버튼을 클릭합니다.

2 _ 현재 선의 색상이 Spring 색이므로 이름을 'Spring'으로 변경하겠습니다.

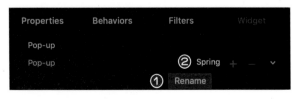

그림 5-87 Snapshot1의 이름을 Spring으로 변경

Snapshot1의 이름이 Spring으로 변경됐습니다. 이미 선의 색상이 Spring색이므로 매개변수는 별도로 수정하지 않아도 됩니다. 이번에는 Snapshot2를 선택하고 같은 방법으로 이름을 변경합니다. 이름을 'Lemon'으로 변경하고, 매개변수도 이름에 맞춰 Lemon 색으로 변경하겠습니다.

1 _ Snapshot2를 선택한 상태에서 [Rename] 버튼을 클릭합니다.

2 _ Snapshot2의 이름을 'Lemon'으로 변경합니다.

3 _ Edit Mode의 [Start] 버튼을 클릭해 편집을 시작합니다.

4 _ Line Action.Brush Color 매개변수의 컬러 웰을 클릭합니다.

5 _ Lemon 색연필을 선택합니다.

6 _ [Stop Rig Edit Mode] 버튼을 클릭해 편집을 종료합니다.

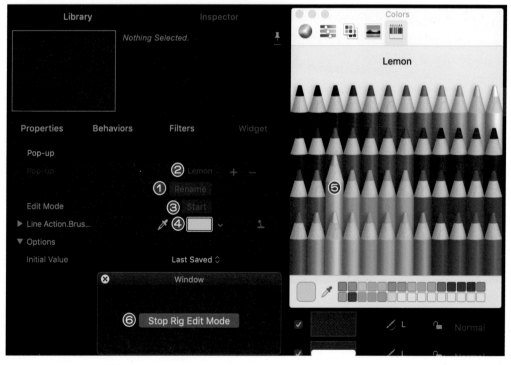

그림 5-88 Snapshot2의 이름을 변경하고 매개변수 설정

같은 방법으로 Snapshot3의 이름을 'Aqua'로 변경하고 편집 모드에서 색상을 Aqua 색으로 변경합니다.

1 _ Snapshot3를 선택한 상태에서 [Rename] 버튼을 클릭합니다.

2 _ Snapshot3의 이름을 'Aqua'로 변경합니다.

3 _ Edit Mode의 [Start] 버튼을 클릭해 편집을 시작합니다.

4 _ Line Action.Brush Color 매개변수의 컬러 웰을 클릭합니다.

5 _ Aqua 색연필을 선택합니다.

6 _ [Stop Rig Edit Mode]를 클릭해 편집을 종료합니다.

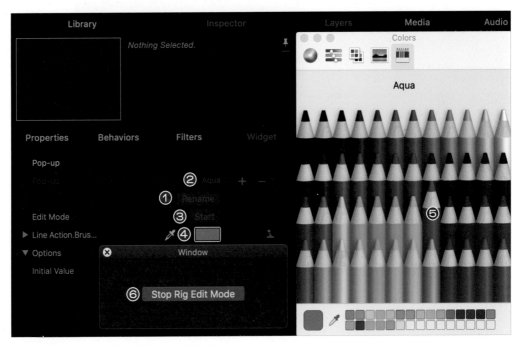

그림 5-89 Snapshot3의 이름을 변경하고 매개변수 설정

이번에는 새로운 스냅샷을 추가하고 설정해 보겠습니다. Pop-up의 오른쪽에 있는 [+] 버튼을 클릭하고 새로운 스냅샷의 이름을 입력하면 새로운 스냅샷이 추가됩니다. 새로운 스냅샷의 이름은 'Strawberry'로 하겠습니다.

그림 5-90 새로운 스냅샷 추가

Edit Mode의 [Start] 버튼을 클릭해 편집을 시작하고 색상은 Strawberry 색으로 선택합니다. 색상을 선택했으면 [Stop Rig Edit Mode] 버튼을 클릭해 편집 모드를 종료합니다. 팝업 편집이 모두 끝났으니 최종적으로 퍼블리시를 합니다.

그림 5-91 팝업 위젯 퍼블리시

퍼블리시된 매개변수 확인 및 이름 변경하기

이제 지금까지 퍼블리시한 매개변수를 확인해 보겠습니다. 타임라인이나 레이어 패널에서 가장 위에 있는 Project 레이어를 클릭합니다. 인스펙터에서 프로젝트 탭으로 이동하면 퍼블리시된 매개변수를 확인할 수 있습니다. 퍼블리시된 매개변수는 드래그해서 순서를 변경할 수 있으므로 비슷한 속성끼리 매개변수를 분류하면 좀 더 효율적으로 작업할 수 있습니다. 또한 어떤 매개변수인지 좀 더 쉽게 파악할 수 있게 이름을 변경합니다.

- Slider → Value

- Checkbox → Text On/Off

- Brush Color → Line Color

- Brush Color → Line Background Color

- Pop-up → Color Preset

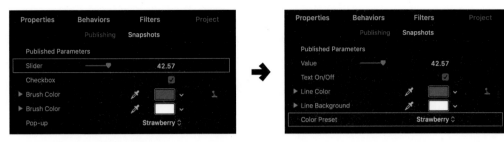

그림 5-92 퍼블리시된 매개변수의 이름 변경

1 _ 상단 메뉴에서 [File] → [Save]를 클릭합니다.

2 _ 템플릿의 이름을 정합니다.

3 _ 템플릿을 저장할 카테고리를 지정합니다.

4 _ [Publish] 버튼을 클릭합니다.

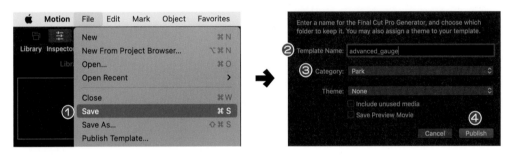

그림 5-93 제네레이터 프로젝트의 출력

> 확장자 파일이 motn이거나 모션 5.3 이하 버전일 때는 [Save]가 아닌 [Publish Template...]을 클릭해 파이널
> 컷으로 저장합니다. 이때는 Publish As Final Cut Generators 왼쪽에 있는 체크박스에 먼저 체크한 다음에
> 파일 이름과 카테고리를 지정해야 합니다.

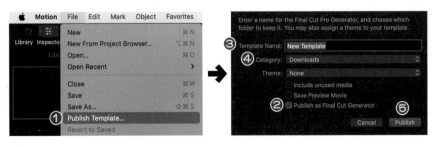

그림 5-94 Publish Template를 이용해 파이널 컷으로 출력

이번 장에서는 파이널 컷과 모션 5를 연동하는 방법을 자세히 다뤘습니다. 퍼블리시(Publish) 기능을 활용해 파이널 컷에서 매개변수를 조정하는 방법을 살펴봤습니다. 또한 매개변수의 값뿐만 아니라 리그(Rig)를 이용해 여러 매개변수를 동시에 조정할 수 있으며, 체크박스, 팝업, 슬라이더와 같은 위젯을 만들어 퍼블리시할 수도 있었습니다. 앞으로 진행할 예제들도 파이널 컷 템플릿으로 퍼블리시하여 사용하는데, 이 또한 이를 응용한 방법입니다.

키프레임 에디터와
도형 애니메이션

이번 장에서는 도형을 이용한 애니메이션을 제작해 보겠습니다. 도형은 가장 기본적이면서 많이 활용되는 오브젝트입니다. 예를 들어 선을 이용해 지도에 경로를 표시할 수도 있고, 강조하고자 하는 부분을 부각할 수도 있습니다. 설명선(Call-Outs)을 활용하면 영상에서 나타내고자 하는 정보를 더욱 풍부하게 나타낼 수 있고, 모바일 메신저에서 주고받는 대화를 말풍선으로 처리해 대화하고 있는 것처럼 연출할 수도 있습니다. 이처럼 도형을 활용하면 다양한 방법으로 영상의 몰입감을 높일 수 있습니다.

6.1 _ 키프레임 에디터(Keyframe Editor)

기본적으로 도형 애니메이션은 키프레임을 이용해 나타냅니다. 키프레임을 추가해 애니메이션을 재생해보면 일정한 속도로 애니메이션이 진행됩니다. 때에 따라 같은 애니메이션이라도 속도를 빠르게 하거나 느리게 연출하면 느낌이 달라집니다. 지금까지는 키프레임의 위치를 이동시켜서 애니메이션의 속도를 조절했습니다. 이번에는 위치를 이동시키는 단순한 방법에서 더 나아가 키프레임 에디터를 활용해 속도를 조절해보려고 합니다. 키프레임 에디터는 영상의 애니메이션을 좀 더 자연스럽고 부드럽게 연출할 수 있게 합니다.

우선 예제 파일을 열어보겠습니다. 예제 폴더에서 '6-1 키프레임 예제' 모션 프로젝트 파일을 열어보면 흰색 선이 있으며 키프레임이 추가돼 있습니다. 키프레임은 선의 Last Point Offset 값에 추가돼 있으며, 0프레임에서는 Last Point Offset이 0%로, 30프레임(1초)에서는 100%로 설정돼 있습니다. 재생해보면 0초에서 1초 사이에 왼쪽에서 오른쪽으로 선이 나타나는 애니메이션을 확인할 수 있습니다.

그림 6-1 키프레임 애니메이션이 적용된 예제 파일

키프레임 에디터(Keyframe Editor) 켜기

키프레임 에디터를 활성화하겠습니다.

1 _ 키프레임 에디터를 나타내는 버튼은 타임라인의 오른쪽 위에 있는 툴 바에 있습니다(단축키는 command + 8).

2 _ 키프레임 에디터 버튼을 클릭하면 타임라인이 나누어지면서 아래쪽에 키프레임 에디터 패널이 나타납니다.

그림 6-2 키프레임 에디터 활성화

모션 5의 키프레임 에디터는 값(Value)을 표시하는 그래프로 나타납니다. 이 키프레임 그래프를 차근 차근 분석해보겠습니다. 그림 6-3을 보면 그래프의 X축은 간접적으로 시간이라는 것을 알 수 있습니다. 그리고 시간이 왼쪽에서 오른쪽으로 진행됨에 따라 키프레임이 적용된 매개변수의 값, 즉 Y축의 값이 달라지는 것을 알 수 있습니다.

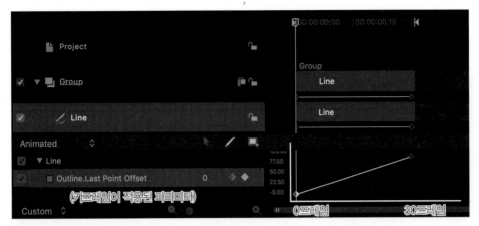

그림 6-3 키프레임 에디터의 그래프

그래프의 기울기 조정을 통한 속도 조절

그림 6-3의 그래프 기울기가 일정하게 유지된 상태라서 애니메이션의 속도도 처음부터 끝까지 일정합니다. 그래프의 기울기를 곡선 형태로 조정하면 처음과 끝의 속도를 다르게 할 수 있습니다.

1 _ 곡선 형태로 변경하려면 키프레임을 마우스 오른쪽 버튼으로 클릭하거나 control 버튼을 누른 채로 클릭하면 팝업 메뉴가 나타납니다.

2 _ 팝업 메뉴에서 [Interpolation] – [Bezier]를 차례로 선택하면 각 키프레임마다 기울기를 조절할 수 있는 핸들(Handle)이 나타납니다.

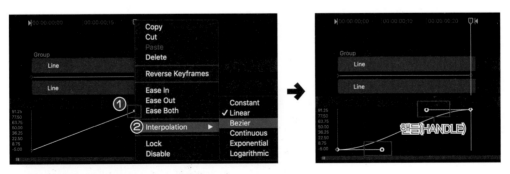

그림 6-4 그래프의 기울기를 곡선으로 만드는 베지어(Bezier)

핸들을 좌우로 드래그하면 기울기를 조정할 수 있습니다. 각 키프레임에 있는 핸들을 왼쪽으로 드래그해 보겠습니다.

1 _ 마지막 키프레임은 왼쪽 핸들 선을 왼쪽으로 드래그하여 길게 만듭니다.

2 _ 처음 키프레임은 오른쪽 핸들 선을 왼쪽으로 드래그하여 짧게 만듭니다.

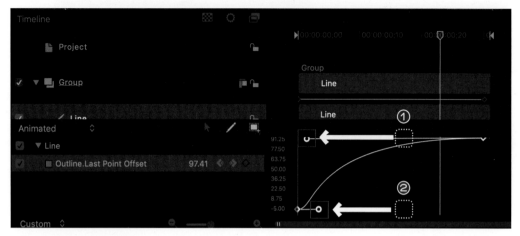

그림 6-5 베지어 곡선의 핸들 조정

곡선의 기울기가 조정됐습니다. 전체 30프레임 중에서 10프레임 동안 선의 약 70%가 완성되고, 그 이후 20프레임 동안은 선이 천천히 완성돼 갑니다. 실제로 재생해보면 처음에는 선이 빠르게 그려지지만, 나중에는 느려지면서 선이 천천히 그려집니다. 이런 흐름을 Ease-Out*이라고 합니다. 실제로 모션그래픽 영상에서 처음에는 빠르게 등장했다가 이후 느려지는 형태로 모션의 속도를 많이 처리합니다.

Ease In, Ease Out, Ease Both

1 _ Ease In

곡선의 기울기가 점점 커지는 형태입니다. 처음에는 아주 느리게 시작했다가 이후 점점 빠르게 진행합니다. 무거운 돌이 떨어지는 것처럼 느리게 시작했다가 쿵 소리와 함께 빠르게 지면을 때리는 형태입니다.

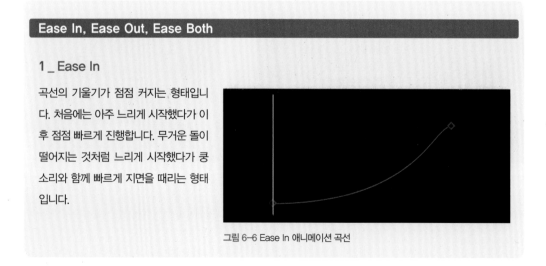

그림 6-6 Ease In 애니메이션 곡선

2 _ Ease Out

처음에는 빠르게 애니메이션을 시작했
다가 이후 점점 느리게 진행합니다. 빠른
시작으로 인해 집중력을 높일 수 있고
점점 자연스럽게 감속하므로 자연스러
운 애니메이션을 위해 많이 사용됩니다.

그림 6-7 Ease Out 애니메이션 곡선

3 _ Ease Both

처음에는 느리게 시작했다가, 중간 부분
에서는 빨라지고, 다시 느리게 진행합니
다. 자동차를 운전할 때 차량을 가속하
고, 멈출 때 감속하는 것과 비슷한 느낌
을 연출합니다. Ease Out보다 더욱 극적
이며 부드러운 느낌입니다.

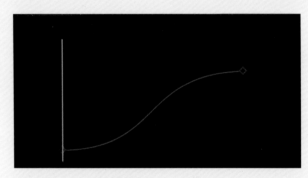

그림 6-8 Ease Both 애니메이션 곡선

재생 가능 범위 조정하기

등장하는 애니메이션을 만들었으니 이번에는 퇴장하는 애니메이션도 만들어 보겠습니다. 우선 예제 파
일의 재생 가능 범위를 끝까지 넓혀야 합니다.

1 _ 플레이헤드를 끝(4초 29프레임)까지 이동시킵니다.

2 _ 상단 메뉴에서 [Mark] → [Mark Play Range Out]을 클릭합니다. 단축키는 option + command + O입니다.

재생 범위가 1초(30프레임)에서 5초로 늘어났습니다. Mark Play Range와 Loop Playback(단축키
shift + L)을 함께 활용하면 원하는 부분만 재생하고 확인할 수 있기 때문에 작업의 효율성을 높일 수
있습니다.

그림 6-9 재생 범위를 설정하는 Mark Play Range

리버스 키프레임(Reverse Keyframe)으로 마지막 부분 애니메이션 만들기

이번에는 키프레임을 복사해 붙여넣겠습니다. 그림 6-10과 같이 순서대로 작업합니다.

1 _ 키프레임 에디터 패널에 있는 키프레임을 마우스로 드래그해 한꺼번에 선택합니다.

2 _ 마지막 키프레임을 마우스 오른쪽 버튼으로 클릭합니다(단축키 command + C를 이용하면 3번 과정은 생략합니다).

3 _ [Copy]를 클릭합니다.

4 _ 플레이헤드를 4초로 위치시킵니다.

5 _ 키프레임 에디터의 빈 곳을 마우스 오른쪽 버튼으로 클릭한 다음 팝업메뉴에서 [Paste]를 클릭합니다(단축키 command + V를 이용할 수 있습니다).

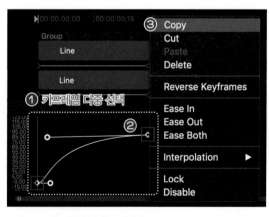
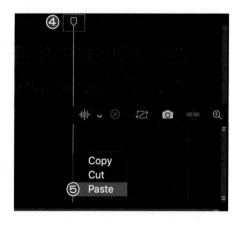

그림 6-10 키프레임 복사 후 붙여넣기

복사한 키프레임을 붙여넣으면 곡선의 기울기가 어그러집니다. 하지만 이는 자연스러운 현상입니다. 복사한 키프레임을 다중 선택한 다음 Reverse Keyframes 기능을 걸어주면 키프레임이 반대로 적용되면서 자연스러운 퇴장 애니메이션이 연출됩니다.

6 _ 복사한 키프레임을 다중 선택합니다.

7 _ 키프레임 중 하나를 마우스 오른쪽 버튼으로 클릭한 다음 [Reverse Keyframes]를 클릭합니다.

8 _ 기존 애니메이션과 반대되는 애니메이션이 연출됐습니다.

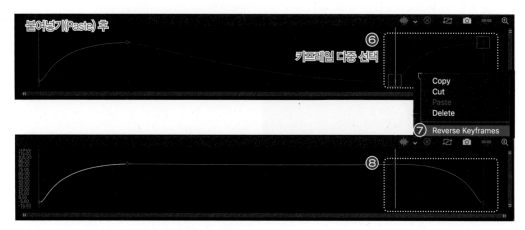

그림 6-11 Reverse Keyframes 기능을 활용한 퇴장 애니메이션

곡선 보간 방법 6가지

보간(Interpolation)은 두 점을 연결하는 방법을 의미합니다. 두 개의 키프레임이 있을 때 그 중간의 값들을 어떻게 컴퓨터가 계산하고 처리하는지에 따라 애니메이션의 속도감과 느낌이 달라집니다. 선형(Linear)은 일정한 속도로 두 키프레임 사이를 처리합니다. 반면 베지어(Bezier)는 핸들을 이용해 속도를 완만하게 조정할 수 있습니다. 모션 5에서는 그림 6-12와 같이 키프레임을 마우스 오른쪽 버튼으로 클릭했을 때 나타나는 애니메이션 팝업 메뉴에서 보간 방법을 설정할 수 있습니다. 보간 방법에는 기본적으로 6가지 방법이 있습니다. 각각의 보간 방법을 살펴보겠습니다.

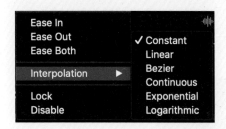

그림 6-12 모션 5의 6가지 보간 방법

1 _ Constant(상수)

두 키프레임 사이에 값이 있는 경우를 생각해 보겠습니다. 첫 번째 키프레임의 값은 0%로 입력된 상태입니다. 마지막 키프레임은 100%로 입력된 상태입니다. Constant(상수)로 지정하면 첫 번째 키프레임의 값 0%를 쭉 유지한 채 마지막 키프레임이 됐을 때 100%의 값으로 급격하게 전환됩니다. 택시 요금이 늘어나는 원리와 비슷합니다.

그림 6-13 Constant(상수) 보간

2 _ Linear(선형)

두 키프레임 사이의 값을 일정하게 계산하여 처리합니다. 키프레임 애니메이션은 일정한 속도로 진행되는 애니메이션을 연출합니다. Constant(상수)와 비슷한 직선형이지만 처음 키프레임과 마지막 키프레임 사이의 값을 나타낸다는 점에서 차이가 있습니다.

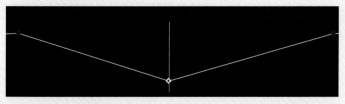

그림 6-14 Linear(선형) 보간

3 _ Bezier(베지어)

베지어는 완만한 곡선 그래프 형태입니다. 기울기를 조절할 수 있는 핸들이 있고, 기울기를 조정해 속도를 다양한 형태로 나타낼 수 있습니다. Linear(선형)가 조금 딱딱한 느낌을 준다면 Bezier(베지어)는 부드러운 느낌의 애니메이션을 연출합니다.

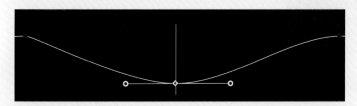

그림 6-15 Bezier(베지어) 보간

4 _ Continuous(연속)

Continuous는 앞서 살펴본 베지어와 같이 곡선 그래프 형태입니다. 하지만 베지어와 달리 핸들이 없기 때문에 기울기를 조절할 수 없습니다.

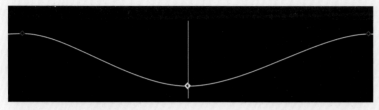

그림 6-16 Continuous(연속) 보간

5 _ Exponential(지수)

Exponential은 그래프가 천천히 시작하고, 시간이 지남에 따라 급격하게 증가하는 형태입니다. 즉 기하급수적으로 수치가 증가합니다. 수학의 지수 함수 그래프를 떠올리면 됩니다.

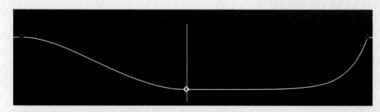

그림 6-17 Exponential(지수) 보간

6 _ Logarithmic(로그)

Logarithmic은 지수와 정반대의 그래프 형태입니다. 초반에는 급격하게 시작하고, 시간이 지남에 따라 천천히 느려집니다. 수학의 로그 함수 그래프를 떠올리면 됩니다.

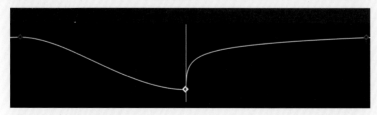

그림 6-18 Logarithmic(로그) 보간

6.2 _ 경로를 나타내는 화살표 애니메이션 만들기

여행을 다녀오고 난 후에 여행 영상을 만들 때는 보통 여행 일정을 순서대로 편집합니다. 지도에서 여행의 일정을 보여주면 보는 사람들로 하여금 여행과 관련한 구체적인 정보를 제공할 수 있습니다. 이때 사용할 수 있는 영상이 바로 경로를 나타내는 화살표 애니메이션입니다. 꼭 여행이 아니더라도 지도에서 어떤 경로를 보여주거나 표시할 때 영상의 정보를 더욱 풍부하게 할 수 있습니다.

먼저 예제 파일을 열어보겠습니다. '6-2 경로를 나타내는 화살표 애니메이션'을 열어보면 제주도 지도 그림 파일이 들어 있습니다.

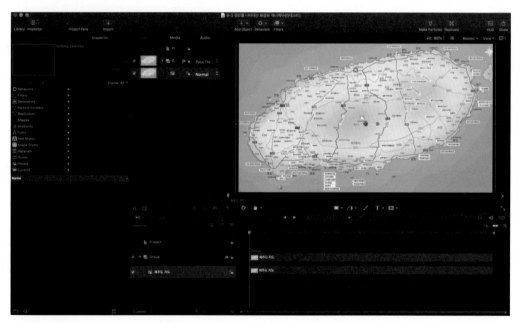

그림 6-19 예제 파일 '6-2 경로를 나타내는 화살표 애니메이션'

경로를 나타내는 방법은 3가지가 있습니다.

- 직선(Line) 툴

- 베지어 곡선(Bezier)

- 페인트 스트로크 툴(Paint Stroke Tool)

툴 바에 각각의 기능을 실행할 수 있는 아이콘이 있습니다.

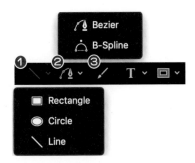

그림 6-20 경로를 나타낼 수 있는 툴

❶ 직선(Line)은 시작과 끝점이 단순한 형태에 사용할 수 있습니다. 하지만 곡선과 같은 경로는 나타낼 수 없습니다. 또한 콘트롤 포인트도 시작점과 끝점만 있기 때문에 모퉁이 경로를 나타내기에는 부족한 점이 있습니다.

그림 6-21 직선(Line)

❷ 베지어(Bezier)는 클릭을 통해 다양한 콘트롤 포인트를 추가할 수 있으며 선형(Linear)은 물론 곡선의 형태도 부드럽게 나타낼 수 있습니다. 베지어를 이용해 곡선을 나타내려면 포인트를 클릭한 다음 마우스를 떼지 않은 상태에서 마우스를 드래그해 기울기를 조정하면 됩니다. 처음에는 조작하기가 쉽지 않습니다. 기울기를 수정하고자 할 때는 포인트를 클릭하면 포인트 양옆으로 베지어 곡선 핸들(Handle)이 나타납니다. 베지어 곡선 핸들을 조정하여 기울기를 수정할 수 있습니다.

그림 6-22 베지어(Bezier) 곡선

Tip _ 클릭해도 베지어 곡선 핸들이 나오지 않는다면?

포인트를 마우스 오른쪽 버튼으로 클릭한 다음 팝업 메뉴에서 Smooth를 선택하면 베지어 곡선 핸들이 나타납니다.

그림 6-23 클릭해도 베지어 곡선 핸들이 나오지 않을 때

❸ 페인트 스트로크 툴(Paint Stroke Tool)은 마우스나 태블릿을 이용해 캔버스에 바로 직관적으로 선을 그릴 수 있습니다. 지도에서 복잡한 경로를 나타내고자 할 때 손쉽게 나타낼 수 있습니다. 마우스를 클릭한 다음 버튼을 떼지 않은 상태에서 드래그해 선을 그립니다. 인스펙터를 보면 콘트롤 포인트가 자동으로 설정되는 모습을 볼 수 있습니다. 마우스를 이용해 나타내므로 선이 경로를 이탈할 수 있습니다. 그럴 때는 인스펙터에서 콘트롤 포인트의 좌표값을 수정해 선의 모양을 세부적으로 수정할 수 있습니다.

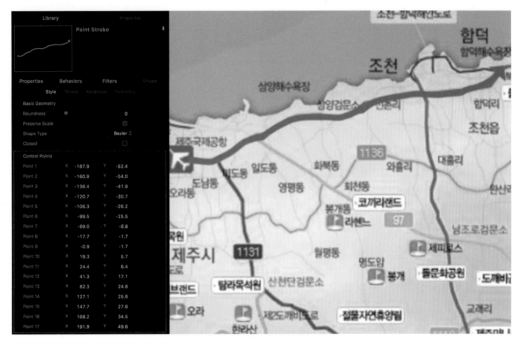

그림 6-24 페인트 스트로크 툴(Paint Stroke Tool)

지도와 같이 경로를 나타낼 때 가장 추천하는 방법은 베지어(Bezier)입니다. 하지만 핸들을 다루는 과정이 익숙하지 않다면 페인트 스트로크 툴(Paint Stroke Tool)을 사용하는 방법을 권장합니다.

경로를 표시했다면 이제 경로의 스타일(그래픽)을 지정하는 방법을 알아보겠습니다. 스타일은 인스펙터의 [Shape] 탭에서 지정할 수 있습니다. 상황에 따라 다양하게 스타일을 지정하는 방법을 알아보겠습니다.

STEP 1 _ Fill은 체크를 해제하고, Outline은 체크하기

경로를 표시하는 도형의 Fill(채우기)은 체크를 해제하고 Outline(외곽선)은 체크를 해야 합니다. 특히 베지어 곡선을 선택한 다음 경로를 그렸는데, 그림 6-25와 같이 이상한 모양으로 나타날 때가 있습니다. 이 경우는 Fill과 Outline이 모두 체크돼 있기 때문입니다. 인스펙터의 [Shape] – [Style] 탭에서 Fill 왼쪽에 있는 체크박스에 체크를 해제하면 그리고자 했던 모양으로 나타납니다.

그림 6-25 Fill은 체크를 해제하고, Outline은 체크

STEP 2 _ 점선으로 나타내기

경로를 실선이 아닌 점선으로 나타낼 수 있습니다.

1 _ Outline의 Brush Type을 [Airbrush]로 변경합니다.

2 _ Spacing 매개변수의 값을 조절하면 그림 6-26과 같이 점선으로 나타낼 수 있습니다. Spacing의 값이 커질수록 점 사이의 간격이 넓어집니다.

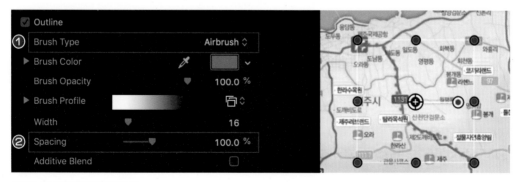

그림 6-26 선을 점선으로 나타내기

점선을 동그란 모양의 점선이 아닌 네모 모양의 점선으로 바꾸는 방법도 있습니다. 그림 6–27과 같이 Shape Style 아이콘을 클릭한 다음 팝업 메뉴에서 [Abstract] – [Dash Small]을 선택합니다. 인스펙터의 Brush Type이 Image로 바뀌면서 자동으로 네모 모양의 점선으로 바뀝니다. 원하지 않을 때는 Brush Type을 변경하면 됩니다.

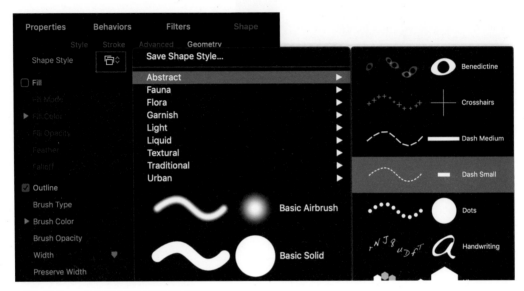

그림 6–27 Shape Style에서 네모난 점선으로 설정

STEP 3 _ 화살표로 나타내기

화살표는 Brush Type이 Solid(단색)로 지정돼 있을 때만 설정할 수 있습니다. 인스펙터에서 Outline의 End Cap을 Arrow로 설정합니다. Arrow로 설정하면 화살표의 크기를 조절할 수 있는 매개변수(Arrow Length, Arrow Width)가 나타나는데 슬라이더를 드래그하거나 숫자 값을 입력해 크기를 조절합니다.

1 _ Brush Type을 Solid(단색)로 지정합니다.

2 _ End Cap을 Arrow로 설정합니다.

3 _ 화살표의 크기를 조절할 수 있는 매개변수 값들을 수정합니다.

그림 6-28 화살표로 나타내는 방법

STEP 4 _ 베지어로 화살표가 있는 곡선 만들기

화살표 그래픽 오브젝트 만들기

베지어 툴을 이용해 그림 6-29와 같은 화살표가 있는 곡선(그래픽 오브젝트)을 만들어보겠습니다.

1 _ 툴 바에서 베지어 툴을 클릭해 선택합니다.

2 _ 선을 시작할 지점을 클릭해 콘트롤 포인트를 추가합니다.

3 _ 선을 종료할 지점을 클릭해 콘트롤 포인트를 추가합니다. 이때 클릭한 다음 마우스를 드래그해 곡선의 기울기를 조절
   합니다.

그림 6-29 베지어로 화살표가 있는 곡선 만들기

베지어 곡선의 기울기는 핸들
(Handle)을 드래그해 조정할 수
있습니다. 혹여나 곡선을 추가
할 때 기울기를 다시 수정해야
한다면 그림 6-30과 같이 콘트
롤 포인트를 클릭해 보세요. 핸들
을 조정해 기울기를 수정할 수 있
습니다.

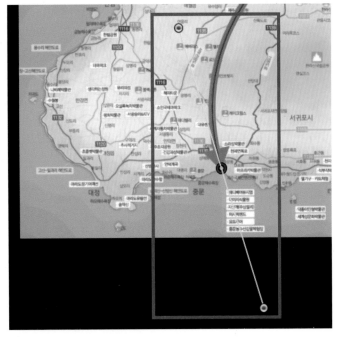

그림 6-30 핸들을 이용한 기울기 조절

인스펙터의 [Shape] – [Style] 탭에서 화살표 모양으로 설정해 보겠습니다. End Cap을 Arrow로 설정합니다. Arrow로 설정하면 Arrow Length와 Arrow Width 매개변수가 새로 나타납니다. 값을 수정해 화살표의 크기를 키우면 화살표를 더욱 강조할 수 있습니다.

그림 6-31 End Cap을 화살표 모양으로 설정

화살표 그래픽 오브젝트에 모션 추가하기

그래픽 작업으로 화살표를 표시했으니 이제 모션을 추가해 보겠습니다. 화살표를 움직이는 방법은 크게 두 가지가 있습니다. 바로 키프레임과 비헤이비어 입니다.

키프레임은 Outline의 Last Point Offset 매개변수 값에 추가합니다. 키프레임을 이용해 1초 동안 애니메이션이 나타나도록 해보겠습니다.

1 _ 가장 처음 프레임으로 플레이헤드를 이동시킵니다.

2 _ 해당 매개변수의 값을 0%로 설정한 다음 키프레임을 추가합니다.

3 _ 30프레임으로 이동합니다.

4 _ 해당 매개변수의 값을 100%로 변경하면 키프레임이 추가됩니다.

키프레임 에디터에서 베지어 곡선의 기울기를 조정하면 더욱 속도감이 있는 애니메이션을 연출할 수 있습니다.

그림 6-32 키프레임으로 화살표가 나타나는 애니메이션 연출

비헤이비어를 이용하면 좀 더 간편하게 애니메이션을 적용할 수 있습니다.

1 _ 화살표 레이어를 선택한 상태에서 비헤이비어 아이콘을 클릭합니다.

2 _ [Shape] - [Write On]을 선택해 비헤이비어를 적용합니다.

비헤이비어는 레이어의 길이만큼 적용되므로 반드시 비헤이비어의 길이를 따로 조절해야 합니다.

3 _ 보라색으로 표시된 비헤이비어의 오른쪽 영역을 드래그하거나 플레이헤드를 옮긴 다음 단축키 O를 눌러서 길이를 조절합니다.

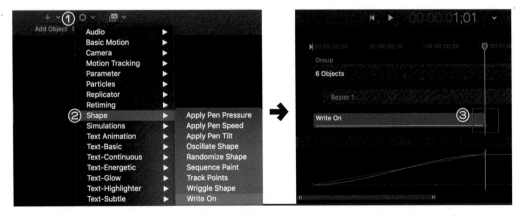

그림 6-33 Write On 비헤이비어를 적용해 화살표 애니메이션 연출

6.3 _ 정보를 알려주는 말풍선(Call-outs) 만들기

영상에서 특정 사물이나 사람에 대한 정보를 알려주고자 할 때 주로 말풍선을 이용합니다. 흔히 말풍선이라고 하면 만화에서 사용하는 둥근 모양의 말풍선을 떠올리지만, 최근에는 아래 그림과 같이 원과 직선을 사용한 깔끔한 형태의 말풍선이 많이 쓰입니다. 해외에서는 이런 말풍선을 Call-outs라고 부릅니다. 이번 절에서는 이런 말풍선을 만들어보겠습니다.

그림 6-34 말풍선(Call-outs)의 예시

말풍선의 구조를 살펴보면 크게 3가지로 나눌 수 있습니다. 말풍선의 머리와 선 그리고 내용을 나타내는 텍스트 부분입니다. 각 부분을 만드는 방법을 하나씩 알아보겠습니다.

프로젝트 설정은 다음과 같습니다. 다음과 같은 프로젝트 설정으로 새로운 프로젝트를 생성합니다.

Preset	Broadcast 1080HD
Frame Rate	29.97fps
Duration	00:00:10;00 (10초)

말풍선의 머리 만들기

먼저 원을 이용해 말풍선의 머리 부분을 만들어 보겠습니다.

1 _ 툴 바에서 원(Circle)을 선택합니다.

2 _ 캔버스에서 드래그해 작은 크기의 원을 그립니다. 이때 shift 키를 누른 채로 드래그하면 반지름이 일정한 정원을 그릴 수 있습니다.

3-6 _ 인스펙터에서 다음과 같이 원의 스타일을 설정합니다.

매개변수	설명	값
Fill	칠하기	체크
Fill Color	원의 색	흰색
Outline	외곽선	체크 안 함
Position	위치	X 0px, Y 0px

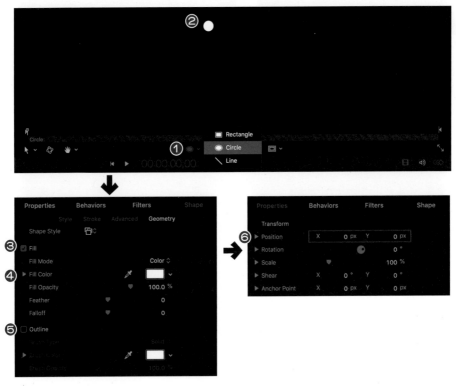

그림 6-35 말풍선의 머리 부분 만들기

이번에는 두 개의 원을 더 추가해 다음 그림과 같이 말풍선 머리 부분을 과녁 모양으로 만들어 보겠습니다.

이를 위해 원을 복제해 보겠습니다.

그림 6-36 과녁 모양의 말풍선 머리 부분

1 _ 원 레이어를 마우스 오른쪽 버튼으로 클릭합니다.

2 _ 팝업 메뉴에서 [Duplicate]를 선택합니다.

3 _ 원 레이어를 복제한 Circle copy 레이어가 새로 생성됩니다.

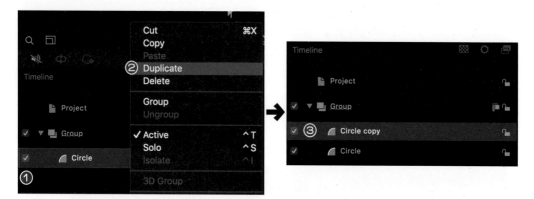

그림 6-37 레이어를 복제하는 Duplicate

4-7 _ 새로 생성된 Circle copy 레이어를 선택한 다음 인스펙터에서 관련 매개변수 값들을 수정합니다.

매개변수	설명	값
Fill	칠하기	체크 안 함
Outline	외곽선	체크
Outline – Width	테두리의 두께	6
Scale	크기	170%

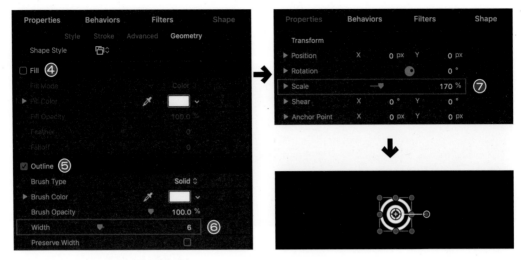

그림 6-38 Circle copy 레이어의 인스펙터 설정

방금 만든 원을 복제해 가장 바깥쪽 원을 만들어 보겠습니다.

1 _ 이번에는 Circle copy 레이어를 마우스 오른쪽 버튼으로 클릭한 다음 팝업 메뉴에서 [Duplicate]를 선택합니다.

2-3 _ 새로 생성된 Circle copy 1 레이어를 선택한 다음 인스펙터에서 관련 매개변수 값들을 수정합니다.

매개변수	설명	값
Scale	크기	260%
Outline − Width	테두리의 두께	1

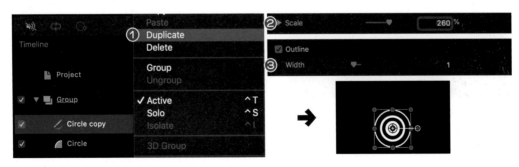

그림 6-39 Circle copy 1 레이어의 인스펙터 설정

원 레이어에 키프레임 애니메이션 추가하기

이렇게 만든 원 레이어에 각각 키프레임 애니메이션을 추가하겠습니다.

1 _ 가장 처음에 만들었던 Circle 레이어를 선택합니다.

2 _ 타임라인의 플레이헤드를 20프레임에 위치시킵니다.

그림 6-40 Circle 레이어에 키프레임 애니메이션 추가 – 20프레임으로 이동

3 _ 20프레임에서 Circle 레이어의 스케일(Scale)에 키프레임을 추가합니다(값을 변경하지 않고 키프레임만 추가합니다). 키프레임을 추가하면 매개변수의 값이 붉은색으로 표시됩니다.

4 _ 그 상태에서 플레이헤드를 0프레임으로 이동시킵니다.

5 _ Scale의 매개변수 값을 0%로 수정하면 0프레임에 자동으로 키프레임이 추가됩니다.

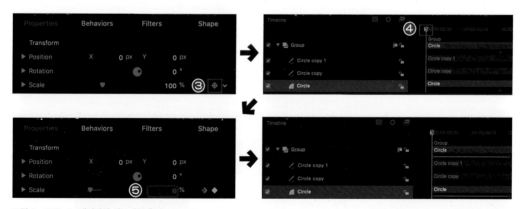

그림 6-41 Circle 레이어에 키프레임 추가

키프레임 두 개를 Bezier로 보간하기

키프레임 두 개가 스케일에 적용됐습니다. 이번에는 두 개의 키프레임을 Bezier로 보간해보겠습니다. 툴바 오른쪽 위에 있는 키프레임 에디터 아이콘을 클릭해 키프레임 에디터를 열어보겠습니다(단축키 command + 8).

1 _ 키프레임 에디터에서 마지막 키프레임을 마우스 오른쪽 버튼으로 클릭합니다.

2 _ 팝업 메뉴에서 [Interpolation] – [Bezier]를 차례로 선택해 보간(Interpolation)을 Bezier 곡선으로 변경합니다.

그림 6-42 Bezier 곡선으로 보간 변경

Scale의 X, Y, Z 축의 기울기를 그림 6-43과 같이 조절하겠습니다. 핸들을 모두 왼쪽으로 드래그한 형태로 첫 키프레임은 짧게, 마지막 키프레임은 길게 드래그합니다.

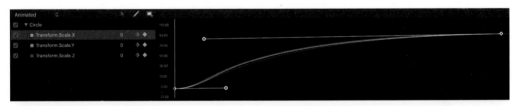

그림 6-43 Bezier 곡선의 기울기 조절

동시에 모든 키프레임의 보간을 수정하는 방법

1 _ 키프레임 에디터에서 shift 키를 누른 채로 매개변수들을 선택합니다.

2 _ 매개변수의 키프레임 오른쪽에 있는 화살표(∨) 모양의 펼침 버튼을 클릭하여 팝업 메뉴를 나타냅니다.

3 _ [Interpolation] – [Bezier]를 차례로 선택해 보간 방법을 변경합니다.

그림 6-44 동시에 모든 키프레임의 보간 수정

Circle copy 레이어와 Circle copy 1 레이어에도 그림 6-45와 같이 같은 길이의 키프레임 애니메이션을 추가합니다. Circle copy 레이어의 스케일 값은 170%이고, Circle copy 1 레이어의 스케일 값은 260%입니다. 20프레임에서 각 스케일 값에 키프레임을 추가하고, 0프레임으로 이동한 다음 스케일 값을 0%로 지정하면 됩니다.

그림 6-45 세 레이어에 모두 추가한 키프레임 애니메이션

Circle copy 레이어와 Circle copy 1 레이어에 키프레임이 추가됐지만, 그래프의 기울기는 키프레임에디터에서 수정해야 합니다. 두 레이어의 키프레임 보간을 Bezier로 지정한 다음 그림 6-46과 같은형태로 핸들을 드래그해 기울기를 수정합니다.

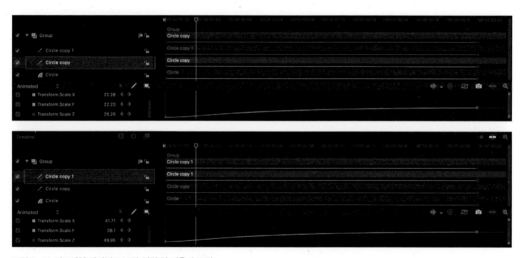

그림 6-46 키프레임 에디터로 보간 설정 및 기울기 조절

사라지는 원 만들기

이번에는 Circle copy 1 레이어를 선택한 다음 불투명도(Opacity)에 키프레임 애니메이션을 추가해 사라지는 효과를 연출해 보겠습니다.

1 _ 플레이헤드를 2프레임에 위치시킵니다.

2 _ 인스펙터에서 Opacity에 키프레임을 추가합니다.

3 _ 키프레임이 추가된 상태에서 플레이헤드를 20프레임으로 위치시킵니다.

4 _ Opacity의 값을 0%로 수정하면 키프레임이 자동으로 생성됩니다.

그림 6-47 Circle copy 1 레이어의 불투명도(Opacity)에 키프레임 애니메이션 추가

재생해보면 원이 커지면서 바깥의 원이 사라지고, 잔상이 남는 느낌으로 연출된 모습을 확인할 수 있습니다. 지금까지 만든 원 레이어들의 그룹 이름을 Circle로 변경합니다.

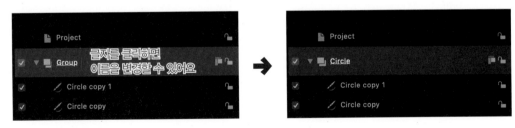

그림 6-48 그룹 이름 변경

이번에는 새로운 그룹을 생성한 다음 Bezier 툴을 이용해 선을 그려보겠습니다. 그림 6-49와 같이 선을 만들어 보려 합니다.

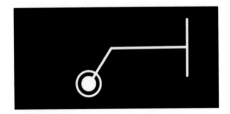

그림 6-49 Bezier 툴을 이용해 그린 말풍선의 선

새로운 그룹 만들기

새로운 그룹을 만드는 방법은 여러 가지가 있지만, 여기에서는 상단 메뉴를 이용해서 만드는 방법을 소개합니다.

1 _ 상단 메뉴의 [Object] → [New Group]을 선택하면 새로운 그룹을 생성할 수 있습니다.

2 _ 새로 생성된 그룹의 이름은 'Line'으로 설정합니다.

그림 6–50 새로운 그룹 생성 (Line 그룹)

새로 생성된 Line 그룹에는 그룹 이름처럼 선과 관련한 레이어만 만들 예정입니다. Bezier 툴을 선택하기 전에 Line 그룹이 선택된 상태인지 확인합니다. 툴 바에서 Bezier 툴을 선택한 다음 그림 6–51과 같은 모양으로 선을 그립니다.

1 _ 툴 바에서 Bezier 툴 선택

2~4 _ 순서대로 마우스 클릭하기

그림 6–51 Bezier 툴로 선 그리기

5 _ 선을 그린 다음에 툴 바의 선택 툴을 클릭하면 그리기 모드를 벗어날 수 있습니다.

6-8 _ 이어서 인스펙터에서 매개변수 값을 다음과 같이 수정합니다.

매개변수	설명	값
Fill	칠하기	체크 안 함
Outline	외곽선	체크
Outline – Width	테두리의 두께	10

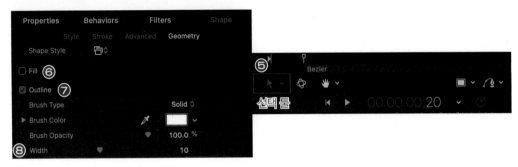

그림 6-52 Bezier 선의 스타일 설정

Bezier선의 애니메이션 설정하기

Bezier 선의 스타일을 지정했으니 이제 애니메이션 작업을 하겠습니다. 우선 타임라인에서 Bezier 레이어가 시작할 위치를 설정합니다.

1 _ 원의 애니메이션이 모두 끝나는 20프레임에 맞춰 Bezier 레이어의 시작점이 오도록 설정합니다.

2 _ 인스펙터에서 Outline의 Last Point Offset 매개변수 값을 0%로 조정합니다.

3 _ 키프레임을 추가합니다.

그림 6-53 Bezier 선의 애니메이션 설정

4 _ 플레이헤드를 30프레임에 위치시킵니다.

5 _ Last Point Offset 매개변수의 값을 100%로 변경합니다. 키프레임이 추가된 상태에서는 값을 변경하기만 해도 자동으로 키프레임이 추가됩니다.

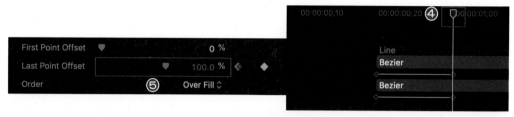

그림 6-54 매개변수 값을 변경해 키프레임 추가

수직으로 나타나는 선 그리기

이번에는 수직으로 나타나는 선을 그려보겠습니다.

1 _ 플레이헤드를 30프레임에 위치시킵니다.

2 _ 툴 바에서 Bezier 툴을 선택합니다.

3~4 _ 그림 6-55와 같이 선의 시작점과
　　　종료점을 각각 클릭해 선을 그립
　　　니다.

5 _ 선을 다 그린 후에는 선택 툴을 클릭
　　합니다.

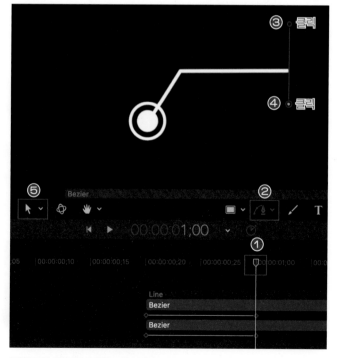

그림 6-55 수직으로 그어지는 선 그리기

인스펙터에서 수직선의 스타일을 설정합니다. 아까와 마찬가지로 Fill은 체크를 해제하고, Outline은 체크 상태로 둡니다. Outline의 Width는 10으로 설정합니다.

그림 6-56 수직선의 스타일 설정

수직선에 애니메이션 작업을 하겠습니다. 기존의 애니메이션은 Last Point Offset에만 키프레임을 추가했지만 이번에는 Start Point Offset과 Last Point Offset에 각각 키프레임 애니메이션을 설정해 중간에서 선이 뻗어 나오는 애니메이션을 연출하려 합니다.

1 _ 수직선이 시작되는 프레임으로 플레이헤드를 옮깁니다.

2 _ Start Point Offset 값과 Last Point Offset 값을 모두 50%로 변경합니다

3 _ 키프레임을 추가합니다.

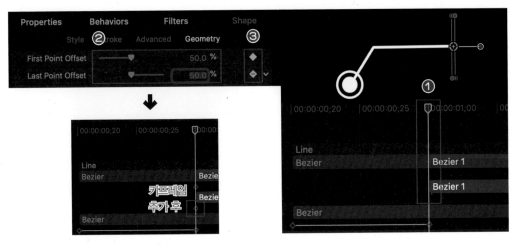

그림 6-57 수직선 키프레임 애니메이션 추가

4 _ 플레이헤드를 1초 10프레임에 위치시킵니다.

5 _ 인스펙터에서 Start Point Offset은 0%로 값을 수정합니다.

6 _ Last Point Offset은 100%로 값을 수정합니다. 값을 수정하면 자동으로 키프레임이 추가됩니다.

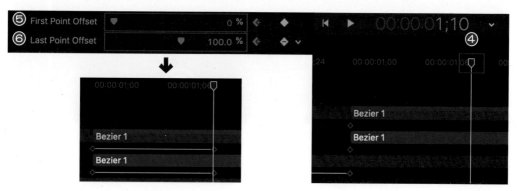

그림 6-58 매개변수 값을 변경해 키프레임 애니메이션 추가

새로운 텍스트 그룹 만들기

이제 마지막으로 텍스트 부분만 남았습니다. 먼저 새로운 그룹을 생성한 다음 이름을 Text로 변경하겠습니다.

1 _ 레이어 패널에서 비어 있는 공간을 마우스 오른쪽 버튼으로 클릭한 다음 팝업 메뉴에서 [New Group]을 클릭합니다.

2 _ 새로운 그룹을 생성한 다음 그룹 이름을 'Text'로 설정합니다.

그림 6-59 새 그룹 만들기 – Text

Text 그룹이 선택된 상태에서 텍스트를 입력하겠습니다.

1 _ 툴 바에서 T 아이콘을 클릭해 텍스트 입력을 활성화합니다.

2 _ 캔버스 화면의 원하는 위치를 클릭하면 텍스트를 입력할 수 있습니다.

3 _ 텍스트 입력을 다 했으면 선택 툴을 클릭해 텍스트 입력을 완료합니다.

그림 6-60 텍스트 입력

입력된 텍스트가 부드럽게 나타날 수 있도록 비헤이비어를 추가하겠습니다. 비헤이비어(Behavior)에는 특별히 텍스트와 관련된 애니메이션이 많이 있습니다. 라이브러리의 비헤이비어를 이용하면 텍스트 애니메이션을 미리볼 수 있기 때문에 선택하는 데 도움이 됩니다. 예제에서는 [Text Sequence] - [Text-Basic]에 있는 [Arrange In] 비헤이비어를 적용(Apply)했습니다.

1 _ 텍스트 레이어를 선택한 상태에서 Library 패널을 클릭합니다.

2 _ [Behaviors] 카테고리를 클릭합니다.

3 _ [Text Sequence] 카테고리를 클릭합니다.

4 _ 'Arrange In' 비헤이비어를 클릭합니다.

5 _ [Apply] 버튼을 클릭해 비헤이비어를 추가합니다.

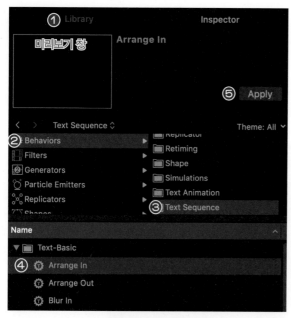

그림 6-61 라이브러리 패널에서 텍스트 비헤이비어 적용

Arrange In 비헤이비어를 텍스트 레이어에 적용한 다음 인스펙터에서 비헤이비어의 매개변수 값을 설정하겠습니다.

1 _ Opacity(불투명도)의 값은 0%로 변경합니다.

2 _ Rotation(회전)의 값을 0°로 변경합니다.

그림 6-62 Arrange In 비헤이비어의 매개변수 값 설정

매개변수 값을 설정한 다음 재생해보면 글자가 스르륵 나타나는데, 글자마다 위, 아래에서 나타나고 있습니다. 이렇게 나타나는 이유를 그림 6-63을 살펴보면서 알아보겠습니다. Arrange In 비헤이비어의 Format 섹션에 있는 매개변수 값을 살펴보겠습니다. 세 가지 매개변수가 있는데 ❹포지션(Postion), ❺불투명도(Opacity), ⓒ회전(Rotation)입니다. 비헤이비어의 매개변수의 값은 편의상 설정값이라고 명명하겠습니다. 설정값의 아래 부분을 살펴보면 Controls 섹션에 있는 Sequencing이 From으로 설정돼 있습니다. 그래서 처음에는 이 포맷(Format) 탭에 있는 설정값으로(From) 시작하여 기준값으로 애니메이션이 진행됩니다. 기준값은 [Properties] 탭에 있는 매개변수 값입니다.

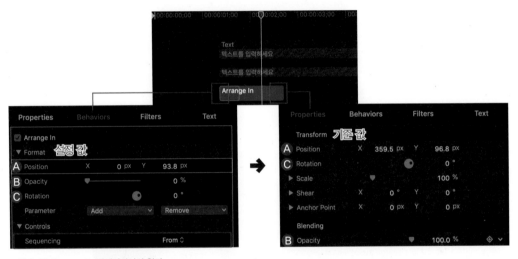

그림 6-63 Arrange In 비헤이비어의 원리

Control 섹션에 있는 Sequencing을 From으로 설정하면 비헤이비어가 [설정값 → 기준값]으로 진행됩니다. 그러나 Sequencing을 To로 변경하면 아까와는 반대로 [기준값 → 설정값]으로 진행됩니다. 간단한 설정으로 텍스트 비헤이비어의 반대 동작을 손쉽게 만들 수 있습니다.

애니메이션을 반대로 재생하는 리버스 키프레임(Reverse Keyframes) 작업

지금까지 만든 애니메이션을 반대로 재생할 수 있는 리버스 키프레임 작업을 하겠습니다. 처음의 애니메이션(In)에 리버스 키프레임(Reverse Keyframe)을 걸어두면 역동작이 설정돼 반대의 애니메이션(Out)을 연출할 수 있습니다. 이 작업을 하는 이유는 처음에 나타난 애니메이션이 반대로 사라지는 모습을 연출하기 위해서입니다. 조금 어렵게 느껴질 수 있는 부분이지만 차근차근 따라 해보기 바랍니다.

플레이헤드를 7초 10프레임에 위치시킵니다. 혹시 타임라인 간격을 줄이고 늘리는 방법이 익숙하지 않으신 분들은 타임라인 왼쪽 아래에 있는 확대/축소 슬라이더를 이용해 작업하기 편한 크기로 맞춰주면 됩니다.

그림 6-64 타임라인 확대/축소 슬라이더

1 _ Arrange In 텍스트 비헤이비어를 마우스 오른쪽 버튼으로 클릭합니다.

2 _ [Duplictate]를 클릭합니다.

3 _ 새로 생성된 Arrange In copy 레이어를 7초 10프레임으로 드래그해 이동시킵니다.

4 _ Arrange In copy 레이어의 Sequencing을 From에서 To로 변경합니다.

5 _ 비헤이비어가 종료되는 8초 20프레임까지 텍스트의 종료 길이를 맞춰줍니다.

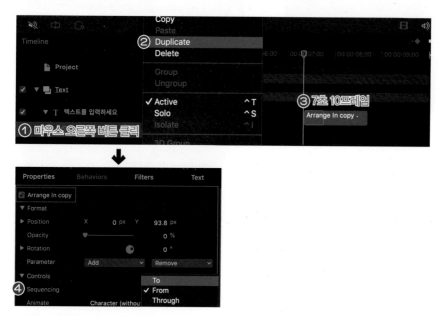

그림 6-65 텍스트 비헤이비어의 반대 동작 연출

이어서 Line과 Circle에 설정한 키프레임도 반대로 재생되도록 설정해 보겠습니다. 키프레임을 복사한 다음 리버스 키프레임을 설정하면 기존의 애니메이션을 반대로 재생할 수 있습니다. 이 작업을 하려면 키프레임 에디터(단축키 command + 8)를 열어둬야 합니다.

Line 그룹에 리버스 키프레임 작업하기

Line 그룹에 있는 Bezier 1 레이어의 키프레임을 복사하겠습니다.

1 _ 플레이헤드를 8초 20프레임으로 이동시킵니다.

2 _ Bezier 1 레이어를 클릭한 다음 키프레임 에디터에서 키프레임이 적용된 Bezier 1의 매개변수 2개(First Point Offset, Last Point Offset)를 확인합니다.

그림 6-66 키프레임 복사하기

키프레임이 2개 이상 적용돼 있을 때는 매개변수가 하나씩만 보이게 설정한 다음에 작업해야 혼선을 줄일 수 있습니다. 매개변수 왼쪽에 있는 체크 표시를 해제하면 해당 매개변수의 키프레임을 숨길 수 있습니다.

3 _ Outline.First Point Offset 매개변수는 체크하고 Outline.Last Point Offset은 체크를 해제합니다.

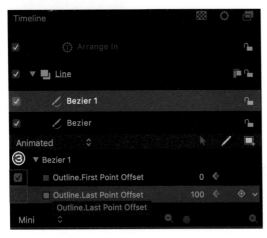

그림 6-67 키프레임 작업할 때의 팁

4 _ 키프레임 에디터에서 First Point Offset의 두 개의 키프레임을 선택합니다.

5 _ 마우스 오른쪽 버튼을 클릭한 다음 팝업 메뉴에서 [Copy](복사)를 클릭합니다.

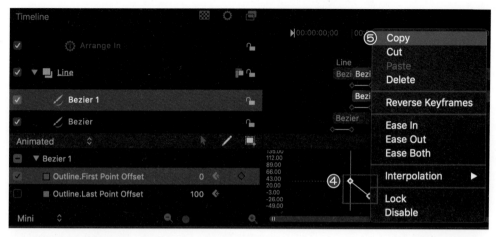

그림 6-68 두 개의 키프레임 복사

6 _ 플레이헤드를 8초 20프레임에 위치시킵니다.

7 _ 비어있는 영역을 마우스 오른쪽 버튼으로 클릭한 다음 팝업메뉴에서 [Paste](붙여넣기)를 클릭합니다.

그림 6-69 키프레임 붙여넣기

그림 6-70 Reverse Keyframe 실행

8 _ 붙여넣은 두 개의 키프레임을 선택합니다.

9 _ 다시 마우스 오른쪽 버튼을 클릭해 팝업 메뉴에서 [Reverse Keyframes]을 클릭합니다.

Reverse Keyframe이 적용되면서 다음 그림과 같이 키프레임 모습이 바뀌었습니다.

그림 6-71 Reverse Keyframe이 적용된 모습

First Point Offset 작업이 끝나면 키프레임 에디터에서 Last Point Offset도 Reverse Keyframes 작업을 똑같이 반복합니다.

1 _ First Point Offset의 체크를 해제하고, Last Point Offset 매개변수는 체크합니다.

2 _ Last Point Offset에 적용된 키프레임 두 개를 선택한 후 마우스 오른쪽 버튼을 클릭합니다.

3 _ [Copy](복사)를 클릭합니다.

4 _ 플레이헤드를 8초 20프레임으로 이동합니다.

5 _ 마우스 오른쪽 버튼을 클릭합니다.

6 _ [Paste](붙여 넣기)를 클릭합니다.

7 _ 붙여 넣은 두 개의 키프레임을 선택한 후 마우스 오른쪽 버튼을 클릭합니다.

8 _ [Reverse Keyframes]을 클릭합니다.

9 _ First Point Offset의 체크를 클릭해 작업을 완료합니다.

작업이 완료된 모습은 다음 그림과 같습니다.

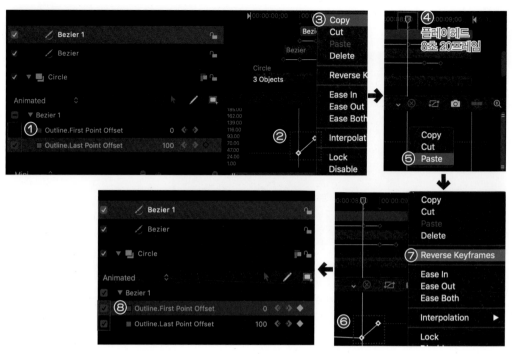

그림 6-72 Bezier 1에 적용한 리버스 키프레임

이번에는 Bezier 레이어에 Reverse Keyframes 작업을 하겠습니다. Bezier 레이어는 Last Point Offset 매개변수에만 키프레임이 적용됐습니다. 역시 위와 같은 방법으로 Reverse Keyframes 작업을 하겠습니다.

1 _ Bezier 레이어를 선택합니다.

2 _ 키프레임 에디터에서 두 개의 키프레임을 선택합니다.

3 _ 마우스 오른쪽 버튼을 클릭한 후 팝업메뉴에서 [Copy](복사)를 클릭합니다.

4 _ 플레이헤드를 9초 00프레임으로 이동합니다.

5 _ 마우스 오른쪽 버튼을 클릭하여 팝업 메뉴에서 [Paste](붙여 넣기)를 클릭합니다.

6 _ 붙여 넣은 두 개의 키프레임을 선택한 후 마우스 오른쪽 버튼을 클릭합니다.

7 _ [Reverse Keyframes]를 클릭하여 리버스 키프레임 작업을 완료합니다.

이렇게 Bezier 레이어와 Bezier 1 레이어에 리버스 키프레임 작업을 했습니다.

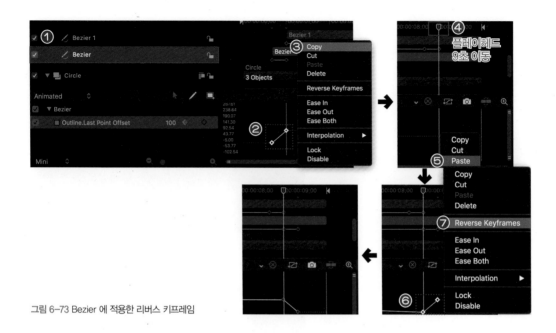

그림 6-73 Bezier 에 적용한 리버스 키프레임

Circle 그룹에 리버스 키프레임 작업하기

Circle 그룹에 있는 Circle copy 1 레이어는 현재 불투명도가 0%이므로 보이지 않습니다. 따라서 Circle copy 레이어와 Circle 레이어에서 Scale X, Scale Y 두 개의 매개변수를 복사 – 붙여넣기 한 후에 리버스 키프레임을 적용해 보겠습니다.

1 _ Circle copy 레이어를 클릭합니다.

2 _ 키프레임 에디터에서 Scale X와 Scale Y에 적용된 키프레임을 모두 선택합니다.

3 _ 마우스 오른쪽 버튼을 클릭하고 [Copy]를 클릭합니다.

그림 6-74 키프레임 복사

4 _ 플레이헤드를 9초 11프레임에 위치시킵니다.

5 _ 마우스 오른쪽 버튼을 클릭하고 [Paste]를 클
릭해 키프레임을 붙여넣습니다.

그림 6-75 키프레임 붙여넣기

6 _ 붙여넣은 두 개의 키프레임을 선택합니다.

7 _ 마우스 오른쪽 버튼을 클릭하고 [Reverse
Keyframes]를 선택합니다.

그림 6-76 Reverse Keyframes 실행

Reverse Keyframes를 실행하고 나면 키프레임의 모습이 다음과 같이 변경됩니다. 재생해보면 원이
다시 작아지면서 사라지는 모습을 확인할 수 있습니다.

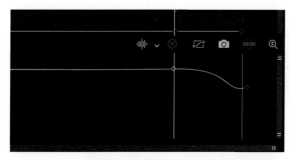

그림 6-77 Reverse Keyframes 실행 후 모습

Circle copy 레이어에 했던 리버스 키프레임 작업과 같은 방법으로 Circle 레이어에도 리버스 키프레임을 적용합니다.

1 _ Circle 레이어를 선택합니다.

2 _ 키프레임을 선택합니다.

3 _ 마우스 오른쪽 버튼을 클릭하여 [Copy](복사)를 클릭합니다.

4 _ 플레이헤드를 9초 11프레임으로 이동합니다.

5 _ 마우스 오른쪽 버튼을 클릭하여 [Paste](붙여 넣기)를 클릭합니다.

6 _ 붙여넣은 두 개의 키프레임을 선택합니다.

7 _ 마우스 오른쪽 버튼을 클릭하여 [Reverse Keyframes]를 클릭합니다.

그림 6-78 Circle 레이어에 적용한 리버스 키프레임

지금까지 말풍선(Call-Outs)을 만드는 예제를 통해 도형 애니메이션의 기본적인 사용 방법을 살펴봤습니다. 그래픽 작업을 한 후 모션을 넣는 방식으로 진행했습니다. 실습하는 과정에서 막히는 부분이 있다면 3분 강좌를 통해 제작 방법을 익혀보기 바랍니다.

6.4 _ 메신저 대화 애니메이션 만들기

도형을 이용해 메신저에서 대화를 나누는 애니메이션을 만들 수 있습니다. 이번 절에는 국내에서 가장 많은 사용자가 사용하는 메신저 앱인 '카카오톡'의 대화창을 본떠서 대화를 나누는 듯한 애니메이션을 만들어 보겠습니다.

카카오톡 대화창을 살펴보면 상대방의 프로필, 텍스트 상자, 텍스트, 보낸 시간으로 구성돼 있습니다.

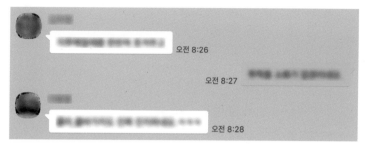

그림 6-79 카카오톡 대화창의 UI

구성요소별로 각각 그래픽으로 나타내는 방법을 알아보겠습니다. 예제 파일 '6-4 메신저 대화 애니메이션'을 열어봅니다.

상대방의 프로필 구현하기

상대방의 프로필은 동그란 원 안에 이미지가 들어 있는 형태입니다.

1 _ 예제 파일에서 먼저 Profile 그룹을 선택합니다.

2 _ 툴 바에서 도형 부분을 클릭한 다음

3 _ Circle을 선택합니다.

그림 6-80 Profile 그룹 선택 후 툴 바에서 원 선택

4 _ 캔버스에 마우스를 드래그해 원을 그립니다. 원의 크기는 프로필 사진이 들어갈 만한 크기로 그립니다. 이때 shift 키를 누른 채로 드래그하면 반지름이 일정한 정원을 그릴 수 있습니다.

5 _ 원을 그린 다음 인스펙터에서 Fill을 체크합니다.

6 _ Outline에도 체크하고 색상은 흰색으로 설정합니다.

7 _ Outline의 Width는 2로 둡니다.

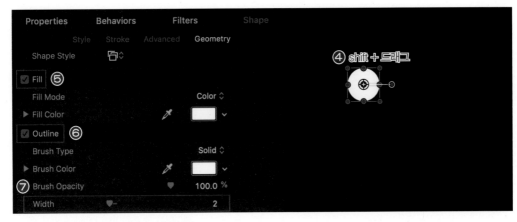

그림 6-81 원을 그린 후 인스펙터에서 스타일 설정

이번에는 프로필을 감싸는 둥근 테두리를 만들겠습니다. 방금 작업한 원을 복사한 다음 인스펙터에서 수정하여 만들어보겠습니다.

1 _ 원 레이어를 마우스 오른쪽 버튼으로 클릭합니다.

2 _ [Duplicate]를 클릭합니다.

3 _ 복사된 원의 이름을 Circle copy에서 Outline으로 변경합니다.

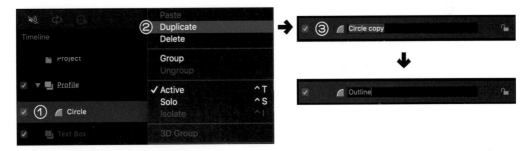

그림 6-82 원을 복사(Duplicate)한 다음 이름 변경

복사한 원의 스타일을 인스펙터에서 수정하겠습니다.

1 _ 인스펙터에서 [Properties] 탭으로 이동합니다.

2 _ Scale을 106%로 키웁니다.

3 _ [Shape] 탭으로 이동합니다.

4 _ Fill은 체크를 해제합니다.

그림 6-83 Outline 레이어의 인스펙터 설정

이미지 마스크 기능을 활용해 프로필 이미지를 Circle 레이어에 넣어보겠습니다.

1 _ Profile Sample Image 그룹을 열고, 그 안에 있는 이미지 파일의 체크박스에 체크해 화면에 나타나게 합니다.

2 _ 캔버스에서 이미지 파일의 위치를 원 쪽으로 옮겨 놓습니다. 이미지 파일 레이어가 원 레이어보다 아래에 있기 때문에 이미지 파일이 완전히 가려지게 배치해주세요.

3 _ 레이어를 마우스 오른쪽 버튼으로 클릭합니다.

4 _ 팝업 메뉴에서 [Add Image Mask]를 클릭해 이미지 마스크를 추가합니다.

그림 6-84 이미지 마스크 추가

이미지 파일(ic_m_profile@2x)에 이미지 마스크가 추가됐습니다. 이미지 레이어를 선택한 상태에서 원(Circle) 레이어를 Mask Source로 드래그합니다(이때 마우스에서 손을 떼지 않은 채로 드래그해야 합니다). 드래그를 통해 Mask Source에 Cirlcle 레이어가 추가됐습니다. 그래서 캔버스 화면에 나타난 이미지 파일은 원 안에 들어간 형태로 나타납니다.

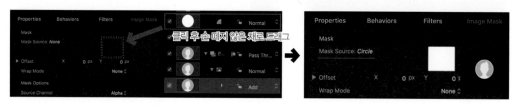

그림 6-85 Mask Source에 Circle 레이어 추가

Profile Sample Image 그룹을 Profile 그룹 안으로 옮기겠습니다. 그룹을 선택한 다음 드래그해 Profile 그룹 아래로 이동시키면 하위 그룹에 속하게 됩니다. 이를 통해 프로필 이미지와 Outline 레이어가 그룹으로 묶이게 되고, 애니메이션을 적용하고 관리하기가 좀 더 간편해집니다.

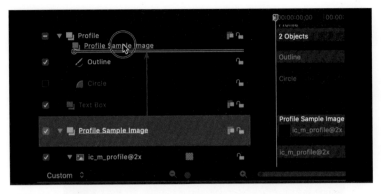

그림 6-86 그룹 이동

Profile 그룹의 앵커포인트 조정하기

가장 상단에 있는 Profile 그룹의 앵커포인트(기준점)를 조정하겠습니다. 앵커포인트를 조정하는 이유
는 앵커포인트를 기준으로 애니메이션이 나타나기 때문입니다. 현재는 화면의 중앙 부분에 앵커포인트
가 설정돼 있기 때문에 애니메이션을 적용하면 조금 어색하게 애니메이션이 나타날 수 있습니다. 화면
의 중앙이 아닌 이미지의 가운데 부분에 앵커포인트를 설정해야 합니다. 앵커포인트의 조정은 캔버스
에서 직관적으로 할 수 있습니다.

1 _ 툴 바에서 선택 툴을 앵커포인트 툴로 변경합니다.

2 _ 앵커포인트 툴로 변경하면 녹색(Y축)과 빨간색(X축) 화살표와 파란색 점(Z축)이 캔버스 화면에 나타납니다.

3 _ 녹색 화살표는 Y축으로 위, 아래로만 드래그해 움직일 수 있습니다.

4 _ 빨간색 화살표는 X축으로 좌, 우로만 드래그해 움직일 수 있습니다.

먼저 녹색 화살표를 위로 드래그해 Y축을 맞춘 다음 빨간색 화살표를 왼쪽으로 드래그해 앵커포인트를
프로필 이미지 중앙에 맞춥니다.

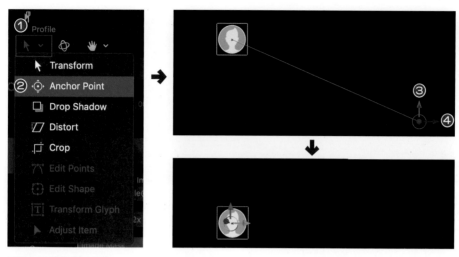

그림 6-87 앵커포인트 조정

Overshoot 비헤이비어 적용하기

1 _ 레이어 중 가장 위에 있는 Profile 그룹을 선택합니다.

2 _ 상단에 있는 툴바에서 Behaviors 버튼을 클릭합니다.

3 _ [Parameter] 카테고리에 있는 [Overshoot] 비헤이비어를 적용합니다.

Overshoot 비헤이비어는 그룹의 길이만큼 적용되므로 길이를 조정해야 합니다.

4 _ 플레이헤드를 18프레임으로 위치시킵니다.

5 _ 단축키 O를 눌러 길이를 조정합니다.

그림 6-88 Overshoot 비헤이비어 적용 후 길이 조정

Profile의 크기가 커지면서 툭 튀어나오는 느낌의 애니메이션을 연출해보려 합니다. Overshoot 비헤이비어의 인스펙터에서 관련 매개변수 값을 수정하겠습니다.

1 _ Apply To를 Scale로 지정해야 합니다. To 오른쪽에 있는 화살표(∨) 모양의 펼침 버튼을 클릭합니다.

2 _ [Properties] – [Transform] – [Scale] – [All]을 순서대로 선택합니다.

3 _ Start Value는 –100%로 설정합니다.

4 _ Acceleration은 50%로 설정합니다.

그림 6-89 인스펙터에서 Overshoot 값 설정

대화창 그래픽 만들어보기

이번에는 대화창을 만들어보겠습니다. 아래에 있는 Text Box 그룹을 선택합니다. 그리고 캔버스 오른쪽 위에 있는 [View]를 클릭한 다음 [Grid]를 클릭합니다. Grid는 캔버스에 격자 모양을 표시하는 기능입니다. 이를 통해 좀 더 안정적인 그래픽 작업을 할 수 있습니다.

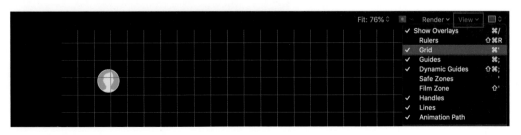

그림 6-90 격자를 표시하는 Grid

툴 바에서 Bezier 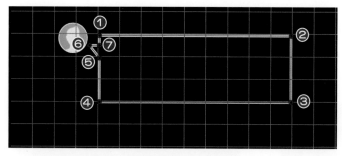를 선택합니다. 프로필의 오른쪽에 점을 한 번 찍은 다음 그림 6-91의 순서대로 총 7개의 포인트를 클릭합니다. 모양이 조금 삐뚤빼뚤하더라도 나중에 다 수정할 수 있으니 안심하고 클릭해도 됩니다.

그림 6-91 Bezier 툴로 7개의 포인트를 클릭해 대화창 그리기

그림 6-91과 같이 반듯한 모양이 나왔나요? 아마 그렇지 않을 것입니다. 인스펙터에서 [Shape] - [Geometry] 탭으로 이동한 다음 Control Points를 보면 7개의 포인트 좌표 값을 볼 수 있습니다. 그림 6-92에 서로 값을 맞춰야 하는 부분을 표시했습니다. 그림을 참고하여 값을 수정하면 반듯한 대화창의 기본 틀이 갖춰집니다.

- Point 1과 Point 2의 Y축 값을 맞춥니다.

- Point 2와 Point 3의 X축 값을 맞춥니다.

- Point 3과 Point 4의 Y축 값을 맞춥니다.

- Point 4와 Point 5의 X축 값을 맞춥니다.

- Point 6과 Point 7의 Y축 값을 맞춥니다.

- Point 7과 Point 1의 X축 값을 맞춥니다.

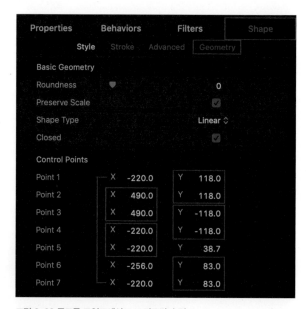

그림 6-92 콘트롤 포인트에서 X, Y 좌표값 수정

이어서 대화창의 모서리를 둥글게 만들어 보겠습니다. Roundness 매개변수의 값을 0에서 3으로 수정하면 그림 6-93과 같이 모서리를 둥글게 만들 수 있습니다.

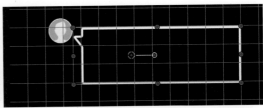

그림 6-93 대화창의 모서리를 둥글게 만들기(Roundness)

이번에는 도형의 스타일을 수정하겠습니다.

1 _ [Shape] – [Style] 탭으로 이동합니다.

2 _ Fill은 체크합니다.

3 _ Outline은 체크를 해제합니다.

배경색이 있고, 말꼬리 모양이 좀 더 부각된 모습으로 바뀝니다.

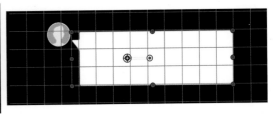

그림 6-94 대화창의 스타일 지정

Bezier 레이어의 이름을 변경하겠습니다. 레이어의 이름 부분을 클릭한 다음 마우스를 살짝 떼면 1~2초 정도 후에 이름을 변경할 수 있습니다. Bezier 레이어의 이름을 'Chat Box 1'로 변경합니다.

그림 6-95 레이어의 이름 변경(Bezier – Chat Box 1)

이번에는 간단한 설정으로 그림자를 추가해 보겠습니다.

1 _ Chat Box 1 레이어를 선택한 상태에서 인스펙터를 클릭합니다.

2 _ [Properties] 탭으로 이동합니다.

3 _ 중간 정도에 있는 Drop Shadow에 체크하면 간단하게 그림자를 추가할 수 있습니다.

그림 6-96 그림자(Drop Shadow) 추가

대화창 그래픽 작업이 완료됐으므로 [View]에서 Grid의 체크를 해제합니다.

대화창 텍스트 추가하기

이번에는 Chat Box 1에 텍스트를 추가하겠습니다.

1 _ 툴 바에서 T 모양의 아이콘을 클릭합니다.

2 _ 캔버스 화면에서 하얀 부분을 클릭한 다음 텍스트를 입력합니다.

3 _ 인스펙터의 [Text] 탭을 클릭합니다.

4 _ [Format] 탭을 클릭합니다.

5 _ Font(폰트)는 'Apple SD 산돌고딕 Neo 일반체'로 설정하고, Size(크기)는 48.0으로 설정합니다. 혹시라도 폰트의 색상을 변경하고 싶다면 [Appearance] 탭의 Face에서 변경하면 됩니다.

그림 6-97 대화창에 텍스트 입력

입력한 글자 수에 맞춰서 변하는 '반응형 대화창' 구현하기

글자를 입력하다 보니 입력한 글자 수에 맞춰서 대화창의 크기가 변화하면 좋겠다는 생각이 듭니다. 반응형 자막을 만들 때와 마찬가지로 Link 비헤이비어를 이용하면 쉽게 구현할 수 있습니다. 텍스트의 길이와 대화창의 가로, 세로 크기를 결합하면 됩니다. 결합하기 전에 우선 대화창 레이어(Chat Box1)를 선택한 다음 앵커포인트를 그림 6-98과 같이 왼쪽 위로 맞춰줍니다.

1 _ 툴 바에서 선택 툴을 클릭합니다.

2 _ [Anchor Point]를 클릭합니다.

3 _ 캔버스 화면에서 Y축(녹색) 화살표를 위로 드래그합니다.

4 _ 캔버스 화면에서 X축(빨간색) 화살표를 왼쪽으로 드래그합니다. 채팅창의 왼쪽 상단으로 앵커포인트를 맞춥니다.

그림 6-98 앵커포인트를 왼쪽 위로 맞추기

5 _ 대화창 레이어(Chat Box 1)를 선택합니다.

6 _ 인스펙터에서 [Properties] 탭을 클릭합니다.

7 _ Scale을 펼쳐 X, Y, Z가 모두 표시되게 합니다.

8 _ 그림 6-99와 같이 Scale X축 매개변수의 오른쪽 끝으로 이동한 다음 화살표(∨) 모양의 펼침 버튼을 클릭합니다.

9 _ [Add Parameter Behavior] – [Link]를 순서대로 선택해 Link 비헤이비어를 추가합니다.

10 _ 같은 방법으로 Scale Y축에도 Link 비헤이비어를 추가합니다.

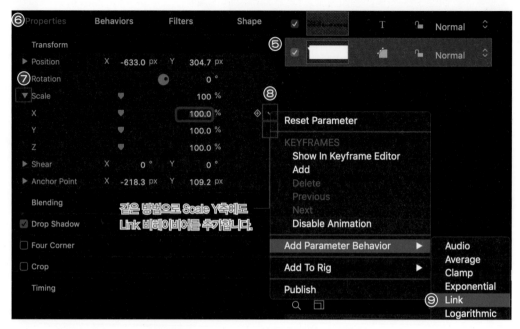

그림 6-99 대화창 스케일에 Link 비헤이비어 추가

Link 비헤이비어를 추가했으면 인스펙터에서 Source Object와 Source Parameter를 설정해야 합니다. 앞서 Scale X와 Y에 각각 Link 비헤이비어를 추가했기 때문에 2개의 비헤이비어가 추가돼 있습니다(Link, Link 1). 두 개의 비헤이비어 모두 그림 6-100과 같이 Source Object에 텍스트 레이어를 추가해야 합니다.

1 _ Link 1: [Source Object] – To 오른쪽 펼침 메뉴 – [Text Box] – [안녕하세요]

2 _ Link: [Source Object] – To 오른쪽 펼침 메뉴 – [Text Box] – [안녕하세요]

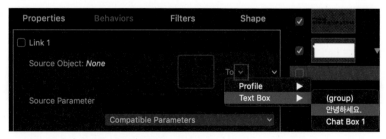

그림 6-100 Source Object에 텍스트 레이어 추가

Source Parameter는 Link에 지정하는 매개변수와 Link 1에 지정하는 매개변수를 서로 다르게 설정합니다. Scale Y와 연결된 Link 1 비헤이비어는 Source Parameter를 [Object Attributes] – [Size] – [Height]으로 설정해 텍스트의 높이와 연결합니다.

Scale X와 연결된 Link 비헤이비어는 Source Parameter를 [Object Attributes] – [Size] – [Width]로 설정해 텍스트의 너비와 연결합니다.

- Link 1: Height

- Link: Width

그림 6-101 Source Parameter를 텍스트의 Size로 설정

그림 6-102는 Link 비헤이비어와 Link 1 비헤이비어의 설정을 마친 모습입니다. 두 개의 비헤이비어 모두 Source Object는 텍스트(안녕하세요.)로 설정했습니다. Source Parameter는 조금 다른데 Link 는 Object Width(가로)로 설정했고, Link 1은 Object Height(세로)으로 설정했습니다. 여기에서 Scale 값을 살짝 조절해 대화창의 여백을 조정했습니다. 보통 1.2에서 1.4 정도의 값으로 설정하면 여백이 보기 좋게 나옵니다.

- Link: Scale 값을 1.2로 설정

- Link 1: Scale 값을 1.4로 설정

그림 6-102 Link 비헤이비어와 Link 1 비헤이비어의 설정값

내가 이야기하는 대화창 만들기

이번에는 노란색 바탕의 내가 이야기하는 대화창을 만들어보겠습니다. 대화창(Chat Box 1) 레이어를 복제한 다음 스케일의 X축에 마이너스 값을 적용해 만들어 보겠습니다.

1 _ 대화창(Chat Box 1) 레이어를 마우스 오른쪽 버튼으로 클릭합니다.

2 _ [Duplicate]를 선택합니다.

3 _ Chat Box 1 copy 레이어가 새로 생성됐습니다. 하지만 지금 상태는 링크 비헤이비어가 Scale에 적용된 상태이므로 사용자가 임의로 Scale 값을 조절할 수 없습니다. 따라서 이런 경우에는 새로운 그룹을 생성한 다음 그룹의 인스펙터 값을 조정해서 해결해야 합니다.

4 _ Chat Box 1 copy 레이어를 마우스 오른쪽 버튼으로 클릭한 다음 [Group]을 선택해 새로운 그룹을 생성합니다.

그림 6-103 레이어 복제 후 새로운 그룹 생성

새로운 그룹이 생성됐습니다. 인스펙터에서 Scale의 X 값을 100%에서 −100%로 변경합니다. Scale의 X값에 마이너스 값을 입력했기 때문에 좌우가 뒤집힌 모습으로 나타납니다. 캔버스에서 적당한 곳으로 위치를 옮기면 그림 6−104와 같은 모습이 됩니다.

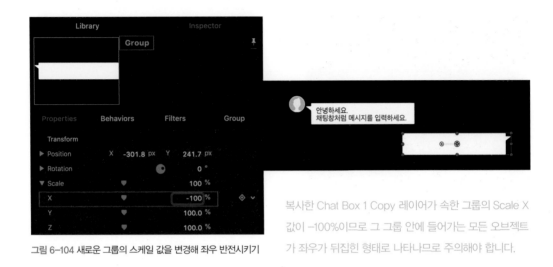

그림 6−104 새로운 그룹의 스케일 값을 변경해 좌우 반전시키기

복사한 Chat Box 1 Copy 레이어가 속한 그룹의 Scale X 값이 −100%이므로 그 그룹 안에 들어가는 모든 오브젝트가 좌우가 뒤집힌 형태로 나타나므로 주의해야 합니다.

Chat Box 1 copy 레이어를 선택한 다음 인스펙터에서 Shape 탭으로 이동합니다. Fill 섹션에서 색상을 Lemon 색으로 변경하면 카카오톡에서 보던 대화창의 모습이 됩니다.

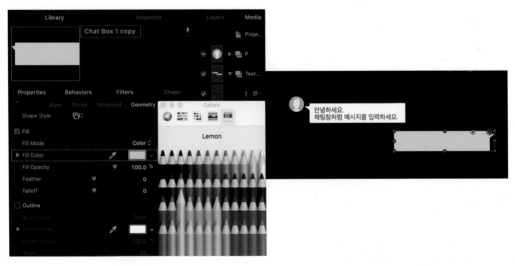

그림 6−105 대화창의 배경 색상 바꾸기

노란색 배경의 대화창에 텍스트를 입력해보겠습니다. 이때 그냥 텍스트를 입력하면 Scale X가 뒤집힌 그룹 안에서 텍스트가 입력되므로 글자가 뒤집힌 형태로 나타납니다. 이를 방지하기 위해서 상단에 있는 Text Box 그룹을 선택한 다음에 툴 바에서 T 모양의 텍스트 입력 아이콘을 클릭합니다.

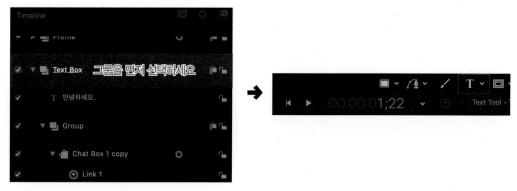

그림 6-106 그룹을 먼저 선택한 다음 텍스트 입력

노란색 대화창 위에 텍스트를 입력합니다. 텍스트를 입력한 다음 노란색 대화창(Chat Box 1 Copy)에 적용된 Link 비헤이비어도 수정합니다. 비헤이비어를 선택하고 Source Object에 적용된 텍스트로 변경하면 됩니다. Source Parameter는 변경하지 않고 그대로 둡니다. Link 1과 Link 비헤이비어 모두 Source Object를 변경하면 텍스트를 입력한 만큼 채팅창의 길이가 달라집니다.

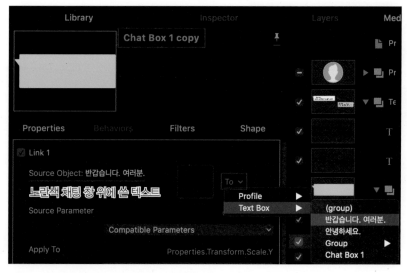

그림 6-107 복사한 채팅 창 레이어의 링크 비헤이비어 수정

이로써 채팅 창의 기본 틀 디자인은 모두 마무리됐습니다. 추가로 프로필 이름과 메시지 보낸 시각 등은 텍스트 툴을 이용해 만들 수 있습니다. 애니메이션 추가하고 싶다면 앵커포인트를 맞추고 간단하게 비헤이비어를 적용할 수 있습니다. 타임라인에서 각각 레이어가 나타나는 위치를 맞춰준다면 애니메이션 영상을 쉽게 만들 수 있을 것입니다.

그림 6-108 카카오톡 대화창 예시

07

모션 트래킹과 키잉으로 합성하기

이번 장에서는 기초적인 모션 트래킹(Motion Tracking) 기법과 키잉(Keying)을 이용해 합성 영상을 만들어 보겠습니다. 영상을 더욱더 흥미롭고 재미있게 만드는 모션 트래킹 기법과 키잉을 모션 5에서는 어떻게 적용할 수 있는지 살펴보고 이를 이용한 흥미 있는 예제들도 함께 만들어 보겠습니다.

7.1 _ 기본적인 모션 트래킹 기법 익히기

모션 트래킹은 피사체의 일정한 부분을 선택한 다음 영상 속에서 해당하는 부분을 추적해 사진, 텍스트, 영상, 그래픽 오브젝트를 합성하는 기능입니다. 많은 영상에서 모션 트래킹을 활용한 기법을 응용하고 있습니다. 예를 들어 버스처럼 움직이는 물체의 특정 포인트를 추적한 다음 그래픽 오브젝트를 연결해 합성할 수 있습니다. 또한 사람의 얼굴을 추적해 모자이크와 블러(Blur, 흐림 효과) 처리를 하여 원치 않는 얼굴의 노출을 피할 수 있습니다. 때로는 사람 얼굴에 재미있는 스티커를 연결해 '복면가왕' 스타일의 영상도 만들 수 있습니다. 이처럼 다양하게 응용할 수 있는 모션 트래킹 기능을 모션 5에서도 지원합니다.

예제를 통해 모션 트래킹을 적용하는 방법을 따라 해보며 익혀보겠습니다. 예제 폴더에서 '7-1 모션 트래킹 따라 하기' 모션 프로젝트 파일을 열어주세요.

모션 트래킹의 작업 순서는 다음과 같습니다. 우선 영상을 Analyze Motion 비헤이비어로 추적해 궤적 정보를 기록합니다. 그다음 연결할 텍스트나 그림 오브젝트에 Match Move 비헤이비어를 적용하고 인스펙터에서 궤적 정보를 함께 연결하면 됩니다.

Analyze Motion 비헤이비어 적용하기

1 _ 레이어 패널에서 영상레이어를 선택합니다.

2 _ 라이브러리 패널을 클릭합니다.

3 _ 패널 왼쪽에서 [Behaviors] 카테고리를 클릭합니다.

4 _ 패널 오른쪽에서 [Motion Tracking] 카테고리를 클릭합니다.

5 _ 'Analyze Motion' 비헤이비어를 선택합니다.

6 _ 상단에 있는 [Apply] 버튼을 클릭해 비헤이비어를 적용합니다.

그림 7-1 모션 트래킹의 첫걸음 – Analyze Motion 비헤이비어 적용

Analyze Motion 비헤이비어를 적용하면 화면 중앙에 빨간색 십자 포인 트가 표시됩니다. 이 포인트는 '추적기(Tracker)'라고 합니다.

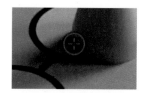

그림 7-2 추적기(Tracker)

추적기를 클릭해 드래그하면 영상의 픽셀 부분이 자동으 로 확대됩니다. 영상에서 특정 영역에 이 추적기를 위치 시켜야 합니다. 그림 7-3과 같이 노란색 체스 위쪽 부분 에 추적기를 위치시키겠습니다.

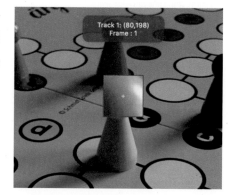

그림 7-3 추적할 픽셀에 추적기 위치시키기

현재는 추적기가 하나밖에 없는 상태입니다. 인스펙터에서 움직임을 분석해 보겠습니다.

1 _ 인스펙터의 [Behaviors] 탭을 클릭합니다.

2 _ Movement 오른쪽에 있는 [Analyze] 버튼을 클릭합니다.

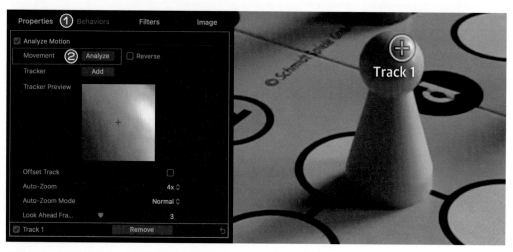

그림 7-4 인스펙터에서 Analyze 버튼을 클릭해 움직임 분석

[Analyze] 버튼을 클릭하면 분석 작업이 자동으로 진행됩니다. 영상 속에서 특정 픽셀 영역을 추적기가 추적하며, 그 기록은 캔버스와 타임라인에 키프레임이 생성되는 모습을 통해 확인할 수 있습니다.

그림 7-5 영상의 특정 픽셀 영역을 추적 및 분석하는 작업

텍스트 입력하기

분석 작업이 완료됐습니다. 이번에는 텍스트를 입력하겠습니다.

1 _ 툴 바에서 T 모양의 아이콘을 클릭한 다음 캔버스에 'Yellow'라는 텍스트를 입력합니다. 보통 텍스트를 입력하면 플레이헤드를 기준으로 텍스트가 타임라인에 배치됩니다. 이 영상은 텍스트가 처음부터 끝까지 계속해서 나와야 합니다.

2 _ 텍스트를 입력한 다음 타임라인에서 해당 텍스트 레이어의 길이를 전체 프로젝트의 길이로 맞춰줍니다.

그림 7-6 텍스트 입력 후 길이 맞추기

Match Move 비헤이비어 적용하기

이어서 텍스트 레이어에 Match Move 비헤이비어를 적용하겠습니다.

1 _ 비헤이비어를 적용하는 여러 방법 중에서 화면 상단에 있는 Behaviors 아이콘을 클릭합니다.

2 _ [Motion Tracking] 카테고리의 'Match Move' 비헤이비어를 클릭합니다.

그림 7-7 Match Move 비헤이비어 적용

인스펙터에서 비헤이비어의 매개변수를 수정할 때 가장 먼저 해야 하는 작업은 Source 설정입니다. 앞서 분석(Analysis)해 놓은 트랙들이 있으므로 분석해둔 트랙을 Source로 설정하면 됩니다.

3 _ 인스펙터의 Behaviors 탭을 클릭합니다.

4 _ Source 오른쪽에 있는 톱니바퀴 모양의 아이콘을 클릭한 다음 '영상파일이름 : Analyze Motion'을 선택합니다. 그러면 Source가 Analyze Motion으로 바뀌면서 영상 미리 보기 화면이 톱니바퀴 모양으로 변경됩니다. 또한 처음에 있던 매개변수들이 사라지고 간략한 형태로 바뀝니다.

5 _ 위칫값(Position)을 적용해 보겠습니다. Adjust는 Position만 선택하고, Anchor는 Track 1로 설정한 다음 재생해 봅니다.

그림 7-8 Match Move 인스펙터 설정

그림 7-9는 세워져 있는 노란색 말을 주사위가 치는 장면을 캡처한 것입니다. 노란색 말의 움직임에 따라 텍스트의 위치도 변하는 것을 확인할 수 있습니다. 모션 트래킹을 하지 않았다면 말의 움직임과 상관없이 텍스트가 처음 그 자리를 지키고 있었을 것입니다.

그림 7-9 프레임을 캡처한 장면 (모션 트래킹의 적용)

7.2 _ 두 개 이상의 포인트를 이용한 모션 트래킹

이번에는 두 개의 포인트를 이용한 모션 트래킹을 살펴보겠습니다. 한 개의 포인트는 이전과 같이 위치 (Position) 정보를 제공하는 역할을 합니다. 나머지 포인트는 크기(Scale)와 회전(Rotation) 정보를 제 공하는 역할을 합니다. 두 개의 포인트를 이용하면 한 개의 포인트로 추적하는 것보다 더 정확한 값으 로 모션 트래킹을 적용할 수 있습니다. 실습을 위해 예제 '7-2 두 개의 포인트를 이용한 모션 트래킹' 모션 프로젝트 파일을 열어봅니다.

파일을 열어보면 기차역 플랫폼에서 촬영한 영 상이 나옵니다. 손으로 촬영한 영상이라서 재생 해보면 기차의 목적지를 알리는 안내판이 살짝 기울어져 가는 모습을 볼 수 있습니다. 이 상태 에서 안내판 위에 텍스트를 입력한 다음 모션 트 래킹을 적용해보면 어떨까요?

그림 7-10 영상의 첫 프레임에서 텍스트의 위치

하나의 포인트로만 위치를 추적하면 위치는 따라갈 수 있을지 모르지만, 회전 값은 처음 값 그대로를 유지하므로 영상의 마지막 부분에서 텍스트와 안내판 사이의 간격이 많이 벌어져 있을 것입니다. 이럴 때 한 개의 포인트를 더 추가해 회전의 참조점으로 삼는다면 그림 7-11과 같이 조금은 다른 결과로 나 타납니다.

1개의 포인트로 추적(위치)   2개의 포인트로 추적(위치, 회전)

그림 7-11 영상의 마지막 프레임에서 1개의 포인트와 2개의 포인트로 추적한 결과 비교

Analyze Motion 비헤이비어로 영상 분석하기

배경이 되는 영상을 분석해 보겠습니다.

1 _ 분석을 위해 영상 클립을 선택한 다음 인스펙터에서 [Library] 탭을 클릭합니다.

2 _ [Behaviors] – [Motion Tracking] 카테고리를 순서대로 클릭합니다.

3 _ 'Analyze Motion' 비헤이비어를 선택합니다.

4 _ [Apply] 버튼을 클릭합니다.

5 _ 비헤이비어를 추가한 다음 트랙 1의 추적점을 안내판 왼쪽 위로 맞춰줍니다.

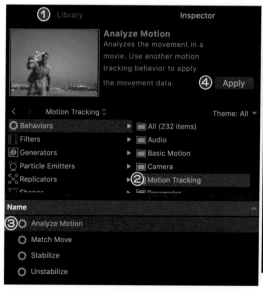 

그림 7-12 Analyze Motion 비헤이비어 적용 후 추적점 맞추기

첫 번째 추적점을 맞춘 다음 [Inspector] – [Behaviors] 탭으로 이동합니다.

6 _ Tracker의 [Add] 버튼을 클릭해 두 번째 추적점을 추가합니다. 맨 아래에 Track 2가 추가되고, 캔버스 화면 중앙에
     Track 2의 포인트를 조정할 수 있는 포인터가 나타납니다.

7 _ 포인터를 드래그해 파란 안내판의 오른쪽 위 모서리(파란색 영역)에 맞춰줍니다.

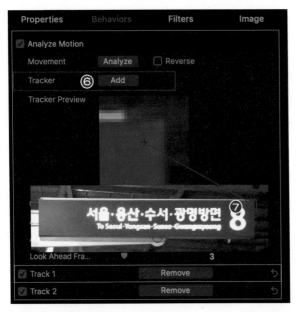

그림 7-13 두 번째 추적점 추가 후 영역에 맞추기

두 번째 추적점까지 맞춘 다음 [Analyze] 버튼을 클릭해 분석 작업을 시작합니다. 천천히 재생되며 지
정한 곳을 추적하면서 각 프레임마다 키프레임이 추가됩니다. 분석 작업 진행률이 100%가 될 때까지
잠시 기다립니다.

텍스트 입력하기

분석 작업이 모두 끝나면 플레이헤드를 0프레임에 위치시킵니다. 이제 0프레임에서 새로운 텍스트를
입력하겠습니다. 텍스트의 위치는 안내판 위쪽에 두고 'KTX 오송역에서'라는 텍스트를 입력했습니다.

그림 7-14 새로운 텍스트 레이어의 입력

Match Move 비헤이비어 적용하고 인스펙터에서 설정하기

텍스트 레이어에 Match Move 비헤이비어를 적용하겠습니다.

1 _ 텍스트 레이어를 선택합니다.

2 _ 인스펙터에서 [Library] 탭으로 이동합니다.

3 _ [Behaviors] – [Motion Tracking] 카테고리를 순서대로 클릭합니다.

4 _ 'Match Move'를 클릭합니다.

5 _ 마지막으로 [Apply] 버튼을 클릭해 텍스트 레이어에 비헤이비어를 추가합니다.

그림 7-15 텍스트 레이어에 Match Move 비헤이비어 적용

Match Move 비헤이비어를 추가한 다음 인스펙터의 [Behaviors] 탭에서 Source를 설정합니다.

1 _ 톱니바퀴 모양의 아이콘을 클릭해 앞서 미리 분석해놓은 '영상파일이름 : Analyze Motion'을 선택합니다. Source의 미리보기 이미지가 톱니바퀴 모양으로 바뀌면서 매개변수가 단순해집니다.

2-3 _ Adjust에서 Position과 Rotation을 클릭해 선택합니다.

4 _ Anchor는 Track 1로 설정하고, Rotation-Scale은 Track 2로 설정합니다.

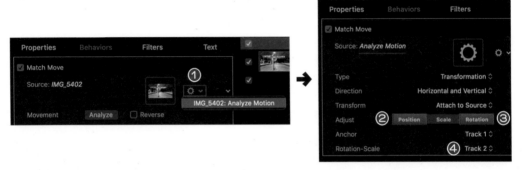

그림 7-16 Match Move 비헤이비어 적용 후 인스펙터 설정

재생해보면 안내판이 약간 기울어짐에 따라 텍스트 레이어도 함께 기울어지는 모습을 확인할 수 있습니다. 만약 Rotation-Scale의 매개변수 값을 Track 1로 설정하고 재생해보면 어떻게 될까요? 그렇게 설정하면 위치는 잘 추적하지만, 안내판의 기울기에 따라 회전을 하지는 않습니다. 이렇게 두 개의 포인트를 이용하면 좀 더 나은 모션 트래킹 작업을 할 수 있습니다.

영상의 특정 영역을 흐릿하게 처리하는 무빙 블러(Moving Blur)

이번에는 영상의 특정 영역을 흐릿하게 처리하는 작업을 해보겠습니다. 영어권에서는 이런 작업을 'Moving Blur(무빙 블러)'라고 합니다. 영상에서 원치 않는 부분(사람의 얼굴, 상표, 특정 물건이나 시설)을 가릴 때 사용할 수 있습니다. 예제 파일 '7-2 Moving Blur' 모션 프로젝트 파일을 열어보겠습니다.

예제 파일을 열어보면 파란색 자동차가 주행하는 모습이 짧게 담겨있습니다. 자동차의 번호판 앞부분을 흐릿하게 한 다음 영상 속에서 그 부분을 추적하도록 하겠습니다. 이 작업은 진행 순서에 맞춰야 원하는 결과를 얻을 수 있습니다. 순서에 유의하며 한 번 실습해 보겠습니다.

Gaussian Blur 적용하기

1 _ 영상 클립(Car_footage)을 선택합니다.

2 _ 마우스 오른쪽 버튼을 클릭한 다음 팝업 메뉴에서 [Duplicate]를 클릭해 클립을 복제합니다.

3 _ 복제된 영상 클립(Car_footage copy)을 선택합니다.

4 _ 라이브러리를 클릭합니다.

5 _ 라이브러리에서 [Filters] – [Blur] 카테고리에 있는 [Gaussian Blur](가우시안 블러) 필터를 선택합니다.

6 _ [Apply] 버튼을 클릭합니다.

7 _ 인스펙터의 [Filters] 탭에서 Amount 값을 60으로 설정합니다. 가우시안 블러 필터의 영향으로 영상이 전체적으로 흐릿해집니다.

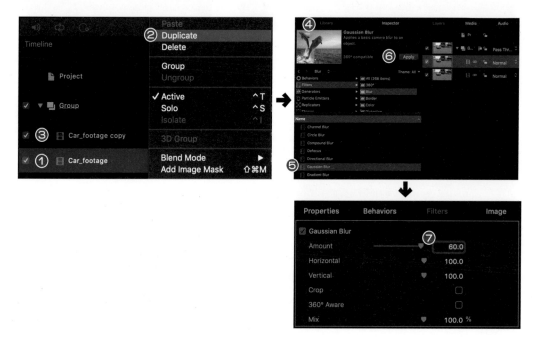

그림 7-17 영상 복제 후 가우시안 필터 적용

자동차 번호판을 이미지 마스크로 가리기

이제 이미지 마스크를 이용해 자동차 번호판만 가리는 작업을 해보겠습니다. 우선 플레이헤드를 0프레임으로 이동시킵니다. 그리고 자동차의 번호판을 가릴 수 있을 만큼의 사각형 도형을 그려줍니다.

그림 7-18 번호판을 가릴 사각형 그리기

타임라인을 확인해보면 3개의 레이어가 있습니다.

- 사각형 레이어 (Rectangle)

- 복제된 영상 레이어 (Car_footage copy)

- 원본 영상 레이어 (Car_footage)

사각형 레이어(Rectangle)를 드래그해 그림 7-19와 같이 복제된 영상 레이어(Car_footage copy) 아래에 위치시킵니다. 이렇게 하면 사각형이 마스크로 속성이 변경되면서 사각형의 크기만큼 블러 효과가 적용됩니다. 마우스 오른쪽 버튼을 클릭해 Add Image Mask로 설정하지 않고, 바로 직관적으로 이미지 마스크를 추가한 것입니다.

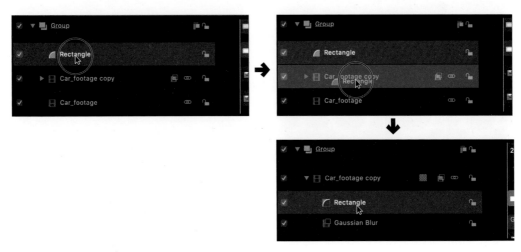

그림 7-19 도형 마스크로 적용

Match Move 비헤이비어를 Rectangle 레이어 안으로 적용시키기

사각형의 크기만큼 번호판이 가려졌습니다. 하지만 지금은 일시적으로 가렸을 뿐 자동차가 움직이게 되면 자동차 번호판은 다시 노출됩니다. 그래서 블러 처리된 사각형이 자동차 번호판을 따라다닐수 있게 해야 합니다. 이는 Match Move 비헤이비어를 이용해 구현할 수 있습니다. 좀 더 구체적으로 Match Move 비헤이비어를 Rectangle 레이어 안으로 적용시켜야 합니다.

1 _ Car_Footage copy 레이어를 열고 그 안에 포함된 Rectangle 레이어를 선택합니다.

2 _ 라이브러리를 클릭합니다.

3 _ [Behaviors] – [Motion Tracking] 카테고리를 순서대로 클릭합니다.

4 _ 'Match Move' 비헤이비어를 클릭합니다.

5 _ [Apply] 버튼을 클릭해 적용합니다.

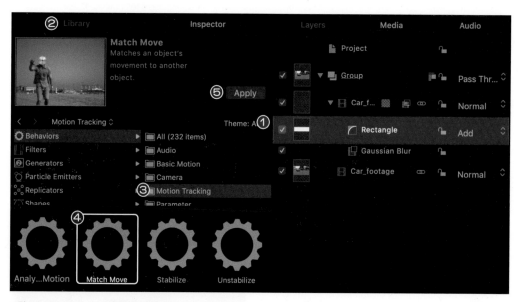

그림 7-20 Match Move 비헤이비어 적용

이전 모션 트래킹 작업과 비교해보면 어떤 점이 달라졌을까요? 바로 Analyze Motion 비헤이비어를이용한 모션 분석 작업을 생략했습니다. 왜냐하면 Match Move 비헤이비어에도 기본적으로 모션 분석작업이 가능한 매개변수가 있기 때문입니다. 이런 이유로 바로 Match Move 비헤이비어를 적용한 다음 추적점을 이용해 분석 작업과 연결을 동시에 하기도 합니다.

Match Move 비헤이비어에서 바로 분석 시작하기

Match Move 비헤이비어의 인스펙터에서 Source가 Car_footage copy로 설정돼 있는지 확인합니다. 캔버스 화면에 붉은색 트래커가 있고 미리 보기 화면(Tracker Preview)이 검은색으로만 나온다면 살짝 드래그해 자동차의 번호판에 맞춰줍니다. 그러면 트래커의 색상이 노란색으로 변경되고, 미리 보기 화면에도 자동차의 번호판이 그림 7-21과 같이 나타납니다. 추적점 설정이 끝났으면 [Analyze] 버튼을 클릭해 분석을 시작합니다.

그림 7-21 Match Move 비헤이비어 인스펙터 설정

분석 작업을 완료하고 재생해보면 처음 부분은 잘 따라가지만, 자동차가 우회전하며 들어오기 시작한 이후부터는(25프레임 이후) 번호판의 면적이 커져서 모든 영역을 충분히 덮어주지 못하고 있습니다.

25프레임　　　　　　　　　　　　　104프레임(3초 13프레임)

그림 7-22 모션 트래킹 추적 결과 마지막 프레임은 완전하지 않음

이런 경우에는 사람이 수동으로 키프레임을 수정하거나 직접 키프레임 애니메이션을 별도로 설정해서 해결할 수 있습니다. 이탈이 시작되는 25프레임에서 스케일에 키프레임을 추가하고, 마지막 104프레임(3초 13프레임)으로 이동하여 번호판을 완전히 덮을 수 있을 만큼 스케일을 조정해줍니다.

그림 7-23 수동으로 키프레임 애니메이션을 추가

Tip _ 모션 트래킹이 잘 이뤄지기 위한 7가지 전략

모션 트래킹 기능은 프로그램이 픽셀을 추적하여 키프레임을 자동으로 설정합니다. 작업의 효율성을 높여주는 좋은 기능이지만 완벽하게 정확하진 않습니다. 정확하게 잡아준다면 더할 나위 없지만, 간혹 영상을 촬영할 때의 문제로 인해 키프레임을 정확하게 추적하지 못할 때도 있습니다. 모션 트래킹이 잘 이뤄지기 위해 필요한 전략은 다음과 같습니다.

1 _ 선과 직선 경계보다는 모서리 영역에 추적점을 설정해주세요.

자동차 번호판, 종이, 액자 등 모서리 부분이 각진 사각형 모양의 오브젝트를 추적한다면 추적점을 모서리 부분으로 설정한 다음 분석 작업을 하면 좀 더 정확한 추적 결과를 얻을 수 있습니다.

2 _ 처음부터 끝까지 모양이 나오는 곳에 추적점을 설정해주세요.

간혹 추적할 때 오브젝트가 프레임 밖으로 나가거나 다른 것들에 가려서 추적이 실패하는 경우가 있습니다. 영상 속에서 처음부터 끝까지 모양이 나오는 곳에 추적점을 설정한 다음 분석 작업을 해야 합니다.

3 _ option 키로 추천을 받으세요.

option 키를 누른 채로 추적점을 클릭하면 모션이 추천하는 추적점을 제시합니다. 하지만 추천 추적점도 완벽하지는 않습니다. 어디까지나 해당 프레임에서 가장 대비가 뚜렷한 부분을 추천해 주기 때문입니다. 전체 영상의 재생 시간 동안 밝기나 대비의 큰 변화가 없다면 option 키를 이용해 추천 추적점을 이용하는 것도 좋은 방법입니다.

그림 7-24 option 키와 추적점을 함께 클릭하면 추천 추적점을 제시함

4 _ Sharpen 필터를 활용해 추적하려는 영상의 대비를 높인다.

라이브러리의 [Filters] – [Sharpen] 카테고리에는 Sharpen 필터가 있습니다. 이 필터를 적용한 다음 인스펙터에서 Amount 값을 높이고 모션 트래킹을 적용하면 좀 더 안정적인 추적 결과를 얻을 수 있습니다. 모션 추적은 픽셀의 대비가 높으면 더욱 안정적으로 추적할 수 있습니다. 그리고 추적이 끝난 다음 Shapen필터를 비활성화하거나 제거해도 추적 결과에는 영향을 주지 않기 때문에 모션 트래킹 작업에 유용한 필터입니다.

그림 7-25 Sharpen 필터

- Intensity(강도): 효과의 반경을 설정합니다.
- Amount(양): 선명하게 하기 위한 대비를 조정합니다.
- 360 Aware(360인식): 필터가 360 영상에 적용될 때 생성되는 이음새를 제거합니다.
- Mix(혼합): 원본 이미지와의 혼합 비율을 조정합니다.

5 _ 추적하려는 영상을 안정화하기(Stabilize 비헤이비어 활용)

모션 트래킹 기능을 이용해 추적하려는 영상은 흔들림이 많을 경우 추적에 실패할 가능성이 커집니다. 이럴 때 Stabilize 비헤이비어를 영상에 적용하고 [Analyze] 버튼을 클릭하면 영상의 모든 픽셀을 추적하여 부드럽고 흔들림 없는 영상으로 만들어 줍니다. 이 비헤이비어를 사용할 때 주의할 점은 Borders(경계)를 Normal로 설정 하면 영상이 움직이면서 검은 경계들이 프레임 안으로 들어옵니다. 설정값을 Zoom으로 설정하면 이런 현상을 방지할 수 있습니다.

그림 7-26 영상을 안정화하는 Stabilize 비헤이비어

6 _ 추적 결과를 수동으로 수정하자

키프레임 에디터를 활용해 추적한 키프레임을 수정할 수 있습니다. 위치를 수정할 수 있을 뿐만 아니라 그림 7-27처럼 '튀어나온' 키프레임들을 선택한 다음 삭제할 수도 있습니다. 키프레임 에디터를 열어보면 많은 추적 결과가 한꺼번에 표시되어 수정하는 데 불편함이 있습니다. 이때 option 키를 누른 채로 매개변수 앞에 있는 체 크 표시에 체크하면 그 매개변수만 단독으로 표시됩니다.

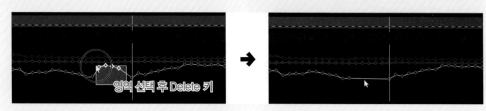

그림 7-27 키프레임 에디터를 이용해 추적점 수정 및 삭제하기

7 _ 키프레임 줄이기 기능 활용하기(Reduce Keyframes)

키프레임 에디터에서 매개변수를 마우스 오른쪽 버튼으로 클릭하면 팝업 메뉴가 나타납니다. 그중에 키프레임 줄이기(Reduce Keyframes) 기능이 있습니다. 키프레임 줄이기는 곡선 모양을 유지하면서 유사한 키프레임은 줄이는 원리로 작동합니다. Error Tolerance를 오른쪽으로 드래그하면 키프레임이 줄어들고, Smoothing은 키프레임 사이를 부드러운 곡선 형태로 나타내줍니다.

그림 7-28 키프레임 줄이기(Reduce Keyframes) 기능

7.3 _ 오브젝트 트래킹을 이용한 모션 트래킹

사실 우리 주변에는 네모난 물건들이 참 많이 있습니다. 매일 사용하는 스마트폰 그리고 지금 여러분들이 읽고 있는 이 책을 비롯한 종이들 그리고 모니터와 같은 디스플레이, 사진이 담겨 있는 액자, 길거리에서 쉽게 볼 수 있는 도로 표지판 및 안내판은 일상에서 흔히 볼 수 있습니다. 이런 주변의 사물들을 촬영해 모션 트래킹을 적용할 수 있습니다. 모션 5.6으로 버전이 업데이트 되면서 새로 추가된 기능 중 오브젝트 트래킹을 이용해 모션 트래킹 작업을 쉽게 할 수 있습니다. 오브젝트 트래킹을 사용하는 방법을 함께 살펴보겠습니다.

실습에 사용할 예제 파일은 '7-3 오브젝트 트래킹을 이용한 모션 트래킹' 모션 프로젝트 파일입니다. 예제 파일을 실행합니다.

예제 파일에는 여러분이 모션 트래킹을 좀 더 쉽게 할 수 있도록 관련 오브젝트를 넣어두었습니다. 두 개의 그룹인 Object 그룹과 Background 그룹이 있으며, Object 그룹에는 텍스트와 사각형 도형 레이어가 있고, Background 그룹에는 영상 파일이 있습니다. Object 그룹의 왼쪽에 있는 체크박스에 체크하면 숨겨져 있던 텍스트와 도형이 나타납니다.

그림 7-29 모션 트래킹 작업을 위한 기본 준비

1 _ Object 그룹을 선택합니다.

2 _ 화면 위쪽 툴바에 있는 Behaviors 버튼을 클릭합니다.

3 _ [Motion Tracking] - [Match Move] 비헤이비어를 'Object' 그룹에 적용합니다.

> 그룹에 비헤이비어를 적용하면 그룹에 있는 모든 오브젝트가 영향을 받기 때문에 좀 더 효율적인 작업을 할 수 있습니다.

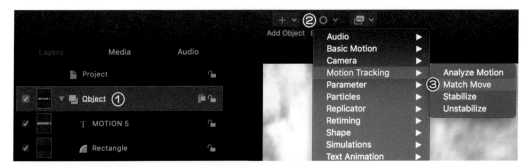

그림 7-30 그룹에 비헤이비어 적용

Match Move 비헤이비어를 선택한 다음 인스펙터에서 매개변수의 값을 수정해야 합니다. 그림 7-31 과 같이 Mode를 기존 'Point'에서 'Object'로 변경합니다. 점이 아닌 오브젝트 단위로 추적을 하기 때문에 좀 더 안정적으로 추적을 할 수 있습니다. 오브젝트 트래킹을 위한 준비가 끝났습니다.

그림 7-31 오브젝트 트래킹을 위한 Mode 설정

캔버스 화면에서는 현재 표지판을 오브젝트로 인식한 상태입니다. 그 상태에서 [Analyze] 버튼을 클릭해 분석을 시작합니다.

그림 7-32 추적점 연결 후 분석 시작

분석 작업이 끝난 다음 재생해보면 표지판 안에 도형과 글자의 합성이 이뤄진 모습을 확인할 수 있습니다.

그림 7-33 오브젝트 트래킹을 이용한 모션트래킹 작업

7.4 _ 키잉으로 영상 합성하기

종종 영화나 특수 영상을 촬영할 때 배우들이 녹색 배경에서 연기하는 모습을 볼 수 있습니다. 신기하게도 최종 출력된 영상에서는 녹색 배경이 다른 배경으로 대체돼 나타납니다. TV 방송에서 가상 스튜디오를 구현할 때에도 실제로는 녹색 배경 위에서 촬영한 영상을 바탕으로 제작하기도 합니다.

그림 7-34 녹색 배경에서 촬영한 예시

키잉(Keying)은 사람과 같은 전경 피사체를 균일한 색 또는 밝기의 배경 영역과 분리해 투명한 알파 채널을 만들어 주는 기능입니다. 쉽게 이야기하면 배경과 사람을 분리해 배경을 투명하게 만들 수 있습니다. 그래서 합성 영상 작업에 많이 사용되기도 합니다.

키잉을 하려면 꼭 초록색이나 파란색 배경에서 촬영한 영상이어야 할까요? 그렇지 않습니다. 색상이 균일하다면 모든 색상을 기반으로 할 수 있습니다. 다만 초록색이나 파란색을 많이 사용하는 이유는 사람의 피부색과 정반대되는 색상이라 더 깔끔하게 배경과 사람을 분리할 수 있기 때문입니다.

이런 키잉을 이용해 합성 영상을 만들 수 있습니다. 이번 예제에서는 초록색 배경의 이모지(emoji) 영상 클립을 사람 얼굴에 합성해 보겠습니다. 그리고 사람 얼굴을 추적해 얼굴 위치에 따라 이모지가 이동하는 영상을 만들어보려 합니다.

먼저 예제 파일인 '7-4 키잉을 이용한 합성' 모션 프로젝트 파일을 열어보겠습니다.

예제 파일에는 녹색 배경으로 된 2개의 이모지 영상과 남녀가 서로 이야기하고 있는 영상 클립이 있습니다. 2개의 이모지 영상은 클립의 길이가 3~4초 정도 됩니다. 이 이모지 영상의 녹색 배경을 제거한 다음 Loop 비헤이비어를 적용해 영상의 끝까지 반복하도록 만들겠습니다. 또한 남녀가 대화를 나누고 있는 장면을 모션 분석을 이용해 추적하고 이를 이모지와 연결하겠습니다.

그림 7-35 예제 파일 '7-4 키잉을 이용한 합성'

우선 Keyer 필터를 적용해서 녹색 배경을 제거하겠습니다.

1 _ 레이어 패널에서 EMOJI 레이어 2개를 다중 선택합니다.

2 _ 라이브러리를 클릭합니다.

3 _ [Filters] – [Keying] 카테고리를 순서대로 클릭합니다.

4 _ 'Keyer' 필터를 선택합니다.

5 _ [Apply] 버튼을 클릭해 Keyer 필터를 이모지 영상 클립에 적용합니다. Keyer 필터를 적용하면 녹색 배경이 깔끔하게 제거되고 이모지만 남게 됩니다.

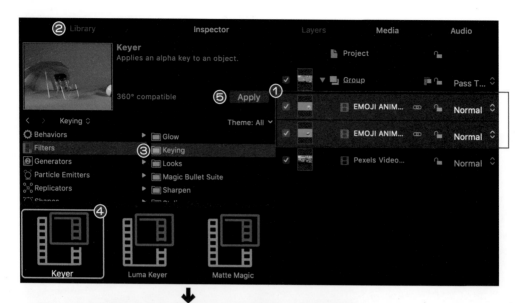

그림 7-36 Keyer 이펙트 적용과 적용 후 모습

반복을 쉽게 해주는 Loop 비헤이비어 적용하기

이모지 클립의 길이가 3~4초밖에 안 되므로 전체 영상 클립의 길이를 커버하기에는 부족합니다. 이때 Loop 비헤이비어를 적용하면 클립의 내용을 계속 반복해 보여줄 수 있습니다.

1 _ 레이어 패널에서 EMOJI 레이어 2개를 다중 선택합니다.

2 _ 라이브러리를 클릭합니다.

3 _ [Behaviors] - [Retiming] 카테고리를 순서대로 클릭합니다.

4 _ 'Loop' 비헤이비어를 클릭합니다.

5 _ [Apply] 버튼을 클릭해 Loop 비헤이비어를 이모지 영상에 적용합니다.

6 _ 적용한 다음 타임라인에서 이모지 영상 클립의 길이를 프로젝트의 끝까지 늘려줍니다.

재생해보면 영상의 처음부터 끝까지 이모지 영상 클립이 계속 재생되는 모습을 확인할 수 있습니다.

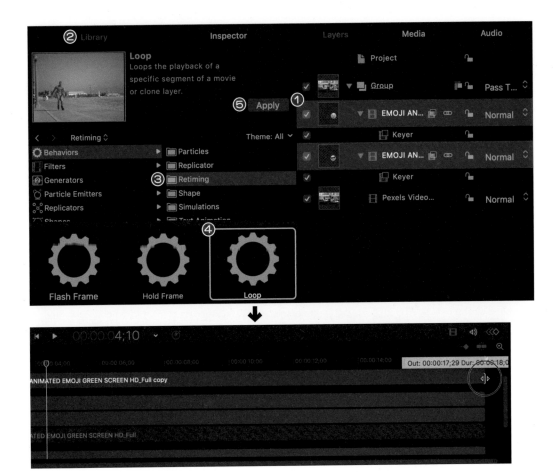

그림 7-37 Loop 비헤이비어 적용 후 재생 길이 조정

이모지의 불필요한 부분을 Crop 기능으로 제거하기

이모지 클립을 선택해보면 캔버스에 이모지 영상 클립의 영역이 표시됩니다. 우리가 실제로 필요한 부분은 이모지 표정인데 그 이외에 투명하게 잡히는 영역이 꽤 넓다는 것을 알 수 있습니다. 불필요한 투

명 영역은 Crop을 이용해 제거하겠습니다. 인스펙터의 Properties에 Crop 기능이 있습니다. Crop 왼쪽에 있는 체크박스에 체크한 다음 마우스를 오른쪽 영역에 올리면 Show 글자가 나타납니다. [Show]를 클릭하여 메뉴를 펼친 다음 영역마다 값을 조정합니다. 슬라이더로 값을 조정할 때 슬라이더의 최대 입력값은 200입니다. 그 이상으로 입력할 때는 값 부분을 위아래로 드래그하거나 직접 입력해야 합니다.

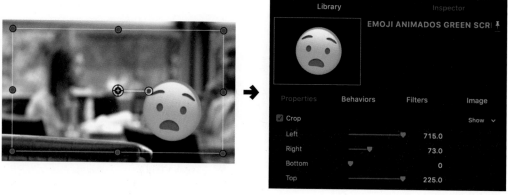

그림 7-38 이모지 영상클립에서 불필요한 투명 영역을 자름(Crop)

앵커포인트 조정하기

이번에는 앵커포인트를 이모지의 가운데로 조정하겠습니다. 앵커포인트를 맞추는 이유는 분석 작업을 할 때 앵커포인트를 기준으로 궤적이 생성되기 때문입니다. 앵커포인트가 다른 곳에 지정돼 있으면 생성된 궤적이 혼동을 줄 수 있기 때문에 분석 전에 미리 맞춰둡니다.

먼저 툴 바에서 앵커포인트를 선택합니다. 앵커포인트를 이모지의 코 부분으로 조정합니다. 앵커포인트를 이루는 선의 색상마다 이동할 수 있는 범위가 제한돼 있습니다. 빨간선은 X축으로 왼쪽과 오른쪽으로 드래그할 수 있습니다. 녹색선은 Y축으로 위아래로 드래그할 수 있습니다. 그림 7-39와 같이 이모지의 중앙에 앵커포인트를 맞춥니다.

그림 7-39 앵커포인트 조정

다른 이모지 영상 클립에도 Crop을 적용하고, 앵커포인트를 맞추는 작업을 합니다. 앵커포인트를 다 맞춘 다음에는 툴 바에서 다시 변형(Transform) 툴을 선택합니다. 참고로 그림 7-40은 앵커포인트 상태일 때와 변형 툴 상태일 때를 비교한 모습입니다. 이미지를 둘러싸고 있는 경계 모양이 다르다는 것을 알 수 있습니다. 앵커포인트를 선택했을 때는 앵커포인트만 이동할 수 있고, 변형(Transform) 툴을 선택했을 때는 위치를 옮기거나 크기와 회전을 변경할 수 있습니다.

그림 7-40 앵커포인트와 변형 툴의 비교

변형 툴로 바뀐 상태에서 이미지를 각 인물의 얼굴에 맞춰줍니다. 놀라는 표정의 이모지는 여성의 얼굴에 맞추고 선글라스를 낀 이모지는 남성의 얼굴에 맞춥니다.

그림 7-41 이미지 클립을 사람 얼굴에 맞춤

영상에서 우리가 추적해야 하는 지점은 여성의 얼굴과 남성의 얼굴입니다. 오브젝트 트래킹을 이용해 얼굴을 추적하여 이미지를 입혀보는 식으로 작업할 수 있습니다. 'Match Move' 비헤이비어를 이용해 오브젝트 트래킹 기능을 사용하겠습니다.

1 _ 원본 영상 클립을 선택합니다.

2 _ 라이브러리를 클릭합니다.

3 _ [Behaviors] – [Motion Tracking] 카테고리를 순서대로 클릭합니다.

4 _ 'Analyze Motion' 비헤이비어를 클릭합니다.

5 _ [Apply] 버튼을 클릭해 비헤이비어를 원본 영상 클립에 적용합니다.

그림 7–42 원본 영상 클립 선택 후 Analyze Motion 비헤이비어 적용

'Analyze Motion' 비헤이비어를 적용한 후 Mode는 'Point'로 설정합니다. 그러면 추적점을 추가할 수 있습니다.

두 개의 추적점을 추가한 다음 각각 여성의 얼굴과 남성의 얼굴에 맞추겠습니다. 추적점을 설정하는 과정에서 이모지 클립 때문에 잘 보이지 않는다면 체크 표시를 해제해 임시로 보이지 않게 설정합니다. Track 1을 여성의 얼굴에 맞추고, Tracker 오른쪽에 있는 [Add](추적점 추가) 버튼을 클릭해 Track 2를 생성합니다. Track 2는 남성의 얼굴에 맞춥니다. 그리고 추적에 실패할 때를 대비해 Offset Track에 체크해야 합니다. 추적점을 얼굴에 맞춘 다음 [Analyze] 버튼을 클릭해 분석 및 추적 작업을 시작합니다.

Offset Track(오프셋 트랙): 추적하다가 장애물에 의해 가려지거나 알 수 없는 원인으로 추적에 실패할 경우 캔버스에서 추적점 포인트가 X로 표시됩니다. 이럴 경우 오프셋 트랙을 체크해 장애물이 방해하지 않는 부분으로 추적점을 다시 설정할 수 있습니다.

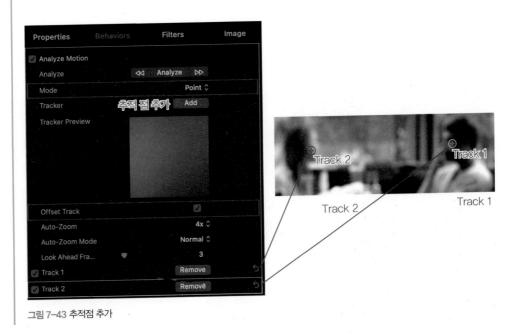

그림 7-43 추적점 추가

분석 및 추적 작업이 완료됐습니다. 분석 결과 여성의 얼굴은 큰 움직임이 없었지만, 남성의 얼굴은 상대적으로 움직임이 컸습니다.

그림 7-44 모션 추적 결과 분석

영상의 맨 처음 프레임으로 이동합니다. 그리고 추적을 위해 잠시 꺼놓았던 이모지 클립을 다시 체크해 캔버스에 나타나게 합니다. 그리고 두 이모지 클립에 Match Move 비헤이비어를 적용합니다.

1 _ 두 이모지 영상 클립을 다중 선택합니다.

2 _ 라이브러리를 클릭합니다.

3 _ [Behaviors] – [Motion Tracking] 카테고리를 순서대로 클릭합니다.

4 _ 'Match Move' 비헤이비어를 클릭합니다.

5 _ [Apply] 버튼을 클릭해 비헤이비어를 두 이모지 영상 클립에 적용합니다.

그림 7-45 Match Move 비헤이비어 적용

두 이모지 클립 모두 비헤이비어의 소스를 Analyze Motion으로 설정해야 합니다. 그리고 선글라스를 낀 이모지 클립은 Anchor를 Track 2로 변경합니다.

그림 7-46 Match Move 비헤이비어 적용 후 Source 변경 및 앵커 트랙포인트 변경

놀란 표정의 이모지는 Anchor의 기본값이 Track 1로 설정돼 있으므로 변경하지 않아도 됩니다. Source만 Analyze Motion으로 변경합니다.

그림 7-47 Match Move 비헤이비어 적용 후 Source 변경

영상을 재생해보면 추적한 정보를 바탕으로 이모지가 움직이는 모습을 확인할 수 있습니다. 이모지의 위치는 캔버스에서 수정할 수 있습니다. 이처럼 녹색 배경의 영상을 키잉으로 합성해 모션 트래킹을 적용하면 다양한 합성 영상을 만들 수 있습니다.

7.5 _ 오브젝트 트래킹을 이용한 페이스 트래킹

모션 5.6 버전 업데이트와 함께 오브젝트 트래킹 기능이 추가됐습니다. 오브젝트 트래킹 기능 중 영상 속 얼굴을 인식하여 얼굴을 자연스럽게 추적할 수 있는 페이스 트래킹이 지원됩니다. 모션5에서 이 기능을 어떻게 사용할 수 있는지 예제 파일을 통해 알아보겠습니다.

먼저 예제 파일인 '7-5 오브젝트 트래킹을 이용한 페이스 트래킹'을 열어보겠습니다.

예제 파일을 열면 인터뷰를 하는 남자의 얼굴이 나타납니다. 이 남자의 얼굴 위에 페이스 트래킹을 이용하여 이모지가 따라다니도록 연출하려 합니다.

이모지 추가하기

이모지를 추가해보겠습니다. 먼저 텍스트를 추가하는 [T] 버튼을 클릭합니다.

그림 7-48 텍스트 추가 버튼

캔버스 화면을 중앙을 클릭합니다. 중앙 부분을 클릭한 후 아무 글자를 입력하지 않은 상태에서 상단 메뉴에서 [Edit] - [Emoji & Symbols]를 클릭합니다.

그림 7-49 캔버스 화면 클릭 후 이모지 추가 버튼 클릭하기

이모지&심볼 창이 나타납니다. 추가하고자 하는 이모지를 더블 클릭하면 캔버스 화면에 선택한 이모지 가 추가됩니다. [확장/요약 버튼]을 클릭하면 더 많은 이모지를 카테고리별로 탐색할 수 있습니다. 이 모지&심볼 창 왼쪽 상단에 있는 [닫기] 버튼을 클릭해 이모지 입력 모드에서 벗어날 수 있습니다.

그림 7-50 더블 클릭을 통해 추가된 이모지

이렇게 추가한 이미지는 텍스트와 같이 마우스 드래그를 통해 블록 설정을 할 수 있습니다. 텍스트의 크기를 키우듯이 이미지 역시 블록 설정을 한 후 폰트 사이즈를 조정하여 크게 키울 수 있습니다. HUD 를 실행(단축키 F7)하고 사이즈를 288까지 드래그하여 조정해보겠습니다.

그림 7-51 이미지의 크기 조정하기 (HUD)

Match Move 비헤이비어 적용하기

텍스트 레이어를 통해 이미지를 추가했기 때문에 텍스트 레이어가 있습니다. 이 텍스트 레이어를 선택한 다음 [Behavior] – [Motion Tracking] – [Match Move] 비헤이비어를 클릭해 텍스트 레이어에 비헤이비어를 추가합니다.

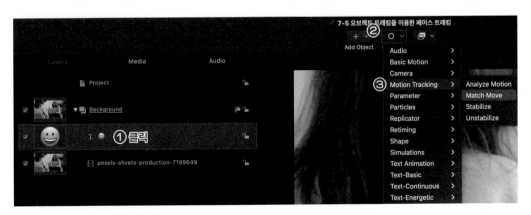

그림 7-52 Match Move 비헤이비어 추가하기

Match Move 비헤이비어를 적용한 후 인스펙터에서 [Detect]를 [Off]에서[Faces]로 설정합니다. 이렇게 하면 'Source' 영상에서 얼굴을 자동으로 감지하게 됩니다.

그림 7-53 Match Move 의 Detect를 Faces로 설정하기

캔버스 화면에 사각형 형태의 추적기와 타원 형태의 얼굴 탐지 부분이 함께 나타납니다. 사각형 형태의 추적기를 타원 형태의 얼굴 탐지 부분으로 드래그해 두 부분이 서로 결합되게 합니다.

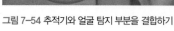

그림 7-54 추적기와 얼굴 탐지 부분을 결합하기

인스펙터에서 [Analyze] 버튼을 클릭하면 영상 속 얼굴이 움직이는 범위를 추적하며 키프레임을 자동으로 생성하게 됩니다.

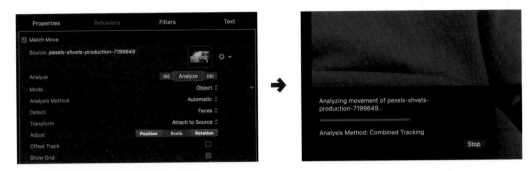

그림 7-55 Analyze 버튼을 이용한 추적 작업 진행

추적 작업이 끝난 후 이모지를 얼굴 위치로 옮겨주면 페이스 트래킹 작업이 완료됩니다. 재생해보면 이모지가 얼굴을 따라 다니는 영상을 확인할 수 있습니다. 이런 식으로 페이스 트래킹 기능을 활용하면 다양한 소스를 얼굴을 중심으로 추가할 수 있습니다.

그림 7-56 페이스 트래킹을 통해 얼굴을 따라다니는 이모지

08

페인트 스트로크와 마스크

모션 5의 도형(Shape), 페인트 스트로크(Paint Stroke), 마스크(Mask)는 벡터 기반의 그래픽 레이어입니다. 외부의 소스를 임포트(Import)해서 사용하는 것이 아니라 프로그램에서 자체적으로 제작할 수 있습니다. 프로그램에서 자체적으로 벡터 기반 그래픽을 제작하면 깨끗한 품질의 이미지를 얻을 수 있다는 장점이 있습니다. 그리고 그래픽 소스의 다양한 매개변수를 활용할 수 있기 때문에 애니메이션을 다양하게 적용할 수 있다는 것도 장점입니다.

페인트 스트로크(Paint Stroke)는 스타일러스와 그래픽 태블릿을 이용해 캔버스 영역에 직접 선을 그릴 수 있는 기능입니다. 또는 마우스나 트랙 패드를 사용해 직관적으로 그래픽을 그릴 수 있습니다. 그림 8-1도 페인트 스트로크 툴을 이용해 마우스로 선을 그리고 애니메이션을 적용한 예시입니다.

그림 8-1 페인트 스트로크로 구현한 애니메이션

마스크(Mask)는 레이어의 투명 영역을 만드는 데 사용됩니다. 그림 8-2는 마스크의 예시입니다. 원래의 이미지에서 전경 피사체와 배경을 서로 분리하고, 레이어에서 보이는 부분과 보이지 않는 부분을 서로 나눌 수 있는 단순한 원리입니다. 다양한 용도로 활용할 수 있어서 실제 영상 작업에서 많이 응용되고 있는 기능입니다.

| 원본 클립 | 마스크 | 마스크 클립 |

그림 8-2 마스크의 예시

이번 장에서는 페인트 스트로크와 마스크의 기능을 예제를 직접 만들어 보면서 살펴보겠습니다.

8.1 _ 캘리그라피 애니메이션 타이틀 영상 만들기

페인트 스트로크와 마스크를 활용하면 캘리그라피 애니메이션 타이틀 영상을 쉽게 만들 수 있습니다. 필요한 준비물로 여러분의 macOS에 캘리그라피 혹은 손글씨 폰트가 필요합니다.

기본 작업 – 폰트 설치하기

앞서 소개했던 눈누(https://noonnu.cc, 상업용 무료 한글 폰트 사이트)에 들어간 후 [모든 폰트] 탭을 클릭합니다. 그리고 어떤 서체가 필요하나요? 아래에서 손글씨만 체크해 손글씨 폰트를 검색하고, 마음에 드는 폰트를 설치합니다.

그림 8-3 상업용 무료 한글 폰트 사이트 눈누(https://noonnu.cc)

예제 파일에서는 tvN 방송국에서 배포한 '즐거운이야기체'를 사용했습니다. 다른 폰트를 사용해도 되지만 혹시라도 책과 같은 환경에서 실습하기를 원하는 분을 위해 '즐거운이야기체'를 설치하는 방법을 살펴보겠습니다.

눈누에서 '즐거운이야기체'로 검색한 다음 검색 결과를 클릭합니다. 그림 8-4는 폰트를 설치하는 과정입니다. 폰트 이름 오른쪽에 있는 내려받기 아이콘을 클릭하면 폰트를 제공하는 사이트인 tvN 사이트로 이동하게 됩니다. MAC용/OTF 다운로드를 클릭하면 'tvNfont_OTF.zip' 압축 파일이 다운로드 폴더로 내려받아집니다.

내려받은 파일을 더블클릭하면 자동으로 압축이 풀리며 폴더가 생성됩니다. OTF 폴더에는 3개의 폰트가 있습니다. 폰트를 더블클릭하면 폰트 창이 나타나고 [서체설치] 버튼을 클릭하면 폰트가 설치됩니다. 나머지 2개의 폰트도 같은 방법으로 설치합니다.

그림 8-4 '즐거운이야기체' 폰트 설치 과정

폰트 설치가 끝났으니 예제 파일을 열어보겠습니다. 예제 파일은 '8-1 캘리그라피 애니메이션 타이틀 영상 만들기' 모션 프로젝트 파일입니다.

페인트 스트로크 툴을 이용해 글자 따라 쓰기

파일을 열어보면 배경 영상과 텍스트 레이어 2개("서", "울")가 있습니다. 텍스트가 'tvN즐거운이야기체'로 저장돼 있기 때문에 폰트가 설치돼 있지 않으면 기본 폰트로 나타납니다.

툴 바에서 페인트 스트로크 툴(Paint Stroke Tool)을 선택한 다음 캔버스에서 글자를 따라 마우스로 글자를 써보겠습니다. 트랙패드가 있다면 트랙패드를 이용해도 됩니다. 이때 화면 배율을 확대한 다음 작업하기를 추천합니다. 화면을 확대한 다음 툴 바에서 손 모양 아이콘(Pan Tool)을 선택하면 캔버스에서 화면에 표시되는 영역을 이동할 수 있습니다. 마우스로 글자를 쓴다는 게 생각처럼 쉽지 않습니다. 글자의 영역을 페인트 스트로크 툴로 채운다는 느낌으로 작업해야 합니다.

그림 8-5 페인트 스트로크 툴로 글씨를 쓰는 작업

페인트 스트로크 툴은 클릭한 다음 마우스 버튼을 떼면 그대로 레이어 한 개가 생성됩니다. 예제에서는 글자의 획마다 클릭한 다음 마우스 버튼을 떼었더니 타임라인에 총 9개의 페인트 스트로크 레이어가 생성됐습니다.

페인트 스트로크 레이어를 글자별로 그룹으로 묶기

페인트 스트로크 레이어를 글자별로 그룹으로 묶어 줍니다. 예를 들어 Paint Stroke 레이어부터 Paint Stroke 3 레이어까지는 글자 '서'를 이루고 있기 때문에 이 레이어들을 선택해서 그룹으로 묶어줍니다.

1 _ Paint Stroke , Paint Stroke 1, Paint Stroke 2, Paint Stroke 3 레이어를 다중 선택합니다.

2 _ 마우스 오른쪽 버튼을 클릭한 다음 [Group]을 클릭합니다.

같은 원리로 Paint Stroke 4부터 마지막 레이어까지는 글자 '울'을 이루고 있으므로 이 레이어들도 선택해서 그룹으로 묶어줍니다.

3 _ Paint Stroke 4, Paint Stroke 5, Paint Stroke 6, Paint Stroke 7, Paint Stroke 8 레이어를 다중 선택합니다.

4 _ 마우스 오른쪽 버튼을 클릭한 다음 [Group]을 클릭합니다.

페인트 스트로크 그룹 2개가 생성됐습니다('서' 페인트 스트로크 그룹, '울' 페인트 스트로크 그룹).

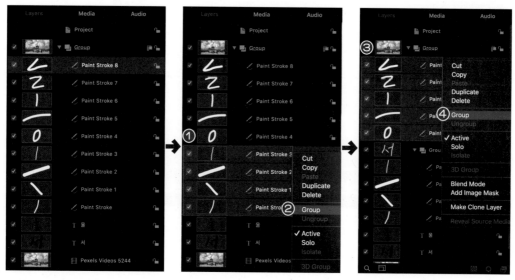

그림 8-6 새로 생성된 페인트 스트로크 레이어를 글자별로 그룹으로 묶기

텍스트 레이어에 이미지 마스크 추가하기('서' 텍스트 레이어)

앞서 글자별로 그룹으로 묶었습니다. 이 작업을 하는 이유는 원래 입력된 텍스트 레이어에 이미지 마스크를 적용하기 위해서입니다. 앞서 설명했던 것처럼 마스크는 보이는 부분과 보이지 않는 부분으로 나눠줍니다. 텍스트에 이미지 마스크를 적용해서 글자를 쓰는 것처럼 보이게 할 것입니다.

1 _ '서' 텍스트 레이어(레이어 아이콘이 T 모양입니다)
를 마우스 오른쪽 버튼으로 클릭합니다.

2 _ [Add Image Mask]를 클릭해 이미지 마스크를 추
가합니다. 혹시라도 페인트 스트로크 그룹에 이미지
마스크를 추가하지 않도록 주의합니다.

그림 8-7 텍스트 레이어에 이미지 마스크 추가

Mask Source 설정하기

인스펙터에서 이미지 마스크의 Mask Source 상자 속으로 아까 만들었던 페인트 스트로크 그룹('서' 그룹)을 넣습니다. 마우스를 누른 채로 떼지 않고 드래그 앤 드롭해야 합니다. 혹시라도 마우스를 떼면 클릭으로 인식해 인스펙터가 다른 화면으로 바뀔 수 있습니다. 그럴 경우 타임라인에서 이미지 마스크를 선택한 다음 다시 시도하면 됩니다.

그림 8-8 이미지 마스크 Mask Source에 페인트 스트로크 그룹 추가

텍스트 레이어에 이미지 마스크 추가하기('울' 텍스트 레이어)

같은 방법으로 '울' 텍스트 레이어에 이미지 마스크를 추가(Add Image Mask)하고 Mask Source에 '울' 페인트 스트로크 그룹을 드래그해 추가합니다.

1 _ '울' 텍스트 레이어를 마우스 오른쪽 버튼으로 클릭합니다.

2 _ [Add Image Mask]를 클릭합니다.

3 _ 인스펙터를 클릭한 다음 [Image Mask] 탭을 클릭합니다.

4 _ Mask Source에 페인트 스트로크 그룹('울')을 드래그 앤드 드롭해 추가합니다.

그림 8-9 '울' 텍스트 레이어에 이미지 마스크 추가 후 Mask Source 추가

이미지 마스크의 원리

캔버스 화면을 확인해 보겠습니다. 처음에는 텍스트 글자가 굵은 느낌이었는데, 얇아진 느낌의 글자만 남았습니다. 이는 페인트 스트로크로 그린 선 만큼만 나타냈기 때문입니다. 그림 8-10은 이미지 마스크의 원리를 나타낸 그림입니다. 가장 왼쪽은 원본 텍스트 레이어입니다. 그 텍스트 레이어를 바탕으로 페인트 스트로크로 그린 다음 이미지 마스크 처리를 했습니다. 가운데 하얀색으로 표시된 부분이 바로 마스크 영역입니다. 흰색으로 표시된 부분은 보이게 하고 나머지 영역은 보이지 않게 하는 역할을 합니다. 그래서 이미지 마스크 처리된 레이어를 보면 원본 텍스트 레이어에서 마스크 영역만큼만 나타나는 것입니다.

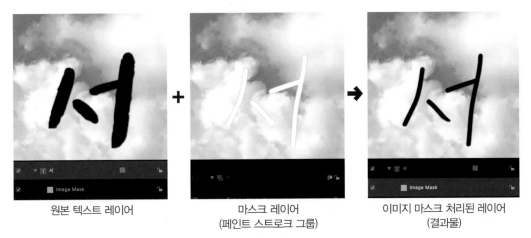

원본 텍스트 레이어   마스크 레이어   이미지 마스크 처리된 레이어
(페인트 스트로크 그룹)   (결과물)

그림 8-10 이미지 마스크의 원리

페인트 스트로크의 각 레이어에서 굵기를 변경하고 키프레임 애니메이션을 추가하면 그에 따라 우리가 보는 결과물도 달라집니다. 타임라인에서 Paint Stroke 레이어를 선택하고 인스펙터의 매개변수 중에서 Outline의 Width를 확인해 보겠습니다. Width가 10일 때와 20일 때를 비교해보면 선의 굵기가 굵어지는 만큼 원본 텍스트의 더 많은 영역을 나타내줍니다.

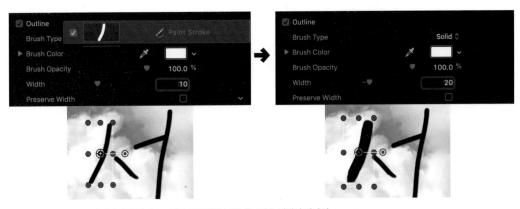

그림 8-11 Paint Stroke 레이어의 굵기(Width)를 조절하면 나타나는 좌우 영역이 달라짐

Outline 매개변수 중에서 Last Point Offset을 조절하면 글자가 나타나는 위아래 영역이 달라집니다. 그림 8-12를 참조하면 Last Point Offset 매개변수 값이 0%일 때는 글자가 아예 보이지 않고, 100%에 가까워질수록 글자가 점점 나타나는 모습을 볼 수 있습니다. 그래서 Last Point Offset 매개변수에 키프레임 애니메이션을 추가하면 글자를 쓰는 효과를 연출할 수 있습니다.

  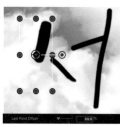 

Last Point Offset 0%   Last Point Offset 20%   Last Point Offset 50%   Last Point Offset 100%

그림 8-12 Last Point Offset 매개변수 값에 따른 변화

글자가 써지는 애니메이션 만들기

먼저 글자 '서'를 쓰는 애니메이션을 만들어 보겠습니다. Paint Storke, Paint Stroke 1, Paint Stroke 2, Paint Stroke 3 레이어에 키프레임 애니메이션을 적용해야 합니다. 각 레이어의 Outline- Width 는 20으로 설정했습니다. 값에 따라 원본 텍스트 레이어가 나타나는 범위가 다르므로 값을 적절하 게 조절합니다. Last Point Offset은 0%에서 100%로 각각 키프레임을 추가합니다. 예제에서는 그림 8-13과 같이 각 레이어에 10프레임씩 키프레임 애니메이션을 적용했습니다.

그림 8-13 페인트 스트로크 레이어마다 키프레임 애니메이션 추가

키프레임 애니메이션을 추가하는 방법은 이 책을 차근차근 공부했다면 이제 어느 정도 능숙하게 사용 할 수 있겠지만, 그래도 다시 한번 짚고 넘어가겠습니다.

1 _ 플레이헤드를 애니메이션이 끝나는 지점으로 이동시킵니다. Paint Stroke 레이어는 10프레임에서 애니메이션이 끝나 므로 플레이헤드를 10프레임에 위치시킵니다.

2 _ Last Point Offset이 100%일 때 키프레임 추가 버튼을 클릭합니다.

그림 8-14 10프레임에서 키프레임 추가

3 _ 다시 플레이헤드를 애니메이션이 시작되는 지점으로 위치시킵니다. Paint Stroke 레이어는 가장 먼저 시작하는 레이 어이므로 0프레임이지만, 다른 레이어는 시작하는 지점이 다릅니다.

4 _ 슬라이더를 드래그해 Last Point Offset의 값을 0%로 설정합니다. 키프레임이 이미 추가된 상태이므로 매개변수의 값 만 변경해도 자동으로 키프레임이 추가됩니다.

그림 8-15 0프레임에서 키프레임 추가(Last Point Offset을 0%로 설정)

그다음 Paint Stroke 1 레이어는 다음과 같이 키프레임을 추가합니다.

1 _ 플레이헤드를 10프레임으로 이동시킨 다음 Paint Stroke 1 레이어를 선택합니다.

2 _ Last Point Offset의 값을 0%로 드래그합니다.

3 _ 값이 0%인 상태에서 키프레임을 추가합니다. 그러면 Paint Stroke 1 레이어는 0프레임부터 10프레임까지 Last Point Offset의 값을 0%로 유지합니다.

4 _ 플레이헤드를 20프레임으로 이동시킵니다.

5 _ Last Point Offset 값을 100%로 변경하면 애니메이션이 생성됩니다.

이 과정을 반복하여 Paint Storke 2 (20프레임에서 시작, 30프레임에서 종료), Paint Stroke 3(30프레임에서 시작, 40프레임에서 종료) 레이어에 적용하면 그림 8-13과 같이 타임라인에서 계단 모양으로 된 키프레임 애니메이션을 확인할 수 있습니다.

	프레임	Last Point Offset	프레임	Last Point Offset
Paint Stroke	0프레임	0%	10프레임	100%
Paint Stroke 1	10프레임	0%	20프레임	100%
Paint Stroke 2	20프레임	0%	30프레임	100%
Paint Stroke 3	30프레임	0%	40프레임	100%

이 과정은 '울' 그룹에 있는 Paint Stroke 4 레이어부터 Paint Stroke 8 레이어까지 똑같이 반복해 적용합니다.

	프레임	Last Point Offset	프레임	Last Point Offset
Paint Stroke 4	40프레임	0%	50프레임	100%
Paint Stroke 5	50프레임	0%	60프레임	100%
Paint Stroke 6	60프레임	0%	70프레임	100%
Paint Stroke 7	70프레임	0%	80프레임	100%
Paint Stroke 8	80프레임	0%	90프레임	100%

그림 8-16 '울' 그룹에 있는 Paint Stroke 레이어에 키프레임 애니메이션 추가

키프레임 애니메이션을 적용하고 난 후에 혹시라도 캔버스에 나타난 텍스트의 굵기가 어딘가 일정하지 않다면 인스펙터의 [Shape] 탭에서 [Outline] – [Width]를 확인해봅니다. 굵기가 일정하게 나타나도록 20에서 30 사이의 값으로 융통성 있게 조절합니다.

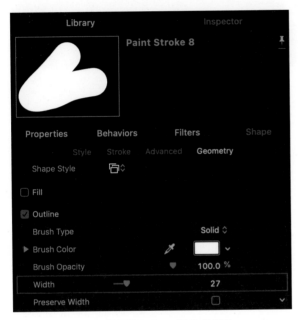

그림 8-17 Paint Stroke 레이어의 Outline – Width 값 조정

재생해보면 마치 하늘에 글자를 쓰는 것처럼 나타납니다. 타임랩스 영상과 페인트 스트로크와 이미지 마스크 기능을 적절하게 활용하면 캘리그라피 느낌의 타이틀 영상을 만들 수 있습니다.

8.2 _ 마스크를 활용한 스위치 타이틀

이미지 마스크를 활용하면 멋진 스위치 타이틀을 만들 수 있습니다. 이번 절에서는 노란 직선이 왔다 갔다 하면서 글자의 내용이 달라지는 '스위치 타이틀(Switch Title)'을 만들어 보겠습니다. 그림 8-18은 예제 영상을 캡처한 장면입니다.

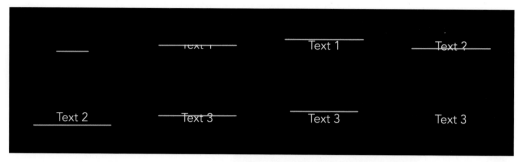

그림 8-18 스위치 타이틀 예제 영상

노란 직선이 중앙에서 좌우로 펼쳐진 다음에 위로 이동합니다. 이 과정에서 Text 1이 나타납니다. 그리고 위에 올라간 직선이 다시 내려오면서 Text 2가 나타납니다. 다시 아래로 내려간 직선이 올라가면서 Text 3가 나타납니다. 완전히 올라간 직선은 가운데로 선이 모이면서 사라지게 됩니다. 그리고 화면에는 Text 3만 남게 됩니다. 예제를 통해 마스크를 활용한 스위치 타이틀을 만들어 보겠습니다. 먼저 예제 파일 '8-2 마스크를 활용한 스위치 타이틀' 모션 프로젝트 파일을 열어봅니다. (빈 화면이 나타납니다).

직선을 그린 후 색상 변경하기

우선 직선을 그리겠습니다.

1 _ 툴 바에서 도형 옆 펼침 버튼을 클릭합니다.

2 _ Line을 선택합니다.

3 _ 글자를 덮을 만큼 넉넉한 길이의 직선을 그려줍니다. 이때 shift 키를 누른 채로 드래그하면 곧은 직선을 그릴 수 있습니다.

그림 8-19 직선 그리기

이번에는 선의 위치(Position)를 맞춰보겠습니다.

4 _ 인스펙터를 클릭합니다.

5 _ [Properties] 탭을 클릭합니다.

6 _ X의 포지션 값을 0px로 변경합니다. 그러면 선의 중심이 가운데 정렬이 됩니다. Y의 포지션 값은 −105px로 변경하겠
    습니다. 캔버스 중앙을 기준으로 아래쪽에 선이 위치하게 됩니다.

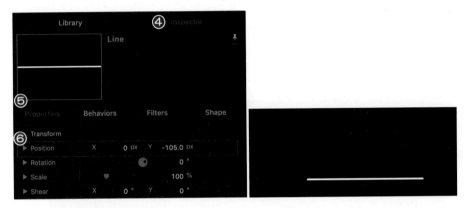

그림 8-20 선의 포지션 값 설정

선의 색상을 변경하겠습니다.

7 _ [Shape] 탭으로 이동합니다. Fill은 체크를 해제한 상태로 두고, Outline은 체크한 다음 색상을 변경합니다.

8 _ Brush Color의 컬러 웰 부분을 클릭한 다음 색상 변경 창에서 색상을 선택합니다.

9 _ 색상은 원하는 색으로 자유롭게 변경해도 됩니다. 예제에서는 'Lemon' 색으로 설정했습니다.

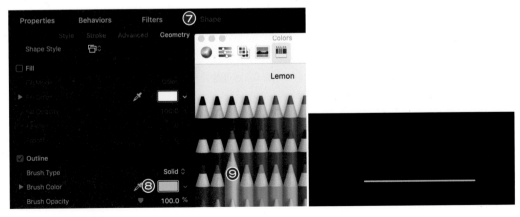

그림 8-21 선의 색상 변경

3개의 텍스트 입력하기

이번 예제에서 입력할 텍스트는 3개입니다. 텍스트 내용은 편의를 위해 'Text 1', 'Text 2', 'Text 3'으로 하겠습니다. 텍스트 내용은 임의로 정한 것이니 다른 내용으로 바꿔서 입력해도 됩니다. 다만 텍스트 내용과 크기는 되도록 앞서 만든 노란색 직선을 넘어가지 않도록 주의합니다. 그럼 첫 번째 텍스트 'Text 1'을 입력해 보겠습니다.

1 _ 툴 바에서 T 아이콘을 클릭하면 텍스트 입력 모드가 됩니다.

2 _ 캔버스를 클릭해 텍스트를 입력합니다.

3 _ 텍스트 입력이 끝나면 선택 툴을 눌러 텍스트 입력 모드를 빠져나옵니다.

그림 8-22 텍스트 입력

텍스트를 입력한 다음 글자의 크기와 위치를 설정합니다. 인스펙터의 [Text] – [Format] 섹션으로 이동합니다.

4 _ Font Size를 크게(204) 키웠습니다.

5 _ Alignment의 중앙 정렬 아이콘을 클릭합니다. 중앙 정렬 아이콘(▤)을 클릭하면 텍스트의 앵커포인트가 텍스트의 중앙에 맞춰지면서 위치도 살짝 변경됩니다.

6 _ 캔버스에서 텍스트를 가운데로 드래그하면 노란색 십자 모양의 실선이 나타나면서 중앙에 배치할 수 있습니다. 텍스트가 만약 왼쪽 정렬(▤)로 맞춰진 상태라면 앵커포인트가 왼쪽에 있기 때문에 노란색 십자 모양의 선이 나타나지 않습니다.

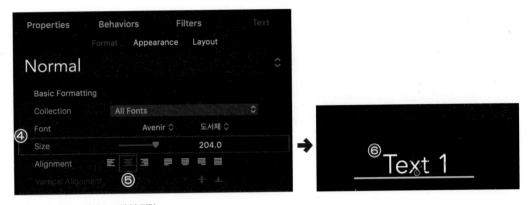

그림 8-23 텍스트 사이즈 조절 및 정렬

이미지 마스크용으로 사용할 사각형 도형 그리기

텍스트를 입력한 다음 이미지 마스크용으로 사용할 사각형 도형을 그려줍니다.

1 _ 툴 바의 도형 펼침 버튼을 클릭하고 Rectangle을 선택합니다.

2-3 _ 캔버스에서 클릭한 다음 드래그하여 텍스트를 덮어줄 크기로 사각형을 그립니다.

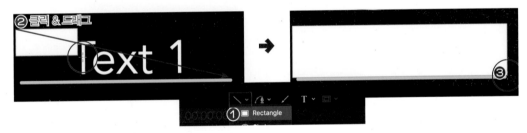

그림 8-24 이미지 마스크로 사용할 사각형 그리기

4 _ 텍스트 레이어(Text 1)를 마우스 오른쪽 버튼으로 클릭한 다음 [Add Image Mask]를 클릭해 이미지 마스크를 추가합니다.

5 _ 이미지 마스크 레이어를 선택하고 Mask Source에 방금 그린 Rectangle 레이어를 드래그 앤드 드롭해 추가합니다.

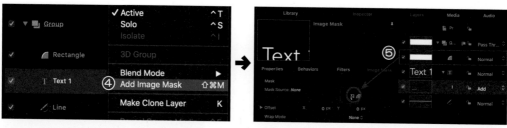

그림 8-25 이미지 마스크 추가 후 마스크 소스 지정

6 _ 이미지 마스크가 적용된 Text 1 레이어를 마우스 오른쪽 버튼으로 클릭한 다음 [Duplicate](복제)를 클릭합니다.

7 _ 레이어를 복제하면 이미지 마스크가 적용된 Text 1 Copy 레이어가 생성됩니다. Text 1 copy 레이어의 이미지 마스크 레이어를 선택합니다.

8 _ 인스펙터의 [Image Mask] 탭을 클릭합니다. 여기에서 이미지 마스크의 Mask Blend Mode를 Add에서 Subtract로 변경합니다. 이렇게 하면 사각형 레이어의 바깥쪽 검은색 영역이 보이게 됩니다.

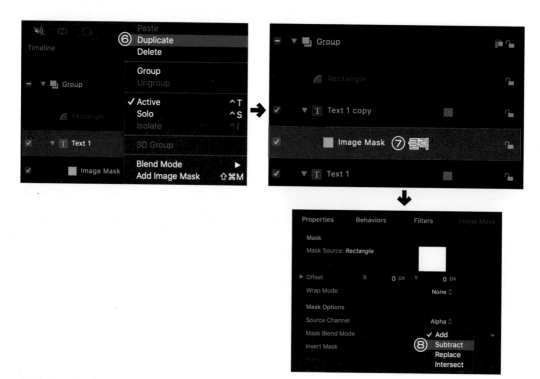

그림 8-26 복사한 텍스트 레이어의 마스크 블렌드 모드를 Subtract로 설정

다시 Text 1 copy 레이어를 선택한 다음 텍스트의 내용을 수정합니다. 이미지 마스크가 설정돼 있어서 캔버스에서 텍스트 내용을 수정하기에는 어려움이 있습니다. 왼쪽 인스펙터 패널에서 텍스트 내용을 수정하도록 합니다. 텍스트 내용은 'Text 2'로 수정했습니다. 수정을 마치면 레이어의 이름이 Text 1 copy에서 수정한 내용을 따라 Text 2로 변경됩니다.

그림 8-27 인스펙터에서 텍스트 내용 수정

'꺼진 불도 다시 보자'라는 말이 있듯이 이미지 마스크의 소스로 쓰이느라 지금은 잠시 꺼져있는 사각형(Rectangle) 레이어를 살펴보겠습니다. 사각형 레이어는 보이지 않지만, 글자를 표시해주는 역할을 담당하고 있습니다. 사각형 레이어의 위치에 따라 어떤 글자는 보이기도 하고 가려지기도 합니다. 특히 선(Line)의 위치에 따라 글자를 보이게 했다가 사라지게 하려면 선과 사각형 레이어를 서로 연결(Link)해야 합니다. 예제에서는 선의 포지션 중 Y축에만 키프레임 애니메이션을 설정할 예정이므로 포지션 Y값을 서로 연결해야 합니다.

사각형 레이어에 Link 비헤이비어 추가하기

1 _ 사각형(Rectangle) 레이어를 선택합니다.

2 _ 인스펙터에서 [Properties] 탭으로 이동하여 Position 왼쪽에 있는 삼각형을 클릭합니다. Position의 왼쪽 삼각형을 클릭하면 X, Y, Z의 값을 모두 확인할 수 있습니다.

3 _ Y값의 오른쪽 끝으로 이동한 다음 팝업 메뉴를 활성화합니다.

4 _ [Add Parameter Behavior]를 선택합니다.

5 _ [Link]를 클릭하면 사각형 레이어의 Y축에 Link 비헤이비어가 추가됩니다.

그림 8-28 사각형(Rectangle) 레이어 포지션 Y에 링크(Link) 비헤이비어 추가

Link 비헤이비어의 인스펙터로 이동합니다. 이전 링크 비헤이비어 작업과 같이 Source Object와 Source Parameter를 설정합니다.

1 _ Source Object에 Line 레이어를 드래그 앤드 드롭해 추가합니다.

2 _ Source Parameter는 [Properties] – [Transform] – [Position] – [Y]를 차례로 선택합니다.

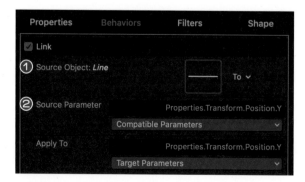

그림 8-29 Link 비헤이비어의 소스 오브젝트 및 소스 매개변수 추가

캔버스에 나타난 모습을 살펴보면 노란 선과 숨어 있는 사각형이 서로 겹치는 부분이 생겼습니다. 연결은 됐지만, 우리가 원하는 결과를 얻으려면 위치를 조절해야 합니다. 인스펙터에서 Y offset 매개변수의 슬라이더 값(약 113~114)을 조절해 그림 8-30과 같이 원래 사각형을 그렸던 곳의 위치로 맞춰줍니다.

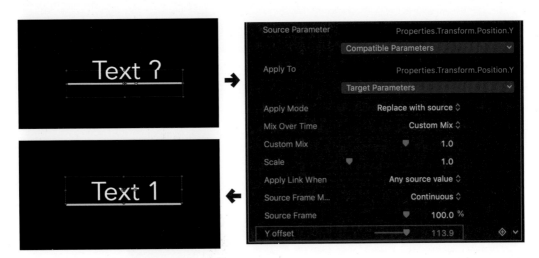

그림 8-30 Y offset의 값을 조절해 위치 맞추기

노란 선에 키프레임 애니메이션 추가하기

이번에는 노란 선에 키프레임 애니메이션을 추가해 보겠습니다. 가장 먼저 선이 중앙에서 바깥쪽으로 퍼져나가는 애니메이션을 연출하겠습니다.

1 _ 플레이헤드를 15프레임으로 이동시킵니다.

2 _ 노란 선(Line) 레이어를 클릭한 다음 인스펙터의 Outline으로 이동합니다.

3 _ First Point Offset과 Last Point Offset의 값은 변경하지 않은 채 각각 값을 0%, 100%로 그대로 두고 키프레임 추가 버튼만 클릭합니다.

그림 8-31 중앙에서 바깥쪽으로 퍼져나가는 선 애니메이션 추가

4 _ 플레이헤드를 처음 프레임으로 이동시킵니다.

5 _ First Point Offset 값을 50%로 조절합니다. 캔버스에 있던 직선의 왼쪽 부분이 사라집니다.

6 _ Last Point Offset의 값도 역시 50%로 조절합니다. 캔버스에 있던 직선의 오른쪽 부분이 사라집니다. 이미 키프레임
이 추가된 상태이므로 값만 변경해도 키프레임이 자동으로 생성됩니다.

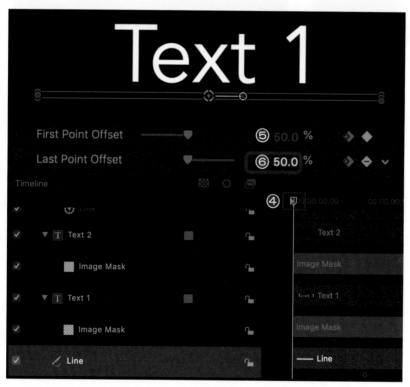

그림 8-32 중앙에서 바깥쪽으로 퍼져나가는 선 애니메이션 연출

처음 프레임부터 재생해보면 노란 직선이 가운데에서 바깥쪽으로 뻗어 나가는 애니메이션이 재생됩니다. 직선이 완전히 나타나는 프레임은 15프레임입니다.

직선이 나타나고 글자가 올라오는 키프레임 애니메이션

이번에는 직선이 완전히 나타나고 위로 올라가면서 글자가 나타나게 하겠습니다.

1 _ 플레이헤드를 15프레임으로 이동시킵니다.

2 _ Line 레이어를 선택한 다음 인스펙터의 [Properties] 탭을 클릭합니다.

3 _ Position Y값에 키프레임을 추가합니다.

그림 8-33 직선이 위로 움직이며 글씨가 나오는 애니메이션 (1)

4 _ 플레이헤드를 25프레임으로 이동시킵니다.

5 _ 방금 키프레임을 추가했던 포지션 Y의 값을 105.0px로 변경합니다. 값을 변경하면 직선이 텍스트의 위로 이동하면서 Text 2가 화면에 표시됩니다.

그림 8-34 직선이 위로 움직이며 글씨가 나오는 애니메이션 (2)

왜 직선이 올라가면서 Text 1이 아닌 Text 2가 나타났을까요? 원리를 이해할 수 있게 임시로 Rectangle 레이어가 보이도록 설정하겠습니다. 그러면 그림 8-35와 같은 모습으로 나타납니다. 우리가 캔버스에서 보는 화면은 왼쪽의 모습입니다. 이미지 마스크로 적용되는 Rectangle 레이어는 체크가 해제돼 있어서 보이지 않습니다. 하지만 오른쪽의 모습을 보면 이미지 마스크 레이어는 보이지만 않을 뿐 존재하고 있습니다.

하얀 사각형을 기준으로 안쪽과 바깥쪽이 있습니다. 마스크는 색상이 있는 부분과 색상이 없는 부분으로 나누는 역할을 합니다. 즉, 보이게 할 것인지 안 보이게 할 것인지를 결정합니다. 그리고 블렌드 모드(Blend Mode)에 따라 그 부분이 결정됩니다.

Text 1은 이미지 마스크의 블렌드 모드(Blend Mode)를 Add로 했습니다. 쉽게 이야기하면 Text 1은 마스크의 안쪽 영역에서만 보입니다. 반면에 Text 2는 블렌드 모드가 Subtract입니다. 따라서 Text 2는 마스크의 바깥쪽 영역에서만 보입니다. Add와 Subtract는 동전의 양면과 같습니다. 직선이 텍스트의 위로 올라가면서 마스크도 함께 올라가고 그에 따라 바깥쪽에 있는 Text 2가 보이는 것입니다. 다시 직선을 밑으로 내리면 마스크도 함께 내려가고 Text 1이 다시 보이게 됩니다.

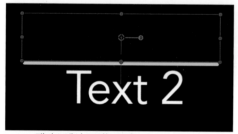
캔버스에서 보이는 모습

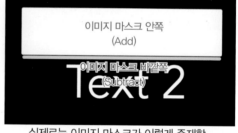
실제로는 이미지 마스크가 이렇게 존재함

그림 8-35 이미지 마스크와 블렌드 모드의 관계

다시 실습으로 돌아오겠습니다.

1 _ 플레이헤드를 1분 2초(32프레임)에 위치시킵니다.

그림 8-36 플레이헤드를 1분 2초에 위치시키기

플레이헤드를 이동한 다음 두 가지 작업을 해야 합니다. 먼저 Line 레이어에 키프레임을 추가하고, Text 1 레이어를 두 개로 분리해 보겠습니다.

2 _ Line 레이어를 선택합니다.

3 _ [Properties] 탭을 클릭합니다.

4 _ 직선의 포지션 Y값에 키프레임을 다시 추가합니다. 포지션값은 변경하지 않고 키프레임만 추가합니다.

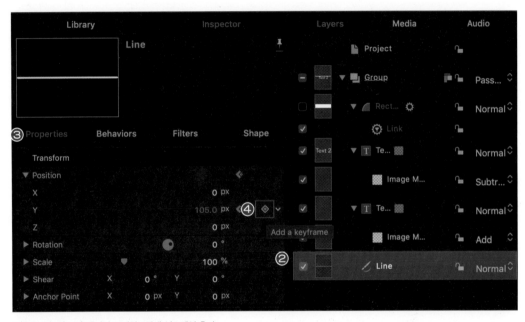

그림 8-37 선(Line) 레이어 포지션 Y값에 키프레임 추가

5 _ Text 1 레이어를 선택합니다.

6-7 _ 텍스트 레이어를 두 개로 분리(Split)합니다. 분리 기능은 따로 단축키가 없습니다. 상단 메뉴에서 [Edit] → [Split]을 클릭합니다. 혹시 Split이 활성화 상태가 아니라면 타임라인에 있는 Text 1 레이어를 선택한 다음 다시 메뉴를 누르면 활성화됩니다

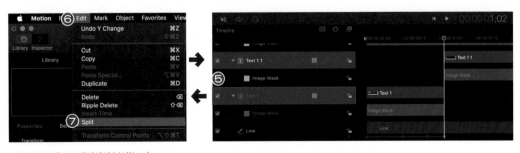

그림 8-38 텍스트 레이어의 분리(Split)

Text 1 레이어가 분리되면서 기존에 있던 Text 1(처음~1분2초 프레임)과 새로 생성된 Text 1 1(1분 2 초 프레임~마지막) 레이어로 나뉘게 됐습니다. Text 1 1 레이어의 텍스트 내용은 Text 3으로 수정합 니다.

8-9 _ Text 1 1 레이어를 선택한 다음 인스펙터에서 내용을 수정합니다. 내용을 Text 3으로 수정하니 레이어 이름도 Text 3으로 변경됐습니다.

그림 8-39 분리되어 새로 생성된 텍스트 레이어(Text 1 1)의 내용 수정

이어서 노란색 선을 아래로 이동시키는 애니메이션을 추가하겠습니다.

1 _ 플레이헤드를 1분 12초(42프레임)에 위치시킵니다.

2 _ Line 레이어를 선택합니다.

그림 8-40 플레이헤드 이동(1분 12초) 후 직선 레이어 선택

3 _ Line 레이어의 인스펙터에서 [Properties] 탭을 클릭합니다.

4 _ 포지션 Y값을 105.0px에서 −105.0px로 변경합니다. 값을 변경하면 키프레임이 자동으로 생성되며 캔버스 화면에 있 던 직선이 다시 텍스트 아래로 내려옵니다. 그리고 Text 3이 나타납니다.

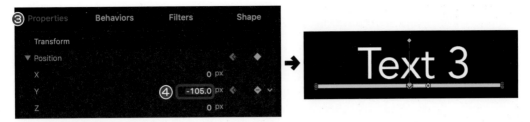

그림 8-41 직선 레이어의 포지션 Y값 변경

이제 노란색 선이 사라지는 애니메이션을 추가해 애니메이션을 마무리하겠습니다. 플레이헤드는 이동시키지 않고 그대로 1분 12초에 둡니다.

5 _ Line 레이어를 선택한 다음 인스펙터에서 [Shape] 탭을 클릭합니다.

6-7 _ Outline의 First Point Offset과 Last Point Offset에 키프레임을 추가합니다.

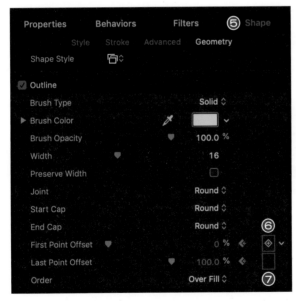

그림 8-42 First Point Offset과 Last Point Offset에 키프레임 추가

8 _ 플레이헤드를 1분 27초에 위치시킵니다.

9-10 _ First Point Offset 와 Last Point Offset의 값을 모두 50%로 변경합니다. 이렇게 하면 좌우로 뻗어 있던 선이 다시 가운데로 모이면서 선이 보이지 않게 됩니다.

그림 8-43 애니메이션 마무리 작업

스위치 텍스트를 실습하면서 이미지 마스크의 원리를 알아봤습니다. 선이 움직이면서 글자를 가리는 것처럼 보이지만 사실은 화면에서 보이지 않는 이미지 마스크가 글자를 가리고 보여주었습니다.

8.3 _ 브러시 타이틀 만들기

이번 절에서는 페인트 스트로크와 이미지 마스크 기능을 활용해 브러시 타이틀(Brush Title)을 만들어 보겠습니다. 브러시 타이틀은 붓으로 그리면 그 안에 있던 글자가 나타나는 느낌의 영상입니다.

그림 8-44 브러시 타이틀의 예

이번 예제에서 만들 텍스트 브러시는 손글씨 느낌의 폰트를 사용하면 더욱더 좋습니다. 상업용 무료 한글 폰트 사이트인 '눈누'(https://noonnu.cc)에서 손글씨 느낌의 폰트를 쉽게 검색할 수 있습니다. 예제에서는 'tvN 즐거운 이야기체'를 사용했습니다. 폰트 설치는 8.1절을 참조하면 됩니다.

이번 예제는 처음부터 따라 할 수 있게 프로젝트 브라우저 단계부터 시작하겠습니다. 프로젝트의 유형은 Final Cut Title을 선택합니다. 이번 예제는 완성한 후에 파이널 컷으로 출력해 사용할 수 있습니다. 길이(Duration)는 10초로 두겠습니다.

프로젝트 유형	Final Cut Title
Preset	Brodcast HD 1080
Frame Rate	29.97 fps
Duration	00:00:10;00

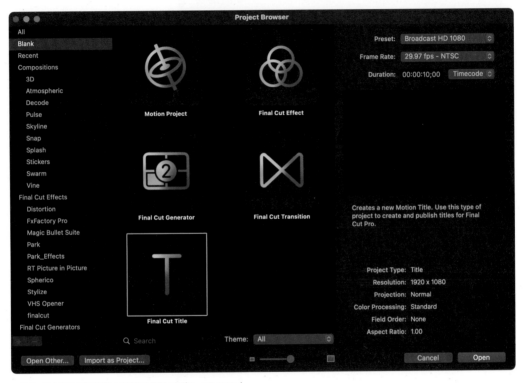

그림 8-45 브러시 타이틀의 프로젝트 유형 선택(Final Cut Title)

10초 길이의 파이널 컷 타이틀(Final Cut Title) 프로젝트가 생성됐습니다. 타이틀 프로젝트는 회색의 타이틀 백그라운드(Title Background) 레이어와 'Type Text Here' 텍스트 레이어가 기본적으로 생성됩니다. 텍스트 레이어는 당장 필요하지는 않으므로 삭제하겠습니다.

1 _ 'Type Text Here' 레이어를 마우스 오른쪽 버튼으로 클릭합니다.

2 _ [Delete] 클릭해 삭제합니다.

그림 8-46 텍스트 레이어 삭제

페인트 스트로크 툴을 선택해서 캔버스에 그림 8-47과 같이 선을 그립니다. 선의 모양은 유명 스포츠 브랜드의 로고를 세 번 그린다는 느낌으로 그리면 비슷하게 그릴 수 있습니다.

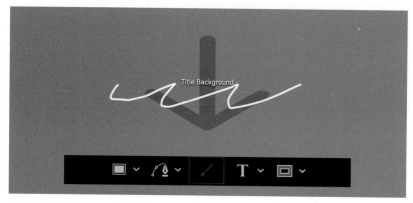

그림 8-47 페인트 스트로크 툴로 선 그리기

선의 굵기(Width)가 10으로 설정돼 있어서 그림판에 그린 낙서 같습니다. 인스펙터에서 선의 굵기를 두껍게 설정하겠습니다.

1 _ 인스펙터를 클릭합니다.

2 _ [Shape] - [Style]에서 Outline을 확인합니다.

3 _ Width의 값을 250으로 수정합니다. 슬라이더를 드래그하면 최댓값이 100이기 때문에 그 이상의 값은 직접 숫자 부분을 클릭해 입력해야 합니다.

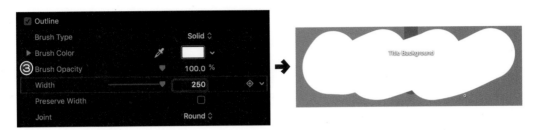

그림 8-48 선의 굵기를(Width) 250으로 설정

선이 쓱쓱 그려지는 애니메이션 연출하기

선이 쓱쓱 그려지는 애니메이션을 연출하겠습니다. Outline에 있는 Last Point Offset 매개변수에 키 프레임을 추가하면 선이 쓱쓱 그려지는 애니메이션을 연출할 수 있습니다. 플레이헤드를 15프레임으로 이동시킨 다음 Last Point Offset에 키프레임을 추가합니다. 그리고 가장 첫 프레임에서는 Last Point Offset을 0%로 변경합니다.

프레임	Last Point Offset
0프레임	0%
15프레임	100%

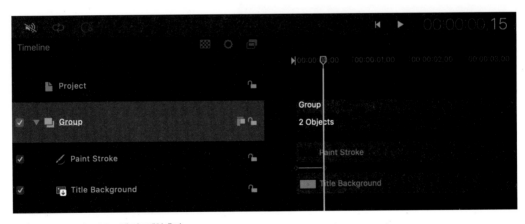

그림 8-49 Last Point Offset에 키프레임 추가

브러시로 사용할 소스 불러오기

이번에는 브러시로 사용할 소스를 불러오겠습니다.

1 _ 라이브러리로 이동합니다.

2 _ [Contents] 카테고리를 클릭하면 모션에서 기본적으로 제공하는 많은 소스가 있습니다.

3 _ 그중에서 [Template Media] – [Splash]를 클릭합니다.

4 _ 'Brush Stroke 1.psd' 파일을 클릭합니다.

5 _ [Apply] 버튼을 클릭해 적용합니다.

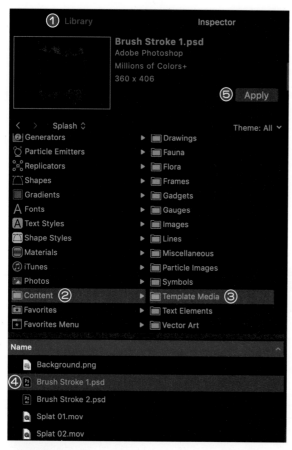

그림 8-50 Brush Storke 소스 적용

그림 8-51과 같이 브러시가 적용됐습니다. 여기에서 확인해야 할 부분은 타임라인에서 브러시 스트로크 레이어가 시작되는 시작점입니다. 적용(Apply)할 때 현재 플레이헤드를 기준으로 레이어가 추가되므로 시작점이 15프레임이 아닌 0프레임이 될 수 있게 드래그해서 이동시킵니다. 시작점이 0프레임이 아닐 경우 브러시 이미지가 어색하게 적용될 수도 있기 때문입니다.

그림 8–51 브러시 스트로크의 시작점 이동

이번에는 페인트 스트로크 레이어와 브러스 스트로크를 합쳐보겠습니다.

1 _ 페인트 스트로크 레이어를 선택합니다. 인스펙터에서 [Shape] 탭을 클릭한 다음 Outline을 확인합니다.

2 _ Brush Type을 Solid에서 Image로 변경합니다.

3 _ Image로 변경하면 Brush Source 매개변수가 새로 나타납니다. 이미지 마스크의 마스크 소스를 추가할 때와 마찬가지로 브러시 스트로크의 썸네일을 드래그해 브러시 소스에 추가합니다.

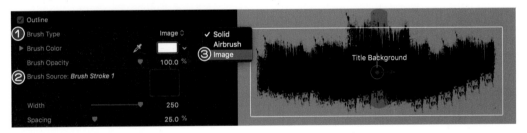

그림 8–52 브러시 타입 변경 후 브러시 소스 추가

브러시 모양을 자연스럽게 변경하기

브러시 소스의 모양을 좀 더 자연스럽게 변경하겠습니다. 아래에 있는 4개의 탭 중에서 [Stroke] 탭을 선택합니다. 중간 정도에 있는 Brush Angle을 0°에서 100°로 변경합니다. 앵글값을 변경하면 브러시 소스의 모양이 왼쪽에서 오른쪽으로 향하는 자연스러운 모양으로 변경됩니다.

그림 8-53 브러시 앵글 조절

브러시 스트로크는 체크를 해제해 캔버스에서 보이지 않게 설정합니다. 주의할 점은 브러시 스트로크
(이미지 파일)는 체크해서 보이지 않게 설정할 수 있지만, 삭제를 하면 안 됩니다. 타임라인에 브러시
스트로크 레이어가 처음부터 마지막까지 있어야 브러시 모양이 유지되기 때문입니다.

그림 8-54 브러시 스트로크(이미지 파일) 체크 해제

좀 더 자연스러운 모양을 위해서 인스펙터에서 추가로 옵션값을 수정하겠습니다. [Stroke] 탭에서
Brush Scale Randomness는 80으로 설정하고, Brush Angel Randomness는 50°로 설정합니다. 수
정한 결과 오른쪽 그림과 같이 붓을 터치한 것처럼 좀 더 자연스러운 모양이 됐습니다.

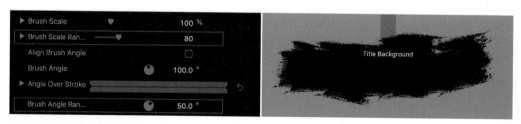

그림 8-55 자연스러운 붓 모양 연출

붓의 색깔을 변경할 수 있도록 컬러 솔리드 추가하기

이번에는 붓의 색깔을 지정하는 레이어를 추가해 보겠습니다. 별도로 붓의 색상을 지정하는 매개변수
가 없기 때문에 이미지 마스크를 이용해 색상을 변경하려 합니다. 이를 위해 컬러 솔리드(Color Solid)
를 추가합니다.

1 _ 라이브러리를 클릭합니다.

2 _ [Generators] 카테고리를 클릭합니다.

3 _ Color Solid를 드래그 앤드 드롭해 페인트 스트로크 레이어와 타이틀 백그라운드 사이에 삽입합니다.

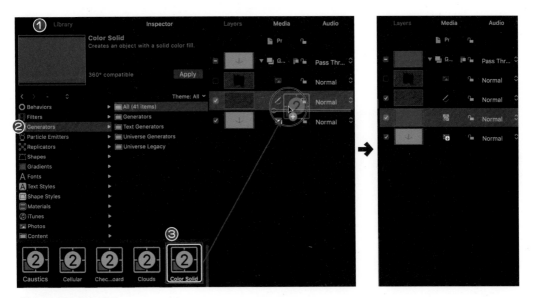

그림 8-56 컬러 솔리드 추가

4 _ 추가된 컬러 솔리드 레이어를 마우스 오른쪽 버튼으로 클릭한 다음

5 _ [Add Image Mask]를 선택해 이미지 마스크를 추가합니다.

6 _ 추가된 이미지 마스크의 Mask Source에 페인트 스트로크 레이어를 드래그 앤드 드롭합니다.

그림 8-57 컬러 솔리드에 이미지 마스크 추가 후 페인트 스트로크 레이어를 소스로 추가

재생해보면 붓의 색상이 파란색입니다. 컬러 솔리드의 기본 색상이 파란색이기 때문입니다. 붓의 색상
을 변경하겠습니다.

7 _ 컬러 솔리드 레이어를 선택합니다.

8 _ 인스펙터에서 [Generator] 탭으로 이동합니다.

9 _ Color Solid의 Color 매개변수의 색상을 변경하면 붓의 색상이 변경됩니다.

이는 컬러 솔리드에 이미지 마스크를 적용했기 때문입니다. 이미지 마스크는 이미지의 모양을 따서 어떤 부분은 보이고, 어떤 부분은 보이지 않게 합니다. 예제에서는 페인트 스트로크의 모양을 그대로 본떠서 컬러 솔리드의 일부분만 보여주는 것입니다.

그림 8-58 컬러 솔리드의 색상을 변경하면 붓 색상이 변경됨

애니메이션을 보존해주는 마커 추가하기

애니메이션이 적용된 0에서 15프레임은 도입부의 애니메이션이 적용되는 구간입니다. 나중에 파이널 컷에서 도입부 애니메이션이 필요할 때도 있지만, 필요하지 않을 때도 있습니다. 이 부분에 체크박스를 추가해 선택할 수 있는 옵션을 넣어보겠습니다.

1 _ 플레이헤드를 애니메이션이 종료되는 15프레임에 위치시킵니다.

2 _ 타임라인의 상단에서(플레이헤드의 머리 부분) 마우스 오른쪽 버튼을 클릭한 다음 [Add Marker]를 클릭해 마커를 추가합니다.

그림 8-59 애니메이션이 종료되는 15프레임에 마커 추가

3 _ 추가된 마커를 마우스 오른쪽 버튼으로 클릭한 다음 [Edit Marker...]를 클릭해 마커 수정 창을 엽니다.

4 _ 마커 수정 창에서 Type을 'Build In – Optional'로 변경합니다.

타입을 변경하면 특수한 성질의 마커로 변경됩니다. 'Build In – Optional'은 도입부 애니메이션의 적용 여부를 사용자가 파이널 컷에서 체크할 수 있게 옵션을 표시합니다. 반대로 'Build In – Mandatory'는 적용 여부를 체크할 수 없습니다.

그림 8-60 마커의 유형 변경

또한 마커를 추가했기 때문에 10초 분량의 자막을 파이널 컷에서 2~3초로 줄여도 애니메이션 부분은 속도가 빨라지지 않고 그대로 재생되는 장점이 있습니다. 다음 그림에서 타임라인 상단을 보면 마커를 기준으로 왼쪽에는 점선이 없고, 오른쪽에는 점선이 있습니다. 점선이 있는 부분은 유동적이라는 뜻입니다. 파이널 컷에서 타이틀 템플릿으로 출력했을 때 사용자가 길이를 줄이면 점선으로 된 부분만 길이가 변경되고 점선이 없는 부분은 온전하게 유지됩니다.

그림 8-61 마커를 이용해 애니메이션의 길이를 보존할 수 있음

텍스트 입력하고 이미지 마스크 적용하기

이어서 텍스트를 입력해 보겠습니다. 15프레임 이후에 붓의 모양이 온전하게 보이므로 일단 15프레임에서 텍스트를 입력한 다음 타임라인에서 텍스트 레이어를 0프레임으로 이동시키겠습니다. 텍스트 내용은 다음 그림과 같이 제목과 부제목 두 개를 입력했습니다. 텍스트를 입력하고 나서 꼭 중앙 정렬을 하고, 캔버스에서 서로 위치를 맞춰주세요.

그림 8-62 텍스트 입력하기 (제목과 부제)

1 _ 텍스트 레이어가 15프레임에서 시작되므로 타임라인에서 텍스트 레이어를 드래그해 0프레임부터 시작될 수 있게 조절합니다.

2 _ 두 개의 텍스트 레이어를 선택합니다.

3 _ 마우스 오른쪽 버튼을 클릭하고 [Group]을 클릭해 그룹으로 묶어줍니다.

그림 8-63 텍스트 레이어의 시작점 조절과 그룹으로 묶기

4 _ 두 개의 텍스트 레이어가 하나의 그룹으로 묶였습니다. 새로 생성된 그룹의 이름은 편의상 Text Group으로 변경하겠습니다.

5 _ Text Group에 이미지 마스크를 추가합니다. 마우스 오른쪽 버튼을 클릭한 다음 [Add Image Mask]를 클릭합니다.

6 _ 이미지 마스크의 Mask Source는 페인트 스트로크 레이어(체크가 해제돼 있습니다)로 하겠습니다. 바로 옆 레이어 패널에서 드래그 앤드 드롭하면 좀 더 쉽게 적용할 수 있습니다.

그림 8-64 텍스트 그룹에 이미지 마스크 적용 후 마스크 소스 적용

이미지 마스크를 적용한 이유는 아래 그림을 보면 알 수 있습니다. 이미지 마스크를 적용하지 않으면 텍스트와 브러시가 따로 나타납니다. 브러시 애니메이션에 맞춰 텍스트가 나타나도록 연출하기 위해 이미지 마스크를 적용한 것입니다. 이미지 마스크는 이처럼 텍스트나 텍스트를 묶은 그룹에도 동일하게 적용되며, 나타나는 부분과 나타나지 않는 부분을 구별하여 보여줍니다.

이미지 마스크 적용 전

이미지 마스크 적용 후

그림 8-65 이미지 마스크 적용 전과 적용 후 비교

브러시와 텍스트가 사라지는 애니메이션 만들기

플레이헤드를 9초 15프레임에 위치시킨 다음 브러시와 텍스트가 함께 사라지는 애니메이션을 만들어 보겠습니다.

1 _ 체크가 해제된 Paint Stroke 레이어를 선택합니다.

2 _ 인스펙터에서 [Shape] – [Style] 탭으로 이동합니다.

3 _ Last Point Offset에 키프레임을 추가합니다(9초 15프레임).

4 _ 9초 29프레임으로 플레이헤드를 위치시킵니다.

5 _ Last Point Offset 값을 0%로 조절합니다.

그림 8-66 사라지는 애니메이션 만들기

이어서 마커를 추가하겠습니다.

1 _ 플레이헤드를 9초 15프레임(사라지는 애니메이션이 시작되는 프레임)으로 옮깁니다. 플레이헤드의 머리 부분(타임라인의 상단)을 마우스 오른쪽 버튼으로 클릭한 다음 [Add Marker]를 선택해 마커를 추가합니다.

2 _ 다시 한번 더 마우스 오른쪽 버튼으로 클릭한 다음 [Edit Marker...]를 클릭합니다.

3 _ 마커 수정 창에서 마커의 유형을 'Build Out – Optional'로 변경합니다.

그림 8-67 마커의 추가와 유형 변경

파이널 컷 프로에서 수정할 수 있는 매개변수 퍼블리시 하기

이제 마무리 작업입니다. 파이널 컷에서 수정할 수 있는 매개변수를 퍼블리시하겠습니다. 먼저 브러시의 색상을 변경할 수 있는 매개변수를 퍼블리시하겠습니다. 컬러 솔리드 레이어를 선택하고 인스펙터에서 Color 매개변수를 퍼블리시합니다.

그림 8-68 컬러 솔리드의 컬러 매개변수 퍼블리시

텍스트와 관련된 매개변수들도 퍼블리시하겠습니다. 우선 큰 제목이 있는 텍스트 레이어를 선택합니다. 그리고 인스펙터에서 텍스트 내용과 폰트, 크기를 차례로 퍼블리시합니다.

그림 8-69 텍스트 내용을 수정할 수 있는 매개변수 퍼블리시

퍼블리시한 매개변수들을 확인하고 이름을 변경하겠습니다.

1 _ 타임라인이나 레이어 패널에서 맨 위에 있는 Project를 클릭한 다음 인스펙터에서 [Project] – [Publishing]으로 이동합니다.

맨 위에 있는 Build In과 Build Out은 앞부분과 뒷부분 애니메이션을 적용할 것인지 체크할 수 있는 옵션입니다. 마커 유형을 'Build In(Out) – Optional'로 수정하면서 자동으로 추가된 것입니다.

2 _ Color는 브러시의 색상을 나타냅니다. 이름을 Color에서 Brush Color로 변경합니다. Text는 Text 1로 변경하고 Font와 Size 앞에도 각각 Text 1을 추가해 어떤 매개변수인지 알 수 있게 이름으로 나타냅니다. 이렇게 해야 나중에 파이널 컷에서 수정할 때 혼동을 방지할 수 있습니다.

변경 전	변경 후
Color	Brush Color
Text	Text 1
Font	Text 1 Font
Size	Text 1 Size

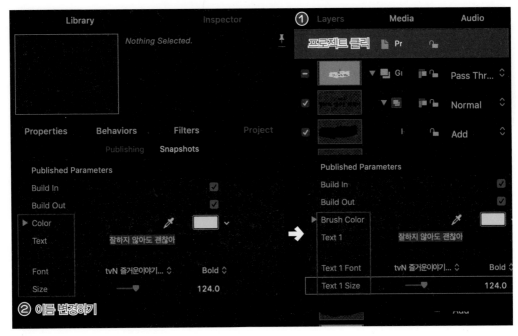

그림 8-70 출력된 매개변수의 이름 변경

이름을 모두 변경한 다음 이번에는 부제로 입력한 텍스트 레이어를 선택하고 역시 텍스트 내용과 폰트, 사이즈를 퍼블리시합니다. 다시 프로젝트로 돌아와 출력한 매개변수의 이름에 Text 2를 붙여서 변경합니다.

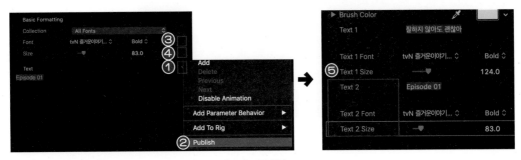

그림 8-71 부제(Text 2) 텍스트 레이어와 관련된 매개변수 출력 후 이름 변경

모든 작업이 끝났습니다. 지금까지 만든 브러시 타이틀 템플릿을 저장해 파이널 컷으로 내보내겠습니다.

1 _ 상단 메뉴에서 [File] – [Save]를 클릭합니다.

2 _ 템플릿 이름(Templates Name)은 'Brush Title'로 입력합니다.

3 _ 저장 위치(Category)는 원하는 곳으로 지정합니다.

4 _ 모든 작업이 완료되면 [Publish] 버튼을 클릭합니다.

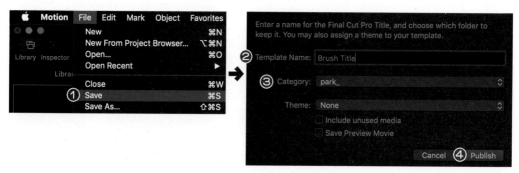

그림 8-72 파이널 컷으로 타이틀 템플릿 내보내기

마지막으로 파이널 컷을 실행한 다음 템플릿이 잘 적용됐는지 확인해 보겠습니다. 타이틀 브라우저에서 지정한 카테고리에서 Brush Title을 확인할 수 있습니다. 타임라인으로 드래그 앤 드롭해 적용한다음 인스펙터를 확인해봅니다. 인스펙터에도 우리가 출력한 매개변수가 모두 나와 있습니다. 이렇게 파이널 컷에서 바로 활용할 수 있는 나만의 브러시 타이틀이 완성됐습니다.

그림 8-73 파이널 컷으로 연동된 브러시 타이틀

파티클로 만드는 모션그래픽

파티클(Particle) 시스템은 모션 5에서 기본적으로 지원하는 그래픽 기능입니다. 하나의 오브젝트, 이미지, 레이어 또는 그룹을 원본 소스로 활용해 입자의 형태로 반복하여 생성하거나 애니메이션 효과를 줄 수 있습니다. 특히 파티클 시스템을 이용해 연기, 물방울, 눈, 불, 비 등의 효과를 연출할 수 있습니다.

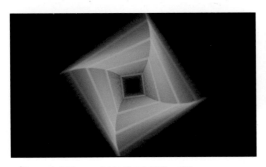 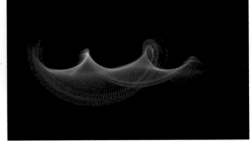

그림 9-1 파티클(Particle) 시스템으로 만든 그래픽

파티클 시스템은 파티클 이미터(Particle Emitter, 이하 이미터)와 파티클 셀(Particle Cell, 이하 셀)의 두 가지 기본 요소로 구성돼 있습니다.

- **파티클 이미터(Particle Emitter)**: 이미지 레이어를 이용해 만듭니다. 인스펙터 패널에서 설정한 파라미터(매개변수)에 따라 레이어가 다중 생성되고 애니메이션 효과가 적용됩니다.
- **파티클 셀(Particle Cell)**: 파티클 이미터가 참조하는 레이어입니다. 이 레이어를 기준으로 참조된 것들이 다중 생성되고 애니메이션이 생성됩니다.

셀(Cell)이 원인이 되어 이미터(Emitter)라는 결과물이 만들어진다고 이해하면 됩니다. 그림 9-2는 파티클 시스템으로 만든 그래픽의 타임라인입니다. 파티클 셀을 참조하여 파티클 이미터 레이어에 있는 인스펙터 매개변수(Inspector Parameter)들이 계산을 합니다. 그리고 그 계산의 결과물을 참조한 레이어를 반복 생성하고 애니메이션을 주어 파티클 이미터라는 결과물을 만들고 있습니다.

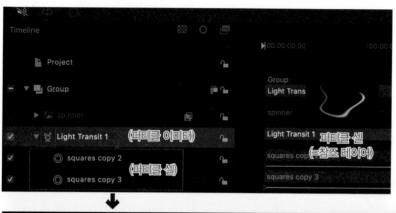

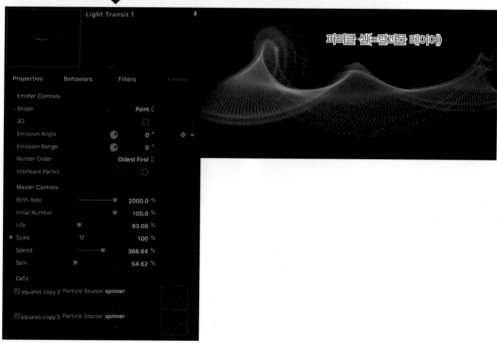

그림 9-2 파티클 시스템의 두 가지 구성 요소

파티클 시스템을 활용하는 방법은 크게 두 가지가 있습니다. 첫 번째는 기존 라이브러리 패널에 있는 파티클 프리셋(Preset)을 이용하는 방법입니다. 모션 5에는 약 200개가 넘는 파티클 프리셋이 기본으

로 내장돼 있습니다. 라이브러리 패널에
서 파티클 프리셋을 클릭하기만 해도 어
떤 모습인지 미리 확인해보고 간단하게
타임라인에 적용할 수 있습니다.

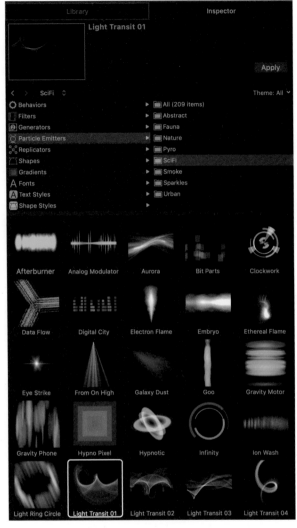

그림 9-3 라이브러리 패널에 기본으로 내장된 파티클 프리셋

두 번째 방법은 모션에서 생성한 스틸 이미지(Still
Image), 비디오 클립, 텍스트 또는 도형을 포함한 프
로젝트의 모든 레이어 등을 파티클 셀로 지정한 다음
파티클로 만드는 방법입니다. 모션 5의 화면 오른쪽

그림 9-4 파티클 만들기 퀵 버튼

위에 있는 툴 바에 Make Particles 퀵 버튼이 있습니다. 단축키 E를 누르면 파티클 만들기 기능이 실
행됩니다.

지금부터 예제를 통해 파티클 시스템을 활용하는 방법을 실습해 보겠습니다.

9.1 _ SNS에서 인기 많은 포스팅

이번 예제는 다음 그림과 같이 파티클 시스템을 통해 하트 이미지와 이모지가 특정 위치에서 계속 생성되는 예제입니다. 가져온 이미지를 파티클 기능으로 계속 생성하게 한 후 인스펙터나 HUD에서 관련 매개변수를 수정하는 식으로 진행됩니다.

그림 9-5 SNS에서 인기 많은 포스팅 완성 모습

우선 예제 폴더에서 '9-1 SNS에서 인기 많은 포스팅' 모션 프로젝트 파일을 열어보겠습니다. 이어서 파티클 기능을 실행해 보겠습니다.

1 _ 예제 파일을 열고 'Instagram-Heart' 이미지 레이어를 선택합니다.

2 _ 화면 오른쪽 위에 있는 툴바에서 [Make Particles] 퀵 버튼을 클릭하거나 단축키 E를 눌러 파티클 만들기를 실행합니다.

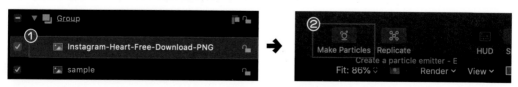

그림 9-6 이미지 파일 선택 후 Make Particles 실행

파티클 기능을 실행한 다음 레이어의 변화를 살펴보면 다음 그림과 같이 변했습니다.

3 _ 에미터(Emitter) 레이어 아래에 이미지로 참조할 셀(Cell)로 'Instagram-Heart' 이미지가 들어왔습니다.

4 _ 원본 소스는 체크 표시가 해제된 상태여서 캔버스 화면에 보이지 않습니다.

5 _ HUD 창을 열면(단축키 F7) 에미터를 어떻게 움직일지 조절할 수 있는 매개변수가 나타납니다.

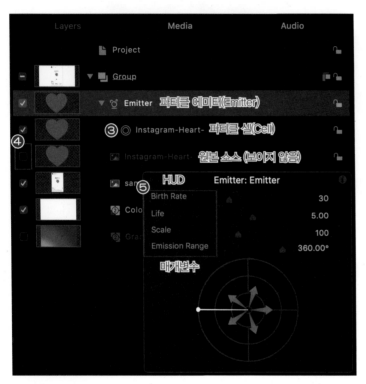

그림 9-7 파티클 기능 실행 후 레이어의 변화

재생(단축키 : 스페이스)해보면 하트 모양의 이미지가 무수히 많이 생성되는 모습을 볼 수 있습니다. 자세히 보면 하트 모양의 이미지가 중앙을 기준으로 계속 생성되고 있으며 HUD에 나타난 방향으로 애니메이션하고 있음을 알 수 있습니다.

그림 9-8 파티클 기능의 실행

HUD를 이용한 Emitter 매개변수 수정하기

HUD에 나온 매개변수와 방향을 조절하면 파티클 애니메이션을 조절할 수 있습니다. HUD에는 가장 핵심적인 매개변수만 나타나 있으며, 이는 슬라이더 드래그로만 조절할 수 있습니다. 각 매개변수의 기능은 다음과 같습니다.

🅐 Birth Rate: 초마다 생성되는 파티클 수를 설정합니다.

🅑 Life: 각 파티클이 존재하는 시간(초 단위)을 설정합니다.

🅒 Scale: 셀(Cell)의 원래 크기를 기준으로(100%) 파티클의 크기를 설정합니다.

🅓 Emission Range: 파티클이 방출되는 각도를 설정합니다.

현재 값은 Birth Rate가 30이므로 1초마다 30개의 하트 모양 이미지가 생성됩니다. Life는 5.00으로 설정돼 있으므로 생성된 하트 이미지가 5초 동안 존재하다가 사라집니다. 따라서 이 화면에서는 최대 150개의 하트 이미지가 보입니다. Scale은 100으로 원래 크기와 같으며, Emission Range는 360도이므로 사방으로 퍼진다는 뜻입니다.

이 매개변수 값들을 조절해 보겠습니다. HUD에서는 슬라이더를 드래그해 값을 조절할 수 있습니다.

1 _ Birth Rate는 10으로 설정합니다.

2 _ Life는 3.00으로 설정합니다.

그리고 Emission Range는 그래픽 컨트롤의 파란색 화살표와 하얀 점을 드래그해 방향과 크기를 설정할 수 있습니다. 파란색 화살표를 위아래로 드래그하면 하트 모양의 이미지가 어느 방향으로 어디까지 나아갈 수 있는지 설정할 수 있습니다. 그리고 하얀 점을 이용해 하트 모양 이미지의 분사 각도를 설정할 수 있습니다.

3 _ Emission Range는 120~130도 사이의 값으로 각도를 설정합니다.

> 드래그할 때 shift 키를 누른 채로 드래그
>
> • 방출 각도(하얀 점): 각도를 45도 단위씩 이동
>
> • 방출 범위(파란 화살표): 22.5도 증분(제한 있음)

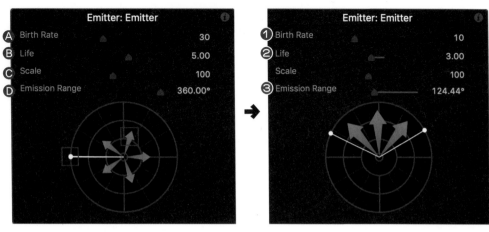

그림 9-9 HUD에서 Emitter 매개변수 설정

HUD를 이용한 셀 레이어 매개변수 수정하기

에미터(Emiiter)는 셀(Cell)을 참조하여 만들어진 결과물입니다. 그러면 참조하고 있는 부분의 설정을 바꿔보면 어떨까요? 이번에는 셀 레이어를 선택한 다음 HUD가 어떻게 변하는지 보겠습니다. 셀 레이어를 선택했을 때의 HUD는 다음 그림과 같습니다. 어떤 레이어를 선택하는지에 따라 HUD에 나타나는 매개변수가 달라집니다. 물론 Birth Rate나 Life와 같이 공통적인 매개변수도 있지만, 대부분은 다릅니다.

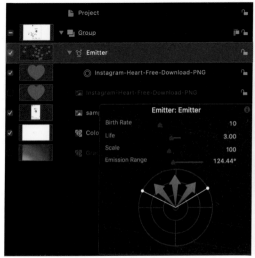
에미터 레이어를 선택했을 때

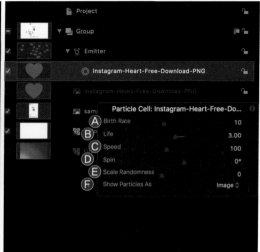
셀 레이어를 선택했을 때

그림 9-10 에미터와 셀 레이어를 선택했을 때의 HUD

셀 레이어를 선택했을 때 HUD에서 변경할 수 있는 매개변수는 Birth Rate, Life, Speed, Spin, Scale randomness, Show Particle As 등이 있습니다. 각각 어떤 기능을 하는지 살펴보겠습니다.

Ⓐ Birth Rate: 매초 생성되는 파티클 수를 정합니다. 값이 클수록 파티클 효과가 더 짙어집니다. 이미터의 Birth Rate와 연동되므로 셀에서 값을 변경하면 이미터에서도 값이 변경돼 있습니다.

Ⓑ Life: 각 파티클이 존재하는 시간(초 단위)을 설정합니다. 역시 이미터의 Life와 연동됩니다.

Ⓒ Speed: 파티클이 이미터에서 얼마나 빨리 나가는지 속도를 조정할 수 있습니다. 속도가 빠를수록 더 많이 나아갑니다.

Ⓓ Spin: 파티클이 초당 회전하는 각도를 설정합니다. 360으로 설정하면 1초에 1바퀴씩 회전하며 나아갑니다.

Ⓔ Scale Randomness: 파티클의 크기를 랜덤으로 나타냅니다. 값이 0이면 파티클이 모두 같은 크기로 나타납니다. 0보다 큰 값을 입력하면 크기가 분산돼 들쭉날쭉하게 나타납니다.

ⓕ Show Particle as: 미리 보기 모드를 어떻게 할지 결정하는 매개변수입니다. 기본값은 Image로 돼 있어서 이미지를 바로 파티클로 만들어 보여줍니다. 이 경우에 파티클의 복잡도에 따라 시스템이 느려질 수 있기 때문에 다른 것으로 대체할 수 있습니다. 설정값으로는 Point와 Lines, Wire Frame이 있습니다.

- Point는 파티클을 점으로 표시합니다. 가장 빠른 미리 보기 모드로 파티클의 움직임 유형과 속도를 표시하는 데 유용합니다.

- Lines는 파티클을 선으로 표시합니다. 애니메이션의 진행 방향을 분석하는데 좋은 미리 보기 모드입니다. 각 선의 길이는 파티클의 속도에 따라 결정되며 각 선의 각도는 파티클의 진행 방향과 같습니다.

- Wire Frame은 파티클을 경계 상자로 표시합니다. 각 파티클의 방향을 나타내고 원래의 이미지보다 더 가벼운 형태로 나타내기 때문에 파티클의 움직임을 보고자 할 때 유용하게 사용할 수 있습니다.

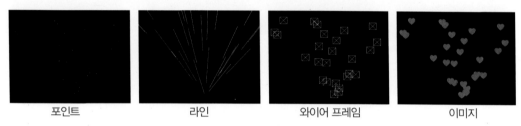

| 포인트 | 라인 | 와이어 프레임 | 이미지 |

그림 9-11 파티클 미리 보기(Particle Show as) 모드 설정

파티클을 만드는 방법은 어렵지 않지만, 파티클의 매개변수를 이해하고 이를 응용해 내가 표현하고자 하는 영상에 적용하는 방법이 관건입니다. 우선은 HUD에 나온 매개변수를 이해한다면 인스펙터에서 등장할 무수한 매개변수를 좀 더 쉽게 이해할 수 있을 것입니다. 인스펙터의 매개변수는 예제 9-2에서 더욱 상세히 살펴볼 예정입니다.

이모지를 파티클로 만들기

이번에는 이모지(Emoji)를 입력한 다음 파티클로 만들어 보겠습니다. 텍스트를 이용해 파티클을 만들수 있는데, 모션 5에서는 이모지(Emoji)도 텍스트로 입력을 받기 때문에 이를 응용한 방법입니다.

1 _ 툴 바에서 T 모양의 아이콘을 눌러 텍스트 입력 모드로 들어갑니다.

2 _ 캔버스에 이모지를 넣고자 하는 부분을 클릭합니다.

3 _ 상단 메뉴에서 [Edit] → [Emoji & Symbols]를 클릭합니다.

4 _ 이모지 브라우저에서 삽입하고자 하는 이모지(이모티콘 - 스마일리 및 사람)를 더블클릭하면 모션 5로 이미지가 입력됩니다.

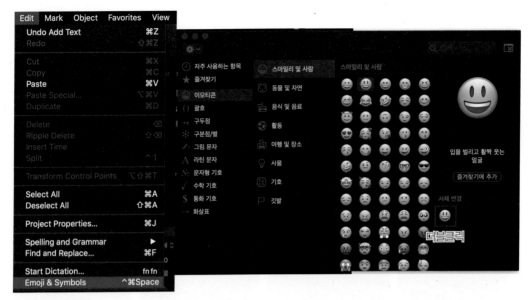

그림 9-12 이모지 입력

5 _ ESC 키를 눌러 텍스트 입력 모드에서 벗어납니다. 그리고 이모지를 파티클로 만들어 보겠습니다.

6 _ [Make Particles](단축키 E) 아이콘을 클릭해 파티클 만들기 기능을 실행합니다.

그림 9-13 Make Particles(단축키 E)

HUD에서 파티클의 매개변수를 조정합니다. Birth Rate는 8로 Emission Range는 다음 그림과 같이 수정했습니다. 하트 이미지와 이모지가 함께 어울려 생성되는 모습을 볼 수 있습니다.

7 _ Birth Rate는 8로 설정합니다.

8 _ Emission Range는 50~60도 사이로 설정합니다.

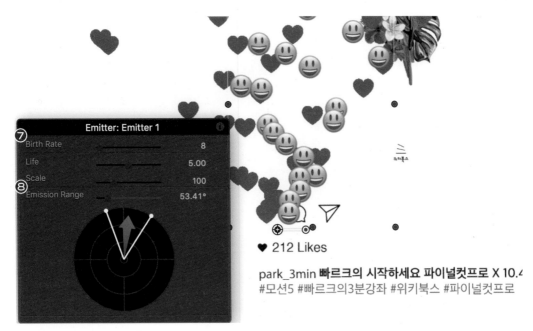

그림 9-14 HUD 매개변수 수정

지금까지 실습을 통해 이미지와 텍스트(이모지)를 파티클로 만드는 방법과 HUD에서 매개변수를 수정하는 방법을 함께 살펴봤습니다. 이를 통해 파티클 시스템의 원리를 알 수 있었습니다. 이어서 인스펙터에서 매개변수를 수정하는 방법으로 파티클을 만들어 보겠습니다.

9-2 _ 보케(Bokeh) 배경 만들기

보케(Bokeh)는 사진에서 렌즈의 초점을 의도적으로 범위 밖으로 하여 표현하는 촬영 기법입니다. 이미지 결과물이 감성적인 느낌을 주어서 많이 활용되는 기법입니다. 영상에서도 이런 보케를 활용한 배경을 사용해 감성적인 느낌을 연출하기도 합니다.

그림 9-15 보케(Bokeh) 기법을 활용한 사진

모션 5에서는 파티클을 이용해 이런 보케 배경을 만들 수 있습니다. 이번 절에서는 직접 도형을 그려서 파티클로 만든 다음에 인스펙터에서 매개변수를 수정해 보겠습니다. 그리고 비헤이비어를 적용해 파티클 애니메이션을 좀 더 다양하게 설정하는 방법을 익혀보겠습니다.

먼저 예제 파일 '9-2 보케(Bokeh) 배경 만들기' 모션 프로젝트 파일을 클릭합니다.

보케의 기본이 되는 원 만들기

1 _ 레이어 패널에서 보케(Bokeh) 그룹을 선택합니다.

2 _ 툴 바에서 Rectangle 툴을 길게 눌러 원을 선택합니다.

3 _ shift 키를 누른 상태로 드래그해 작은 원을 그려줍니다.

4 _ ESC 키를 눌러주면 도형이 선택됩니다.

그림 9-16 도형 그리기(원)

5 _ HUD를 활성화합니다. 단축키는 F7입니다.

6 _ Fill은 체크하고 Outline은 체크를 해제합니다.

7 _ Fill 색상은 흰색으로 설정합니다.

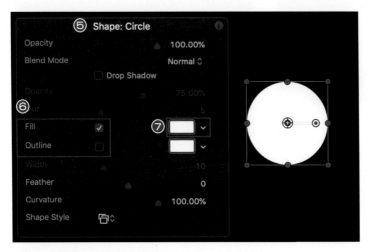

그림 9-17 HUD에서 원의 스타일 수정

8 _ 레이어 패널에서 Circle(원) 레이어를 선택합니다.

9 _ 라이브러리 패널로 이동합니다.

10 _ [Filters] – [Blur] 카테고리를 순서대로 클릭합니다.

11 _ 'Prism'을 선택한 다음 [Apply] 버튼을 클릭해 원 레이어에 적용합니다. 원 레이어가 마치 프리즘에 비춰보는 것처럼 가장자리 쪽에 잔상이 생성됩니다.

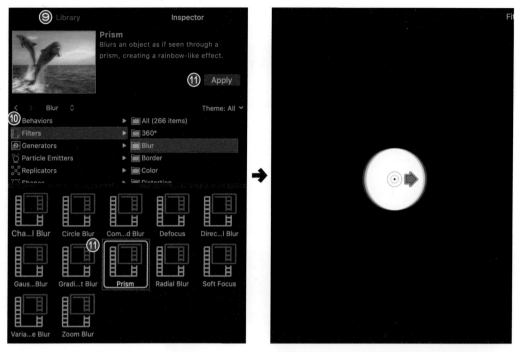

그림 9-18 프리즘(Prism) 필터 적용

12 _ 원 레이어의 인스펙터에서 [Filters] 탭을 클릭합니다.

13 _ Amount의 값을 15.0으로 입력한 다음 Mix 값은 75.0%로 설정합니다. 매개변수의 값을 수정하면 다음 그림과 같이 나타납니다.

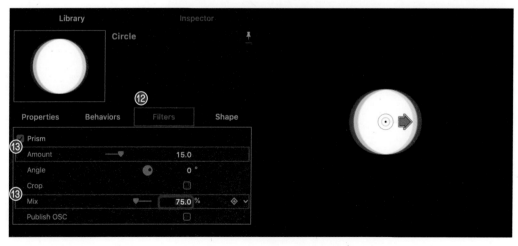

그림 9-19 프리즘 필터의 매개변수(Amount, Mix) 값 수정

이번에는 원 레이어가 반짝반짝 빛날 수 있게 발광 효과를 연출하겠습니다.

14 _ 라이브러리 패널로 이동한 다음 [Filters] – [Glow] 카테고리를 순서대로 클릭합니다.

15 _ 'Glow'를 선택하고 [Apply] 버튼을 눌러 원 레이어에 적용합니다.

16 _ 인스펙터의 Filters 탭에서 Radius의 값은 40, Threshold의 값은 .01로 설정합니다.

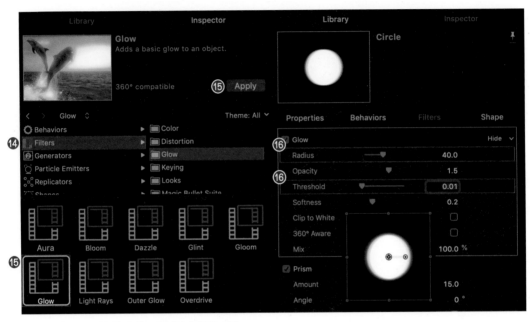

그림 9-20 Glow 필터 적용 후 인스펙터에서 매개변수 설정

파티클 기능을 이용해 보케 만들기

원 레이어에 프리즘(Prism) 필터와 발광(Glow) 필터를 적용했습니다. 이렇게 적용한 레이어를 파티클로 만들어 보려고 합니다.

1 _ 플레이헤드를 파티클 애니메이션이 시작되는 첫 프레임으로 이동합니다.

2 _ [Make Particles] 버튼(단축키 E)을 클릭합니다.

파티클 기능이 실행되면서 원이 생성됩니다. 하지만 특정 위치에서만 원이 계속 생성되는 형태이기 때문에 인스펙터에서 관련 매개변수를 변경해야 합니다. Emiiter 레이어와 Cell Controls 레이어를 선택하면 수정할 수 있는 매개변수가 다르게 나타납니다. 우선은 Emitter 레이어의 매개변수를 수정하겠습니다.

Emitter 매개변수 수정하기

3 _ 파티클이 실행되고 난 후 생성된 Emitter 레이어를 선택합니다.

4 _ 인스펙터에서 [Emitter](이미터) 탭으로 이동합니다.

다음 그림과 같이 매개변수의 값을 수정하겠습니다.

5 _ Shape는 Rectangle로 설정합니다.

6 _ Arrangement는 Random Fill로 설정합니다.

7 _ Size는 1000으로 증가시킵니다.

8 _ 3D 체크박스에 체크해 3D로 상태를 변경합니다.

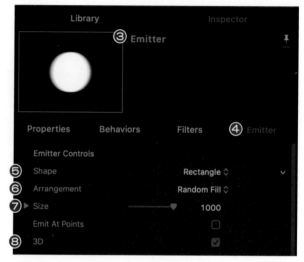

그림 9-21 이미터 콘트롤(Emitter) 매개변수 값 설정

이번에는 Cell Controls(Emitter Controls 아래에 있습니다)에 있는 매개변수들을 수정하겠습니다.

1 _ Cell Control 레이어를 선택한 다음 인스펙터로 이동합니다.

2 _ Birth Rate를 4로 설정합니다.

3 _ Life는 10.0으로 Speed는 0으로 설정합니다.

4 _ Opacity Over Life 매개변수는 왼쪽에 있는 삼각형 모양의 아이콘을 클릭해서 펼칩니다.

5 _ 3개의 태그를 다음 그림과 같은 위치에 추가합니다.

6 _ 오른쪽 가장자리에 있는 태그의 Opacity 값을 0%로 변경하면 검은색으로 변경됩니다. 이로써 페이드 인(Fade In)과 페이드 아웃(Fade Out)이 연출됩니다.

7 _ 마지막으로 Scale Randomness 값은 66으로 설정합니다.

그림 9-22 셀 컨트롤(Cell Controls) 매개변수 값 설정

Random Motion 비헤이비어로 애니메이션 구현하기

지금까지 인스펙터를 통해 이미터 컨트롤과 셀 컨트롤에 있는 매개변수 값을 설정했습니다. 이제 좀 더 심화된 애니메이션을 적용해 보겠습니다. 비헤이비어(Behaviors)를 이용하면 어려운 애니메이션도 쉽게 구현할 수 있습니다. 그중에서 랜덤 모션(Random Motion) 비헤이비어는 랜덤하게 만들어진 경로를 따라 오브젝트가 애니메이션하도록 하는 특징이 있습니다.

1 _ 라이브러리 패널로 이동한 다음 [Behaviors] – [Simulations] 카테고리를 순서대로 클릭합니다.

2 _ 'Random Motion'을 선택하고 원 셀(Cell)에 드래그해 적용합니다.

3 _ HUD를 활성화한 다음 Amount 값을 25로 설정합니다.

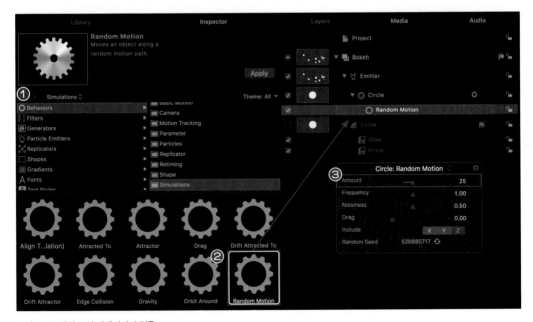

그림 9-23 랜덤 모션 비헤이비어 적용

다음 그림과 같이 타임라인이 만들어졌고 캔버스에 나타난 보케의 모습도 다음과 같습니다. 만든 원의
크기가 다르기 때문에 나타나는 모습도 조금씩 다를 수 있습니다.

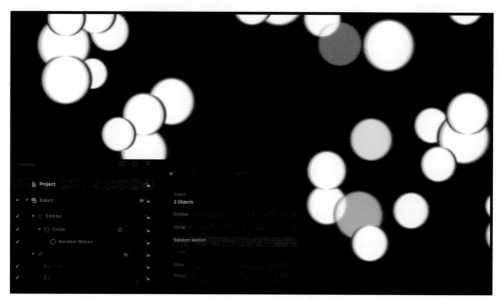

그림 9-24 프로젝트의 타임라인과 구현된 보케

좀 더 자세히 살펴보기 _ 이미터 콘트롤(Emitter Controls)의 Shape 매개변수

Properties	Behaviors	Filters	Emitter

Emitter Controls

Shape		Point ◇
3D		☐
Emission Angle	●	0 °
Emission Range	●	360.0 °
Render Order		Oldest First ◇
Interleave Particles		☐

✓ Point
Line
Rectangle
Circle
Burst
Spiral
Wave
Geometry
Image

그림 9-25 이미터 콘트롤(Emitter Controls)의 매개변수

Shape(모양)는 이미터의 전체 모양을 설정하는 팝업 메뉴입니다. 모양이 다르면 생성된 파티클의 분포
가 달라집니다. 또한 모양마다 그 모양에서만 정렬할 수 있는 매개변수가 있습니다. 예를 들어 모양을 사각
형(Rectangle), 원(Circle)으로 선택하면 다른 모양에서는 없던 Outline, The Fill, Random Fill 등의 정렬
(Arrangement) 매개변수가 나타납니다.

모양에서 지정할 수 있는 변수로 다음 그림과 같이 Point, Line, Rectangle, Circle, Burst, Spiral, Wave, Geometry, Image 등이 있습니다.

Ⓐ Point(점): 이미터의 기본값입니다. 한 점(Point)에서 파티클이 방출됩니다.

그림 9-26 Shape – Point일 때 파티클의 방출 형태

Ⓑ Line(선): 파티클이 선에서 나옵니다. 캔버스 화면(Adjust 툴로 변경하면 시작점과 종료점을 지정하는 포인트가 나타납니다) 또는 인스펙터에서 선의 길이와 위치를 지정할 수 있습니다. 넓은 영역에 걸친 파티클을 만들고자 할 때 유용하게 사용할 수 있습니다.

그림 9-27 Shape – Line일 때 파티클의 방출 형태

Ⓒ Rectangle(사각형): 사각형으로 선택했을 때 파티클을 정렬시킬 수 있는 정렬 매개변수(Arrangement)로는 세 종류가 있습니다.

- Outline은 가장자리를 따라 파티클을 분포시킵니다.
- Fill은 사각형 안쪽 영역에 파티클을 분포시킵니다.
- Random Fill은 안쪽 영역에 임의로 분포시킵니다.

사각형의 크기와 위치는 캔버스 화면에서 Adjust 툴로 조정할 수 있습니다.

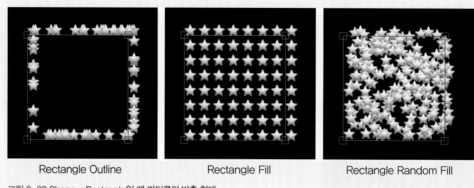

Rectangle Outline   Rectangle Fill   Rectangle Random Fill

그림 9-28 Shape – Rectangle일 때 파티클의 방출 형태

❶ Circle(원): 파티클이 원 모양의 이미터에서 방출됩니다. 사각형과 마찬가지로 정렬 매개변수가 있습니다. 원의 크기와 위치는 캔버스 화면에서 Adjust 툴로 조정할 수 있습니다.

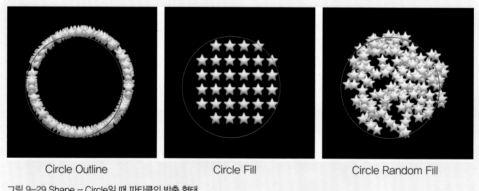

Circle Outline   Circle Fill   Circle Random Fill

그림 9-29 Shape – Circle일 때 파티클의 방출 형태

❷ Burst(버스트): 파티클이 버스트 패턴에서 방출됩니다. 버스트의 크기와 위치는 캔버스 화면에서 Adjust 툴로 조정할 수 있습니다.

버스트를 선택하면 인스펙터에서 Radius 값을 설정해 길이를 늘이거나 줄일 수 있고, Number of Arms에서 방출되는 선의 개수를 설정할 수 있습니다. 기본값은 30이지만 숫자를 조정하면 다양한 모양이 나옵니다. Emit At Points는 캔버스 화면에 나타난 회색의 가상선 상에서 파티클이 방출되게 합니다. 이를 이용하면 정돈된 형태로 파티클을 연출할 수 있습니다.

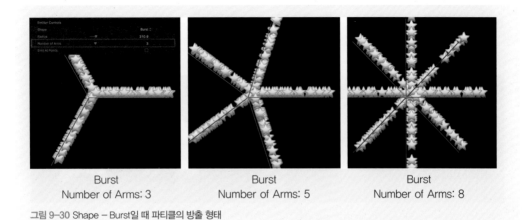

그림 9–30 Shape – Burst일 때 파티클의 방출 형태

ⓕ Spiral(나선): 파티클이 나선형에서 방출됩니다. 나선의 크기와 위치는 캔버스 화면에서 Adjust 툴로 조정할 수 있으며, Twist와 Number of Arms 매개변수를 이용해 다양하고 재미있는 모양을 만들 수 있습니다.

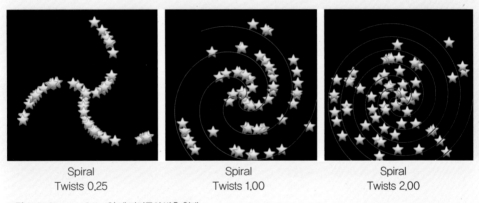

그림 9–31 Shape – Spiral일 때 파티클의 방출 형태

ⓖ Wave(파형): 파티클이 파형에서 방출됩니다. 캔버스 화면에서 Adjust 툴을 이용해 시작점과 종료점을 조정할 수 있으며, Amplitude(진폭) 값을 설정해 최댓값과 최솟값을 조정하거나 Frequency(진동수) 값을 설정해 주기를 조정할 수 있습니다.

그림 9–32 Shape – Wave일 때 파티클의 방출 형태

ⓗ Geometry(기하): 모양 소스(Shape Source)로 설정한 도형의 모양을 따라 파티클이 방출됩니다. Bezier 툴로 도형을 만든 다음 그 레이어를 모양 소스 영역으로 드래그해 사용합니다.

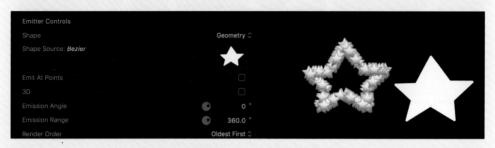

그림 9-33 Shape – Geometry일 때 파티클의 방출 형태

ⓘ Image(이미지): 이미지의 모양을 본떠서 파티클이 방출됩니다. 알파 채널(투명한 배경)이 있는 이미지는 알파 채널의 모양을 사용해 파티클이 방출되는 모습을 연출할 수 있습니다.

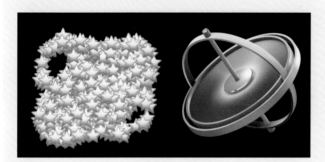

그림 9-34 Shape – Image일 때 파티클의 방출 형태

이미터 콘트롤의 3D에 체크하면 Shape의 숨겨진 옵션인 Box와 Sphere가 나타납니다. 우선 Box는 3차원 박스 형태로 파티클을 방출합니다. Adjust 툴을 이용해 박스의 크기와 위치를 설정할 수 있으며, 정렬 옵션으로는 Outline(외곽선), Fill(채우기), Random Fill(임의 채우기)이 있습니다.

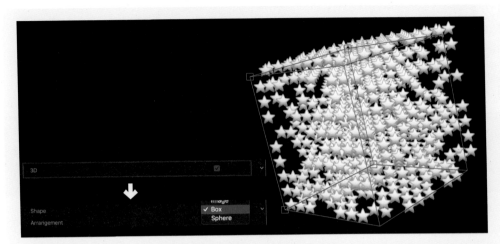

그림 9-35 3D 체크 후 Shape - Box일 때 파티클의 방출 형태

Sphere는 구의 형태로 파티클을 방출합니다. Adjust 툴을 이용해 박스의 크기와 위치를 설정할 수 있습니다. 정렬 옵션으로는 Outline(외곽선), Fill(채우기), Random Fill(임의 채우기)이 있습니다.

그림 9-36 3D 체크 후 Shape - Sphere일 때 파티클의 방출 형태

9-3 _ 파티클 로고 만들기

이번 절에서는 파티클 기능을 활용해 로고가 파티클로 분해되어 흩어지는 형태로 로고 애니메이션을 만들어 보겠습니다.

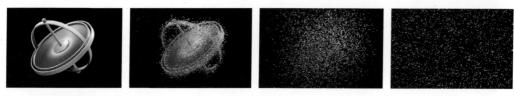

그림 9-37 파티클 로고 애니메이션

먼저 예제 파일 '9-3 파티클 로고 만들기' 모션 프로젝트 파일을 열어보겠습니다. 예제 파일에는 배경 (Background) 그룹과 로고(Logo) 이미지 그룹이 포함돼 있습니다.

1 _ 우선 툴 바에서 도형 툴을 선택합니다.

2 _ 캔버스에서 아래 그림과 같이 작은 원(Circle)을 그려줍니다.

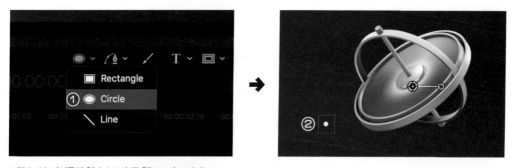

그림 9-38 파티클의 원본 소스가 될 원(Cirlce) 그리기

인스펙터(HUD에서도 Fill과 Outline 매개변수를 설정할 수 있습니다.)에서 원 레이어의 스타일을 설정하겠습니다.

3 _ 인스펙터의 [Shape] - [Style] 탭으로 이동합니다.

4 _ Fill을 체크해 하얀색 바탕의 원으로 설정합니다.

5 _ Outline은 체크를 해제합니다.

 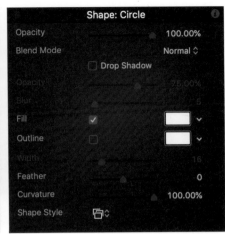

인스펙터   HUD

그림 9-39 인스펙터에서 원의 스타일 설정

스타일을 설정했으면 이번에는 파티클을 만들어보겠습니다.

1 _ Circle 레이어를 선택합니다.

2 _ 툴 바에 있는 [Make Particles] 아이콘을 클릭해 Make Particles 기능을 실행합니다.

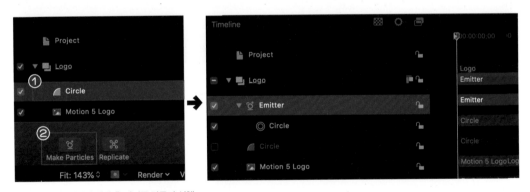

그림 9-40 원 레이어 선택 후 파티클 만들기 실행

인스펙터의 [Emitter] 탭에서 다음과 같이 설정합니다.

3 _ [Emitter] 탭을 클릭합니다.

4 _ Shape(모양) 매개변수는 팝업 메뉴를 클릭한 다음 Image로 설정합니다. 파티클을 Image의 모양을 참조해 방출하려고 합니다.

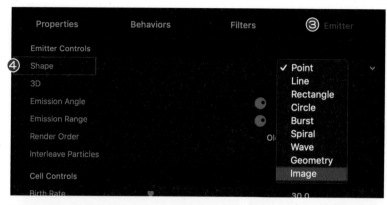

그림 9–41 Shape(모양) 매개변수를 Image로 설정

5 _ Shape(모양) 매개변수를 Image로 설정하면 이미지 소스(Image Source) 매개변수가 새로 생성됩니다. 레이어 패널에서 모션 5의 로고 이미지를 이미지 소스의 사각형 영역으로 드래그 앤 드롭해 연결합니다.

그림 9–42 이미지 소스를 드래그해 추가

6 _ Image Source(이미지 소스)가 Motion 5 Logo 이미지로 설정됐으면 Arrangement(정렬) 매개변수의 값을 Random Fill(임의 채우기)로 설정합니다.

그림 9–43 Arrangement(정렬) 매개변수를 Random Fill(임의 채우기)로 설정

7 _ 3D 오른쪽에 있는 체크박스에 체크합니다. 3D에 체크함에 따라 기존에 있던 Emission Angle(방출 각도) 매개변수가 사라지고 Emission Latitude(방출 위도), Emission Longitude(방출 경도) 매개변수가 새로 등장합니다.

8 _ Emission Angle(방출 각도) 매개변수와 Emission Latitude(방출 위도) 매개변수의 값을 모두 0으로 설정합니다.

9 _ Depth Ordered 매개변수는 체크를 해제합니다. 원근법에 따라 멀리 있는 파티클은 작게 나타내고 가까이 있는 파티클은 크게 나타냅니다. 이 설정의 체크를 해제하면 거리와 관계없이 같은 크기로 나타납니다.

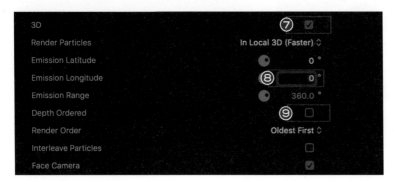

그림 9-44 3D 기능 활성화와 매개변수 설정

셀 콘트롤(Cell Controls) 패널에 있는 매개변수의 값을 설정하겠습니다.

1 _ Birth Rate는 0으로 설정합니다. 새로 생성되는 파티클은 없다는 뜻입니다.

2 _ Initial Number를 8000으로 설정합니다. 시작하자마자 바로 나타나는 파티클의 수를 뜻합니다.

3 _ Life는 2.5로 설정합니다. Life는 처음 생성된 파티클의 수명을 뜻합니다. 초 단위이므로 2.5초(30fps 기준 2초 15프레임)까지 파티클이 존재하다가 사라집니다. 파티클을 좀 더 오래 남게 하려면 Life의 값을 원하는 시간(초)만큼 설정합니다.

4 _ Speed는 700으로 설정합니다. 중앙에 있던 파티클이 사방으로 퍼져 나가는 정도라고 이해하면 됩니다.

5 _ Speed randomness는 500으로 설정합니다. 스피드의 차이를 이용한 파티클 애니메이션을 연출합니다.

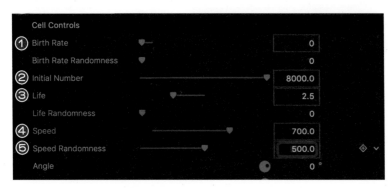

그림 9-45 Cell Controls 패널에 있는 매개변수 값 설정

파티클을 원본 그림과 맞추기

매개변수의 값을 설정한 다음 캔버스 화면에 나타난 파티클의 모습은 다음과 같습니다.

1 _ Emitter레이어를 원본 로고 그림과 같이 위치를 맞춰줍니다.

그림 9–46 이미터와 원본 이미지 위치 맞추기

외형적인 모양은 갖췄지만, 셀이 하얀색이기 때문에 Color Mode 매개변수를 변경해야 합니다.

2 _ 인스펙터에서 Color Mode 매개변수를 Take Image Color로 설정합니다. Color Mode를 변경하면 다음 그림과 같
이 하얀색의 파티클이 원본 로고 이미지의 색상을 따라 변경됩니다.

그림 9–47 Color Mode 변경

파티클의 크기가 처음 만들었던 원 레이어의 크기이므로 크기를 조절하면 더 작은 파티클로 만들 수 있
습니다.

3 _ Cell Controls 패널에 있는 Scale의 값을 100%에서 15%로 변경하겠습니다. 파티클의 크기가 작아지면서 좀 더 촘촘
하게 이미지가 구성되는 모습을 볼 수 있습니다.

4 _ Scale Randomness의 값도 20%로 설정해 각각의 원 크기를 조금씩 다르게 하겠습니다.

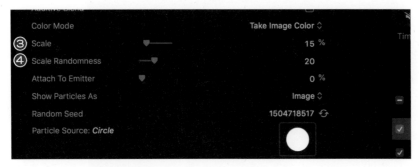

그림 9-48 파티클의 크기(Scale) 조절

재생을 누르면 파티클 입자가 퍼져 나가면서 원본 로고 이미지가 남아 있는 형태로 나타납니다. 좀 더
자연스러운 느낌을 연출하기 위해 원본 로고 이미지의 길이를 조절하고 Opacity에 키프레임 애니메이
션을 추가하겠습니다.

Opacity에 키프레임 애니메이션 추가하기

1 _ 플레이헤드를 4프레임으로 이동시킵니다.

2 _ 로고 이미지 레이어를 선택합니다.

3 _ 단축키 O를 입력해 로고 이미지를 4프레임까지만 나타냅니다.

4 _ 인스펙터를 클릭합니다.

5 _ [Properties] 탭으로 이동해 Opacity 값을 0%로 변경하고 키프레임을 추가합니다.

6 _ 플레이헤드를 맨 처음 프레임으로 이동시킵니다.

7 _ Opacity 값을 100%로 변경해 키프레임 애니메이션을 완성합니다.

재생해보면 로고가 마치 파티클로 분해되는 듯한 애니메이션이 재생됩니다.

그림 9-49 로고 이미지의 길이 조정 및 Opacity 키프레임 애니메이션 추가

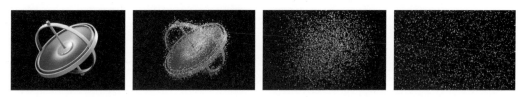

그림 9-50 파티클 로고 애니메이션

레플리케이터로 만드는 모션그래픽

모션의 레플리케이터(Replicator)는 오브젝트를 반복하여 새로운 형태의 오브젝트로 만들어주는 기능입니다. 레플리케이터를 이용하면 일일이 복제하거나 복잡한 키프레임을 설정하지 않아도 손쉽게 반복된 형태의 오브젝트를 만들 수 있습니다. 레플리케이터를 이용해 단순한 선부터 복잡하면서 화려한 무지개 그래픽까지 다양한 형태를 만들 수 있습니다.

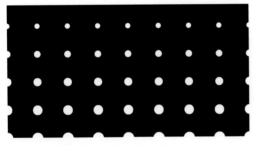 

그림 10-1 레플리케이터로 만든 그래픽 이미지

레플리케이터도 파티클처럼 라이브러리에서 기존에 만들어진 콘텐츠를 바로 타임라인에 적용할 수 있습니다. 또한 프로젝트에 추가한 영상 클립, 사진, 도형, 텍스트 등을 이용해 나만의 레플리케이터 콘텐츠로 만들 수 있습니다.

레플리케이터는 레플리케이터(Replicator)와 셀(Cell)의 두 가지 기본 요소로 구성돼 있습니다.

- **레플리케이터(Replicator)**: 패턴이 있는 이미지 레이어입니다. 셀 레이어를 복제한 것들을 조합하고 배열하여 생성된 일종의 결과물입니다. 이렇게 복제하여 조합하고 배열한 이미지들은 나선형, 원형 또는 상자와 같은 모양으로 재배열 할 수 있습니다.

- **셀(Cell)**: 원본 이미지 레이어를 이용해 패턴으로 복제하고 조립한 이미지 레이어입니다.

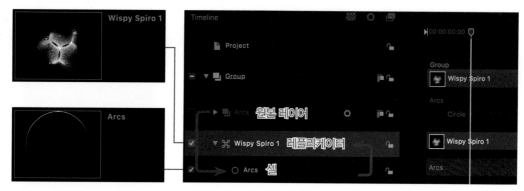

그림 10-2 레플리케이터의 기본 구성 요소

레플리케이터와 셀은 각각 다른 매개변수를 가지고 있습니다. 레플리케이터에서는 배열을 어떤 모양으로 할지(Shape)와 어느 범위까지 나타낼 것인지 반경(Radius)을 정할 수 있으며, 매개변수의 값에 따라 다양한 형태의 기하학적 모양을 연출할 수 있습니다. 셀에서는 각 부분의 각도(Angle), 색상(Color) 및 크기(Scale)와 같은 속성을 설정할 수 있습니다.

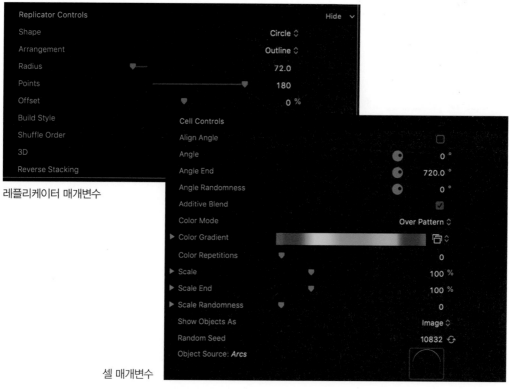

그림 10-3 레플리케이터와 셀의 매개변수

파티클 시스템과 달리 사용자가 직접 만든 레플리케이터 패턴은 기본적으로 정적입니다. 따라서 레플리케이터에 움직임을 주려면 따로 비헤이비어를 적용하거나 Offset 매개변수에 키프레임 애니메이션을 추가해야 합니다. 이와 달리 라이브러리에 미리 저장된 레플리케이터 콘텐츠는 대부분 애니메이션 처리가 돼 있어서 별도로 비헤이비어를 추가하거나 수동으로 키프레임 애니메이션을 추가하지 않아도 됩니다.

실습 예제를 통해 기본적인 레플리케이터의 사용 방법을 알아보겠습니다.

10.1 _ 레플리케이터로 로고에 별 테두리 넣어보기

레플리케이터를 이용하면 반복적인 그래픽 작업을 좀 더 간편하고 쉽게 할 수 있습니다. 미국의 유명한 영화 제작사인 파라마운트(Paramount) 사의 로고를 보면 별 모양의 테두리가 가운데의 산 이미지를 덮고 있는 형태입니다. 실습을 통해 이와 유사한 형태의 이미지를 만들어 보겠습니다.

그림 10-4 영화 제작사 '파라마운트'사의 로고

실습 파일 '10-1 레플리케이터로 로고에 별 테두리 넣어보기' 모션 프로젝트 파일을 열어보겠습니다. 이번 실습을 통해 별 테두리가 있는 그림 10-5와 같은 로고를 만들어 보겠습니다.

그림 10-5 완성작 모습

우선 Replicator 그룹에 별 모양의 이미지 레이어를 추가하겠습니다.

1 _ Replicator 그룹을 클릭해 선택합니다.

2 _ 라이브러리를 클릭합니다.

3 _ [Shapes] 카테고리를 클릭합니다.

4 _ [5-sided Star]를 선택합니다.

5 _ [Apply] 버튼을 클릭하여 타임라인에 적용합니다.

6 _ Replicator 그룹 안에 [5-sided Star]가 들어갔습니다.

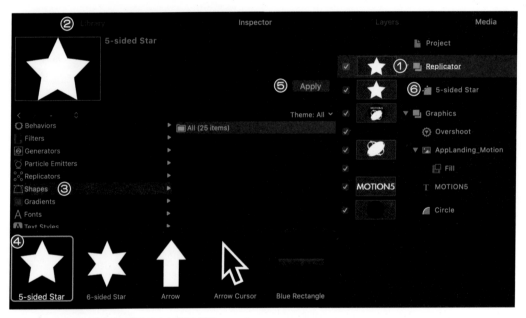

그림 10-6 라이브러리에서 별 모양의 이미지 레이어 적용

HUD(단축키 F7)에서 스타일을 설정하겠습니다.

7 _ HUD를 활성화합니다.

8 _ 별 모양 이미지 레이어(5-sided Star)의 Fill(바탕색)을 검은색으로 설정합니다. Outline(외곽선)은 체크를 해제해 보이
지 않게 합니다.

그림 10-7 별 모양의 이미지 바탕색 설정

별의 크기(Scale)는 HUD에서 조절할 수 없기 때문에 인스펙터에서 수정해야 합니다.

1 _ 인스펙터를 클릭합니다.

2 _ [Properties] 탭을 클릭합니다.

3 _ Scale 값을 20%로 축소합니다.

4 _ 스케일 값을 조절하면 다음 그림과 같이 별이 작아집니다.

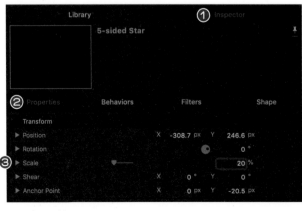

그림 10-8 스케일 값의 조정

레플리케이터 기능 실행 후 인스펙터에서 스타일 만들기

레플리케이터(Replicator) 기능을 실행하고 인스펙터에서 관련 매개변수를 수정하겠습니다.

1 _ 화면의 오른쪽 상단에 있는 [Replicate] 버튼을 클릭합니다.

2 _ [Replicate] 버튼을 클릭하면 다음 그림과 같이 별 모양의 이미지가 반복된 형태로 나타납니다.

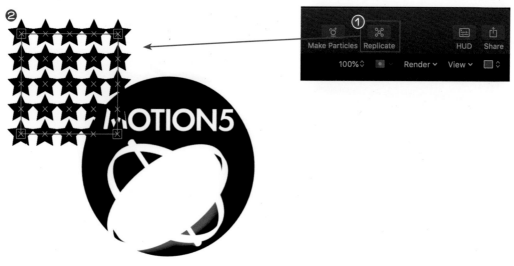

그림 10-9 레플리케이터 기능 실행

인스펙터에서 별이 반복되어 나타나는 패턴 모양을 수정해야 합니다.

3 _ 인스펙터의 [Replicator] 탭을 클릭합니다.

4 _ Shape(모양)을 Circle로 설정합니다.

5 _ Arrangement(배열)은 Outline(외곽선)으로 설정합니다.

처음 생성할 때 촘촘한 정사각형이었던 배열의 모양이 원의 외곽을 따라 배치된 형태로 바뀌었습니다.

그림 10-10 원 모양으로 배열 형태 변경하기

6 _ 인스펙터에서 Radius(반경)를 340으로 설정합니다. 이렇게 하면 별 모양은 그대로 유지된 채로 원의 지름만 늘어나서
전체 크기가 커집니다.

7 _ 이 상태에서 원을 로고 이미지 쪽으로 이동시켜 다음과 같이 배치합니다.

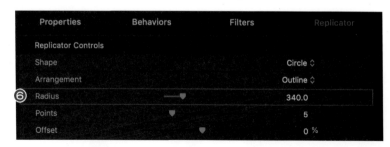

그림 10-11 Radius(반경) 설정

이번에는 Points(점의 개수)를 늘려보겠습니다. 현재 Points 값이 5이므로 화면에 표시된 별의 개수도
5개입니다. 이 값을 20으로 변경하겠습니다.

8 _ Points에 20을 입력하니 다음 그림과 같이 별의 갯수도 20개로 늘어났습니다.

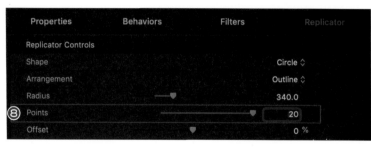

그림 10-12 별의 개수(Points) 설정

지금까지 Shape(모양), Arrangement(배열), Radius(반경), Points(갯수) 등의 매개변수를 설정했습니다. 지금까지 설정한 매개변수는 모두 레플리케이터 콘트롤(Replicator Controls) 패널에 있던 매개변수들입니다. 레플리케이터 콘트롤 패널에 있는 매개변수는 전체적인 큰 틀(Replicator)에서 형태를 조절할 수 있는 옵션으로, 그 안을 구성하고 있는 별 이미지(Cell)에는 아무런 영향도 줄 수 없습니다. 별 이미지의 모양을 변경하려면 그 아래의 셀 콘트롤(Cell Controls) 패널에 있는 매개변수의 값을 설정해야 합니다.

Cell Controls 매개변수 설정하기

이번에는 셀 콘트롤(Cell Controls) 패널에 있는 매개변수의 값을 설정해 보겠습니다.

1 _ 셀 콘트롤 패널에서 Align Angle 오른쪽에 있는 체크박스에 체크합니다. Align Angle에 체크하면 별의 꼭짓점이 원과 조금 더 밀접한 모양으로 배치됩니다.

2 _ Angle은 30으로 설정합니다. 셀 콘트롤의 매개변수를 수정하면 별 이미지가 달라지는 것을 알 수 있습니다. 변경된 모습은 다음 그림과 같습니다.

그림 10-13 셀 콘트롤의 매개변수 설정

셀 콘트롤 패널에 위치한 Scale(스케일) 매개변수를 설정하면 별 이미지의 크기를 조절할 수 있습니다. 지금보다 조금 작게 설정해 보겠습니다.

3 _ Scale의 값을 100%에서 60%로 변경합니다. 별의 크기가 좀 더 작아진 형태로 나타납니다.

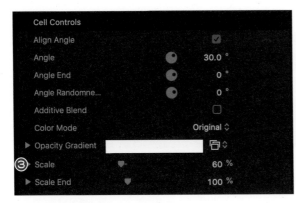

그림 10-14 셀 콘트롤에 있는 스케일 설정

키프레임 애니메이션 추가하기

지금까지 리플리케이터 콘트롤 패널과 셀 콘트롤 패널에 있는 매개변수 값을 설정해 각 매개변수가 어떻게 이미지를 구성하는지 살펴봤습니다. 이번에는 애니메이션 작업을 추가해 별들이 시계 방향으로 움직이도록 연출해 보겠습니다. 별 모양의 레플리케이터가 시계 방향으로 움직이게 하려면 Replicator Controls에 있는 Offset 매개변수에 키프레임을 설정해야 합니다.

1 _ 타임라인의 플레이헤드를 레플리케이터의 첫 프레임(12프레임)에 위치시킵니다.

2 _ Offset 매개변수의 값을 그대로 둔 채로 키프레임을 추가합니다.

3 _ 다음과 같이 키프레임이 생성됩니다.

그림 10-15 Offset 매개변수에 키프레임 추가

4 _ 플레이헤드를 맨 끝 프레임으로 위치시킵니다.

5 _ Offset의 매개변수 값을 100%로 변경합니다.

6 _ 키프레임이 추가된 상태에서는 값을 변경하기만 해도 자동으로 키프레임이 추가됩니다.

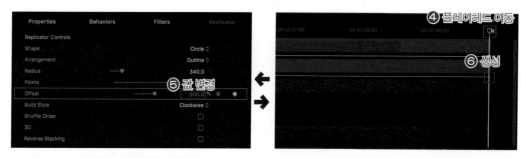

그림 10-16 Offset 매개변수에 마지막 키프레임 추가

재생(단축키 스페이스)해보면 원을 둘러싸고 있는 별들이 시계 방향으로 움직이는 애니메이션을 볼 수 있습니다.

이번 절에서는 실습을 통해 이미지 콘텐츠를 레플리케이터로 복제하고 각 콘트롤 패널에 위치한 매개 변수를 설정해 이미지를 나타내고 애니메이션을 연출해 봤습니다. 계속해서 레플리케이터를 사용하는 방법을 더욱 자세히 알아보겠습니다.

10.2 _ 롱 쉐도우(Long Shadow) 효과 만들기

롱 쉐도우(Long Shadow) 기법은 주로 포토샵 등의 문자 디자인 분야에서 많이 쓰이는 기법으로, 긴 그림자 효과를 주어 글자의 가독성을 높이는 기법입니다. 다른 말로 플랫 쉐도우(Flat Shadow)라고 불리기도 합니다. 모션 5에서도 레플리케이터 기능을 이용해 이와 같은 롱 쉐도우 효과를 연출할 수 있습니다. 이번 절에서는 실습을 통해 롱 쉐도우 효과를 만들어 보겠습니다.

그림 10-17 레플리케이터로 만든 롱 쉐도우(Long Shadow) 효과

먼저 실습 예제 폴더에서 '10-2 롱 쉐도우 효과 만들어보기.motn' 파일을 열어봅니다.

예제 파일에는 텍스트 레이어와 원 레이어가 그래픽(Graphics) 그룹에 위치해 있습니다. 먼저 텍스트 레이어를 선택한 다음 레플리케이터 버튼을 클릭해 실행합니다.

1 _ 텍스트 레이어를 선택합니다.

2 _ 오른쪽 상단 [Replicate] 버튼을 클릭합니다.

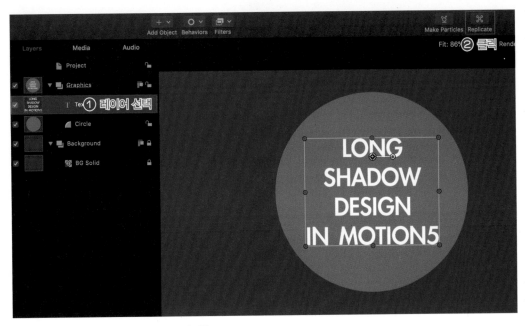

그림 10-18 텍스트 레이어 선택 후 레플리케이터 실행

레플리케이터를 실행하면 다음 그림과 같이 복제된 레이어로 원래의 텍스트가 보이지 않게 됩니다. 인스펙터로 이동해보면 왜 그런지 알 수 있습니다. Shape 매개변수가 사각형(Rectangle)으로 설정돼 있기 때문에 현재 텍스트를 사각형의 형태로 복제해 배치했습니다. 인스펙터의 Replicator Controls에 위치한 매개변수 값을 수정해 보겠습니다.

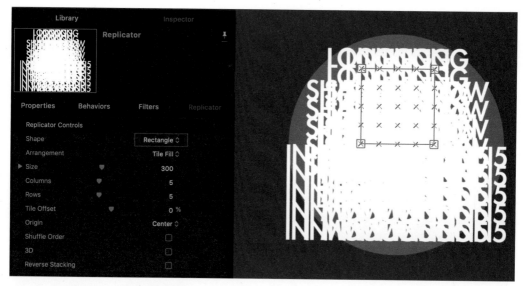

그림 10-19 레플리케이터 기능 실행 직후의 모습

Replicator Controls 매개변수 값 수정하기

Replicator Controls 섹션에 있는 매개변수를 다음과 같이 변경합니다.

1 _ Shape 매개변수를 Line으로 변경합니다. Line으로 변경하면 Start Point와 End Point 매개변수가 새로 나타납니다. 각각 포인트를 설정합니다.

2 _ Start Point는 X 좌표 0px, Y 좌표 0px로 설정합니다.

3 _ End Point는 X 좌표 400px, Y 좌표 −200px로 설정합니다.

4 _ Points 매개변수는 5에서 300으로 늘립니다. Point는 같은 레이어를 몇 개로 복제할 것인지 결정하는 매개변수입니다. Point가 300이라는 것은 같은 레이어를 300개 복제했다는 뜻입니다.

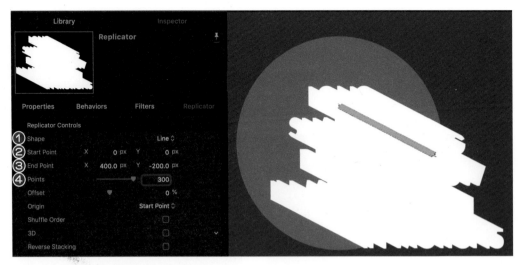

그림 10-20 레플리케이터 콘트롤 패널에서 매개변수 값 수정

Cell Controls 매개변수 값 수정하기

Cell Controls 섹션에 있는 Color Mode 매개변수를 수정하여 색상을 변경하겠습니다.

1 _ Color Mode를 Colorize로 설정합니다.

2 _ Color의 컬러 웰을 클릭합니다.

3 _ 색상 선택 창에서 다음 그림과 같이 Tungsten(Hex color : #424242)으로 선택합니다. 복제된 레이어의 색이 어두운 색으로 변했습니다.

4 _ 색상 선택 창을 닫습니다.

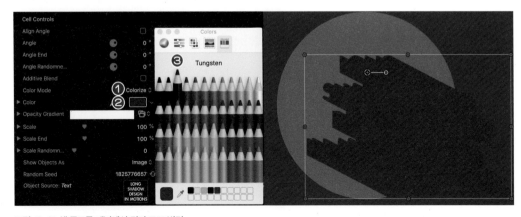

그림 10-21 셀 콘트롤 패널에서 컬러 모드 변경

그림자가 원 안에만 있도록 이미지 마스크 작업하기

1 _ Text 레이어의 왼쪽에 있는 체크박스에 체크합니다.

2 _ 레이어 위치를 Replicator 레이어의 바로 위로 옮깁니다. 텍스트 레이어가 상단에 위치하면서 텍스트가 그림자 앞으로 나타나게 됩니다.

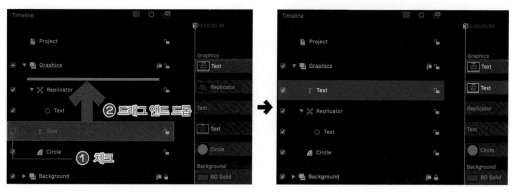

그림 10-22 원본 텍스트 레이어 체크 후 위치 변경

원 밖을 벗어난 텍스트 그림자(Replicator 레이어)들이 원 안에서만 나타나도록 정리하는 작업을 하겠습니다. 이는 이미지 마스크(Image Mask) 기능으로 연출할 수 있습니다.

1 _ Replicator 레이어를 마우스 오른쪽 버튼으로 클릭합니다.

2 _ 팝업 메뉴에서 [Add Image Mask]를 선택합니다.

그림 10-23 레플리케이터 레이어에 이미지 마스크 추가

3 _ 인스펙터에서 이미지 마스크의 마스크 소스(Mask Source) 영역으로 레이어 패널에 있는 원(Circle) 레이어를 드래그
앤드 드롭합니다. 드래그할 때는 마우스를 누른 채로 버튼을 떼지 않고 드래그해야 합니다.

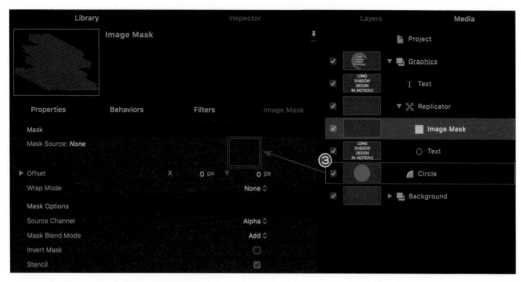

그림 10-24 마스크 소스(Mask Source)에 원 레이어 추가

4 _ 이미지 마스크의 마스크 소스로 원이 지정되면서 원 레이어가 보이지 않게 됩니다.

5 _ 다시 원 레이어 왼쪽에 있는 체크박스에 체크해 원 레이어가 보이게 하면 다음 그림과 같은 모습으로 나타납니다.

그림 10-25 원 레이어에 체크한 후의 모습

그림자 레이어(Replicator)의 불투명도(Opacity)를 조절해 그림자를 좀 더 자연스럽게 만들어 보겠습니다.

1 _ Replicator 레이어를 선택합니다.

2 _ 인스펙터를 클릭합니다.

3 _ [Properties] 탭을 클릭합니다.

4 _ Opacity 값을 100%에서 75%로 수정합니다.

그림 10-26 그림자의 불투명도 값 수정

그림자의 불투명도를 조정하여 다음 그림과 같이 자연스러운 롱 쉐도우(Long Shadow) 효과를 연출했습니다.

그림 10-27 리플리케이터를 이용해 연출한 롱 쉐도우 효과

애니메이션 효과 추가하기

이번에는 롱 쉐도우 효과를 단순히 연출하는 것에서 벗어나 애니메이션 효과를 추가해 보겠습니다. Replicator 레이어를 선택하고 인스펙터의 [Replicator] 탭에서 End Point의 X 좌표와 Y 좌표에 키프레임을 추가하면 그림자가 생성되는 애니메이션을 연출할 수 있습니다.

1 _ 플레이헤드를 10프레임으로 이동합니다.

2 _ 인스펙터의 [Replicator] 탭에서 End Point 매개변수에 키프레임 추가 버튼을 클릭합니다. 값은 변경하지 않고 키프레임만 추가합니다.

그림 10-28 레플리케이터의 End Point 매개변수에 키프레임 추가

3 _ 플레이헤드를 첫 프레임으로 이동시킵니다.

4 _ 이번에는 End Point 매개변수의 값을 X축과 Y축 좌표값 모두 0px로 수정합니다. 숫자 부분을 클릭한 다음 새로운 값을 입력하는 방법을 추천합니다. 키프레임이 이미 추가된 상태이므로 값을 수정하기만 해도 키프레임이 자동으로 추가됩니다.

그림 10-29 첫 프레임의 End Point 값 수정

처음부터 재생해보면 다음 그림과 같이 그림자가 생성되는 애니메이션이 연출됩니다. 예제에서는 키프레임의 간격을 10프레임으로 설정했지만, 이 간격을 좁히거나 늘려서 애니메이션의 속도를 조절할 수 있습니다.

그림 10-30 롱 쉐도우 애니메이션

10.3 _ 폭발(Explosion)하는 도형 애니메이션 만들기

이번 절에서는 폭발(Explosion)하는 도형 애니메이션을 만들어 보겠습니다. 폭발하는 도형 애니메이션은 모션그래픽 영상에서 자주 사용하는 효과로 영상의 오프닝이나 오브젝트가 등장할 때 그리고 클릭하는 애니메이션에서 주로 사용됩니다. 모션 5에서 이러한 효과들을 템플릿으로 제작한 다음 파이널 컷으로 출력하면 영상 편집 과정에서 드래그 앤드 드롭만으로도 손쉽게 영상에 적용할 수 있습니다.

그림 10-31 폭발(Explosion)하는 도형 애니메이션의 예

먼저 예제 파일인 '10-3 폭발하는 도형 애니메이션 만들어보기.motn' 파일을 열어보겠습니다.

파일을 열어보면 이미 애니메이션 작업을 한 원 레이어(Circle) 1개와 이미지 마스크 소스용으로 준비한 복사한 원 레이어(Circle copy) 1개가 있습니다. 재생해보면 원이 나타나면서 사라지는 모습을 확인할 수 있습니다.

그림 10-32 예제 파일의 기본 상태

여기에 선(Line)을 추가해 보겠습니다.

1 _ 플레이헤드를 4프레임으로 위치시킵니다.

2 _ 툴 바에서 선(Line)을 선택합니다.

3 _ 캔바스 화면에 있는 원의 반지름 크기만큼 shift 키를 누른 채로 드래그해 선을 그립니다.

그림 10-33 선 그리기

4 _ 선을 그려준 다음 선 레이어를 선택하고 레플리케이터 기능을 실행합니다. 선이 복제되면서 다음과 같은 형태로 나타납니다.

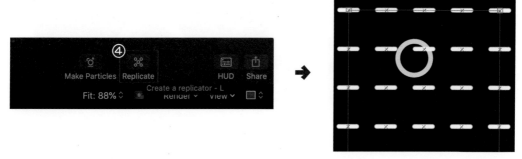

그림 10-34 레플리케이터 기능 실행 후 모습

Replicator Controls 매개변수 설정하기

인스펙터를 클릭한 다음 [Replicator] 탭을 클릭합니다. Replicator Controls의 매개변수를 설정하겠습니다.

1 _ [Shape]를 Burst로 설정합니다. 원의 가운데 영역에서 선이 펼쳐나가는 형태로 연출됩니다.

2 _ [Number of Arms]는 8로 설정해 8개의 줄기를 생성합니다.

3 _ [Point Per Arm]은 줄기 당 포인트(선)의 개수입니다. 이 값은 1로 지정합니다.

매개변수를 위와 같이 수정하면 다음과 같은 형태로 나타납니다.

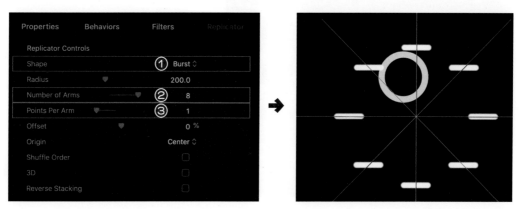

그림 10-35 레플리케이터 콘트롤 매개변수 수정

Cell Controls 매개변수 설정하기

이번에는 셀 콘트롤(Cell Control) 패널에 있는 매개변수를 설정하겠습니다.

4 _ Align Angle에 체크하면 간단하게 선이 중앙을 바라보며 정렬하게 됩니다.

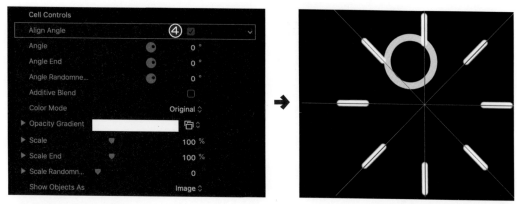

그림 10-36 Align Angle에 체크

이번에는 원의 중심과 레플리케이터 레이어의 중심을 서로 일치시키겠습니다.

5 _ [Properties] 탭을 클릭합니다.

6 _ Position 매개변수의 오른쪽에 있는 메뉴를 클릭하고 [Reset Parameter]를 클릭합니다. 위칫값이 X, Y 모두 0px로 설정되면서 다음과 같이 원의 중심과 레플리케이터 레이어의 중심이 서로 맞춰집니다.

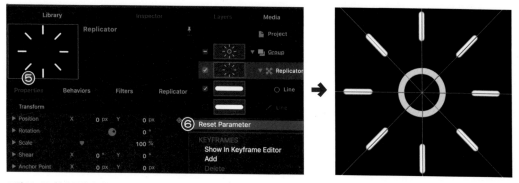

그림 10-37 원의 중심과 레플리케이터 중심 위치 맞추기

Radius 매개변수에 키프레임 애니메이션 연출하기

선의 반경은 레플리케이터 콘트롤 패널에 있는 Radius 매개변수의 값에 따라 달라집니다. Radius의 값이 0에 가까울수록 선이 중심과 가까워집니다. 반대로 숫자가 커질수록 중심과 멀어집니다. 이러한 특징을 이용해 Radius 매개변수에 키프레임을 추가해 애니메이션을 연출해 보겠습니다.

1 _ 우선 레플리케이터의 시작 프레임이 2프레임이 되도록 드래그하여 조절합니다.

2 _ Replicator Controls에서 Radius의 값을 1.0으로 설정한 다음 키프레임을 추가합니다.

3 _ 16프레임으로 플레이헤드를 이동시킵니다.

4 _ Radius의 값을 250.0으로 설정합니다. 키프레임 추가 작업이 끝나면 다음과 같이 타임라인에 키프레임이 추가된 형태로 나타납니다.

2프레임 (Radius : 1.0)   16프레임 (Radius: 250.0)

그림 10-38 Radius 키프레임 추가 완료

이미지 마스크 추가하기

재생해보면 선이 원의 중심으로부터 퍼져나가는 모습을(2프레임~9프레임) 볼 수 있습니다. 이때 가운데 부분은 이미지 마스크를 적용해 보이지 않게 연출할 수 있습니다.

1 _ Replicator 레이어를 마우스 오른쪽 버튼으로 클릭합니다.

2 _ [Add Image Mask]를 클릭해 이미지 마스크를 추가합니다.

그림 10-39 이미지 마스크 추가

3 _ Mask Source에 복사한 원 레이어(Circle copy)를 드래그 앤드 드롭합니다.

4 _ Mask Source로 추가한 다음 Invert Mask 체크박스에 체크하면 다음과 같이 나타납니다.

그림 10-40 마스크 소스 지정 및 반전(Invert Mask)에 체크

선에 키프레임 애니메이션 추가하기(Opacity, Start Point Offset)

선이 스르륵 사라지는 느낌을 연출하기 위해 Replicator 레이어의 불투명도(Opacity)에 키프레임 애니메이션을 추가하겠습니다.

1 _ 플레이헤드를 8프레임으로 이동시킵니다.

2 _ Replicator 레이어를 선택하고 인스펙터의 [Properties] 탭을 클릭합니다.

3 _ Opacity(불투명도) 100%에서 키프레임을 추가합니다.

4 _ 16프레임으로 플레이헤드를 옮긴 다음

5 _ Opacity(불투명도)의 값을 0%로 수정합니다.

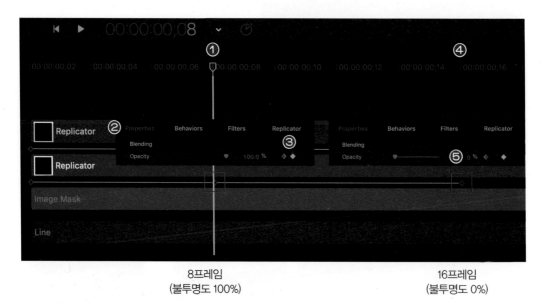

8프레임
(불투명도 100%)

16프레임
(불투명도 0%)

그림 10-41 불투명도(Opacity) 키프레임 추가

완성도를 높이기 위해서 Line 레이어의 Start Point Offset에 키프레임을 추가해 보겠습니다.

1 _ Line 레이어를 선택합니다. (체크 해제된 원본 레이어)

2 _ 플레이헤드를 10프레임으로 이동시킵니다.

3 _ 인스펙터의 [Shape] – [Style] 탭에서 First Point Offset에 키프레임을 추가합니다.

그림 10-42 First Point Offset에 키프레임 추가

4 _ 플레이헤드를 선이 사라지는 15프레임으로 이동시킵니다.

5 _ First Point Offset의 값을 100%로 수정합니다.

그림 10-43 First Point Offset에 마지막 키프레임 추가

재생해보면 다음 그림과 같이 원이 점점 커지면서 선과 함께 사라지는 모습을 확인할 수 있습니다. 키프레임을 추가한 매개변수는 Replicator 레이어의 Radius와 Opacity 그리고 Line 레이어의 First Point Offset입니다.

Radius 값이 점점 커지면서 선이 밖으로 퍼져나가는 애니메이션을 연출했고, Opacity를 이용해 Replicator 레이어가 점점 투명해지는 애니메이션을 연출했습니다. 마지막으로 Line 레이어의 First Point Offset은 선의 시작점을 향해 사라지는 애니메이션을 연출했습니다.

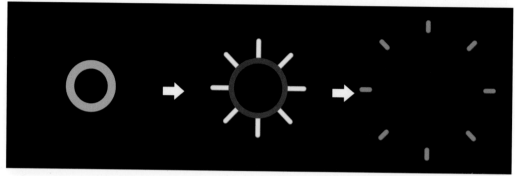

그림 10-44 전체적인 영상의 흐름

파이널 컷 프로로 템플릿 출력하기

이제 이렇게 만든 작업 결과물을 템플릿 형태로 파이널 컷 프로에 출력하겠습니다.

1 _ 상단 메뉴에서 [File] → [Publish Template...]을 클릭합니다.

2 _ 대화 상자에서 'Publish as Final Cut Generator'에 체크합니다.

3 _ Template Name은 'Explosion_Circle'로 설정했습니다.

4 _ Category는 템플릿이 저장되는 위치입니다. 카테고리를 지정합니다.

5 _ 마지막으로 [Publish] 버튼을 클릭합니다.

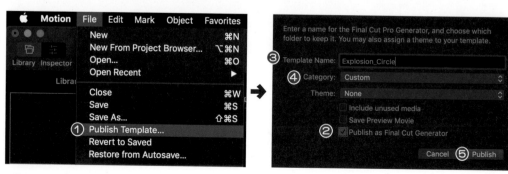

그림 10-45 파이널 컷으로 템플릿 출력

파이널 컷을 실행한 다음 제네레이터(Generators) 카테고리를 확인해 보면 템플릿이 들어온 것을 확인할 수 있습니다. 영상 편집 중 템플릿을 드래그 앤드 드롭해 추가하고, 인스펙터에서 기본적인 위치(Position)와 크기(Scale)를 조절해 적용할 수 있습니다.

그림 10-46 파이널 컷 프로에 적용한 모션 템플릿

10.4 _ Sequence Replicator로 만드는 로딩 소스

레플리케이터는 기본적으로 정적입니다. 지금까지 레플리케이터로 만든 이미지에 애니메이션을 설정하기 위해 매개변수에 키프레임을 추가했습니다. 이 방법 외에 시퀀스 레플리케이터(Sequence Replicator) 비헤이비어를 적용해 애니메이션을 설정할 수도 있습니다. 레플리케이터 비헤이비어를 이용해 로딩 소스를 만들어보고 레플리케이터 비헤이비어를 자세히 살펴보겠습니다.

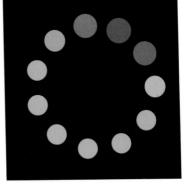

그림 10-47 Sequence Replicator 비헤이비어로 만든 로딩 소스

먼저 예제 파일에서 '10-4 로딩 소스' 모션 프로젝트 파일을 열어봅니다.

예제 파일을 열어보면 화면 가운데에 중앙 정렬된 1개의 Circle 레이어만 있습니다. Replicate 기능을 활용하여 기본적인 형태를 만들어보겠습니다.

1 _ Circle 레이어를 선택합니다.

2 _ Replicate 기능 (단축키 L)을 실행합니다.

인스펙터에서 세부적인 설정을 하겠습니다.

3 _ 인스펙터의 [Replicator] 탭을 클릭합니다.

4 _ Shape는 Circle로 설정합니다. 배치 모양이 원이 되었습니다.

5 _ Arrangement는 Outline으로 설정하여 원 바깥에 레이어가 위치하도록 합니다.

6 _ Radius는 300.0 으로 설정합니다. 값이 클 수록 원의 반경이 커집니다.

7 _ Point는 11로 설정합니다. 11개의 원이 배치된 모습입니다.

그림 10-48 Replicator Control 매개변수 설정

이번에는 Cell Controls 섹션에 있는 Color Mode를 바꾸어 색상을 다양하게 나타내겠습니다.

1 _ Color Mode는 Over Pattern으로 설정합니다.

2 _ Color Gradient를 펼쳐서 색상을 설정합니다. 아래쪽에 있는 색상 부분을 클릭하면 색상 선택 창이 나타납니다.

3 _ 가장 왼쪽은 Cantaloupe(#FFD479)로 설정합니다.

4 _ 오른쪽은 Maraschino(#FF2600)로 설정합니다.

그림 10-49 컬러 설정

Sequence Replicator 비헤이비어 적용하기

기본적인 그래픽 작업은 완성됐습니다. 이제 Sequence Replicator 비헤이비어를 적용하겠습니다. 비헤이비어를 이용하여 애니메이션을 손쉽게 연출할 수 있습니다.

1 _ 툴 바에서 [Behaviors] 아이콘을 클릭합니다.

2 _ [Replicator] – [Sequence Replicator] 비헤이비어를 클릭합니다.

그림 10-50 시퀀스 리플레케이터 비헤이비어 적용

Sequence Replicator 비헤이비어가 적용됐습니다. 이 비헤이비어는 인스펙터에서 매개변수를 따로 추가해야 애니메이션이 연출됩니다. 시퀀스 리플리케이터의 인스펙터로 이동해 Parameter에 적용할 매개변수를 먼저 추가해야 합니다. 예제에서는 불투명도(Opacity)와 색상(Color) 그리고 크기(Scale)를 추가하겠습니다.

1 _ Parameter에서 매개변수를 추가하는 [Add] 버튼을 클릭합니다.

2 _ Opacity(불투명도)를 추가합니다. 조절할 수 있는 매개변수로 불투명도가 추가됐습니다.

3 _ 불투명도의 값은 0%로 설정합니다.

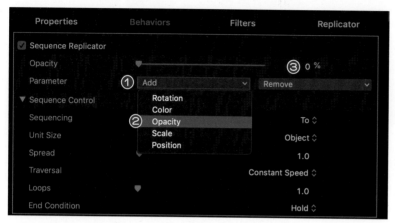

그림 10-51 시퀀스 리플레케이터에서 매개변수에 불투명도 추가

이번에는 색상(Color)을 매개변수에 추가하겠습니다.

4 _ [Add] 버튼을 클릭합니다.

5 _ [Color]를 클릭합니다. 색상은 기본값인 흰색으로 두겠습니다.

그림 10-52 시퀀스 리플리케이터에서 매개변수에 색상 추가

마지막으로 크기(Scale)를 매개변수로 추가하겠습니다.

6 _ [Add] 버튼을 클릭합니다.

7 _ [Scale]을 클릭해 추가합니다.

8 _ 스케일의 값은 80%로 설정합니다.

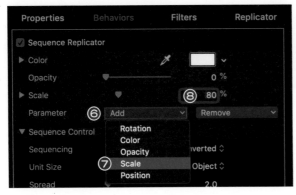

그림 10-53 시퀀스 리플리케이터에서 매개변수에 스케일 추가

Sequence Controls 섹션 설정하기

Parameter는 '어떤 매개변수'에 애니메이션을 줄지 타겟을 결정하는 것입니다. 예제에서는 매개변수로 불투명도(Opacity), 색상(Color), 크기(Scale)를 추가했습니다. 그렇다면 이를 '어떻게' 애니메이션을 연출할 것인지는 Sequence Control 섹션에 있는 매개변수로 조정합니다.

1 _ Sequencing은 Through Inverted로 설정합니다.

2 _ Spread는 2.0으로 설정합니다.

3 _ Loops는 10.0으로 End Condition은 Wrap으로 설정합니다.

그림 10-54 Sequence Controls에서 매개변수 값 설정

재생해보면 원이 돌아가면서 나타났다가 사라지는 모습으로 애니메이션이 연출된 것을 확인할 수 있습니다. 각각의 원들도 처음에는 흰색으로 나타났다가 마지막에는 처음에 설정했던 붉은–주황 계열의 색으로 변하는 모습을 볼 수 있습니다. 또한 크기에도 변화가 있습니다. 원의 크기가 처음에는 상대적으로 작은 상태에서 커졌다가 다시 작아지기를 반복하고 있습니다.

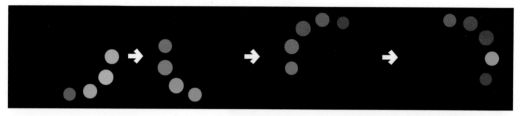

그림 10–55 로딩 애니메이션의 완성

이렇게 구현할 수 있는 이유는 시퀀스 콘트롤(Sequence control) 패널에 있는 매개변수 때문입니다. 각 매개변수가 어떤 역할을 하는지 살펴보겠습니다.

시퀀스 콘트롤(Sequence Control) 패널에는 Sequencing(시퀀싱), Unit size(유닛 사이즈), Spread(확산), Traversal(속도조절), Loops(반복 횟수), End Condition(반복 방식 설정) 등의 매개변수가 있습니다.

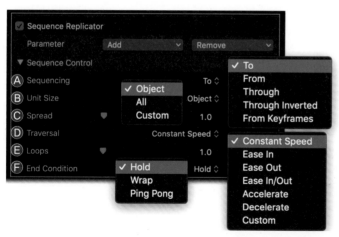

그림 10–56 시퀀스 콘트롤 패널

Ⓐ Sequencing(시퀀싱): 순서를 정합니다. 시퀀스 리플레케이터에서 설정한 매개변수 값과 원래의 매개변수 값을 두고 어떤 순서로 움직일지 정합니다. 지정할 수 있는 옵션으로 To, From, Through, Through Inverted, From Keyframes 가 있습니다.

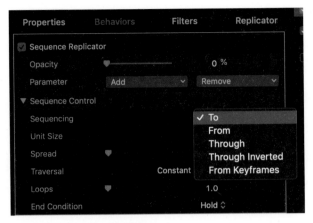

그림 10-57 Sequencing의 5가지 옵션

To와 From은 서로 반대되는 개념입니다. 시작과 종료가 서로 다릅니다. To로 설정하면 애니메이션이 원래의 매개 변수 값에서 시퀀스 리플리케이터에서 설정한 매개변수 값으로 이동합니다. 예제에서는 To로 설정해 원래 원 레이어의 불투명도가 100%였는데 시퀀스 리플리케이터에서 지정한 불투명도인 0%로 애니메이션이 진행됩니다. From은 그 반대입니다. 시퀀스 리플리케이터에서 설정한 매개변수 값에서 출발하여 원래의 매개변수 값으로 나아갑니다. 예제에서 From으로 두면 처음에 불투명도가 0%였던 원 레이어가 원래의 불투명도 값인 100%로 올라가는 애니메이션이 연출됩니다.

원래의 매개변수 값   시퀀스 리플레이케이터에서 설정한 매개변수 값

그림 10-58 시퀀싱(Sequencing)에서 To와 From의 차이

Through는 시퀀스 리플리케이터로 설정한 값을 목적지가 아닌 경유지로 만들어 줍니다. 예제에서 시퀀싱을 Through로 설정하면 처음에는 To와 마찬가지로 원래의 값(불투명도 100%)에서 시퀀스 리플리케이터에서 설정한 값(불투명도 0%)으로 변합니다. 하지만 To와 차이점이 있다면 Through는 불투명도가 0%로 됐다가 다시 처음으로 돌아간다는 점입니다. To가 편도라면 Through는 왕복인 개념입니다. 처음의 상태를 다시 회복한다는 특징이 있습니다.

그림 10-59 시퀀싱 Through의 개념

Through Inverted는 Through와 반대로 동작합니다. 시퀀스 리플리케이터에서 설정한 매개변수 값이 시작과 끝이 되고 원래의 매개변수 값은 중간에 거쳐가는 값이 됩니다. 예제에서 시퀀싱을 Through Inverted로 설정하면 처음에는 불투명도 0%에서 시작해 불투명도 100%로 나아갈 것입니다(점점 원이 선명해집니다). 그러다 불투명도가 100%에 도달한 이후에는 다시 불투명도 0%로 나아갑니다(원이 희미해지면서 사라집니다). 즉, 다음 그림과 같이 진행됩니다.

그림 10-60 시퀀싱 Through Inverted의 개념

From Keyframes는 원본 레이어에 적용된 키프레임 애니메이션이 있을 경우 키프레임 애니메이션에 맞춰 움직이는 옵션입니다. 이 옵션을 선택하면 Source 매개변수가 새로 생기면서 원본 레이어에 적용된 애니메이션을 사용할 것인지(Use Source Animation) 무시할 것인지(Ignore Source Animation) 결정할 수 있습니다.

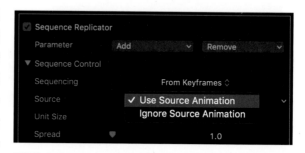

그림 10-61 From Keyframes에서 원본 레이어 애니메이션 사용 여부

❸ Unit Size(유닛 사이즈): 애니메이션의 적용 범위를 설정합니다. Object로 설정하면 구성 요소별로 애니메이션이 설정됩니다. All로 설정하면 전체에 같은 애니메이션이 적용됩니다.

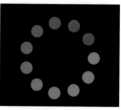

유닛 사이즈 – Object   유닛 사이즈 – All

그림 10-62 유닛 사이즈 Object와 All의 차이점

유닛 사이즈를 Custom으로 설정하면 Start와 End의 매개변수가 새로 생깁니다. 시작점과 끝점을 슬라이더를 드래그해 설정하거나 값을 입력해 수정할 수 있습니다. 이렇게 하면 애니메이션의 적용 범위를 좀 더 세부적으로 수정할 수 있습니다.

그림 10-63 유닛 사이즈를 Custom으로 설정하면 생기는 Start와 End

ⓒ **Spread(확산)**: 한 번에 얼마만큼의 애니메이션을 나타나게 할지 설정하는 부분입니다. 숫자가 클수록 한 번에 많은 개체에 애니메이션이 적용됩니다.

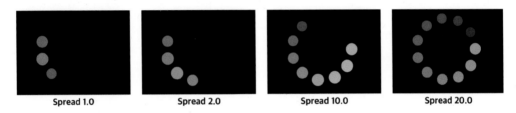

그림 10-64 Spread 값에 따라 다르게 나타나는 이미지

ⓓ **Traversal(속도 조절)**: 속도를 조절하는 옵션입니다.

- **Constant Speed**: 등속도로 움직입니다. 시작과 끝이 같은 속도입니다.

- **Ease In**: 시작은 천천히, 끝은 설정한 속도(Normal Speed)로 끝납니다.

- **Ease Out**: 시작은 설정한 속도(Normal Speed)로, 끝은 천천히 끝납니다.

- **Ease In & Out**: 시작은 천천히, 중간은 설정한 속도(Normal Speed)로, 끝은 다시 천천히 끝납니다.

- **Accelerate**: 점점 속도가 빨라집니다.

- **Decelerate**: 점점 속도가 느려집니다.

- **Custom**: 이 옵션을 선택하면 하단에 있는 Loops 매개변수가 Location으로 바뀝니다. 별도의 키프레임 애니메이션을 Location에 적용해 속도를 세부적으로 조정할 수 있습니다.

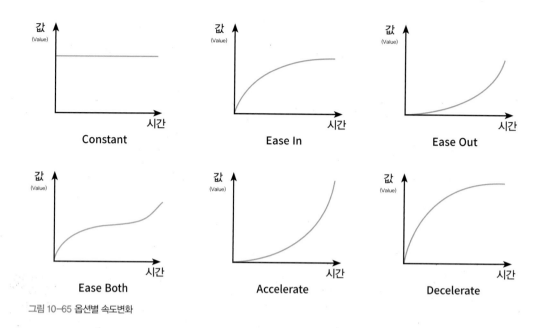

그림 10-65 옵션별 속도변화

ⓔ Loops(반복 횟수): 반복 횟수를 설정할 수 있습니다. 제한된 시간 안에 반복하는 것이라서 반복 횟수를 늘릭수록 애니메이션이 더 빠른 속도로 진행됩니다.

ⓕ End Condition(반복 방식 설정): 마지막 프레임을 어떻게 처리할지 결정합니다. 마지막 프레임을 어떻게 처리하느냐에 따라 반복 방식이 조금 달라집니다. Hold로 설정하면 가장 마지막 프레임을 잠시 멈춰놓습니다. 예제에서 Hold로 설정하고 재생해보면 한 바퀴 원이 회전하고 난 후에 마지막 자리에 잠시 머물러 있는 원을 발견할 수 있습니다. Wrap은 마지막 프레임을 그냥 지나칩니다. 반복하는 애니메이션을 연출할 때는 Wrap으로 설정해야 합니다. Ping Pong은 한 바퀴 회전하고 다시 역방향으로 회전합니다. 역방향으로 한 바퀴 회전한 다음에는 다시 원래의 방향으로 진행됩니다. 마치 탁구공이 왔다 갔다 하는 느낌이라서 PingPong 이란 이름이 붙여졌습니다.

CHAPTER **11**

3D 텍스트로 익혀보는
3D 레이어

모션 5에서는 3D 레이어를 이용해 입체적인 모션그래픽 영상을 제작할 수 있습니다. 손쉽게 3D 레이어를 만들 수 있으며, 다양하게 응용할 수 있도록 편리하고 직관적인 기능이 많이 있습니다. 또한 기존의 2D 레이어와 3D 레이어를 함께 결합해서 다양한 효과를 연출할 수도 있습니다. 특히 별도의 플러그인을 사용하지 않고도 쉽게 마우스 클릭만으로 3D 텍스트를 만들 수 있습니다. 이번 장에서는 3D 텍스트를 만들어보고 이를 통해 3D 레이어의 특징을 살펴보겠습니다.

Tip _ 3D 레이어와 2D 레이어의 차이점?

2D 레이어에서 오브젝트는 X축과 Y축의 좌표(Position) 값을 가지고 있습니다. X축은 좌우를 나타내며 Y축은 위 아래를 나타냅니다. 3D 레이어는 이런 기본 축에 깊이(Depth)라는 Z축이 포함됩니다. 세 개의 축이 있기 때문에 3D 레이어라고 합니다.

모션 5에서 3D 레이어의 X축은 빨간 선, Y축은 녹색 선, Z축은 파란 선으로 표시하여 구분합니다. 3D 레이어 작업을 할 때 축의 색상을 기억하고 있으면 작업의 효율성을 높일 수 있습니다.

그림 11-1 3D 레이어의 X, Y, Z축

2D 레이어에서 X축과 Y축은 항상 고정돼 있으므로 X축은 수평으로 움직임을 설정하고 Y 축은 수직으로 움직임을 설정했습니다. 하지만 3D 레이어는 관점을 변경해서 3축의 방향을 재조정할 수 있습니다. 사용자 입장에서 오브젝트를 위로 이동한다고 해서 반드시 Y축 값이 변경되는 것은 아닙니다.

11.1 _ 화면에 3D 텍스트 입력하기

우선 모션 5에서 3D 텍스트를 입력하고, 수정해보면서 모션 5의 3D 레이어를 익혀보겠습니다.

그림 11-2 3D 텍스트를 영상에 삽입한 모습

먼저 예제 파일 '11-1 화면에 3D 텍스트 입력하기' 모션 프로젝트 파일을 열어보겠습니다.

3D 텍스트를 입력하려면 툴 바에서 3D 텍스트를 선택해야 합니다. 툴 바에서 텍스트 아이콘(T)을 꾹 누른 다음 [3D Text]를 선택합니다. 그 다음 캔버스 화면에 텍스트를 입력합니다.

그림 11-3 3D 텍스트 아이콘 선택

3D 텍스트를 입력한 다음 인스펙터를 살펴보겠습니다. 일반 텍스트와 3D 텍스트는 매개변수가 다릅니다. 글자의 색(Face)과 외곽선(Outline)을 설정하는 매개변수가 사라지고 3D 텍스트의 재질과 조명을 설정하는 콘트롤 패널이 생겼습니다. 매개변수를 하나하나 설정하면서 3D 텍스트를 만드는 방법도 있지만 간편하게 사전에 설정된 스타일(Preset)을 지정한 다음에 수정하는 방법을 추천합니다.

1 _ Normal 이라고 된 부분을 클릭합니다.

2 _ [3D Styles] – [Rough Stone]을 클릭해 관련 스타일을 적용합니다.

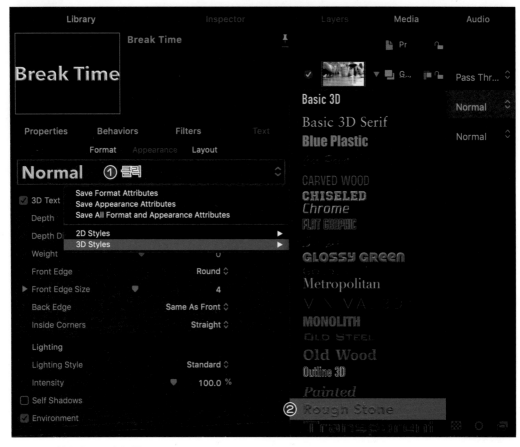

그림 11-4 텍스트에 3D 스타일 적용

사전에 설정된 스타일을 적용하면 간편하게 3D 텍스트를 만들 수 있습니다. 인스펙터에서 매개변수
들을 수정하면서 스타일을 다듬어가겠습니다. 우선 [Format] 탭으로 이동합니다. [Format] 탭에서는
텍스트의 폰트(Font)와 크기(Size) 그리고 자간(Tracking) 등을 수정할 수 있습니다. 그 중에서 자간
(Tracking) 매개변수를 수정하겠습니다. 자간(Tracking)은 글자 사이의 간격을 조절할 수 있는 매개변
수입니다.

3 _ 다음과 같이 Tracking의 값을 –8.0으로 설정하면 글자 사이의 간격이 좀 더 좁아집니다.

그림 11–5 텍스트의 자간(Tracking) 매개변수 설정

3D 텍스트를 비롯한 3D 레이어는 캔버스 화면에서 직관적으로 위치와 회전을 조정할 수 있습니다.

4 _ 툴 바에서 3D 변형 조정 툴(Adjust 3D Transform, 단축키 Q)을 선택합니다. 3D 변형 조정 툴을 선택하면 레이어의 X, Y, Z 축 위치를 변경할 수 있는 선과 회전을 변경할 수 있는 핸들이 나타납니다.

그림 11–6 3D 변형 조절 툴(Adjust 3D Transform)

3D 레이어의 위치를 변경할 때는 화살표 부분을 드래그해 위치를 변경합니다. 다음 그림과 같이 ❶X 축은 빨간 선을 좌우로 드래그 합니다. ❷Y축은 녹색 선을 위아래로 드래그 합니다. ❸Z축은 선이 아

닌 파란 점으로 나타납니다. 바운딩 박스의 중앙 하단 점과 겹쳐 보일 수 있으므로 자세히 봐야 합니다. Z축의 파란 점을 좌우로 드래그하면 크기가 커졌다 작아졌다 하는 느낌이 듭니다. 하지만 이는 2D 공간의 정면에서 오브젝트를 바라보기 때문에 그렇습니다. 실제로는 Z축의 깊이(Depth)가 조절돼 가까이 있는 오브젝트는 크게 보이고 멀리 있는 것은 작게 보이는 것입니다.

그림 11-7 3D 레이어의 위치 변경 - X, Y, Z축

3D 레이어의 회전은 외곽선만 있는 원을 클릭해 조절합니다. 세 개의 원이 있으며, 각 위치에 따라 회전을 다르게 줄 수 있습니다. Ⓐ위쪽에 있는 원을 드래그하면 X축을 기준으로 회전합니다. Ⓑ왼쪽에 있는 원을 드래그하면 Y축을 기준으로 회전합니다. Ⓒ오른쪽에 있는 원을 드래그하면 Z축을 기준으로 회전합니다.

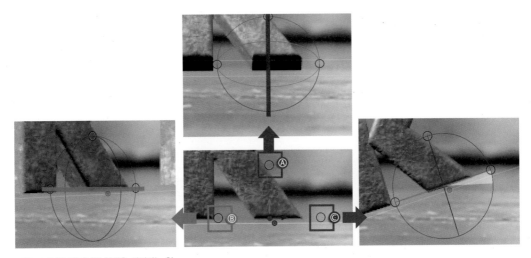

그림 11-8 3D 레이어의 회전을 설정하는 원

5 _ 레이어의 Y축을 기준으로 회전시켜 보겠습니다. 그림 11-8의 Ⓑ 왼쪽에 있는 원을 클릭한 다음 왼쪽으로 드래그해 그림 11-9와 같은 형태로 회전시킵니다.

원을 드래그해 회전시키면 캔버스 화면 왼쪽 위에 회전 정보가 나옵니다. 회전 정보는 Rot로 표시되는 절대 회전값과 △(델타)로 표시되는 회전 변경 양으로 나눌 수 있습니다. 예제에서는 Rot와 △ 모두 Y: −21°도로 표시되고 있습니다. 이는 회전값으로 현재 X: 0°, Y: −21°, Z: 0°를 가지고 있으며, 이전 회전값과 비교했을 때 Y축으로 −21°만큼 변화가 있다는 뜻입니다. 여기에서 추가로 회전시키면 △에는 그 이전 값인 X:0°, Y:−21°, Z:0°를 기준으로 얼마만큼 변화했는지가 표시됩니다.

그림 11-9 3D 텍스트의 회전과 회전 정보

6 _ 3D 텍스트를 선택하고 HUD를 활성화(단축키 F7)합니다. HUD 컨트롤을 이용하면 3D 텍스트의 위치를 변경하거나 회전시킬 수 있습니다. 3D 텍스트의 불투명도(Opacity)와 블렌딩 모드(Blend Mode), 미리 설정된 텍스트 스타일 적용, 폰트(Font), 정렬, 색상, 크기(Size), 자간(Tracking), 행간(Line Spacing), 깊이(Depth), 위치(Move), 회전(Rotate), 비율(Scale) 등을 직관적으로 조정할 수 있습니다.

위치(Move), 회전(Rotate), 비율(Scale)은 3D 변형 조절 툴(Adjust 3D Transform)을 선택해야 나타납니다.

그림 11-10 HUD와 3D 텍스트

7 _ HUD를 이용해 3D 텍스트의 비율(Scale)을 줄여보겠습니다. HUD에서 Scale 아이콘을 클릭한 다음 마우스를 떼지 않은 상태에서 드래그하면 비율을 조정할 수 있습니다. 다음 그림과 같이 Scale을 클릭한 후 마우스를 떼지 않고 왼쪽으로 드래그해 3D 텍스트의 비율을 처음보다 줄여봅니다.

그림 11-11 HUD를 이용해 3D 텍스트 조정(Scale)

8 _ 이번에는 Depth 값을 설정해 보겠습니다. 슬라이드를 오른쪽으로 드래그해 Depth 값을 100으로 설정합니다. 변경 전보다 훨씬 텍스트에 깊이감이 생겼습니다. 3D 텍스트가 2D 텍스트와 다른 점은 바로 깊이(Depth)가 있다는 점입니다. 깊이를 통해 입체적인 텍스트를 표현할 수 있습니다. HUD에서 깊이(Depth)에 설정할 수 있는 값은 100으로 제한돼 있지만, 인스펙터에서 값을 직접 입력하거나 슬라이더를 이용하면 더 큰 값으로 설정할 수 있습니다.

그림 11-12 3D 텍스트의 깊이(Depth)

반사효과를 위한 반사판 설치 및 설정하기

이번에는 자연스러운 반사(Reflection) 효과를 위해 반사판을 설치하겠습니다. 반사판은 라이브러리에서 컬러 솔리드(Color Solid)를 이용해 만들 수 있습니다.

1 _ 라이브러리를 클릭합니다.

2 _ [Generators] – [Generators] 카테고리로 순서대로 클릭합니다.

3 _ [Color Solid]를 선택하고 3D 텍스트 레이어와 배경 영상 사이로 드래그 앤드 드롭합니다.

그림 11-13 반사판을 위한 컬러 솔리드(Color Solid) 선택

4 _ 툴 바에서 3D 변형 조절 툴(Adjust 3D Transform, 단축키 Q)을 선택해 컬러 솔리드의 위치와 회전을 변경하도록 하
   겠습니다. 그러면 다음 그림과 같이 3D 위치 변경 및 회전 핸들이 나타납니다.

그림 11-14 3D 변형 조절 툴을 클릭해 3D 레이어로 변환

5 _ X축을 기준으로 회전시켜 컬러 솔리드를 글자 아래에 바닥처럼 배치하려고 합니다. 위쪽 원을 shift 키를 누른 채로 위
   쪽으로 드래그해 X:-90°로 회전시킵니다. 캔버스 화면의 왼쪽 위에 회전 정보가 나오므로 회전 정보를 참고하면서 회
   전시킵니다. 직각으로 정확히 회전시키면 다음과 같이 보이지 않게 됩니다.

그림 11-15 컬러 솔리드 레이어의 회전

6 _ 그 다음 컬러 솔리드를 완전히 글자의 바닥 부분으로 위치시키겠습니다. 위쪽으로 향한 화살표 부분을 드래그해 아래
   쪽으로 배치합니다.

7 _ 그리고 HUD에서 컬러 솔리드의 색상을 흰색으로 변경합니다.

그림 11-16 컬러 솔리드의 위치 및 색상 변경

8 _ 반사를 적용하려면 그룹의 속성을 2D에서 3D로 변경해야 합니다. 레이어 패널이나 타임라인에 있는 그룹의 아이콘을
보면 2D 아이콘으로 설정돼 있습니다. 이 부분을 클릭하면 간단하게 3D로 전환할 수 있습니다.

그림 11-17 2D 그룹에서 3D 그룹으로 전환

9 _ 3D 그룹으로 전환한 다음 컬러 솔리드(Color Solid) 레이어를 선택하고 인스펙터로 이동합니다. 그룹이 3D로 전환되
면서 반사(Reflection)가 새로 생겼습니다. Reflection 왼쪽에 있는 체크박스에 체크해 컬러 솔리드 레이어가 반사를
할 수 있게 합니다.

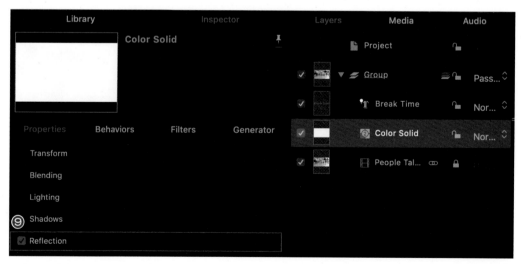

그림 11-18 컬러 솔리드 레이어에 반사(Reflection) 적용

10 _ 컬러 솔리드가 일종의 반사판으로 작용하고 있습니다. 3D 텍스트와 배경 영상을 은은하게 비춰주고 있어서 3D 텍스트가 영상 속에 자연스럽게 합성됐습니다. 컬러 솔리드의 바운딩 박스를 조절해 크기를 늘리면 더욱 많은 부분을 반사시킬 수 있습니다.

그림 11-19 반사가 적용된 컬러 솔리드 레이어

11 _ HUD에서 컬러 솔리드의 블렌딩 모드를 Overlay로 변경하고 불투명도(Opacity)를 60%로 변경하면 다음 그림과 같이 자연스러운 합성을 할 수 있습니다.

그림 11-20 자연스러운 합성을 위한 컬러 솔리드의 블렌딩 모드 및 불투명도 수정

11.2 _ 3D 텍스트의 인스펙터 살펴보기

3D 텍스트가 고유하게 가지고 있는 매개변수들이 있습니다. 대표적인 매개변수로는 깊이(Depth)와 조명(Lighting), 재질(Material) 등이 있습니다. 이번 절에서는 이러한 매개변수에 관해서 살펴보겠습니다.

먼저 예제 폴더에서 '11-2 3D 텍스트의 인스펙터' 모션 프로젝트 파일을 열어보겠습니다.

예제 파일을 열어보면 'Motion 5'라고 쓰여져 있는 2D 텍스트 레이어를 볼 수 있습니다. 우선 이 2D 텍스트 레이어를 3D 텍스트 레이어로 전환하겠습니다. 방법은 정말 간단합니다.

1 _ 텍스트 레이어를 선택합니다.

2 _ 인스펙터를 클릭합니다.

3 _ [Text] 탭을 클릭합니다.

4 _ [Appearance] 탭을 클릭합니다.

5 _ '3D Text' 왼쪽에 있는 체크박스에 체크하면 3D 텍스트 레이어로 전환됩니다.

그림 11-21 2D 텍스트 레이어에서 3D 텍스트 레이어로 전환하기

3D 텍스트 레이어로 전환되면 텍스트 인스펙터의 [Appearance] 탭에도 변화가 생깁니다. 기존에 있던 Face와 Outline 패널이 사라지고 3D 텍스트와 관련된 3D Text, Lighting, Material 패널이 생깁니다. Glow와 Drop Shadow 패널은 그대로 있습니다.

3D Text 섹션 콘트롤 살펴보기

먼저 3D Text 섹션 콘트롤을 살펴보겠습니다. 값을 조절해보면서 매개변수의 속성을 하나씩 익혀보겠습니다.

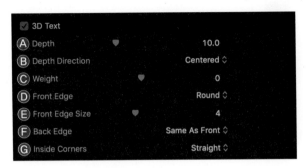

그림 11-22 3D Text 패널 콘트롤

Ⓐ **Depth(깊이):** 3D 텍스트의 깊이(굵기)를 조절합니다. 숫자가 커질수록 더 굵은 3D 텍스트를 연출합니다.

그림 11-23 Depth 값에 따른 3D 텍스트 레이어

Ⓑ **Depth Direction(깊이 방향):** 3D 텍스트의 어느 부분을 돌출시킬지 결정합니다. 팝업 메뉴를 통해 3가지 옵션인 Centered(앞뒤로), Backward(뒤에만), Forward(앞에만)를 선택할 수 있습니다.

Ⓒ **Weight(무게):** 3D 텍스트의 무게감을 설정합니다. -5에서 5의 범위로 값을 설정할 수 있습니다. 음수로 설정하면 글자의 두께가 얇아져 가벼워 보이며 양수로 설정하면 반대로 글자가 두꺼워집니다.

그림 11-24 Weight 값에 따른 3D 텍스트 레이어

Ⓓ **Front Edge(앞면 가장자리):** 3D 텍스트 레이어의 앞면 가장자리 스타일을 설정합니다. 11가지의 서로 다른 스타일을 지정할 수 있으며, 스타일을 그림과 함께 제공하므로 직관적으로 보면서 선택할 수 있습니다.

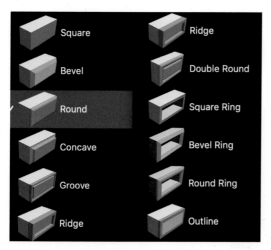

그림 11-25 Front Edge 매개변수의 11가지 스타일

ⓔ **Front Edge Size(앞면 가장자리 크기):** 3D 텍스트 레이어에서 앞면 가장자리의 크기를 조절합니다. 왼쪽에 있는 삼각형을 클릭하면 Width와 Depth의 세부적인 조정을 할 수 있습니다.

▼ Front Edge Size	▼	4
Width	▼	4.0
Depth	▼	4.0

그림 11-26 Front Edge Size의 펼침 메뉴

ⓕ **Back Edge(뒷면 가장자리):** 3D 텍스트의 뒷면 가장자리도 앞면 가장자리와 마찬가지로 스타일을 설정할 수 있습니다. 보통은 Same As Front로 설정해 앞면 가장자리와 같은 모양으로 설정합니다.

ⓖ **Inside Corners(내부 모서리):** 3D 텍스트의 내부 모서리를 어떻게 처리할 지 결정하는 옵션입니다. Straight, Round, Miter 등 3개의 옵션이 있습니다. 각 옵션에 따라 내부 모서리의 모양이 달라집니다. 다음 그림은 영어 소문자 t입니다. 각 옵션 값에 따라 모양이 달라지는 것을 확인할 수 있습니다. 내부 모서리는 앞면 가장자리(Front Edge)가 Square가 아니라면 설정할 수 있습니다.

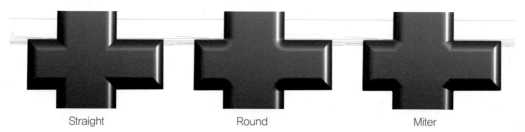

Straight   Round   Miter

그림 11-27 Inside Corner 값에 따른 3D 텍스트 레이어

조명(Lighting) 패널 콘트롤 살펴보기

이어서 조명(Lighting) 패널을 살펴보겠습니다. 조명을 잘 사용하면 3D 레이어의 현실감을 높일 수 있습니다. 다른 3D 레이어는 별도의 조명을 추가(Add Light)해야 하지만 3D 텍스트는 자체적으로 조명이 빌트인(Built-In) 돼 있습니다. 따라서 인스펙터에서 바로 3D 텍스트의 조명 스타일을 콘트롤 할수 있습니다.

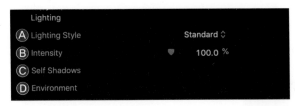

그림 11-28 조명(Lighting) 패널 콘트롤

Ⓐ Lighting Style(조명 스타일): 조명 스타일을 설정합니다. 조명이 어떻게 비출지 그림이 함께 제공되므로 직관적으로 조명 스타일을 선택할 수 있다는 장점이 있습니다.

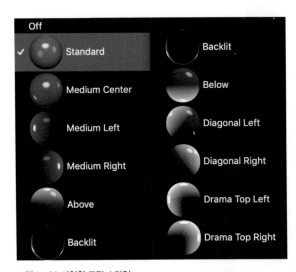

그림 11-29 다양한 조명 스타일

Ⓑ Intensity(강도): 조명의 강도를 설정합니다. 슬라이더를 드래그해 조명의 강도를 낮추거나 높일 수 있습니다.

Ⓒ Self Shadows(자체 그림자): 3D 텍스트의 글자들이 서로 영향을 주어 자체적인 그림자를 생기게 하는 옵션입니다. 이 옵션에 체크하면 불투명도(Opacity)와 부드러움(Softness)을 조절할 수 있습니다. Self Shadow 행의 오른쪽에 있는 Show 버튼을 클릭하면 추가 조정 콘트롤이 나타나고, 불투명도와 부드러움을 조절할 수 있습니다.

그림 11-30 Self Shadows를 적용한 3D 텍스트

ⅅ Enviroment(환경 제어): 3D 텍스트를 둘러싸고 있는 주변 '환경'의 조명을 설정할 수 있습니다. Enviroment 왼쪽에 있는 체크박스에 체크한 다음 오른쪽에 있는 Show 버튼을 클릭하면 추가 조정 콘트롤이 나타납니다.

그림 11-31 Enviroment 조명 패널의 환경 설정

Ⓐ Type(유형): 주변 환경의 유형을 설정합니다. 그라디언트(Gradient)부터 실내외의 다양한 환경까지 미리 설정돼 있어서 직관적으로 보고 선택할 수 있습니다.

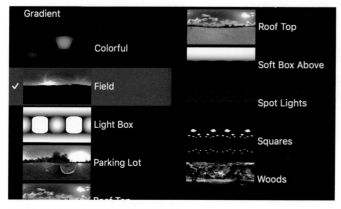

그림 11-32 다양하게 설정된 조명 '환경'의 유형

ⓑ Intensity(강도): 주변 환경의 조명 강도를 조정합니다.

ⓒ Rotation(회전): 주변 환경의 조명 각도를 제어합니다.

ⓓ Contrast(대비): 주변 환경의 대비를 높이거나 낮춥니다. 대비가 높을수록 중간 영역(Midtones)이 약해지며 밝은 영역 (Highlights)과 어두운 영역(Shadows)이 더욱 뚜렷해집니다. 대비가 낮을수록 중간 영역이 강해지며 밝은 영역과 어두운 영역이 모호해집니다.

ⓔ Saturation(채도): 주변 환경의 색상을 조정합니다. 채도가 높을수록 색상이 더욱 선명해지고 뚜렷해집니다. 채도가 낮으면 단색 이미지가 더 많이 생성됩니다.

ⓕ Anisotropic(이방성): 반사를 줄 때 보다 사실적인 왜곡을 생성합니다.

재질(Material) 패널 콘트롤 살펴보기

3D 텍스트는 하나 이상의 재질 레이어를 바탕으로 텍스트의 겉모습을 표현합니다. 모션 5에서는 금속, 플라스틱, 나무, 천, 페인트, 종이, 돌 등 다양한 재질을 쉽게 표현할 수 있도록 미리 설정된 다양한 재질을 지원하고 있습니다.

그림 11-33 미리 설정된 3D 텍스트의 다양한 재질

Substance(물질) 섹션의 매개변수를 통해 3D 텍스트의 기본적인 표면 재질을 변경할 수 있습니다. Type(유형)에서는 다양한 매개변수를 추가하고 설정할 수 있으며, 콘크리트(Concrete), 천(Fabric), 금속(Metal), 플라스틱(Plastic), 돌(Stone), 나무(Wood), 플랫(Flat), 제네릭(Generic) 등을 지원합니다.

그림 11-34 물질(Substance) 콘트롤의 유형(Type)

콘크리트(Concrete)	천(Fabric)
금속(Metal)	플라스틱(Plastic)
돌(Stone)	나무(Wood)
플랫(Flat)	제네릭(Generic)

표 11-1 물질 유형별 스타일

플랫(Flat)은 3D 텍스트 자체를 2D 텍스트처럼 나타냅니다. 일종의 2.5D 텍스트입니다. 플랫으로 설정한 다음 단색(Solid)이나 그라디언트(Gradient) 혹은 이미지(Image)를 적용할 수 있습니다. 제네릭(Generic) 역시 단색, 그라디언트, 이미지를 적용할 수 있지만, 플랫과 다르게 일반적인 3D 형태로 나타납니다. 만약 재질을 적용하지 않은 3D 텍스트를 선택하고 싶다면 제네릭으로 설정해야 합니다.

11.3 _ 넷플릭스 스타일의 인트로 만들기

이번 절에서는 3D 텍스트를 이용해 넷플릭스(Netflix) 스타일의 인트로 영상을 만들어 보겠습니다.

그림 11-35 넷플릭스 스타일의 인트로 영상

예제 폴더에서 '11-3 넷플릭스 스타일 인트로 영상' 모션 프로젝트 파일을 열어보겠습니다. 가장 먼저 2D 텍스트 레이어를 3D 텍스트로 변환하고, 그룹의 속성도 3D로 변환하겠습니다.

1 _ 'MOTION 5' 텍스트 레이어를 선택합니다.

2 _ 인스펙터를 클릭합니다.

3 _ [Text] 탭을 클릭합니다.

4 _ [Appaearance] 탭을 클릭합니다.

5 _ 3D TEXT 왼쪽에 있는 체크박스에 체크합니다.

6 _ 그룹의 속성도 3D로 전환합니다.

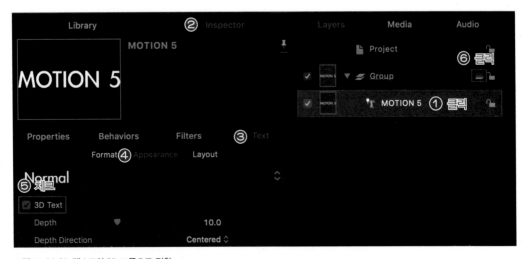

그림 11-36 3D 텍스트와 3D 그룹으로 전환

3D 텍스트를 선택한 다음 인스펙터에서 스타일을 설정하겠습니다.

7 _ Depth 매개변수의 값을 100으로 설정해 두껍게 만듭니다.

8 _ Front Edge는 Square로 설정합니다.

그림 11-37 3D 텍스트의 Depth와 Front Edge 설정

특수문자를 배경판으로 만들기

이번에는 텍스트의 배경판을 넣어보겠습니다. 일반적으로는 Color Solid를 이용하지만 Color Solid 자체가 2D를 기반으로 한 레이어라서 인스펙터에서 3D 속성을 부여하기에는 한계가 있습니다. 그래서 이번 예제에서는 변칙적인 방법으로 3D 텍스트로 특수 문자를 입력한 다음 이를 배경판으로 만들어보겠습니다.

1 _ 툴 바에서 3D 텍스트를 선택합니다.

2 _ 캔버스 화면의 빈 곳을 클릭해 텍스트를 입력하는 상태로 둡니다.

3 _ 그리고 상단 메뉴에서 [Edit]를 클릭합니다.

4 _ [Emoji & Symbols]를 차례로 클릭합니다.

그림 11-38 문자 뷰어창 열기

5 _ 문자 뷰어창의 왼쪽 사이드 바에서 [구분점/별]을 클릭합니다.

6 _ 아래 그림과 같이 색이 칠해져 있는 사각형(BLACK MEDIUM SQUARE)를 더블클릭해 추가합니다. 문자를 추가했으면 문자 뷰어창을 닫습니다.

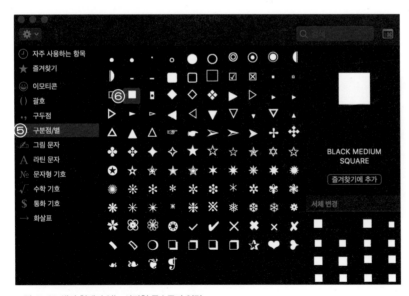

그림 11-39 색이 칠해져 있는 사각형 특수문자 입력

인스펙터에서 특수 문자의 속성 변경하기

인스펙터에서 특수 문자의 속성을 변경하겠습니다.

1 _ 특수 문자 텍스트 레이어를 선택한 다음 인스펙터의 [Appearance] 탭에서 Depth를 0으로 설정합니다.

2 _ Front Edge는 Square로 설정해 평평한 사각형이 되도록 만들어줍니다.

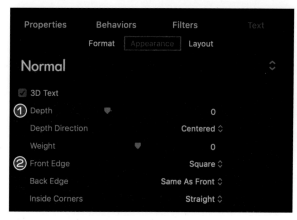

그림 11-40 특수 문자의 Depth와 Front Edge 설정

이번에는 크기를 늘려보겠습니다.

3 _ [Properties] 탭으로 이동한 다음 Scale의 값을 8000%로 입력합니다. 위치도 글자를 모두 덮을 수 있게 아래 그림과
같이 X:-4.6px, Y:-9.1px로 변경합니다.

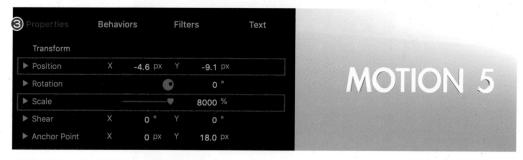

그림 11-41 Properties 탭에서 Scale과 Position 설정

4 _ [Text] – [Appearance] 탭으로 이동한 다음 Lighting 패널에서 Environment의 추가 콘트롤 창을 열어줍니다. 추가
콘트롤 창은 Environment 행의 오른쪽 부분에 마우스를 올리면 나타나는 Show를 클릭하면 나타납니다.

5 _ Intensity(강도)를 0%로 설정합니다. 주변 환경의 조명 강도가 없기 때문에 다음과 같이 배경판이 어두워집니다.

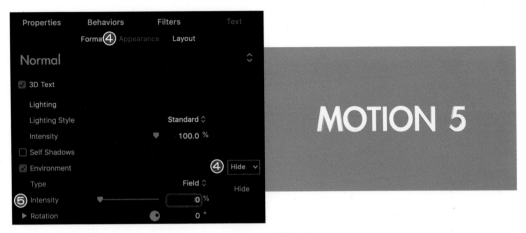

그림 11-42 주변 환경의 조명 강도(Lighting- Enviroment Intensity) 설정(특수문자)

이번에는 3D 텍스트 레이어의 인스펙터에서 동일한 항목의 매개변수(Enviroment - Intensity) 값을 조정하겠습니다.

6 _ 3D 텍스트 레이어를 선택한 다음 인스펙터의 [Appearance] 탭을 클릭합니다.

7 _ Enviroment의 Intensity를 100%에서 50%로 변경합니다. 값을 낮추면 주변 환경에 맞춰 텍스트의 회색빛이 좀 더 강해집니다. 값을 변경한 모습은 다음 그림과 같습니다.

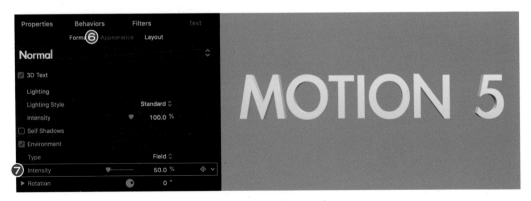

그림 11-43 주변 환경의 조명 강도(Lighting- Enviroment Intensity) 설정(3D 텍스트)

3D 텍스트 레이어의 포지션(Position) 값을 설정하겠습니다. 3D 텍스트는 포지션 값으로 X, Y, Z 축의 좌표 값을 가지고 있습니다.

8 _ 인스펙터에서 [Properties] 탭으로 이동한 다음 Position의 왼쪽에 있는 삼각형을 클릭합니다.

9 _ Position 값이 확장되면서 Z축을 확인하고 수정할 수 있습니다. Z축의 값을 50.0으로 설정합니다. Z축 값을 변경하니 텍스트가 조금 더 두께감 있어 보입니다.

그림 11-44 3D 텍스트 레이어의 Z축 값 조정

3D 텍스트 레이어에 비헤이비어 추가하기

이번에는 3D 텍스트 레이어에 비헤이비어를 추가하겠습니다.

1 _ 툴 바에서 비헤이비어 아이콘을 클릭합니다.

2 _ [Text Animation] – [Sequence Text] 비헤이비어를 차례로 선택해 적용합니다.

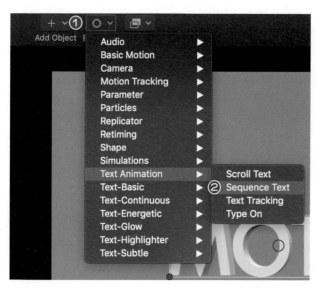

그림 11-45 3D 텍스트 레이어에 비헤이비어 적용(Sequence Text)

추가한 비헤이비어 수정하기

적용한 Sequence Text 비헤이비어는 텍스트 레이어의 길이만큼 적용됩니다. 따라서 타임라인에서 이를 조절해주어야 합니다.

1 _ 플레이헤드를 2초에 위치시킵니다.

2 _ Mark Play Range Out(단축키 O)을 눌러 비헤이비어의 길이를 2초로 조절합니다.

그림 11-46 Sequence Text 비헤이비어의 길이 조정

인스펙터로 이동한 다음 Sequence Text의 매개변수(Parameter)로 Position을 추가하겠습니다. 이로써 뒤에서 앞으로 나오는 글자를 연출할 수 있습니다.

3 _ 인스펙터에서 [Behaviors] 탭으로 이동합니다.

4 _ Parameter 오른쪽에 있는 [Add] 버튼을 클릭합니다.

5 _ [Format] – [Position]을 선택합니다.

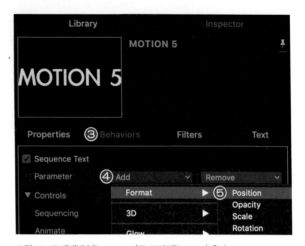

그림 11-47 매개변수(Parameter)로 포지션(Position) 추가

Parameter에 Position이 추가됐습니다. 뒤에서 앞으로 튀어나오는 애니메이션을 연출하기 위해 Position Z축에 Overshoot 비헤이비어를 추가하겠습니다.

1 _ Position 왼쪽에 있는 삼각형을 클릭해 Z축까지 모두 표시되게 합니다.

2 _ Z축의 오른쪽으로 마우스를 이동시킨 다음 펼침 메뉴 버튼을 클릭합니다.

3 _ [Add Parameter Behavior] 카테고리를 선택합니다.

4 _ [Overshoot]을 클릭해 비헤이비어를 적용합니다.

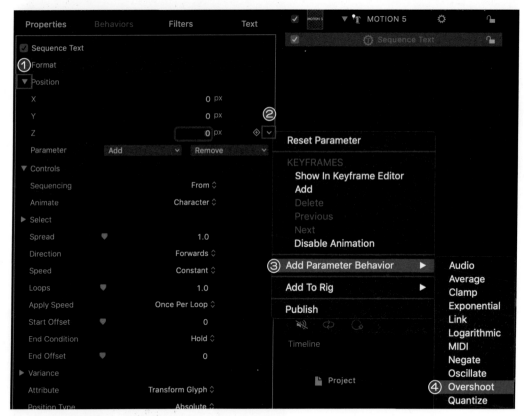

그림 11-48 포지션 Z축에 Overshoot 비헤이비어 적용

Overshoot 비헤이비어의 길이를 2초로 조정하겠습니다.

5 _ 플레이헤드를 2초로 이동시킵니다.

6 _ Overshoot 비헤이비어가 선택된 상태에서 단축키 O를 누릅니다.

Overshoot 비헤이비어의 매개변수 설정하기

이번에는 인스펙터에서 Overshoot 비헤이비어의 매개변수 값을 설정하겠습니다.

1 _ 가장 먼저 설정할 매개변수는 Start Value입니다. Start Value는 출발점이라 할 수 있는데 −250.0px로 설정했습니다. 글자의 포지션 값 중에서 Z축의 −250.0px 지점에서 시작한다는 뜻으로 글자가 배경판 뒤에서 출발합니다.

2 _ 그 다음 변경할 매개변수는 Ramp Duration입니다. 값이 작아질수록 팅기는 정도가 강해집니다. 8.0%로 설정했지만, 좀 더 극적인 효과를 위해 값을 더 작게 설정해도 됩니다.

3 _ Cycles 매개변수는 최솟값인 0.01로 설정합니다.

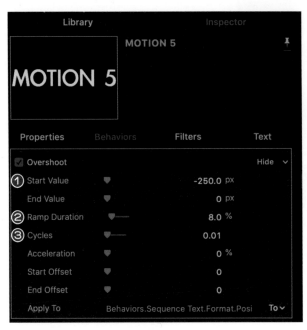

그림 11-49 Overshoot 매개변수 값 수정하기

Sequence Text 비헤이비어의 매개변수 설정하기

Sequence Text 비헤이비어의 콘트롤 패널에 있는 매개변수 값도 설정하겠습니다.

1 _ 우선 Spread(확산) 매개변수는 4.0으로 설정합니다. Spread 매개변수는 Position Z축에 적용한 Overshoot 비헤이비어와 함께 동작을 좀 더 부드럽게 만들어줍니다. 값이 1일 때에는 움직임이 딱딱한 느낌을 주지만, 적당한 값을 설정하면 부드럽게 튀어나왔다가 다시 제자리로 들어가는 모습을 연출합니다.

2 _ Speed는 Easy Both로 설정해 좀 더 자연스러운 느낌으로 연출합니다.

3 _ Apply Speed 역시 Per Object로 설정합니다.

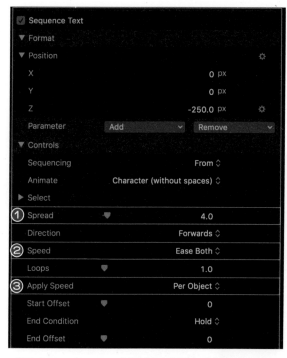

그림 11-50 Sequence Text 비헤이비어의 매개변수 값 설정

Depth와 Color에 키프레임 애니메이션 추가하기

이번에는 텍스트가 등장한 이후에 원래 자리로 되돌아갈 때 두께가 평평해지면서 색상이 변하는 애니메이션을 연출하겠습니다.

1 _ 플레이헤드를 1초 20프레임에 위치시킵니다.

2 _ 인스펙터의 [Text] – [Appearance] 탭으로 이동합니다.

3 _ 3D Text의 Depth 매개변수에 키프레임을 추가 버튼을 클릭합니다.

4 _ Substance의 Color 매개변수에도 키프레임을 추가합니다.

그림 11-51 키프레임 애니메이션 추가(Depth와 Color)

5 _ 플레이헤드를 2초 10프레임으로 이동시킵니다.

6 _ Depth의 값을 0으로 변경합니다. 3D 텍스트의 두께가 사라지면서 평평해집니다.

7 _ Type은 Shiny로 지정하면 붉은색에 하얀 빛이 돕니다. 그래서 Type을 Matte로 변경해 색상을 좀 더 선명하게 나타 내겠습니다.

8 _ Color는 흰색에서 붉은색으로 변경합니다. 색상에도 키프레임 애니메이션이 적용되면서 흰색에서 붉은색으로 변하는 애니메이션이 됐습니다.

그림 11-52 키프레임 애니메이션 적용

그림자를 나타내기 위한 조명 설치

이번에는 그림자를 나타내기 위해 Light(조명)를 설치하겠습니다. 상단의 툴바에서 [Add Object] 아이콘을 클릭한 다음 [Light]를 클릭해 조명을 설치합니다.

그림 11-53 조명(Light) 설치

인스펙터의 Light 탭을 클릭해 Light Controls 섹션에 있는 매개변수를 수정하겠습니다.

1 _ Light Type(조명 유형)을 Point에서 Directional로 변경합니다.

2 _ Intensity(조명 강도)는 20%로 값을 변경해 밝기를 낮춥니다.

3 _ 이어서 Shadows 왼쪽에 있는 체크박스에 체크해 그림자를 표시합니다.

그림 11-54 인스펙터에서 조명 설정

이번에는 조명을 회전시켜 보겠습니다. 캔버스에서 핸들을 이용해 직관적으로 회전시킬 수 있습니다. 위쪽에 있는 원을 드래그하면 Y축을 기준으로 회전시킬 수 있고, 왼쪽에 있는 원을 드래그하면 X축을 기준으로 회전시킬 수 있습니다. 이 두 개의 원을 드래그해 그림자가 텍스트의 아래쪽으로 비춰질 수 있게 설정합니다. 핸들을 이용한 작업이 조금 어렵다면 인스펙터에서 Rotation을 다음 그림과 같이 설정하면 됩니다.

4 _ X를 −60도로 설정합니다.

5 _ Y를 −40도로 설정합니다.

그림 11-55 조명을 회전시켜서 텍스트의 아래쪽에 그림자가 비춰지게 설정

회색 글자가 평평한 붉은 글자로 변하는 애니메이션 연출하기

글자가 평평해지면서 그에 따라 그림자도 사라지게 하려고 합니다. Intensity(조명의 강도)에 키프레임 애니메이션을 추가해 연출할 수 있습니다.

1 _ 1초 20프레임으로 플레이헤드를 이동시킵니다.

2 _ Light를 선택한 후 인스펙터를 클릭합니다.

3 _ [Light] 탭을 클릭합니다.

4 _ Intensity에 키프레임을 추가합니다.

5 _ 2초 10프레임으로 플레이헤드를 이동시킵니다.

6 _ Light의 Intensity를 0%로 변경합니다.

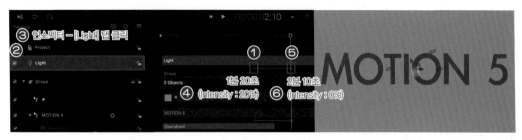

그림 11-56 조명에 키프레임 애니메이션 적용

가장자리를 검게 만들어주는 Vignette 필터 추가하기

마무리 작업으로 Vignette 필터를 추가하겠습니다. Vignette 필터는 영상 가장자리의 어두운 영역을
부드럽게 만들어줍니다.

1 _ 레이어 패널이나 타임라인에서 그룹(Group) 레이어를 선택합니다.

2 _ 라이브러리에서 [Filters] – [Stylize] – [Vignette]를 선택합니다.

3 _ [Apply] 버튼을 클릭해 필터를 적용합니다.

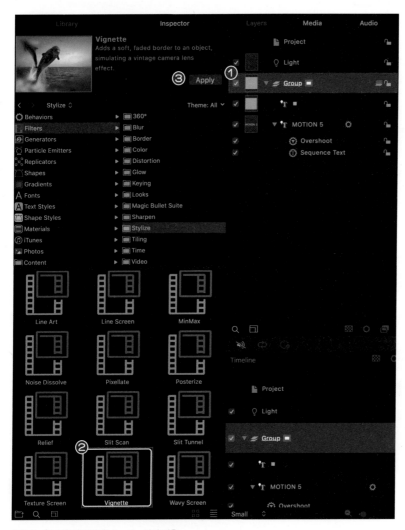

그림 11-57 그룹 레이어에 Vignette 필터 적용

인스펙터에서 Vignette 필터의 매개변수 값을 설정합니다.

4 _ 인스펙터에서 [Filter] 탭을 클릭합니다.

5 _ Size를 1.3으로 설정하면 필터가 적용되는 크기가 좀 더 커집니다.

6 _ Falloff는 안 쪽의 범위를 설정하는 매개변수로, 0.7로 설정합니다.

7 _ Darken은 0.5로 값을 높여서 전체적으로 어둡게 만들었습니다.

그림 11-58 Vignette 필터의 매개변수 설정

드디어 넷플릭스 스타일의 인트로 영상을 완성했습니다. 예제에서는 MOTION 5를 넣었지만 여러분이 원하는 문구를 넣어서 개성 있게 사용하면 됩니다.

그림 11-59 완성한 넷플릭스 스타일의 인트로 영상

12 CHAPTER

3D 레이어와
카메라를 이용한 모션 그래픽

이번 장에서는 3D 레이어와 카메라를 이용한 간단한 모션 그래픽을 만들어보겠습니다. 3D 레이어와
카메라 기능은 다양한 연출을 가능하게 하며, 좀 더 다양한 표현을 위해 꼭 알아둬야 하는 기능입니다.
현실에서 카메라를 이용해 촬영하는 것처럼 모션 5에서도 다양한 카메라 시점을 구현할 수 있으며 이
를 통해 모션 그래픽에 공간감을 부여할 수 있습니다.

그림 12-1 3D 레이어와 카메라를 이용한 예제 영상

12.1 _ 사진을 이용한 입체적인 느낌 만들기

우리가 보통 접하고 바라보는 사진은 평면적인 2D 이미지입니다. 이런 사진을 부분마다 레이어로 분
리한 다음 모션 5의 카메라를 이용하면 입체적인 느낌이 연출된 영상을 만들 수 있습니다. 실습을 통해
알아보겠습니다.

이번 실습은 새로운 모션 프로젝트를 생성하는 것부터 시작하겠습니다.

1 _ 모션을 실행한 다음 프로젝트 브라우저에서 Motion Project를 선택하여 새로운 모션 프로젝트를 생성합니다.

2 _ Preset(사전 설정)은 Broadcast HD 1080으로 설정합니다.

3 _ Frame Rate(프레임 레이트)는 29.97fps로 설정합니다.

4 _ Duration(길이)은 10초(00:00:10;00)로 설정합니다.

그림 12-2 새로운 모션 프로젝트 생성

PSD 파일 임포트하기

프로젝트가 생성되면 PSD(Photoshop Document) 파일을 임포트(Import)합니다. 이미지로 된 사진 파일을 임포트하면 모션에서 펜 툴을 이용해 일일이 레이어를 분리해야 합니다. 번거로운 면이 있어서 미리 포토샵에서 레이어를 분리한 PSD 파일을 모션 5로 임포트하는 것입니다.

1 _ 상단 메뉴에서 [File] → [Import](단축키 command + I)를 클릭합니다.

2 _ '12장 3D 레이어와 카메라를 이용한 모션그래픽' 폴더를 더블클릭 합니다.

3 _ '12-1 example.psd' 파일을 선택합니다.

4 _ [Import] 버튼을 클릭해 PSD 파일을 임포트합니다.

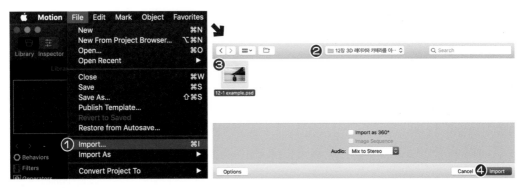

그림 12-3 PSD 파일 임포트

PSD 파일을 불러올 때의 옵션

PSD 파일을 불러올 때 다음과 같이 옵션 창이 나타납니다. Layer Name의 팝업 메뉴를 클릭해 [All Layers]로 변경한 다음 [OK] 버튼을 클릭합니다.

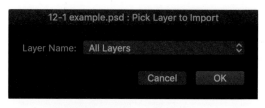

그림 12-4 레이어 모두 불러오기(All Layers) 선택

Tip _ PSD 파일을 모션으로 불러오기

PSD 파일은 레이어가 존재하는 파일이라서 불러올 때 이 부분을 어떻게 할 것인지 선택할 수 있으며, 3가지 옵션이 있습니다.

그림 12-5 PSD 파일을 모션으로 불러오는 옵션

- **Merge Layers(레이어 병합)**: 레이어를 모두 합친 형태로 이미지를 불러옵니다. 이 경우에는 레이어별로 동작을 주거나 속성을 조정하는 등의 작업을 할 수가 없습니다(일반 이미지 파일을 불러온 것과 같습니다).

- **All Layers(레이어 모두 불러오기)**: 레이어들을 모두 각각 불러와 모션 5에서 레이어별로 동작을 주거나 속성을 조정하는 작업을 할 수 있습니다.

- **특정 레이어만 가져오기**: PSD 파일 중 모든 레이어를 가져오는 것이 아니라 특정 레이어만 가져올 수 있습니다. 이 경우에는 해당 레이어 이름만 선택한 다음 임포트하면 됩니다.

그룹 레이어를 3D로 전환하기

레이어 패널이나 타임라인에서 그룹(Group) 레이어를 선택합니다. 그룹이 기본적으로 2D 속성이므로 3D 속성을 가질 수 있게 변경해야 합니다. 간단하게 아이콘을 클릭해도 3D로 전환할 수 있지만 인스펙터를 이용해서 변경하는 방법도 있습니다. 아래 그림과 같이 인스펙터에서 그룹의 유형(Type)을 2D에서 3D로 변경하면 그룹의 속성이 변경됩니다.

1 _ [Group]을 클릭해 선택합니다.

2 _ 인스펙터를 클릭합니다.

3 _ [Group] 탭을 클릭합니다.

4 _ Type의 팝업 메뉴를 클릭해 3D로 변경합니다.

그림 12-6 인스펙터에서 그룹 레이어의 속성을 3D로 변경

카메라 설치하기

1 _ 카메라를 설치하겠습니다. 상단에 있는 툴 바에서 [Add Object] 아이콘을 클릭합니다.

그림 12-7 카메라 설치를 위한 Add Object 버튼 클릭

2 _ 추가할 객체로 [Camera]를 클릭해 선택합니다.

그림 12-8 카메라 추가하기

3 _ 카메라를 프로젝트에 추가하면 다음과 같은 변화가 나타납니다.

그림 12-9 카메라 추가 시 나타나는 변화

Ⓐ 레이어 리스트에 카메라가 추가됩니다. 카메라를 선택하면 인스펙터에서 카메라의 다양한 속성을 제어할 수 있습니다.

Ⓑ 인스펙터에서 카메라의 속성을 제어할 수 있습니다.

Ⓒ HUD에서 카메라의 속성을 제어할 수 있습니다.

Ⓓ 캔버스 화면 왼쪽 위에 카메라 팝업 메뉴가 생성됩니다. 기본값은 활성 카메라(Active Camera)입니다.

Ⓔ 캔버스 화면 오른쪽 위에 카메라의 시점을 제어할 수 있는 3D 뷰 툴(3D View Tools) 메뉴가 추가됩니다.

Ⓕ 3D 변형 조절 툴이 생성됩니다.

4 _ 여기에서 캔버스 화면 왼쪽 위에 생성된 카메라 팝업 메뉴를 클릭해보겠습니다. 카메라와 레이어 오브젝트를 다양한 각도에서 살펴볼 수 있는 메뉴가 나타납니다. 크게 세 가지 섹션으로 나누어 볼 수 있습니다. 맨 위에는 장면 카메라(Scene Camera), 중앙은 레퍼런스 카메라(Reference Camera), 맨 아래는 5가지 자주 쓰는 주요 기능입니다.

Ⓐ 장면 카메라(Scene Camera) ←

Ⓑ 레퍼런스 카메라(Reference Camera) ←

Ⓒ 5가지 자주 쓰는 주요 기능 ←

Active Camera	
클릭	

✓ Active Camera	^A
Camera	
Perspective	^P
Front	
Back	
Left	
Right	
Top	
Bottom	
Reset View	^R
Select Active Camera	^⌥C
Fit Objects Into View	F
Frame Object	⇧⌘F
Focus On Object	^F

그림 12-10 카메라 팝업 메뉴

ⓐ 장면 카메라(Scene Camera)

활성 카메라(Active Camera)와 카메라 목록으로 나눌 수 있습니다.

활성 카메라(Active Camera)는 현재 플레이헤드가 비추고 있는 레이어 중 가장 상단에 있는 카메라를 뜻합니다. 또한 캔버스에서 프로젝트를 볼 때 사용하는 카메라가 활성 카메라이며 프로젝트를 영상 파일로 출력할 때 렌더링 되는 카메라도 활성 카메라입니다. 프로젝트에 하나의 장면 카메라만 있을 때에는 팝업 메뉴의 상단에 나타나는 활성 카메라와 카메라가 일치합니다.

프로젝트에는 여러 대의 카메라를 설치할 수 있습니다. 카메라가 여러 개 있으면 다음 그림과 같이 카메라 목록에 여러 대의 카메라가 나타납니다. 보통은 레이어의 상단에 있는 카메라가 활성 카메라(Active Camera)로 지정되지만, 특정 장면 카메라를 선택해 활성 카메라로 만들 수도 있습니다.

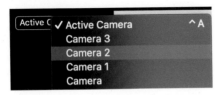

그림 12-11 카메라가 여러 대 있을 때의 장면 카메라

ⓑ 레퍼런스 카메라(Reference Camera)

레퍼런스(Reference)라는 단어에는 참고, 참조라는 뜻이 있습니다. 레퍼런스 카메라에서는 카메라와 오브젝트를 다양한 각도에서 바라볼 수 있게 참조 시점을 선택할 수 있습니다. Perspective는 원근법이라는 뜻입니다. 따라서 Perspective를 클릭하면 실제 카메라와 마찬가지로 카메라에서 멀리 떨어진 레이어는 카메라에 가까운 레이어보다 작게 나타납니다. 다른 카메라 시점들은(Front, Back, Left, Right, Top, Bottom) 원근감을 무시합니다.

ⓒ 5가지 자주 쓰는 주요 기능들

- **보기 재설정(Reset View)**: 카메라 보기를 기본 방향으로 재설정합니다.

- **활성 카메라 선택하기(Select Active Camera)**: 현재 프레임에서 레이어 목록의 맨 위에 위치한 카메라를 프로젝트에서 활성 카메라로 선택합니다.

- **뷰어에 객체 맞추기(Fit Object Into View)**: 현재 활성화된 카메라를 선택한 오브젝트가 캔버스 뷰어에 딱 맞춰질 수 있게 카메라 속성값을 재정의합니다.

- **프레임 오브젝트(Frame Object)**: 선택한 오브젝트가 캔버스 뷰어에 맞춰질 수 있게 해주는 기능입니다.

- **오브젝트 초점 맞추기(Focus On Object)**: 심도 피사계(Depth of Field) 기능이 켜져 있을 때 카메라의 초점이 선택한 오브젝트에 맞춰지게 카메라의 초점을 조정하는 기능입니다.

레이어의 배치를 서로 다르게 하기

3D 공간에서 레이어의 배치를 서로 다르게 하려고 합니다. 그룹은 현재 3D 그룹의 속성을 가지고 있지만 PSD 파일은 아직 2D 속성입니다.

1 _ 타임라인에서 '12-1 example'의 아이콘 부분을 클릭해 레이어의 속성을 3D로 변경합니다.

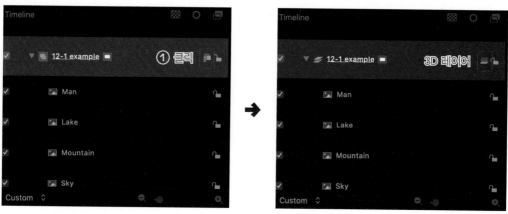

그림 12-12 레이어의 속성 변경(2D에서 3D로)

현재는 4개의 레이어가 Z축에서 모두 같은 곳에 위치하고 있습니다. 직관적으로 레이어를 배치하기 위해서 카메라 뷰를 변경하겠습니다.

2 _ 캔버스 화면 왼쪽 위에 있는 Active Camera를 클릭하면 팝업 메뉴가 나타납니다. 팝업 메뉴에서 Top으로 선택합니다.

3 _ 캔버스 화면 오른쪽 위에 있는 화면 배율을 클릭해 50%로 하겠습니다.

다음 그림은 위쪽에서 카메라와 캔버스 그리고 레이어를 바라보고 있는 모습입니다. 캔버스를 기준으로 레이어가 모두 같은 자리에 있습니다.

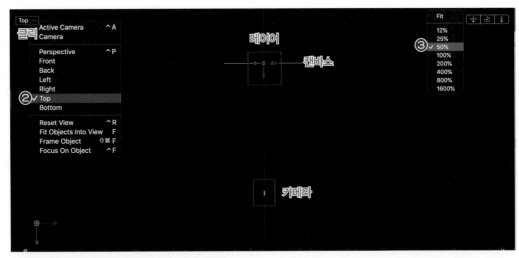

그림 12-13 레이어를 배치하기 위한 카메라 뷰와 화면 배율 변경

4 _ Man 레이어를 선택한 다음 이미지 레이어의 Z축(파란색 화살표)을 드래그해 카메라 쪽으로 이동시킵니다. 캔버스의 오른쪽 아래에 Active Camera 창이 작게 나타나면서 캔버스 화면에서 어떻게 보이는지 미리 볼 수 있습니다. 인스펙터의 포지션 값을 보면 Man 레이어의 Z축 값이 변해있음을 알 수 있습니다.

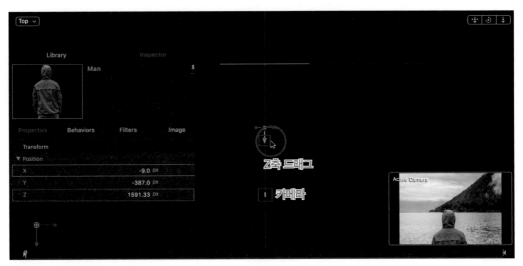

그림 12-14 레이어를 카메라 쪽으로 드래그

5-6 _ Sky 레이어를 제외한 다른 레이어(Mountain, Lake)의 Z축도 위와 같은 방법으로 다음 그림과 같이 조절하겠습니다.

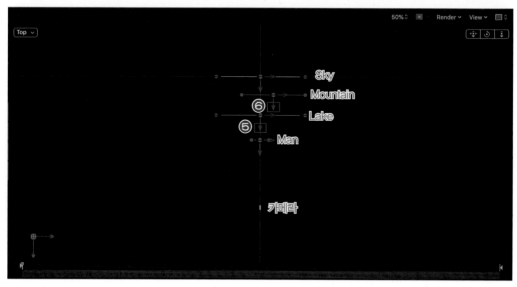

그림 12-15 4개의 레이어 배치

7 _ 왼쪽 위에 있는 카메라 뷰를 클릭해 다시 Active Camera를 선택합니다. Z축 위치의 변화로 레이어들이 조금 어긋나는 부분이 보입니다. 어긋나 보이는 부분은 인스펙터에서 스케일과 포지션의 Y값을 조정해 맞춰주겠습니다.

그림 12-16 카메라 뷰를 Active Camera로 변경

8 _ Sky 레이어를 선택한 다음 인스펙터의 [Properties] 탭으로 이동합니다. Position과 Scale 값을 조정합니다. 화면에서 검은색의 여백 부분이 나타나지 않게 스케일을 키우고 포지션 Y의 값도 높여줍니다.

그림 12-17 Sky 레이어의 스케일과 포지션 값 조정

9 _ Mountain 레이어도 하늘과 호수에 맞춰 조절합니다. 스케일 값은 건드리지 않고 포지션 값만 조금 조절했습니다.

그림 12-18 Mountain 레이어의 포지션 값 조정

키프레임 애니메이션으로 카메라 움직이기 – Position

이번에는 Camera의 Position 매개변수에 키프레임 애니메이션을 추가하겠습니다.

1 _ 타임라인이나 레이어 패널에서 Camera를 선택합니다.

2 _ 인스펙터의 [Properties] 탭으로 이동합니다.

3 _ 플레이헤드를 맨 처음 프레임(0프레임)으로 이동시킨 다음 인스펙터에서 현재 포지션 값에 키프레임을 추가합니다.

그림 12-19 카메라 포지션에 키프레임 추가

4 _ 플레이헤드를 2초로 이동시킵니다.

5 _ 캔버스 화면 오른쪽 위에 있는 3D 뷰 도구 중에서 두 번째에 있는 팬(Pan) 버튼을 드래그해 X, Y축의 위치를 조정합니다. 카메라의 포지션 X, Y축의 값이 변경되면서 캔버스 화면에 나타나는 모습이 달라집니다. 재생해보면 카메라가 아래를 향해 이동하는 것을 느낄 수 있습니다.

그림 12-20 팬(Pan) 버튼을 드래그해 키프레임 애니메이션 추가

6 _ 이어서 플레이헤드를 4초에 위치시킵니다.

7 _ 이번에는 3D 뷰 도구 중에서 가장 오른쪽에 있는 Dolly(달리) 버튼을 드래그해 Z축에 변화를 줍니다. 키프레임이 추가
된 상태이므로 달리 버튼을 드래그하면 키프레임이 자동으로 추가됩니다. 머리 부분이 잘 보일 수 있게 드래그했습니
다. Z축의 값 역시 0px에서 –607px로 큰 변화가 있습니다. 재생해보면 2초에서 4초까지 줌 인(Zoom In)되는 느낌으
로 연출됩니다.

그림 12–21 달리(Dolly) 버튼을 이용해 줌 인(Zoom In) 효과 연출

8 _ 이번에는 플레이헤드를 6초에 위치시킵니다.

9 _ 그리고 HUD를 활성화한 다음 HUD에 있는 카메라 제어 버튼을 이용해 애니메이션을 설정하겠습니다. 현재 키프레임
이 추가된 상태이므로 HUD에서 카메라 제어 버튼을 이용해 카메라의 위치 값을 변경하면 키프레임 애니메이션이 자
동으로 추가됩니다.

10 _ HUD에 있는 카메라의 Move 버튼 중에서 3번째에 있는 버튼을 상하좌우로 드래그해 화면의 오른쪽 공간이 좀 더
넓게 보이도록 연출합니다. 재생해보면 4초에서 6초까지 카메라가 살짝 줌 아웃(Zoom Out)하면서 오른쪽으로 이동
하는 느낌이 연출됩니다.

그림 12-22 HUD 카메라 이동(Move) 버튼을 이용한 애니메이션 연출

키프레임 애니메이션으로 카메라 움직이기 – Rotation

이번에는 회전(Rotation)에 키프레임을 추가하겠습니다.

1 _ 플레이헤드가 6초를 가리키는 상태에서 인스펙터에서 Rotation에 키프레임을 추가합니다. 6초에서 Rotation의 X, Y, Z 값이 모두 0° 이고, 키프레임이 추가된 상태입니다.

2 _ 플레이헤드를 8초에 위치시킵니다.

3 _ HUD에서 Rotation 버튼(네 번째 버튼)을 드래그해 회전을 주겠습니다. 다음 그림과 같은 느낌으로 회전합니다.

드래그를 너무 많이 하면 레이어 배치가 적나라하게 보이므로, 살짝만 드래그해 회전을 약하게 주도록 합니다.

그림 12-23 HUD 회전(Rotation) 버튼을 이용한 애니메이션 연출

4 _ 이번에는 플레이헤드를 10초에 위치시킵니다. 캔버스 화면의 오른쪽 위에 있는 3D 뷰 버튼을 이용해 회전 값에 키프레임을 추가하겠습니다. 3D 뷰 버튼의 가운데 있는 버튼이 바로 궤도(Orbit) 버튼입니다. 궤도 버튼을 드래그하면 회전 값을 줄 수 있지만 더블 클릭하게 되면 초기 값으로 모두 초기화됩니다.

5 _ 궤도 버튼을 더블 클릭해 모든 값을 초깃값으로 돌립니다.

그림 12-24 3D 뷰 버튼의 초기화 기능

6 _ 처음부터 마지막까지 재생(단축키 스페이스)해 보겠습니다. 재생해 보면 3D 보조선들이 보입니다.

7 _ 캔버스의 View 메뉴에서 Show 3D Overlays를 클릭해 체크를 해제하면 3D와 관련한 보조선들이 보이지 않게 됩니다. Show 3D Overlays는 3D 보조선을 켜고 끄는 기능을 합니다. 다시 이 부분을 클릭해 체크하면 보조선들이 나타납니다.

그림 12-25 3D 보조선이 보이지 않게 설정

피사계 심도(DOF) 기능으로 아웃포커싱 연출하기

이번에는 피사계 심도(Depth Of Field, DOF) 기능을 사용하겠습니다. 카메라 렌즈가 초점이 맞은 것으로 인식되는 범위를 피사계 심도라고 합니다. 초점이 맞지 않으면 피사체가 흐려집니다. 아웃 포커스(Out of Focus) 기법을 활용해 피사체의 초점을 서로 다르게 맞춰(인물에 초점을 맞추고 배경은 날려버리는) 인물을 촬영할 때 많이 사용됩니다.

1 _ 캔버스 화면 오른쪽 위에 있는 Render 메뉴를 클릭하고 [Depth of Field]를 클릭해 이 기능을 활성화해야 합니다.

2 _ 카메라(Camera)의 인스펙터에서 Depth of Field의 오른쪽 끝부분으로 이동한 다음 Show 버튼을 클릭해 확장합니다.

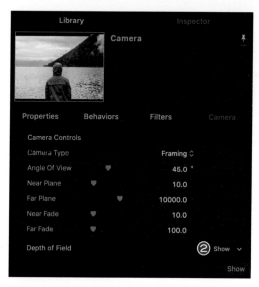

그림 12-26 심도 피사계(Depth of Field, DOF) 기능의 활성화

심도 피사계 기능을 켜보니 파란 옷을 입은 남자가 초점이 안 맞는 것을 볼 수 있습니다. 초점이 맞춰질 수 있게 설정하겠습니다.

1 _ 파란 옷을 입은 남자(Man) 레이어를 선택합니다.

2 _ Active Camera를 클릭합니다.

3 _ [Focus On Object] 기능을 클릭합니다. Focus On Object는 해당 레이어로 카메라의 초점을 자동으로 맞춰주는 기능입니다.

[Active Camera] 버튼이 없으면 캔버스 화면 오른쪽의 View 메뉴에서
Show 3D Overlays를 클릭해 다시 3D 오버레이를 활성화합니다.

Layers　　Media　　Audio　　② Active Camera

	Project		✓ Active Camera	^A
✓	Camera		Camera	
✓	▼ Group	Pass T...	Perspective	^P
✓	▼ 12-1 example	Pass T...	Front	
✓	Man ◀① 레이어 선택 Normal		Back	
✓	Lake	Normal	Left	
✓	Mountain	Normal	Right	
✓	Sky	Normal	Top	

Bottom

Reset View　^R
Select Active Camera　^⌥C
Fit Objects Into View　F
Frame Object　⇧⌘F
③ Focus On Object　^F

그림 12-27 레이어로 초점을 맞춰주는 Focus On Object

남자 쪽으로 초점이 맞춰지면서 인스펙터의 Depth of Field 중에서 Focus Offset 값이 자동으로 조정된 모습을 확인할 수 있습니다.

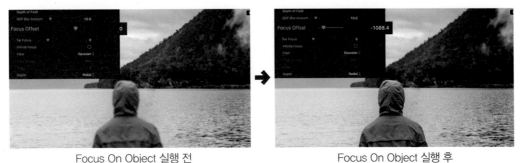

Focus On Object 실행 전　　　　Focus On Object 실행 후

그림 12-28 Focus On Object 실행 전과 후

Focus On Object로 초점이 이동하는 영상 만들기

Focus On Object 기능을 이용하면 초점이 이동하는 영상을 손쉽게 만들 수 있습니다.

1 _ 플레이헤드를 첫 프레임으로 위치시킵니다.

2 _ 인스펙터의 Camera 탭을 클릭한 후 Depth of Field 섹션을 열어줍니다.

3 _ 남자에 초점이 맞춰진 상태로 Focus Offset에 키프레임을 추가합니다.

4 _ 플레이헤드를 4초로 위치시킵니다.

5 _ Mountain 레이어를 선택합니다.

6 _ 캔버스 화면의 왼쪽 위에 있는 [Active Camera] – [Focus On Object] 기능을 클릭해 실행합니다. 산으로 초점이 맞춰지면서 키프레임도 자동으로 추가됩니다. 이로써 남자에서 산으로 초점이 이동하는 영상을 만들 수 있습니다.

그림 12-29 Focus Offset에 키프레임 추가 및 산에 초점이 맞춰진 상태

DOF Blur Amount(심도의 양) 값을 높이면 그 차이를 좀 더 명확하게 느낄 수 있습니다. 기본값은 10 이지만 이 부분의 값을 처음부터 높인 상태에서 시작할 수도 있습니다. 또는 키프레임 애니메이션을 주어 심도 표현을 자유자재로 변경하는 영상을 만들 수도 있습니다. 다음 그림은 DOF Blur Amount의 값을 50으로 설정했을 때의 모습입니다.

그림 12-30 DOF Blur Amount의 값이 50일 때

지금까지 사진을 3D 레이어로 전환한 다음에 카메라를 이용해 입체적인 느낌을 표현하는 방법을 알아 봤습니다. 이어서 12-2절에서는 화면을 캡처한 영상을 이용해 웹사이트 홍보 영상을 만드는 방법을 알아보겠습니다.

Camera - Camera Controls 패널의 매개변수 값 살펴보기

카메라의 인스펙터를 열어보면 카메라와 관련한 속성을 수정할 수 있는 매개변수 콘트롤들이 있습니다. 여기에 어떤 매개변수와 어떤 기능이 있는지 살펴보겠습니다.

Properties	Behaviors	Filters	Camera
Camera Controls			
Ⓐ Camera Type		Framing ⬦	
Ⓑ Angle Of View	♥	45.0 °	
Ⓒ Near Plane	♥	10.0	
Ⓓ Far Plane	♥	10000.0	
Ⓔ Near Fade	♥	10.0	
Ⓕ Far Fade	♥	100.0	

그림 12-31 카메라 인스펙터의 콘트롤

Ⓐ **Camera Type(카메라 유형):** 카메라의 유형을 설정하는 팝업 메뉴입니다. Framing과 Viewpoint 두 가지 옵션이 있습니다. 두 유형의 가장 큰 차이점은 카메라 원점의 위치입니다. Framing은 카메라의 원점이 Z축의 선과 일치합니다. 반면에 Viewpoint는 우리가 설치한 가상 카메라 내부에 카메라 원점이 있습니다.

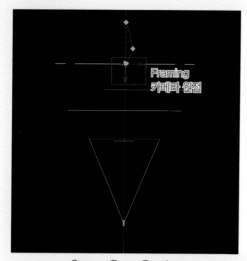

Camera Type : Framing

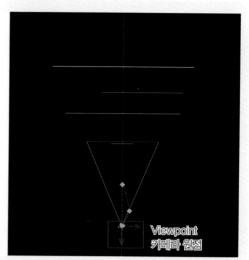

Camera Type : Viewpoint

그림 12-32 카메라 유형의 차이

ⓑ Angle of View(시야 각): 카메라가 바라보는 범위의 각도를 설정할 수 있습니다. 0°에서 180°까지 설정할 수 있으며, 45°를 기준값으로 값이 작아수록 더 넓은 범위를 나타냅니다. 반대로 값이 커질수록 더 좁은 범위만 화면에 나타냅니다.

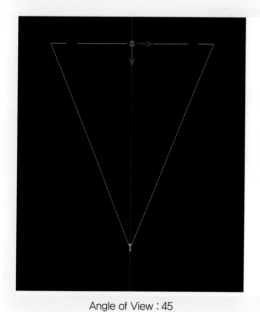

Angle of View : 45

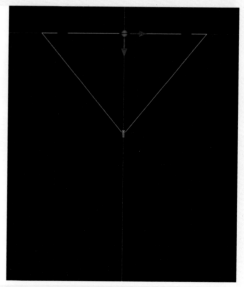

Angle of View : 80

그림 12-33 Angle of View 45도일 때와 80도일 때

Angle of View(시야 각)에 키프레임 애니메이션을 추가하면 Camera Type(카메라 유형)에 따라 다른 느낌으로 연출됩니다. Framing Camera는 카메라의 중심이 피사체에 있기 때문에 피사체에 가까이 다가가 찍는 '달리(Dolly)' 효과처럼 연출됩니다. 반면 Viewpoint Camera는 카메라의 중심이 가상 카메라 내부에 있기 때문에 제자리에서 '줌(Zoom)'을 이용해 찍는 것처럼 연출됩니다. Framing Camera가 3D 입체 느낌으로 사진을 연출하려는 것이고, Viewpoint Camera는 일반적으로 사진에 키프레임 애니메이션(Scale)을 주는 것이라 생각하면 됩니다.

(예제 파일 Framing_Viewpoint_Difference.motn을 열어서 확인해보세요).

ⓒ Near Plane(근거리 시작점): 카메라가 피사체를 보기 시작하는 거리를 설정합니다. 이 거리보다 더 가까운 물체는 카메라에 나타나지 않습니다.

ⓓ Far Plane(원거리 시작점): 카메라가 피사체를 볼 수 없는 거리를 설정합니다. 이 거리보다 더 멀리 떨어진 물체는 카메라에 나타나지 않습니다.

ⓔ Near Fade(근거리 흐림): 근거리에 있는 피사체를 부드럽게 처리해 피사체가 흐려지는 경계 범위를 설정합니다.

ⓕ Far Fade(원거리 흐림): 원거리에 있는 피사체를 부드럽게 처리해 피사체가 흐려지는 경계 범위를 설정합니다.

12.2 _ 여러 대의 카메라를 활용한 웹사이트 홍보 영상 만들기

모션 프로젝트에서는 여러 대의 카메라를 설치할 수 있습니다. 이번 예제에서는 여러 대의 카메라를 설치한 다음 카메라들이 서로 다른 곳을 비추게 하여 웹사이트를 홍보하는 영상을 만들어보겠습니다.

먼저 예제 폴더에서 '12-2 여러 대의 카메라를 활용한 웹사이트 홍보 영상' 모션 프로젝트 파일을 열어 보겠습니다.

예제 파일을 열고 가장 먼저 흰색 배경을 설치하겠습니다.

1 _ 레이어 중 가장 상단에 위치한 Project(프로젝트)를 클릭해 선택합니다.

2 _ 인스펙터로 이동합니다.

3 _ [Properties] 탭에서 다음과 같이 설정합니다.

4 _ Background Color를 검은색에서 흰색으로 변경합니다.

5 _ Background를 Environment로 변경합니다. Background를 Environment로 설정하면 실제 공간 안에 오브젝트를
배치한 느낌으로 연출됩니다.

그림 12-34 프로젝트 배경 색상 및 설정 변경

반사판으로 사용할 Color Solid 설치와 속성 수정하기

반사판으로 사용할 Color Solid(컬러 솔리드)를 설치하겠습니다.

1 _ 라이브러리 패널로 이동합니다.

2 _ [Generators] – [Generators] 카테고리를 순서대로 클릭합니다.

3 _ Color Solid를 적용합니다.

4 _ 적용한 Color Solid 레이어는 레이어 가장 아래쪽에 배치합니다.

그림 12-35 반사판으로 사용할 Color Solid적용

HUD와 인스펙터에서 컬러 솔리드의 속성을 수정하겠습니다.

5 _ HUD를 활성화합니다.

6 _ Color를 파란색에서 흰색으로 변경합니다(인스펙터의 [Generator] 탭에서도 변경할 수 있습니다).

7 _ [Properties] 탭으로 이동합니다.

8 _ Position의 Y축은 −407.1px로 설정합니다.

9 _ Rotation은 X축에 90°를 입력합니다.

10 _ Reflection 왼쪽에 있는 체크박스에 체크해 반사될 수 있게 설정합니다.

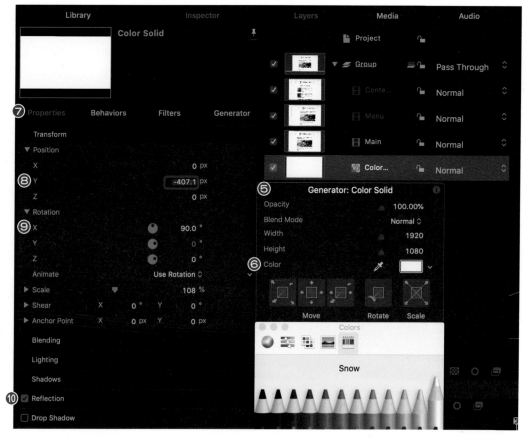

그림 12-36 반사판이 될 컬러 솔리드 설정

카메라를 설치하고 Zoom In/Out 비헤이비어 적용하기

카메라를 설치하겠습니다. 이 프로젝트에서 설치할 카메라는 총 3대입니다.

1 _ 먼저 메인 카메라를 설치하겠습
니다. 상단 메뉴에서 [Object]
→ [New Camera](단축키
option + command + C)를 클
릭합니다.

그림 12-37 새로운 카메라 설치

2 _ 새롭게 추가한 카메라의 이름을 변경하겠습니다. 레이어 패널이나 타임라인에서 Camera 글자를 클릭하면 이름을 변경할 수 있습니다. 'Camera – Main'으로 이름을 변경합니다.

그림 12-38 카메라 이름 변경

3 _ 메인 카메라 레이어에 카메라 비헤이비어를 적용해 보겠습니다. 상단에 있는 툴 바에서 [Behaviors] 아이콘을 클릭한 다음 [Camera] – [Zoom In/Out]을 클릭해 비헤이비어를 적용합니다.

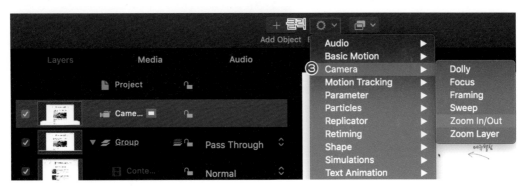

그림 12-39 카메라에 Zoom In/Out 비헤이비어 추가

Zoom In/Out 비헤이비어 조정하기

1 _ 플레이헤드를 3초로 위치시킵니다.

2 _ 단축키 O를 눌러 비헤이비어의 길이도 3초로 조정합니다. 타임라인에서 마우스를 드래그해도 길이를 조정할 수 있지만 단축키를 이용해 조정할 수도 있습니다.

3 _ 인스펙터의 [Behaviors] 탭에서 Zoom 매개변수 값을 0.3 (양수 값은 줌 인, 음수 값은 줌 아웃)으로 설정합니다.

4 _ Speed는 Ease Both로 설정합니다.

┤ 단축키가 적용되지 않는다면 한글/영문 입력 상태를 확인해보세요. 키보드 입력 상태가 영문 상태여야 합니다.

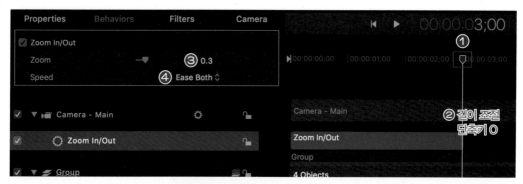

그림 12-40 Zoom In/Out 비헤이비어의 길이 조정과 매개변수 값 설정

두 번째 카메라 설치하기

1 _ 플레이헤드를 3초에 위치시키고 두 번째 카메
라를 설치하겠습니다. 상단에 있는 툴 바에서
[Add Object] 아이콘을 클릭하고 [Camera]
를 클릭해 카메라를 추가합니다.

그림 12-41 두 번째 카메라 추가

2 _ 두 번째 카메라의 이름을 변경하겠습니다. 다음과 같이 이름 부분을 클릭한 다음에 'Camera – Menu'로 변경합니다.

그림 12-42 두 번째 카메라의 이름 변경

3 _ 두 번째 카메라의 시작점을 3초로 설정하겠습니다. 단축키 I를 눌러 3초부터 시작되게 설정합니다.

그림 12-43 메뉴 카메라의 시작점 변경

4 _ 두 번째 카메라의 인스펙터에서 [Properties] 탭으로 이동
한 다음 포지션과 로테이션 값을 다음과 같이 설정합니다.

	Position	Rotation
X	400.0px	10.0°
Y	450.0px	−25.0°
Z	−1500.0px	−8.0°

5 _ 값을 입력한 다음에는 포지션 Y값에 키프레임을 추가합니다.

그림 12-44 메뉴 카메라의 포지션 및 회전 설정

6 _ 플레이헤드를 5초로 이동시킨 다음 포지션의 Y값을 140px로 설정합니다. 키프레임 애니메이션이 추가되면서 3초에서 5초까지 카메라가 아래로 이동하는 애니메이션이 연출됐습니다.

 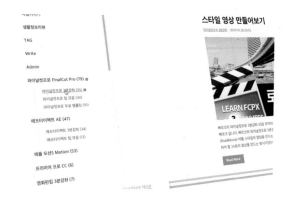

그림 12-45 카메라가 아래로 이동하는 애니메이션 연출

세 번째 카메라 추가하기

마지막으로 세 번째 카메라를 추가하겠습니다.

1 _ 카메라를 추가하는 단축키 option + command + C를 이용해 카메라를 추가합니다.

2 _ 새로 추가한 카메라의 이름은 'Camera – Contents'로 변경합니다.

3 _ 그리고 카메라의 시작점을 6초로 변경합니다. 플레이헤드를 6초에 위치시킨 다음 단축키 I를 이용합니다.

그림 12-46 세 번째 카메라 설치 및 이름과 시작점 변경

4 _ 인스펙터로 이동한 다음 [Properties] 탭에서 포지션과 회전 값을 다음과 같이 설정합니다.

	Position	Rotation
X	−700.0px	10.0°
Y	400.0px	23.0°
Z	−1700.0px	8.0°

그림 12-47 콘텐츠 카메라의 포지션 및 회전 설정

5 _ 플레이헤드를 9초로 이동시킨 다음 [Camera – Contents]와 [Camera – Menu]가 9초까지만 나오게 조정합니다. 단축키 O를 이용하면 손쉽게 카메라의 길이를 조정할 수 있습니다.

그림 12-48 콘텐츠 카메라와 메뉴 카메라의 길이 조정

[Camera – Main]에 Zoom In/Out 비헤이비어 추가하기

9초에서 10초까지는 메인 카메라가 비추는 곳이 캔버스 화면에 나타납니다. 이 지점에 비헤이비어를 추가하겠습니다.

1 _ 플레이헤드를 9초에 위치시킨 다음 [Camera – Main]을 선택합니다.

2 _ 상단에 있는 [Behaviors] 버튼를 클릭한 다음 [Camera] – [Zoom In/Out] 비헤이비어를 클릭합니다.

3 _ 단축키 I를 이용해 비헤이비어의 시작점이 9초에서 시작할 수 있도록 합니다. Zoom In/Out 1 비헤이비어가 9초에서 10초까지만 나오도록 설정됐습니다.

4 _ 인스펙터에서 [Behaviors] 탭을 클릭합니다. Zoom은 −0.05로 설정합니다.

5 _ Speed는 Ease Both로 설정합니다.

그림 12-49 카메라 비헤이비어 적용 후 설정

이번 절에서는 프로젝트에 여러 대의 카메라를 설치하고 서로 다른 시선으로 카메라를 잡아서 레이어의 상단으로 배치하거나 편집점을 조정해 특정 카메라만 화면에 나올 수 있게 연출해봤습니다. 또한 비헤이비어나 키프레임을 이용해 카메라에 애니메이션을 연출하는 방법도 실습을 통해 살펴봤습니다. 이를 바탕으로 다양한 응용을 할 수 있습니다. 다음 절에서는 3D카메라를 이용하여 또 다른 모션 그래픽 영상을 만들어보겠습니다.

macOS의 캡처 기능 활용해 영상 만들기

macOS는 자체적인 화면 캡처 기능이 지원됩니다. 기존의 화면 캡처(전체 화면 : command + shift + 3, 부분 화면 : command + shift + 4)보다 더욱 기능이 강화된 캡처 기능을 소개합니다. 단축키command + shift + 5 를 누르면 다음과 같은 캡처 메뉴 상자가 나타납니다.

그림 12-50 macOS의 화면 캡처 기능(command + shift + 5)

왼쪽부터 전체 화면 캡처, 창 화면 캡처, 부분 화면 캡처가 있고, 전체 화면 기록, 부분 화면 기록 등 macOS의 화면을 그대로 녹화해주는 기능도 추가됐습니다. 하지만 화면만 녹화되고 음성은 녹음되지 않습니다.

옵션을 클릭하면 저장 위치를 결정할 수 있으며 타이머 기능을 적용해 시간이 조금 지난 후에 화면을 캡처하거나 기록할 수도 있습니다.

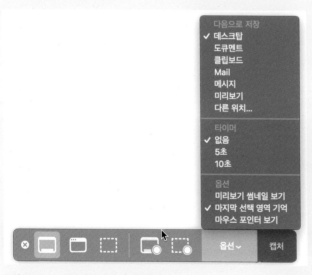

그림 12-51 macOS 화면 캡처 기능의 옵션

12.3 _ 카메라 비헤이비어를 이용해 카메라 쉽게 제어하기

3D 공간은 기존의 X축과 Y축에 Z축이라는 새로운 공간이 생김으로써 더욱 입체적이고 복잡한 표현을 할 수 있습니다. 하지만 그에 따라 생각해야 할 요소도 많아져서 통제하기가 쉽지 않습니다. 모션 5에 서는 카메라 비헤이비어를 이용해 카메라를 손쉽게 통제하고 애니메이션을 연출할 수 있습니다.

먼저 예제 폴더에서 '12-3 카메라 비헤이비어를 이용한 카메라 제어' 모션 프로젝트 파일을 열어보겠 습니다.

실습 예제 파일에는 3개의 그룹이 있으며, 각 그룹마다 서로 다른 포지션 값을 가지고 있습니다. 이번 실습 예제에서는 각 그룹을 카메라로 비춰보면서 다이나믹한 느낌을 연출하는 기본적인 방법을 익혀보 겠습니다.

Camera에 Framing 비헤이비어 추가하기

1 _ Camera 레이어를 선택합니다.

2 _ 상단에 있는 툴 바에서 [Behaviors] 버튼을 클릭합니다.

3 _ [Camera] – [Framing]을 순서대로 클릭해 비헤이비어를 추가합니다.

그림 12-52 카메라에 Framing 비헤이비어 추가

Framing 비헤이비어는 카메라를 특정 레이어로 이동시켜서 캔버스에 비춰주는 비헤이비어입니다. 복 잡한 포지션 값을 일일이 찾아서 입력하거나 수정하지 않고, 비헤이비어의 인스펙터에서 비추고자 하 는 레이어를 타겟 드롭 존(Target Drop Zone)으로 드래그 앤드 드롭하는 방법으로 간단하게 설정할 수 있습니다.

4 _ 인스펙터에서 Framing 비헤이비어의 Target 드롭 존에 'A 그룹(A Group)'을 드래그 앤드 드롭합니다.

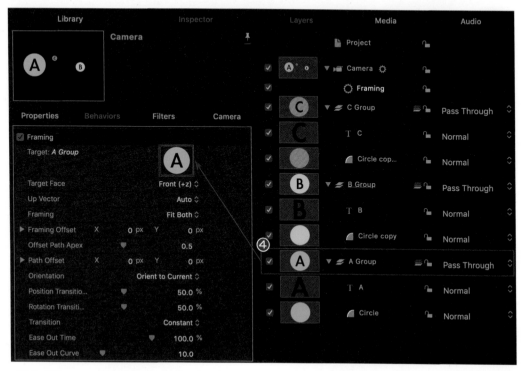

그림 12-53 Framing 타겟 드롭 존으로 A 그룹 드래그 앤드 드롭.

Framing 비헤이비어 설정하기

Framing의 타겟을 'A그룹'으로 지정했기 때문에 재생해보면 비헤이비어의 끝부분에서는 A 그룹을 완전히 다 보여주는 형태로 나타납니다. 비헤이비어가 현재 프로젝트의 길이만큼 적용돼 있기 때문에 속도가 느립니다. 비헤이비어의 길이를 다음과 같이 1초로 조정합니다.

1 _ 플레이헤드를 1초에 위치시킵니다.

2 _ 단축키 O를 이용해 비헤이비어의 길이를 조정합니다.

그림 12-54 비헤이비어의 길이 조정

비헤이비어의 인스펙터에서 매개변수 값을 설정해 보겠습니다. 기본적으로 Framing은 타겟으로 설정된 레이어가 화면에 가득차도록 해줍니다.

3 _ Framing을 Custom Fit으로 설정합니다. Custom Fit로 설정했기 때문에 아래 Framing Offset 매개변수를 수정할 수 있습니다.

4 _ Framing Offset의 왼쪽에 있는 삼각형을 클릭해 패널을 확장합니다.

5 _ Framing Offset의 Z축 값을 -1884.02px로 수정합니다.

그림 12-55 Framing 비헤이비어의 매개변수 값 설정

Framing 비헤이비어를 이용해 카메라가 이동하는 애니메이션 연출하기

이제 Framing 비헤이비어를 복제해 타겟(Target)과 매개변수 값을 수정하면 손쉽게 카메라가 이동하는 애니메이션을 만들 수 있습니다.

1 _ Framing 비헤이비어를 마우스 오른쪽 버튼으로 클릭합니다.

2 _ [Duplicate]를 클릭해 Framing 비헤이비어를 복제합니다.

그림 12-56 Framing 비헤이비어 복제

3 _ 복제한 Framing Copy 비헤이비어를 드래그해 3초부터 시작할 수 있게 재배치합니다. 플레이헤드를 3초로 이동시킨
다음에 드래그하면 좀 더 편하게 재배치할 수 있습니다.

그림 12-57 복제한 Framing Copy 비헤이비어 재배치

4 _ Framing Copy 비헤이비어의 타겟 드롭 존(Target Drop Zone)으로 'B 그룹(B Group)'을 드래그 앤드 드롭합니다.
재생해보면 B 그룹 쪽으로 카메라가 이동하는 모습을 확인할 수 있습니다.

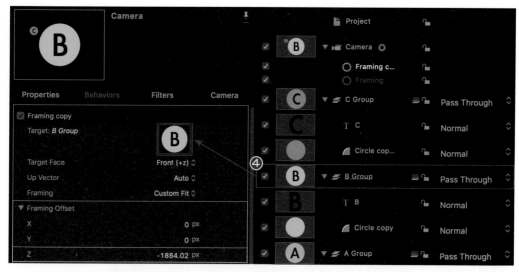

그림 12-58 타겟 드롭 존(Target Drop Zone)으로 B 그룹 드래그 앤드 드롭

같은 방법으로 C그룹을 타겟으로 하여 Framing 비헤이비어를 설정하겠습니다.

5 _ Framing 비헤이비어를 복제합니다.

6 _ 단축키 I를 이용해 비헤이비어의 시작점을 6초로 설정합니다.

7 _ 인스펙터에서 Target 드롭 존으로 'C 그룹(C Group)'을 드래그 앤드 드롭합니다.

그림 12-59 Framing 비헤이비어 복제 후 C 그룹을 타겟으로 설정

Dolly 비헤이비어 추가하기

이번에는 Dolly 비헤이비어를 추가해 보겠습니다. Dolly 비헤이비어를 추가해 전체적으로 카메라가 Z축으로 움직이는 애니메이션을 연출할 수 있습니다.

1 _ 상단에 있는 툴 바에서 [Behaviors] 아이콘을 클릭합니다.

2 _ [Camera] – [Dolly]를 선택해 비헤이비어를 추가합니다.

그림 12-60 Dolly 비헤이비어 추가

3 _ 추가한 Dolly 비헤이비어가 10초 정도 분량으로 끝날 수 있게 단축키 O를 이용해 비헤이비어의 길이를 조정합니다.

4 _ 인스펙터의 [Behaviors] 탭으로 이동합니다.

5 _ Distance 값을 –300으로 설정합니다. Distance를 음수로 설정하면 일반적인 줌 아웃(Zoom Out)으로 연출되며, 양수 값을 입력하면 줌 인(Zoom In)으로 연출됩니다.

6 _ Speed는 Ease Both로 설정합니다.

그림 12-61 Dolly 비헤이비어의 매개변수 값 설정

Sweep 비헤이비어 추가하기

이번에는 카메라 비헤이비어 중 Sweep 비헤이비어를 추가하겠습니다. Sweep 비헤이비어는 카메라의 각도 값에 차이를 두어 애니메이션을 연출하는 비헤이비어입니다. 스윕이 발생하는 축을 기울기 X, 회전 Y, 롤 Z 축 중에서 어느 곳에 두는가에 따라 다른 느낌의 애니메이션이 연출됩니다.

1 _ 상단에 있는 툴 바에서 [Behaviors] 아이콘을 클릭합니다.

2 _ [Camera] – [Sweep]을 선택해 비헤이비어를 추가합니다.

그림 12-62 Sweep 비헤이비어 추가

프로젝트의 길이만큼 비헤이비어가 적용되므로 비헤이비어의 길이를 조정하겠습니다. 다음과 같이 비헤이비어의 길이를 3초로 조정합니다.

3 _ 플레이헤드를 3초에 위치시킨 다음 단축키 O를 누르면 비헤이비어의 길이를 쉽게 조정할 수 있습니다.

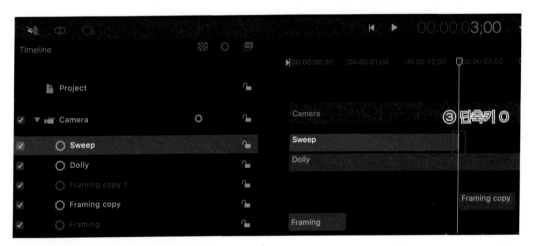

그림 12-63 Sweep 비헤이비어의 길이 조정

인스펙터의 [Behaviors] 탭으로 이동해 Sweep 비헤이비어의 매개변수 값을 수정하겠습니다. 기본값은 시작 각도가 0°, 종료 각도가 30°입니다. 시작과 종료 각도가 클수록 애니메이션의 변화 폭도 커집니다.

4 _ Start(시작 각도)를 -4°로 설정하고 End(종료 각도)를 4°로 설정합니다.

5 _ Speed(속도)는 Ease Both로 설정합니다.

6 _ Axis(축)는 Swivel Y(회전 Y)로 설정합니다.

그림 12-64 Sweep 비헤이비어의 매개변수 값 설정

Sweep 비헤이비어 복제 및 매개변수 설정

재생해보면 왼쪽에서 오른쪽으로 'A'를 비춰주는 카메라의 동작을 볼 수 있습니다. Sweep 비헤이비어는 이처럼 특정 축을 기준으로 카메라에 회전을 줄 수 있는 비헤이비어입니다. 이번에는 Sweep 비헤이비어를 복제(Duplicate)한 다음 복사한 비헤이비어를 다음과 같이 3초부터 시작하고, 3초동안 재생되게 재배치합니다.

1 _ Sweep 비헤이비어를 선택합니다.

2 _ 마우스 오른쪽 버튼을 클릭한 다음 [Duplicate]를 클릭합니다.

3 _ 플레이헤드를 3초에 위치시킵니다.

4 _ 복제된 Sweep copy 레이어를 드래그해 재배치합니다.

그림 12-65 Sweep Copy 비헤이비어의 재배치

Sweep copy 비헤이비어의 인스펙터에서 Axis(축)를 Tilt X(기울기 X)로 설정합니다. 이전 Sweep 비헤이비어와의 차이를 알 수 있게 시작 각도와 종료 각도의 값은 그대로 둡니다. 이전과 다르게 위에서 아래로 'B'를 비추는 카메라의 동작을 확인할 수 있습니다.

5 _ 인스펙터의 [Behaviors] 탭으로 이동합니다.

6 _ Axis를 Tilt X로 설정합니다.

그림 12-66 Sweep copy 비헤이비어의 매개변수 값 설정

이번에는 Sweep copy 비헤이비어를 복제(Duplicate)한 다음 6초부터 시작하도록 재배치합니다.

1 _ Sweep Copy 비헤이비어를 선택합니다.

2 _ 마우스 오른쪽 버튼을 클릭한 다음 [Duplicate]를 클릭합니다.

3 _ 플레이헤드를 6초에 위치시킵니다.

4 _ 복제된 Sweep copy 1 레이어를 드래그해 재배치합니다.

그림 12-67 Sweep copy 1 비헤이비어의 재배치

Sweep Copy 1 비헤이비어는 인스펙터에서 축(Axis)을 롤 Z(Roll Z)로 설정합니다. 다만 각도의 차이가 크지 않아서 변화를 보기가 어렵습니다. 그래서 시작 각도를 −45°로 설정하고 종료 각도를 45°로 설정해 각도 차이를 크게 설정한 다음에 확인해보겠습니다. 카메라가 시계 방향으로 회전하는 동작을 볼 수 있습니다.

5 _ 인스펙터의 [Behaviors] 탭으로 이동합니다.

6 _ Axis를 [Roll Z]로 설정합니다.

7 _ Start는 −45.0°로 설정합니다.

8 _ End는 45.0°로 설정합니다.

그림 12–68 Sweep copy 1 비헤이버의 매개변수 값 설정

Framing 비헤이비어의 Framing Offset 매개변수 값 수정하기

Sweep copy 비헤이비어와 Sweep copy 1 비헤이비어의 적용으로 카메라가 화면 중앙에서 조금 멀어진 쪽에서 'B'와 'C'를 비추고 있습니다. Framing copy 비헤이비어와 Framing copy 1 비헤이비어의 인스펙터에서 Framing Offset 매개변수 값을 조금 수정하면 화면 중앙에 각각 'B'와 'C'를 나타낼 수 있습니다. Framing copy 비헤이비어와 Framing copy 1 비헤이비어의 Framing Offset 값을 다음과 같이 수정합니다.

1 _ Framing copy 비헤이비어를 클릭합니다.

2 _ 인스펙터의 [Behaviors] 탭으로 이동합니다.

3 _ Framing Offset에서 X : −130.0px, Y : 130.0px로 값을 변경합니다.

4 _ Framing copy 1 비헤이비어를 클릭합니다.

5 _ Framing Offset에서 X : −120.0px, Y : 120.0px로 값을 변경합니다.

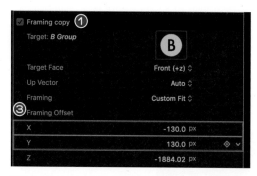
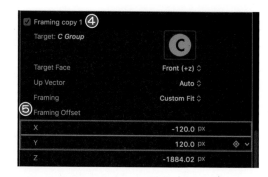

그림 12-69 Framing Offset 매개변수 값 수정

다시 처음으로 돌아오는 애니메이션 연출하기

다시 처음으로 돌아오는 애니메이션을 만들어 보겠습니다.

1 _ 가장 처음에 만든 Framing 비헤이비어를 마우스 오른쪽 버튼으로 클릭합니다.

2 _ 복제(Duplicate)를 클릭해 Framing copy 2 비헤이비어를 생성합니다.

3 _ Framing copy 2 비헤이비어를 Camera에 적용된 여러 비헤이비어 중 가장 위쪽으로 드래그해 배치합니다.

4 _ 플레이헤드를 9초에 위치시킵니다.

5 _ Framing copy 2 비헤이비어가 9초에서 시작할 수 있도록 재배치합니다.

그림 12-70 Framing copy 2 레이어 재배치

Framing copy 2 비헤이비어의 타겟은 A 그룹으로 설정돼 있기 때문에 Framing Offset 값만 수정해 주면 됩니다. 다음과 같이 X, Y, Z 의 값을 입력합니다.

6 _ 인스펙터의 [Behaviors] 탭으로 이동합니다.

7 _ Framing Offset의 매개변수 값을 수정합니다.

X	100.0px
Y	30.0px
Z	−1500.0px

그림 12-71 Framing copy 2 비헤이비어의 Framing Offset 매개변수 값 수정

피사계 심도를 이용해 원근감 표현하기

지금까지 비헤이비어를 이용해 카메라의 움직임을 손쉽게 제어할 수 있었습니다. 이번에는 Depth Of Field(피사계 심도)를 켜고 원근감을 표현해 보겠습니다.

1 _ 캔버스 오른쪽 위에 있는 [Render] 메뉴를 클릭합니다.

2 _ Depth Of Field를 클릭해 피사계 심도를 활성화합니다.

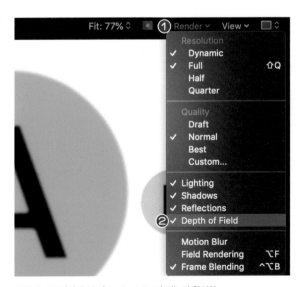

그림 12-72 피사계 심도(Depth of Field) 기능의 활성화

피사계 심도를 켜면 다음과 같이 A가 흐려지고 B가 선명하게 보입니다. A와 B의 위치가 Z축에서 차이가 나므로 카메라 초점에 맞는 부분은 선명하게 보이고, 그렇지 않은 부분은 흐릿하게 보이는 것입니다.

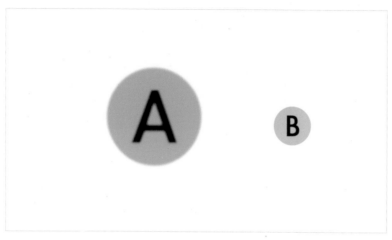

그림 12-73 피사계 심도(Depth of Field)를 켰을 때의 모습

피사계 심도는 카메라의 초점(Focus)을 어디에 맞추는지에 따라서 다른 느낌으로 연출됩니다. 카메라의 인스펙터에서 초점을 원하는 부분으로 맞출 수도 있지만, Focus 비헤이비어를 이용하면 쉽게 맞출 수 있습니다.

3 _ 상단에 있는 툴 바에서 [Behaviors] 아이콘을 클릭한 다음 [Camera] – [Focus]을 선택해 비헤이비어를 추가합니다.

그림 12-74 Focus 비헤이비어의 추가

Focus 비헤이비어 역시 길이를 조정합니다. 길이는 A를 비추고 있는 3초 동안으로 설정하겠습니다.

4 _ 타임라인에서 플레이헤드를 3초로 위치시킨 다음 단축키 O를 눌러 비헤이비어의 길이를 조정합니다.

그림 12-75 비헤이비어의 길이를 3초로 조정

5 _ 인스펙터에서 Focus 비헤이비어의 타겟 드롭 존(Target Drop Zone)으로 'A 그룹(A Group)'을 드래그 앤드 드롭해 타겟으로 설정합니다.

6 _ Speed는 Ease Both로 설정합니다.

그림 12-76 Focus 비헤이비어의 타겟 및 스피드 설정

Depth of Field 매개변수 수정하기

1 _ 카메라 인스펙터에서 [Camera] 탭을 클릭합니다.

2 _ Depth of Field 패널의 오른쪽으로 마우스를 가져가면 숨겨진 [Show] 글자가 나옵니다. 글자를 클릭해 패널을 열어봅니다.

Focus Offset은 키프레임 추가 부분이 톱니바퀴 모양으로 나오는데, 이는 앞서 적용한 Focus 비헤이비어 때문입니다. Focus 비헤이비어가 이 매개변수를 조정해 자동으로 초점을 맞춰줍니다.

3 _ 좀 더 명확한 대비를 위해 DOF Blur Amount 값을 35로 설정합니다.

4 _ Near Focus도 1000으로 값을 높여줍니다.

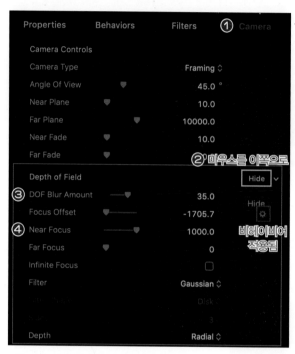

그림 12-77 카메라의 Depth of Field 매개변수 값 수정

Focus 비헤이비어를 복제하기

Depth of Field의 초점은 Focus 비헤이비어로 손쉽게 조절할 수 있습니다. 현재는 A 그룹에 초점이 맞춰진 상태입니다. Focus 비헤이비어를 복제해 타겟을 C 그룹에 맞추면 숫자로 조절하는 것보다 더 쉽게 초점을 맞출 수 있습니다.

1 _ Focus 비헤이비어를 마우스 오른쪽 버튼으로 클릭한 다음 [Duplicat](복제)를 클릭합니다.

2 _ Focus copy 비헤이비어가 생성됩니다. 비헤이비어가 6초에서 시작하도록 타임라인에서 드래그해 재배치합니다.

3 _ 인스펙터에서 Focus copy 비헤이비어의 타겟 드롭 존으로 'C 그룹'을 드래그 앤 드롭해 타겟을 재설정합니다.

그림 12-78 Focus Copy 비헤이비어의 재배치와 타겟 그룹 재설정

재생해보면 다시 처음으로 돌아오는 9초 20프레임 부분에서 다음과 같이 C 그룹에 맞춰진 형태로 나오는 모습을 확인할 수 있습니다. 이는 Focus copy에서 초점을 맞춘 채로 카메라의 위치만 바꾸었기 때문입니다. 카메라의 Depth of Field 패널에 있는 Focus Offset 매개변수 값이 Focus copy 비헤이비어 때문에 1529.7로 설정됐는데, 그 여파가 계속 이어지는 것입니다.

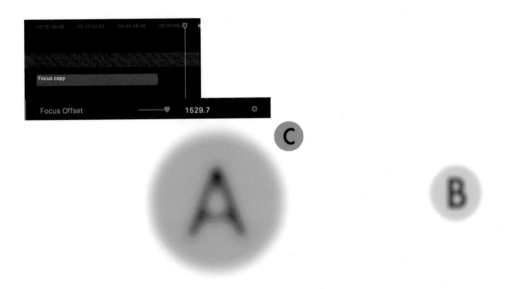

그림 12-79 9초 20프레임일 때의 화면

이 상태 그대로 두면 C그룹에 초점이 맞춰진 채로 영상이 끝나게 됩니다. 처음 시작한 A 그룹에 초점을 맞추고 싶다면 Focus 비헤이비어를 복제해(Focus copy 1 비헤이비어) 9초부터 10초까지 나타날 수 있게 길이를 맞추고 재배치하면 됩니다. 처음의 Focus 비헤이비어는 이미 타겟이 A 그룹으로 맞춰진 상태이므로 별도로 인스펙터에서 타겟을 재설정하지 않아도 됩니다. 하지만 비헤이비어의 위치는 이전

비헤이비어 Focus copy보다 상단에 있어야만 카메라의 Focus Offset이 조정됩니다. 다음 그림과 같이 타임라인을 정리해줍니다.

그림 12-80 Focus 비헤이비어의 배치

지금까지 비헤이비어를 이용해 카메라의 위치와 초점을 쉽게 맞추는 방법을 살펴봤습니다. 하나의 비헤이비어를 복제해 인스펙터의 매개변수 값만 수정하는 방식으로 효율적인 작업을 할 수 있었으며, 타임라인에서 상단에 위치해야 그 이후의 비헤이비어가 적용된다는 것도 알 수 있었습니다. 또한 피사계 심도를 이용해 초점을 조정하는 방법도 살펴봤습니다. 이번 절에서 살펴본 내용은 가장 기본적인 방법이지만 다양하게 응용할 수 있습니다. 예제에서는 텍스트와 도형으로 살펴봤지만, 사진이나 영상을 서로 다른 공간에 배치한 다음 카메라가 이동하며 비추는 프로젝트를 만들 수도 있습니다.

Camera - Depth of Field 패널의 매개변수 값 살펴보기

카메라의 초점 범위를 이용하는 피사계 심도(Depth of Field)는 초점이 잡히는 범위 내에서 물체를 선명하게 잡지만, 초점 범위 밖을 벗어난 물체는 흐릿하게 나타냅니다. 이를 통해 영상 제작자는 어느 부분에 좀 더 집중해서 영상을 봐야하는지 제시할 수 있습니다. 모션 5를 사용해서 피사계 심도를 구현하려면 카메라의 인스펙터에서 Depth of Field 패널의 매개변수 값들을 설정해야 하는데 각 매개변수가 어떤 기능을 하는지 살펴보겠습니다.

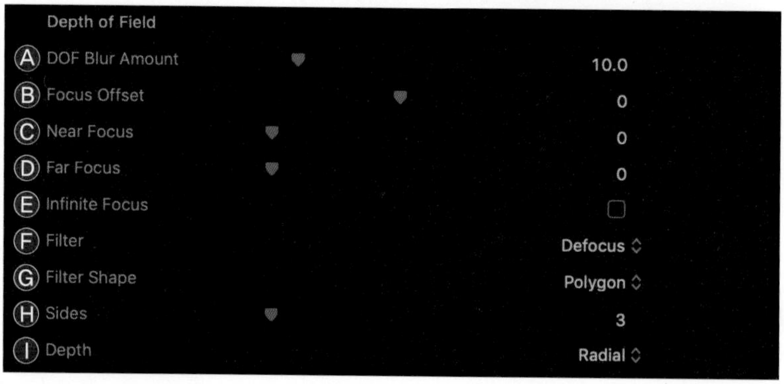

	Depth of Field		
A	DOF Blur Amount		10.0
B	Focus Offset		0
C	Near Focus		0
D	Far Focus		0
E	Infinite Focus		☐
F	Filter		Defocus ◇
G	Filter Shape		Polygon ◇
H	Sides		3
I	Depth		Radial ◇

그림 12-81 피사계 심도(Depth of Field)의 매개변수

Ⓐ DOF Blur Amount(피사계 심도 흐림): 초점이 안맞는 부분을 얼마만큼 흐리게 할지 그 양을 설정합니다. 숫자가 클수록 초점이 안 맞는 부분은 더욱 흐려집니다. 만약 이 매개변수의 값이 0이면 피사계 심도는 효과가 나타나지 않습니다.

Ⓑ Focus Offset(초점 오프셋): 실질적으로 카메라의 초점을 맞추는 매개변수입니다. 이 값에 따라 초점이 맞춰집니다. Focus 비헤이비어를 적용하면 이 부분이 자동으로 조정됩니다.

Ⓒ Near Focus(근거리 초점): 초점 오프셋(Focus Offset)을 기준으로 근거리에 있는 초점을 맞춰주는 매개변수입니다.

Ⓓ Far Focus(원거리 초점): 초점 오프셋(Focus Offset)을 기준으로 원거리에 있는 초점을 맞춰주는 매개변수입니다.

Ⓔ Infinite Focus(무한 초점): 원거리 초점을 무한대로 설정해 모든 범위에서 초점이 맞춰집니다.

Ⓕ Filter(필터): 초점이 맞지 않는 영역을 렌더링 할 때 어떤 유형의 알고리즘으로 렌더링 할지 선택할 수 있습니다. Gaussian 또는 Defocus로 설정합니다. 최상의 결과를 얻으려면 프로젝트를 편집할 때는 Gaussian으로 하고 최종 출력을 하기 전에 Defocus로 변경해 출력합니다.

Ⓖ Filter Shape(필터 모양): 필터를 Defocus로 설정했을 때만 활성화됩니다. 디스크(Disc) 모양이나 다각형(Polygon) 모양의 흐림 패턴 모양을 설정합니다.

Ⓗ Sides(면의 수): 필터 모양(Filter Shape)을 다각형(Polygon)으로 설정했을 때만 활성화됩니다. 다각형의 면 수를 결정합니다.

Ⓘ Depth(깊이): 깊이를 Radial 또는 Planar로 설정합니다. Radial은 보다 더 현실적인 결과를 나타내기 위해 설정하는데, 값에 따라 의외로 어색한 느낌이 나타날 수 있습니다. 보통 DOF 흐림(DOF Blur Amount)을 높은 값으로 설정했을 때 이런 느낌이 날 수 있는데, 이런 경우에는 Planar로 전환하면 자연스러운 느낌으로 나타낼 수 있습니다.

13
CHAPTER

360° 비디오로 만드는
VR 모션 그래픽

시청자가 마우스나 모바일 기기를 사용해 주위를 360°로 둘러볼 수 있는 새로운 형태의 동영상이 등장했습니다. 이런 형태의 동영상을 '구형 동영상(Spherical Video)' 혹은 '360° 비디오'라고 부릅니다. 그 중에서 '360° 동영상'과 '가상 현실(Virtual Reality)'이 가장 대표적인 유형입니다. 둘의 차이점은 영상을 시청할 때 헤드셋을 착용하느냐 착용하지 않느냐입니다. 헤드셋 또는 머리에 장착하는 디스플레이 (Head Mounted Display, HMD)를 착용하면 '가상 현실(VR)' 콘텐츠이고 그렇지 않다면 '360° 동영상'입니다.

출처: The New York Times, "The Displaced"

360도 영상

VR 영상

그림 13-1 360° 영상과 VR 영상

헤드셋의 착용과 상관없이 이 '구형 동영상'은 기존 영상과 다르게 전방위를 모두 촬영하여 보여줄 수 있다는 점이 이 매체의 특징입니다. 이로 인해 시청자는 가만히 앉아서 콘텐츠를 보기만 하는 게 아니라 자신이 보고자 하는 부분을 둘러보며 상호작용하면서 영상 콘텐츠를 경험할 수 있습니다. 기존 카메라를 이용한 촬영은 프레임 안에만 피사체를 담고 보여주지만, 360도 영상은 프레임의 제약을 벗어나 피사체를 담고 시청자들이 다양한 부분을 능동적으로 선택하여 볼 수 있다는 점에서 혁신적인 제작과 실험적인 동영상 부문이라고 할 수 있습니다. 아래 영상들은 유튜브에서 추천하는 VR 및 360도 비디오 콘텐츠입니다. QR코드를 스캔하면 스마트폰으로 바로 관련 영상을 시청할 수 있습니다.

The Displaced
제작자 : The New York Times
다큐멘터리 형식의 가상 현실
https://youtu.be/ecavbpCuvkI
아이들이 처한 환경을 360도로 보여 주므로 이야기가 더욱 강렬하게 다가옵니다.

If You Could See All The Asteroids, What Would The Sky Look Like?
제작자 : Scott Manley
미래의 교육 자료
https://youtu.be/huC3s9lsf4k
구형 동영상을 활용하면 교육적인 동영상도 양방향 교육 도구로 변신할 수 있습니다. 마우스로 여기저기를 클릭하거나 휴대전화를 기울여서 하늘 전체를 보세요.

그림 13-2 유튜브에서 추천하는 VR 및 360도 비디오 콘텐츠

모션 5에서도 이러한 360° 비디오를 활용한 모션 그래픽 영상을 제작할 수 있습니다. 실습 예제를 통해 360° 비디오의 기초 편집 방법과 제작 방법을 알아보겠습니다.

13.1 _ 360° 프로젝트를 생성하고 영상 불러오기

모션 5를 실행한 다음 프로젝트 브라우저 창에서 360° 프로젝트를 생성해 보겠습니다. 프로젝트 브라우저의 Preset(사전 설정)을 클릭해 '360° Video – 4K'로 선택합니다. Frame Rate(프레임 레이트)는 자동으로 60fps로 맞춰집니다.

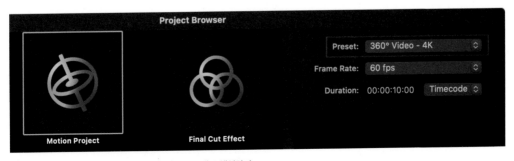

그림 13-3 프로젝트 브라우저에서 360° 비디오 프로젝트 생성하기

[Open] 버튼을 클릭해 360° 비디오 프로젝트를 생성하면 다음과 같은 화면이 나옵니다. 360° 비디오 프로젝트는 일반적인 모션 프로젝트와 조금 다른 부분이 있습니다. 그림을 통해 하나씩 살펴보겠습니다.

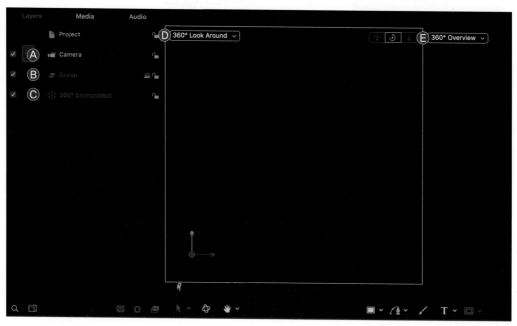

그림 13-4 360° 비디오 프로젝트의 기본 화면 구성

Ⓐ Camera(카메라): 새로운 360° 비디오 프로젝트를 생성하면 기본적으로 카메라가 생성됩니다.

Ⓑ Group(3D 그룹): 기본적으로 그룹에 3D 속성이 부여되므로 X, Y, Z 축의 입체적인 표현이 가능합니다.

Ⓒ 360° Environment(360° 환경): 일종의 그룹입니다. 이미지, 영상 등의 오브젝트 레이어를 360° 환경에 추가할 수 있습니다. 그러나 도형과 텍스트는 포함시킬 수 없습니다. 다음 그림에서도 텍스트는 360° 환경에 들어가지 못한 채 별도의 그룹에 속해 있습니다. 영상과 이미지 파일은 360° 환경에 들어갈 수 있습니다. 하지만 2D 오브젝트 레이어가 360° 환경에 들어가면 구체의 형태로 왜곡되어 나타납니다.

그림 13-5 360° 환경(Environment)에서 레이어의 표현

Ⓓ 360° Look Around: 왼쪽 뷰 포트에 나타나며, VR 헤드셋을 들여다보는 것처럼 장면을 관측할 수 있습니다.

Ⓔ 360° Overview: 오른쪽 뷰 포트에 나타나며, 전체 구형 비디오를 평평한 세계 지도에 펼쳐놓은 것처럼 정사각형 이미지로 표시합니다.

13.2 _ 360° 비디오 편집과 그래픽 추가

실습 예제 파일 '13-2 360도 비디오 편집과 그래픽 추가' 모션프로젝트 파일을 열고 360° 비디오를 활용한 편집과 그래픽 추가를 실습해 보겠습니다.

360° 영상을 임포트하기

360° 영상을 모션 프로젝트로 불러오겠습니다(Import).

1 _ 상단 메뉴에서 [File] → [Import]를 실행해 영상 파일을 불러옵니다.

2 _ 360° 영상을 선택하면 자동으로 'Import as 360°' 항목이 체크되어 나타납니다.

3 _ [Import] 버튼을 클릭해 영상을 모션 프로젝트로 불러옵니다.

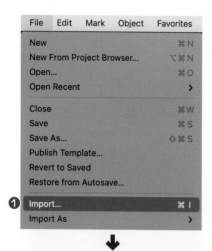

그림 13-6 360° 영상 파일 불러오기

360° 프로젝트를 생성하고 파일을 불러오는 과정까지 완료했습니다. 편집 과정은 기존 영상을 편집하는 방법과 유사합니다.

360° 비디오의 기본 방향 정하기(Reorient 필터)

모든 360° 비디오는 기본 방향으로 촬영이 됩니다. 기본 방향이란 시청자가 아무런 조작을 하지 않은 상태에서 바라보는 곳입니다. VR 헤드셋에서는 머리를 돌리지 않은 상태를 말하며, 360° 비디오에서는 사용자가 별도의 조작 버튼을 누르거나 클릭하지 않고 보는 곳을 말합니다. 모션 5에서는 360° Reorient 필터를 사용하거나 카메라의 매개변수 값을 수정해 기본 방향을 변경할 수 있습니다.

1 _ 필터를 적용하고자 하는 영상 파일을 클릭해 활성화합니다.

2 _ 상단에 있는 툴 바에서 [Filters] 아이콘을 클릭합니다.

3 _ [360°] – [360° Reorient] 필터를 선택해 추가합니다.

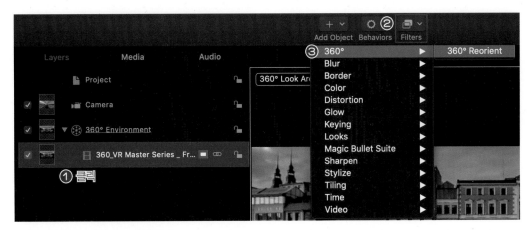

그림 13-7 영상에 360° Reorient 필터 추가

360° Reorient 필터의 인스펙터에서는 다음과 같은 매개변수를 조정할 수 있습니다.

그림 13-8 360° Reorient 필터의 인스펙터 매개변수

Ⓐ Tilt X(틸트 X): 가로 축을 따라 영상의 기본 방향을 회전시킵니다. 실제로는 영상의 상하를 조절합니다.

Ⓑ Pan Y(팬 Y): 세로 축을 따라 영상의 기본 방향을 회전시킵니다. 실제로는 영상의 좌우를 조절합니다.

Ⓒ Roll Z(롤 Z): 깊이 축을 따라 영상의 기본 방향을 회전시킵니다.

Ⓓ Mix(혼합): 재배치한 기본 방향과 원본 기본 방향의 혼합도를 조정합니다. 100%일 때는 재배치한 방향이 나타납니다. 값이 점점 작아지면 원본 기본 방향이 오버랩되며 투명하게 나타납니다. 0%일 때는 원본 기본 방향만 나타납니다.

360° 영상 프로젝트에는 두 개의 뷰(View) 포트가 있는데 그 중 왼쪽에 위치한 360° Look Around 뷰
포트가 바로 시청자가 보는 화면입니다. Pan (Y) 매개변수 값을 180°로 수정하면 다음과 같이 기본 방
향이 바뀝니다.

그림 13-9 Pan(Y) 매개변수 값의 수정으로 기본 방향 변경

360° 비디오의 기본 방향 정하기(카메라)

기본 방향은 카메라를 통해서도 변경할 수 있습니다.

1 _ Camera를 선택합니다.

2 _ 인스펙터의 [Properties] 탭으로 이동합니다.

3 _ Rotation 왼쪽에 있는 삼각형을 클릭해 항목을 펼칩니다.

4 _ Rotation Y값을 180°로 설정하면 다시 원래의 모습으로 나타납니다.

그림 13-10 카메라에서 기본 방향 변경

이번에는 [Camera] 탭을 클릭해 Camera Controls 섹션에 있는 Angle Of View 매개변수의 값을 120°로 설정해 보겠습니다.

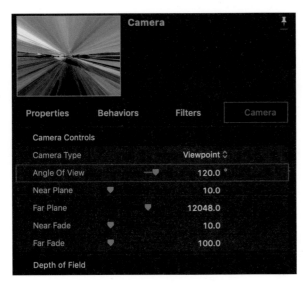

그림 13-11 카메라의 Angle Of View 매개변수 값 설정

[Angle Of View]는 카메라의 시야 각을 설정하는 매개변수로 값이 커질수록 좀 더 넓은 시야를 볼 수 있습니다. 다음 그림은 Angle Of View가 90°일 때와 120°일 때를 비교한 그림인데, 차이를 느낄 수 있습니다. Angle Of View의 매개변수는 0°부터 165°까지 설정할 수 있습니다.

그림 13-12 카메라의 Angle of View 값 비교

Reorient 필터나 카메라의 Angle Of View 매개변수에 키프레임이나 비헤이비어를 추가하면 애니메이션을 연출할 수 있습니다. 그러나 이런 방법은 시청자와 상호작용하는 360° 영상의 특성상 맞지 않을 수도 있습니다.

타이틀 텍스트 추가하기

이번에는 타이틀 텍스트를 추가해 보겠습니다. 360° 영상이지만 타이틀 텍스트를 추가하는 방법은 같습니다.

1 _ 레이어 패널에서 Project를 클릭해 선택합니다.

2 _ 툴 바에서 [T] 모양의 아이콘을 클릭합니다.

3 _ 원하는 위치에 텍스트를 입력합니다. 예제에서는 다음 그림과 같이 타이틀 텍스트(France, Nice)를 입력했습니다.

4 _ HUD를 활성화 한 다음 Font는 'Apple LiGothic'으로 설정했습니다.

5 _ Size는 288로 크게 나타냈습니다.

그림 13-13 360° 프로젝트에서 타이틀 텍스트 입력

텍스트 비헤이비어 추가하기

추가한 타이틀 텍스트에 텍스트 비헤이비어를 추가하겠습니다.

1 _ 상단에 있는 툴바에서 [Behaviors] 아이콘을 클릭합니다.

2 _ [Text – Basic] – [Fade Characters Left In]을 클릭해 비헤이비어를 추가합니다.

그림 13-14 텍스트 비헤이비어(Fade Characters Left In) 추가

텍스트 비헤이비어가 추가되면서 텍스트가 자연스럽게 들어오는 모습을 확인할 수 있습니다.

그림 13-15 텍스트 비헤이비어의 추가로 부드럽게 등장하는 타이틀 텍스트

같은 방법으로 이번에는 [Text – Basic]에 있는 [Fade Characters Left Out]을 추가합니다.

3 _ 상단에 있는 툴바에서 [Behaviors] 아이콘을 클릭합니다.

4 _ [Text – Basic] – [Fade Characters Left Out]을 클릭해 비헤이비어를 추가합니다.

5 _ 해당 비헤이비어를 오른쪽으로 드래그해 종료 지점을 맞춰줍니다.

그림 13-16 페이드 아웃 비헤이비어를 드래그해 종료 지점 맞추기

화살표 그래픽 삽입하기

이번에는 라이브러리에 있는 화살표 그래픽을 영상에 삽입해 보겠습니다. 화살표 그래픽을 통해 시청자에게 영상의 진행 방향을 알릴 수 있어서 보다 더 몰입감을 높일 수 있는 영상을 제작할 수 있습니다.

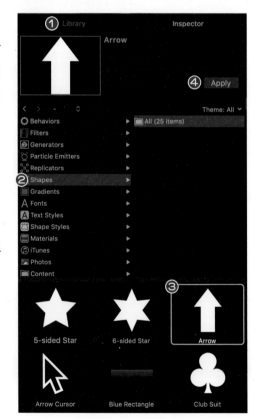

1 _ 라이브러리 패널로 이동합니다.

2 _ [Shapes] 카테고리를 클릭합니다.

3 _ 'Arrow'를 클릭합니다.

4 _ [Apply] 버튼을 클릭해 화살표 그래픽 콘텐츠를 모션 프로젝트에 추가합니다.

그림 13-17 라이브러리 패널에서 화살표 그래픽 콘텐츠 추가하기

처음에는 화살표 그래픽 콘텐츠가 360° Look Around 뷰 포트에 나타나지 않습니다. 오른쪽에 있는 360° Overview 뷰 포트에서 왼쪽과 오른쪽의 끝부분을 보면 화살표가 반으로 쪼개져 있는 모습을 확인할 수 있습니다. 인스펙터에서 관련 포지션과 회전, 스케일 값을 조정해야 합니다.

1 _ 화살표(Arrow) 그래픽 레이어를 선택한 다음 인스펙터를 클릭합니다.

2 _ [Properties] 탭으로 이동합니다.

3-5 _ Position, Rotation, Scale 값을 설정합니다. 다음과 같이 값을 설정하면 360° Look Around 뷰 포트 왼쪽에 화살표 그래픽이 나타납니다.

그림 13-18 화살표 그래픽 콘텐츠의 매개변수 값 설정

360° 모션 프로젝트는 기본적으로 3D 속성이라서 포지션, 회전 값에 따라 이미지가 천차만별로 나타납니다. 왼쪽으로 향하는 화살표지만 Rotation Z를 90.0°로 설정하면 오른쪽으로 향하는 화살표로 바뀝니다. 이런 특징을 잘 이해하면 360° 영상 편집이 그렇게 어렵지는 않습니다.

이번에는 타임라인에 적용된 화살표 그래픽의 길이를 조정해 보겠습니다. 시작점은 3초에 두고, 종료점은 5초에 둡니다. 단축키 I를 이용하면 시작점을 설정할 수 있고, 단축키 O를 이용하면 종료점을 설정할 수 있습니다. 플레이헤드를 각 지점으로 옮긴 다음 단축키를 이용해 시작점과 종료점을 설정합니다.

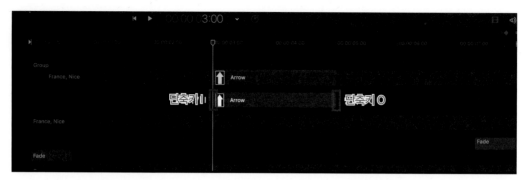

그림 13-19 화살표 그래픽의 길이 조정

Position X에 Overshoot 비헤이비어 추가하기

이어서 화살표 콘텐츠의 Position X에 Overshoot 비헤이비어를 추가하겠습니다.

1 _ Position X의 오른쪽 끝으로 이동한 다음 화살표 모양의 펼침 버튼을 클릭합니다.

2 _ [Add Parameter Behavior]를 선택합니다.

3 _ [Overshoot] 비헤이비어를 클릭해 Position X에 Overshoot 비헤이비어를 적용합니다.

그림 13-20 화살표 그래픽의 포지션 X에 Overshoot 비헤이비어 추가

Overshoot 비헤이비어의 인스펙터로 이동한 다음 매개변수를 수정하겠습니다. End Value와 Ramp Duration 매개변수 값을 설정하겠습니다.

4 _ End Value는 200px로 설정합니다.

5 _ Ramp Duration은 2.0%로 설정합니다.

그림 13-21 Overshoot 매개변수 값 설정

재생해보면 화살표가 왼쪽을 향해 왔다 갔다 하는 애니메이션을 확인할 수 있습니다. 360° Look Around 뷰 포트의 오른쪽 위에 있는 [Orbit] 툴을 왼쪽으로 드래그해 영상의 왼쪽 부분을 확인할 수 있습니다.

그림 13-22 카메라의 [Orbit] 툴을 이용해 화면 이동

텍스트를 추가로 입력하겠습니다. 다리 위에 'Bridge'라는 텍스트를 입력합니다. 모션 5에서는 텍스트의 포지션과 회전 값을 자동으로 맞춰주므로 텍스트를 직관적으로 입력할 수 있습니다.

그림 13-23 텍스트 추가 입력

360° Look Around 뷰 포트의 오른쪽 위에 있는 [Orbit] 툴을 더블 클릭하면 화면이 기본 방향으로 맞춰집니다. [Orbit] 툴을 더블 클릭해 기본 방향으로 화면을 맞춥니다. 화면을 기본 방향으로 맞추면 방금 전 입력했던 'BRIDGE' 텍스트가 화면의 왼쪽에 있기 때문에 보이지 않습니다. 다시 [Orbit] 툴을 왼쪽으로 드래그해보면 Bridge라는 글자를 확인할 수 있습니다. [Orbit] 툴을 이용해 360° 영상 속 화면을 자유롭게 이동하고 텍스트를 추가로 입력할 수 있습니다.

그림 13-24 [Orbit] 툴을 이용해 영상 확인

이미지 파일 추가하기

이번에는 이미지 파일을 추가해 보겠습니다.

1 _ 상단 메뉴에서 [File] → [Import]를 클릭합니다.

2 _ 예제 파일의 Media 폴더로 이동한 다음 'AppLanding_Motion.png' 파일을 선택하고 [Import] 버튼을 클릭합니다. 이
때 'Import as 360°'에는 체크하지 않습니다.

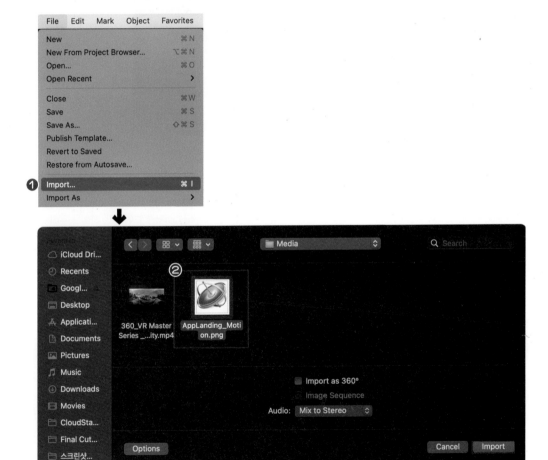

그림 13-25 이미지 파일을 360° 모션 프로젝트로 불러오기

기본 방향에서는 불러온 이미지가 보이지 않습니다.

3 _ 360° Look Around 뷰 포트의 오른쪽 위에 있는 [Orbit] 툴을 드래그해 기본 방향의 정반대 지점으로 이동하면 이미
지를 볼 수 있습니다.

그림 13-26 영상의 정반대 방향에 삽입된 이미지 파일

4 _ 인스펙터의 [Properties] 탭으로 이동해 Postion과 Opacity 매개변수를 수정하겠습니다.

5 _ Position(위치)의 Z축 값을 0px에서 1500px로 변경합니다. 이미지가 좀 더 커진 것처럼 보이지만, 사실은 우리가 보
    는 쪽으로 가까워진 것입니다.

6 _ Opacity(불투명도)는 30%로 변경합니다. 이미지 파일이 투명해졌습니다. 이런 방법으로 360° 영상에 워터마크
    (watermark)를 삽입할 수도 있으며, 시청을 독려하는 안내 메시지도 삽입할 수 있습니다.

그림 13-27 이미지 파일의 매개변수 값 설정

13.3 _ 파티클 이미터로 360° 비디오에 눈 내리는 효과 만들기

9장에서는 파티클 이미터를 이용해여 모션 그래픽을 만드는 방법을 익혔습니다. 피티클 이미터는 360° 모션 프로젝트에서도 사용할 수 있습니다. 이번 예제에서는 파티클 이미터를 이용해 눈이 내리는 효과를 연출하려고 합니다.

그림 13-28 눈 내리는 효과

먼저 예제 폴더에서 '13-3 파티클 이미터로 360도 비디오에 눈 내리는 효과 만들기' 모션 프로젝트 파일을 열어봅니다.

라이브러리에는 기존에 미리 만들어진 파티클 이미터 콘텐츠들이 있습니다. 이를 그룹에 추가하여 영상과 잘 합성될 수 있게 설정을 조정하는 식으로 진행하겠습니다.

1 _ 레이어 목록에서 Group을 선택합니다.

2 _ 라이브러리로 이동한 다음 [Particle Emitters] 카테고리를 클릭합니다.

3 _ [Nature] 카테고리를 클릭합니다.

4 _ 'Snow Flurry'를 선택합니다.

5 _ [Apply] 버튼을 클릭해 파티클 이미터를 추가합니다.

그림 13-29 Group에 Snow Flurry 파티클 이미터 추가

다음과 같이 그룹(Group)에 파티클 이미터가
추가됐습니다.

그림 13-30 그룹에 추가된 파티클 이미터

캔버스의 오른쪽 위에 있는 회색 상자를 클릭한 다음 위쪽에는 두 개의 뷰 포트가 있고, 아래에는 하나의 뷰 포트가 있는 아이콘을 선택합니다.

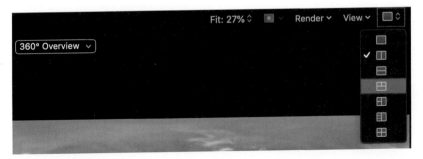

그림 13-31 뷰 포트 변경

뷰 포트가 3개로 바뀌면서 더 많은 곳을 볼 수 있게 됐습니다. 위쪽에 있는 2개의 뷰 포트는 처음과 같이 360° Look Around와 360° Overview로 두고 아래쪽에 있는 뷰 포트는 다양한 각도에서 볼 수 있도록 필요할 때마다 선택하면 됩니다.

그림 13-32 다양한 각도에서 바라볼 수 있는 아래쪽 뷰 포트

이번에는 카메라(Camera)의 포지션(Position) 매개변수 값들을 파티클 이미터에 이식해 보겠습니다.

1 _ 레이어 패널이나 타임라인에서 Camera를 선택합니다.

2 _ 인스펙터의 [Properties] 탭으로 이동합니다.

3 _ 포지션(Position) 패널을 열어줍니다.

4 _ 패널의 가장자리 부분을 클릭하고, 마우스를 떼지 않은 상태에서 그대로 파티클 이미터로 드래그 앤 드롭합니다. 이렇게 하면 파티클 이미터의 포지션(Position) 매개변수 값이 카메라의 포지션 값과 같은 값을 가지게 됩니다.

그림 13-33 카메라의 포지션 매개변수 값을 파티클 이미터로 이식

오른쪽 방향에서 카메라를 비춰 파티클 이미터 위치 조정하기

1 _ 캔버스 화면에서 아래쪽에 있는 뷰 포트의 카메라 팝업 메뉴를 클릭합니다.

2 _ [Right]를 선택합니다.

3 _ Right를 선택하면 오른쪽 방향에서 카메라와 파티클을 바라보게 됩니다. 레이어 목록에서 파티클 이미터를 선택한 다음 캔버스에서 녹색 화살표를 위쪽으로 드래그해 파티클 이미터가 Y축을 따라 다음 그림과 같이 이동하게 합니다.

그림 13-34 파티클 이미터의 위치 조정

4 _ 파티클 이미터의 인스펙터에서 [Emitter] 탭을 선택합니다.

5 _ Shape 매개변수를 Box로 변경합니다.

6 _ Size 값을 크게 설정할수록 더욱 많은 영역을 눈으로 채울 수 있습니다. 다음과 같이 값을 슬라이더 끝까지 설정하면
    사방에서 눈이 내리는 모습을 확인할 수 있습니다.

그림 13-35 파티클 이미터의 Emitter 매개변수 값 설정

7 _ 눈 입자가 아래로 떨어지게 하려면 파티클 이미터의 Emission Angle(방출각)을 약 270°로 설정합니다.

8 _ Face Camera의 체크박스는 체크를 해제합니다.

그림 13-36 파티클 이미터의 방출각(Emission Angle)과 페이스 카메라 매개변수 값 설정

지금까지 360° 영상 프로젝트에서 파티클 이미터를 이용해 눈 내리는 영상을 만들었습니다. 재생해보면 눈이 내리는 모습을 확인할 수 있습니다.

그림 13-37 파티클 이미터로 구현한 눈 내리는 모습

더 나아가 파티클 셀(Particle Cell) 인스펙터나 이미터(Emitter) 인스펙터에서 Life, Birth Rate, Size 등의 매개변수를 설정해 눈이 내리는 모습이 더욱 눈에 잘 띄게 만들 수 있습니다.

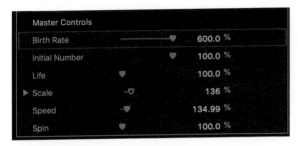

그림 13-38 가시성을 높이기 위해 매개변수 값 추가 설정

360˚ 영상 파일로 출력하는 방법

360˚ 영상 파일로 출력하는 방법도 일반 모션 5 영상 파일과 같습니다.

1 _ 상단 메뉴에서 [Share] → [Export Movie...]를 실행합니다.

2 _ 출력 창에서 코덱을 H.264로 설정(Export 팝업 메뉴 클릭)하고 출력을 진행하겠습니다.

그림 13-39 360˚ 영상 파일로 출력

출력한 파일을 퀵타임으로 재생해보았습니다. 퀵타임에서는 360° 영상이 정사각형 방식으로만 보여집니다.

그림 13-40 360° 동영상을 출력하고 퀵타임에서 재생했을 때의 모습

출력한 파일을 유튜브에 올려보겠습니다. 유튜브에서는 해당 파일을 자동으로 360° 영상으로 인식합니다. 재생해 보면 화면의 왼쪽 위에서 콘트롤 버튼을 볼 수 있으며, 모션에서 편집한 모습 그대로 나타납니다.

그림 13-41 모션으로 편집하여 유튜브에 올린 360° 영상

작은 행성(Tiny Planet) 필터 알아보기

작은 행성(Tiny Planet) 필터는 모션 5.4.2 버전으로 업데이트되면서 새로 추가된 필터입니다. 360° 영상을 입체 투영으로 변환하여 작은 행성처럼 만들어 줍니다.

그림 13-42 작은 행성(Tiny Planet) 필터로 만든 영상

기존 영상에도 'Tiny Planet' 필터를 적용하면 독특한 형태의 영상을 만들 수 있습니다. 그런데도 이 필터가 가장 잘 어울리는 영상은 360° 영상입니다. 이미지 가장자리를 가장 깔끔하게 나타내기 때문입니다.

주의할 점은 360° 영상을 이용하지만 프로젝트를 만들 때는 360° 모션 프로젝트로 만들면 안 됩니다. 기존 프로젝트와 같은 형태로 'Broadcast HD 1080'으로 만들어야 합니다.

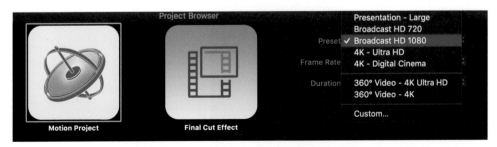

그림 13-43 작은 행성 필터를 적용하기 위한 프로젝트 설정

프로젝트로 영상을 임포트(Import)할 때도 360°로 영상 임포트하기(Import as 360°)에 체크를 해제하고 임포트
합니다.

그림 13-44 360° 영상을 임포트할 때의 설정

'Tiny Planet' 필터는 라이브러리의 [Filters] − [Distortion] 카테고리에 있습니다. 필터를 선택한 다음 [Apply]
버튼을 클릭해 적용합니다.

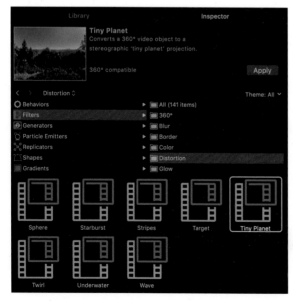

그림 13-45 'Tiny Planet' 필터의 적용

인스펙터에서 관련 매개변수를 살펴보겠습니다. 'Tiny Planet'에는 다음과 같은 매개변수들이 있습니다.

그림 13-46 'Tiny Planet' 필터의 매개변수

Ⓐ X Rotaion(X축 회전): X축을 기준으로 360° 레이어를 회전시킵니다.

X Rotation 0

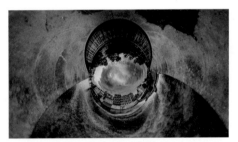
X Rotation 180

그림 13-47 X축 회전 값에 따른 변화

Ⓑ Y Rotaion(Y축 회전): Y축을 기준으로 360° 레이어를 회전시킵니다.

Ⓒ Z Rotaion(Z축 회전): Z축을 기준으로 360° 레이어를 회전시킵니다.

Ⓓ Field of View(시야): 360° 구체를 평면에 매핑하는 정도를 결정합니다. 값이 클수록 더 넓은 시야로 바라봅니다.

Field of View 180

Field of View 270

Field of View 360

그림 13-48 Field of View 값에 따른 변화

E Rotation Order(회전 순서): 어느 축을 우선으로 회전시킬 것인지 결정합니다. ZYX, ZXY, XYZ, YXZ 4개의 옵션이 있습니다. 차이를 살펴보기 위해 X, Y, Z축에 모두 90°의 공통값을 설정한 다음 서로 비교해 보겠습니다.

ZYX   ZXY   XYZ   YXZ

그림 13-49 회전 순서에 따른 이미지의 변화

F Crop(자르기): 필터링 된 이미지를 원래 경계에서 자를 것인지를 결정합니다. 체크를 해제하면 이미지의 원래 경계 밖에 있는 픽셀도 렌더링합니다.

Crop 체크   Crop 체크 해제

그림 13-50 Crop 값에 따른 이미지의 변화

G Mix(혼합): 필터링 된 이미지와 원본 이미지의 혼합 비율을 결정합니다.

CHAPTER

14

오디오를 활용한 모션 그래픽

모션 그래픽 영상을 제작하는 데 있어서 보이지는 않지만 중요한 지분을 차지하는 요소가 바로 오디오입니다. 적절하게 삽입된 효과음과 배경 음악은 영상의 몰입감을 높여줍니다. 유튜브나 비메오와 같은 인터넷 동영상 스트리밍 서비스나 생활 주변의 광고 콘텐츠 등을 통해 멋진 모션 그래픽 영상을 쉽게 접할 수 있습니다. 하지만 모션 그래픽 영상의 시각적인 부분이 아무리 훌륭하더라도 그것을 뒷받침해 주는 오디오가 없으면 그 효과는 크게 반감될 것입니다. 좋은 모션 그래픽 영상을 만들기 위해서 오디오는 꼭 필요합니다.

모션 5에서 오디오를 추가하고 조정하는 작업 과정은 기본적인 비디오 작업 과정과 비슷합니다. 레이어를 레이어 패널에서 조절했던 것처럼 오디오는 오디오 패널이 있습니다. 오디오 패널에서 개별적인 오디오 트랙마다 소리의 크기를 조정할 수 있으며 마스터 트랙에서 전체 오디오를 조정할 수 있습니다.

이번 장에서는 실습 예제를 통해 모션 5에서 오디오를 활용하는 방법을 살펴보겠습니다.

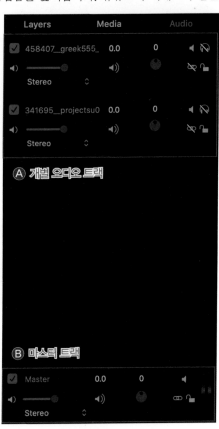

그림 14-1 오디오 패널에서 오디오 트랙 조정

14.1 _ 기본적인 오디오 트랙 조정하기

예제 폴더에서 '14-1 기본적인 오디오 트랙 조정하기' 모션 프로젝트 파일을 열어봅니다. 예제 파일에는 '이 예제는 오디오 파일을 다루고 있어요.'라는 텍스트와 배경 이미지가 있습니다. 텍스트와 배경 이미지는 이번 예제에서 쓸 일이 없지만 검은 화면이 밋밋해 보여서 넣어두었습니다.

우선 오디오 파일을 임포트(Import)하겠습니다.

1 _ 단축키 command + I를 이용해 임포트 창을 엽니다.

2 _ 임포트 창에서 실습 예제의 Media 폴더에 있는 두 개의 오디오 파일을 선택합니다.

3 _ [Import] 버튼을 클릭하여 두 개의 오디오 파일을 모션 프로젝트로 임포트합니다.

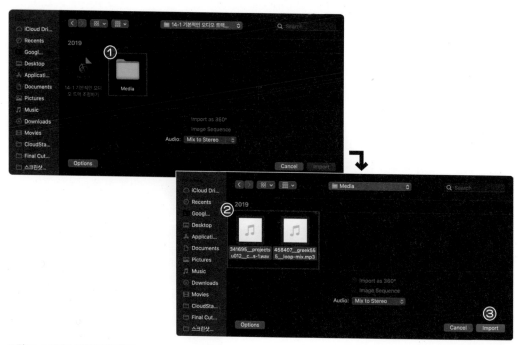

그림 14-2 오디오 파일 임포트하기

오디오 파일을 임포트했지만 아무런 변화가 없습니다. 오디오 파일을 확인하려면 오디오 패널을 열어야 합니다. 다음 그림과 같이 레이어 패널이 있는 창에서 [Audio] 탭을 클릭하면 확인할 수 있습니다. 오디오 패널에서는 앞서 불러온 오디오의 각 트랙을 조정할 수도 있고, 오디오 패널의 맨 아래에 있는 마스터 트랙을 통해 전체적인 오디오를 조정할 수도 있습니다.

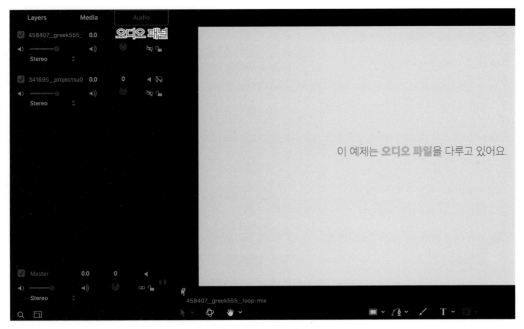

그림 14-3 오디오 패널 활성화

오디오 트랙의 각 부에서 오디오 트랙을 켜고 끄거나 트랙을 선택할 수 있고, 음소거 및 솔로 트랙을 지정하거나 볼륨 및 팬(Pan) 설정을 제어할 수 있습니다.

그림 14-4 오디오 트랙 조정

Ⓐ **오디오 트랙 켜기/끄기**: 오디오 패널이나 타임라인에서 오디오 트랙의 왼쪽에 있는 체크박스를 이용해 오디오 트랙을 켜거나 끌 수 있습니다.

Ⓑ **트랙 이름 표시 및 변경**: 트랙의 이름을 두 번 클릭하면 새로운 이름을 입력할 수 있습니다.

Ⓒ **트랙의 오디오 볼륨 조정**: 슬라이더를 드래그해 오디오의 볼륨을 조정합니다. 인스펙터와 HUD에서도 오디오 볼륨을 변경할 수 있습니다.

ⓓ 출력 채널 지정: 팝업 메뉴에서 Stereo(스테레오), Left(왼쪽), Right(오른쪽), Center(중앙) 등과 같이 오디오 트랙의 출력 채널을 선택할 수 있습니다.

ⓔ Pan(스테레오에서 사운드가 분배되는 방식): 다이얼을 이용해 스테레오 환경에서 소리를 어떻게 분배할지 결정할 수 있습니다. 기본값인 가운데로 두면 왼쪽과 오른쪽에서 소리가 골고루 나오지만, 특정 방향에 더욱 중점을 두고 소리가 나올 수 있게 조정할 수 있습니다.

ⓕ Mute(음소거): 음소거 버튼을 클릭하면 재생 중에는 소리가 나지 않지만, 프로젝트를 영상으로 출력하면 소리가 납니다.

ⓖ Solo(솔로): 솔로가 활성화된 오디오 트랙만 재생 중에 소리가 나고 다른 오디오 트랙은 모두 음소거 상태가 됩니다.

ⓗ 트랙 연결 해제: 비디오와 오디오를 함께 임포트한 경우에 해당합니다. 평소에는 영상 파일의 오디오가 비디오와 결합돼 있지만, 트랙 연결을 해제하면 따로 조정할 수 있습니다.

> 영상 파일에서 비디오를 제외한 오디오만 넣고 싶다면 모션 5의 오디오 패널로 영상 파일을 드래그하면 영상 파일의 오디오만 임포트(Import) 됩니다.

ⓘ 트랙 잠금: 트랙을 잠그면 트랙 편집과 관련된 모든 기능이 작동하지 않습니다.

오디오의 파형을 확인할 수 있는 [Show Audio Timeline]

타임라인에서 오디오의 파형을 보면서 편집을 할 수 있게 [Show Audio Timeline] 버튼을 클릭합니다. [Show Audio Timeline]을 활성화하면 녹색 막대로 표시되는 오디오 트랙과 파형을 볼 수 있습니다. 타임라인에서 오디오는 다른 오브젝트 레이어처럼 배치를 옮기거나 자르거나 복사하고 붙이는 등의 편집을 할 수 있습니다.

그림 14-5 Show Audio Timeline 버튼

오디오 트랙 복제하기(Duplicate)

동전 소리 사운드 트랙을 이용해 오디오 기본 편집을 해보겠습니다. 녹색 막대 부분을 마우스 오른쪽 버튼으로 클릭하면 오디오 편집과 관련한 팝업 메뉴를 볼 수 있습니다.

1 _ 동전 소리 사운드 트랙을 마우스 오른쪽 버튼으로 클릭합니다.

2 _ [Duplicate]를 클릭해 복제합니다.

그림 14-6 오디오 트랙 복제(Duplicate)

복제(Duplicate) 기능이 실행되며 위쪽에 새로운 오디오 트랙이 생성됐습니다.

3 _ 복제된 동전 소리 사운드 트랙(이름 뒤에 copy가 붙습니다)을 3초 21프레임으로 드래그해 이동시킵니다.

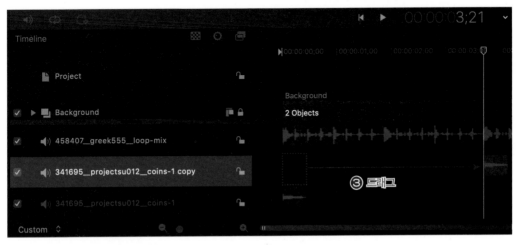

그림 14-7 오디오 트랙의 재배치

오디오 트랙 복사 – 붙여넣기 (Copy – Paste)

이번에는 복제한 오디오 트랙을 복사해 보겠습니다.

1 _ 3초 21프레임으로 옮긴 오디오 트랙을 마우스 오른쪽 버튼으로 클릭합니다.

2 _ [Copy]를 클릭해 복사합니다.

그림 14-8 오디오 트랙 복사(Copy)

복사(Copy)는 복제(Duplicate)와 달리 직접 플레이헤드를 이동한 다음 붙여넣기(Paste) 작업을 해야
합니다.

3 _ 플레이헤드를 7초 12프레임에 위치시킵니다.

4 _ 마우스 오른쪽 버튼을 클릭합니다.

5 _ 팝업 메뉴에서 [Paste]를 클릭해 붙여넣습니다.

그림 14-9 오디오 트랙 붙여넣기(Paste)

오디오 트랙의 인스펙터 살펴보기

오디오 트랙이 복사되면서 이름 뒷부분에 '– copy 1'이 추가됐습니다.

1 _ 복사된 오디오 트랙을 선택합니다.

2 _ 인스펙터의 [Properties] 탭으로 이동합니다.

3 _ Timing 섹션의 오른쪽 끝부분으로 이동한 다음 [Show] 버튼을 클릭해 추가 조정 콘트롤을 활성화합니다.

그림 14-10 오디오 트랙 인스펙터의 Properties 탭

4 _ Media의 [To ∨] 버튼을 클릭해 보겠습니다. 현재 모션 프로젝트에서 Media에 불러온 오디오 파일이 2개뿐이라서 [To ∨] 버튼을 클릭하면 목록에 자신을 제외한 다른 트랙 하나밖에 없습니다. 모션 프로젝트로 오디오 파일을 많이 불러왔다면 이 목록 또한 길어질 것입니다. 이를 통해 현재 오디오 트랙을 다른 오디오로 대체할 수 있습니다.

그림 14-11 다른 오디오로 대체할 수 있는 [To ∨] 버튼

Timing 섹션에서 Speed 매개변수는 오디오 트랙의 속도를 비롯해 시작점과 종료점을 숫자 값으로 조절할 수 있습니다. Speed 매개변수는 위아래로 드래그해 값을 설정할 수도 있고, 직접 값을 입력할 수도 있습니다. Speed 매개변수의 값이 달라짐에 따라 소리의 길이를 나타내는 Duration(길이)도 달라지는 모습을 볼 수 있습니다. Speed 매개변수의 값을 변경하면서 확인해봅니다.

· Speed 값을 100%에서 200%로 변경하면(일명 2배속) 원래 14프레임이었던 소리가 7프레임으로 줄어듭니다.

· Speed 값을 100%에서 50%로 변경하면 소리가 느려지면서 14프레임이었던 소리가 약 27프레임으로 늘어납니다.

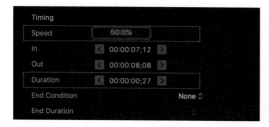

그림 14-12 Speed 매개변수 값에 따른 길이(Duration)의 변화

종료 조건(End Condition) 매개변수를 이용하면 좀 더 소리를 다채롭고 새미있게 표현할 수 있습니다. 선택할 수 있는 옵션으로는 'None(기본값)', 'Loop(반복)', 'Ping-Pong(핑퐁)', 'Hold(멈추기)' 등이 있습니다.

그림 14-13 종료 조건(End Condition) 매개변수의 옵션

종료 길이(End Duration)에는 종료 조건(End Condition)을 얼마 동안 나타낼지 설정합니다. 기본 단위는 프레임이며 Speed가 100%일 때 'Duration'에 나오는 숫자가 소리의 원래 길이이므로 잘 계산하여 설정하면 됩니다.

예제에서는 종료 길이(End Duration)를 40으로 설정하고 종료 조건(End Condition)은 Loop로 설정했습니다. 한 번 재생해보기 바랍니다.

그림 14-14 반복하여 재생되는 오디오 트랙

이번에는 종료 조건(End Condition)을 'Ping-Pong'으로 설정하겠습니다. 그리고 스페이스 키를 눌러 재생해 보겠습니다. 소리를 반복해서 들려주는 'Loop'와 달리 한 번 재생된 소리를 역방향으로 재생하고, 다시 소리를 원래대로 재생해주는 식으로 재생됩니다.

그림 14-15 종료 조건(End Condition)을 'Ping-Pong'으로 설정

이번에는 종료 조건(End Condition)을 'Hold'로 변경한 다음에 재생해 보겠습니다. 'Hold'는 한 번 재생한 다음 그 상태 그대로 유지해주므로 소리가 더 이상 재생되지 않습니다.

End Condition	Hold ◇
End Duration	40.0

그림 14-16 종료 조건(End Condition)을 'Hold'로 설정

오디오 분리하기

이어서 타임라인에서 오디오를 분리하는 방법을 살펴보겠습니다. 예제에서는 'Loop-mix' 오디오 트랙을 5초 16프레임에서 두 개의 트랙으로 분리해 보겠습니다.

1 _ 'Loop-mix' 오디오 트랙을 선택합니다.

2 _ 플레이헤드를 5초 16프레임으로 이동시킵니다.

3 _ 상단 메뉴에서 [Edit] → [Split]을 실행합니다.

그림 14-17 두 개의 클립으로 분리하는 Split

Split 기능을 실행하면 플레이헤드를 기준으로 두 개의 클립(트랙)으로 분리됩니다. 이를 이용해 불필요한 트랙은 별도로 선택한 다음 삭제할 수 있습니다.

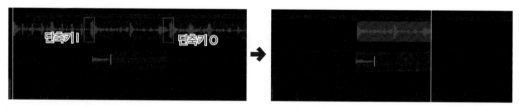

그림 14-18 두 개의 트랙으로 분리된 모습

오디오 트랙은 다른 오브젝트나 비헤이비어, 필터와 같이 Mark In(단축키 I)과 Mark Out(단축키 O) 기능을 이용해 시작점과 종료점을 편집할 수 있습니다. 불러온 음악 파일이 프로젝트 길이보다 길 때는 단축키 I와 O를 이용해 필요한 부분만 잘라서 사용할 수 있습니다. 그리고 프로젝트에서 편집하더라도 원본 파일에는 전혀 영향을 주지 않습니다.

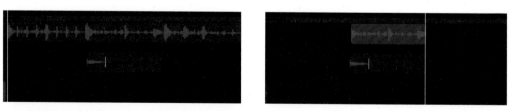

그림 14-19 Mark In(단축키 I)과 Mark Out(단축키 O)을 이용한 오디오 트랙 조정

14.2 _ 오디오 비헤이비어로 오디오 트랙 조정하기

모션 5에는 오디오에 적용할 수 있는 2개의 오디오 비헤이비어가 있습니다. 바로 'Audio Auto Pan'과 'Audio Fade In/Fade Out'입니다. 이번 절에서는 실습 예제를 통해 오디오 비헤이비어로 오디오 트랙을 조정하는 방법을 익혀보겠습니다.

먼저 예제 폴더에서 '14-2 오디오 비헤이비어로 오디오 트랙 조정하기' 모션 프로젝트 파일을 열어줍니다.

오디오 타임라인이 활성화돼 있지 않다면 툴 바에서 [Show Audio Timeline] 버튼을 클릭합니다. 단축키는 command + 9입니다.

오디오 비헤이비어 추가하기

1 _ 오디오 타임라인에서 오디오 트랙을 선택합니다.

2 _ 상단에 있는 툴 바에서 [Behaviors](비헤이비어) 버튼을 클릭합니다.

3 _ [Audio] 카테고리에 있는 비헤이비어 중에서 'Audio Auto Pan'을 클릭해 오디오 트랙에 비헤이비어를 적용합니다.

그림 14-20 'Audio Auto Pan' 비헤이비어 적용

비헤이비어를 적용한 다음 재생해보면 왼쪽에서부터 오른쪽을 향해 소리가 이동하는 것을 들을 수 있습니다. 이렇게 소리가 이동하는 효과를 패닝(Panning)이라고 합니다. 이어폰을 끼고 오디오를 확인해 보면 차이를 조금 더 명확하게 느낄 수 있습니다. 'Audio Auto Pan' 비헤이비어를 이용하면 일반적으로 사용되는 패닝 효과를 쉽게 적용할 수 있습니다. 이 비헤이비어의 인스펙터에서 매개변수를 살펴보겠습니다.

그림 14-21 'Audio Auto Pan' 비헤이비어의 인스펙터 매개변수

Ⓐ **Pan Position(팬 위치):** 팬의 위치를 설정하는 슬라이더입니다. 팬 위치가 0으로 설정돼 있으면 왼쪽과 오른쪽 채널의 균형을 균등하게 유지합니다.

Pan Position 값이 작아질수록(음수) 왼쪽 채널의 볼륨이 증가하고 오른쪽 채널은 반대로 볼륨이 감소합니다. 반대로 Pan Position 값이 커질수록(양수) 오른쪽 채널의 볼륨이 증가하고 왼쪽 채널의 볼륨이 감소합니다.

Ⓑ **Depth(깊이):** 왼쪽 및 오른쪽 채널에서 패닝이 발생하는 거리를 설정합니다. 값이 클수록 서로 간의 거리가 더욱 길어져 패닝 효과를 명확하게 느낄 수 있습니다.

Ⓒ **Direction(방향):** 패닝 효과가 지속되는 동안 패닝이 움직이는 방향을 설정할 수 있습니다. 선택할 수 있는 옵션으로 Left와 Right가 있습니다.

Ⓓ **Volume(볼륨):** 패닝 효과가 지속하는 동안 오디오 레벨이 어떻게 영향을 받는지 설정합니다. 다섯 가지 옵션이 있습니다.

· Constant: 볼륨을 변경하지 않는 애니메이션 커브입니다(기본값).

· Ramp Up: 볼륨을 일정하게 증가시키는 애니메이션 커브입니다.

· Ramp Down: 볼륨을 일정하게 감소시키는 애니메이션 커브입니다.

· Crescendo: 볼륨이 천천히 증가하는 애니메이션 커브입니다.

· Decrescendo: 볼륨이 천천히 감소하는 애니메이션 커브입니다.

Ⓔ **Gain(게인):** 볼륨에 사용되는 게인을 설정할 수 있습니다. 값의 범위는 −무한대dB에서 +12dB입니다. 소리의 기본 볼륨을 좀 더 줄이거나 키울 수 있습니다.

F Loop(루프): 패닝 효과가 반복되는 횟수를 설정합니다. 값의 범위는 1부터 30입니다.

G Apply Volume(볼륨 적용): 패닝 효과가 반복될 때 오디오 레벨이 어떻게 변하는지 설정합니다. 설정할 수 있는 옵션으로는 'Once Per Loop(루프 당 한 번)', 'Over Entire Duration(트랙 재생하는 동안)' 2가지가 있습니다. 다음과 같이 Volume을 Ramp up으로 설정하고, Loops를 3으로 설정한 다음 재생해보면 그 차이를 알 수 있습니다.

그림 14-22 볼륨 적용(Apply Volume)의 두 옵션

'Once Per Loop(루프 당 한 번)'는 총 3번 반복하는 동안 반복할 때마다 볼륨이 높아지는 것을 확인할 수 있습니다. 반면 'Over Entire Duration(트랙 재생하는 동안)'은 반복하는 횟수와 상관없이 오디오를 재생하는 동안 볼륨이 높아지는 것을 확인할 수 있습니다.

H End Condition(종료 조건): 패닝 효과가 반복될 때 반복되는 방식을 설정합니다. 'Repeat(반복)'과 'Ping-Pong(핑퐁)' 옵션이 있습니다.

I Start Offset(시작 오프셋): 패닝 효과를 바로 시작하지 않고 어느 정도 지연시킨 다음에 시작할 수 있습니다. 시작 오프셋을 20으로 설정하면 오디오가 처음 재생되고 20프레임 후에 패닝 효과가 시작됩니다. 기본 단위는 프레임입니다.

J End Offset(종료 오프셋): Start Offset과 반대되는 개념입니다. 패닝 효과를 바로 끝내지 않고 어느 정도 간격을 두고 중지시킬 수 있습니다. 종료 오프셋을 20으로 설정하면 오디오의 마지막 프레임보다 20프레임 전에 패닝 효과가 중지됩니다.

'Audio Fade In/Fade Out' 비헤이비어 살펴보기

이번에는 'Audio Fade In/Fade Out' 비헤이비어를 살펴보겠습니다. 상단에 있는 툴 바에서 [Behaviors](비헤이비어) 버튼을 클릭합니다. [Audio] 카테고리에 있는 비헤이비어 중에서 'Audio Fade In/Fade Out'을 클릭해 오디오 트랙에 비헤이비어를 적용합니다.

그림 14-23 'Audio Fade In/Fade Out' 비헤이비어 적용

'Audio Fade In/Fade Out' 비헤이비어는 오디오가 부드럽게 시작하고 끝날 수 있도록 도와주는 비헤이비어입니다. 인스펙터에서 관련 매개변수 값을 조정해 페이드 인/페이드 아웃 효과를 설정할 수 있지만, HUD에서 직관적으로 조정할 수도 있습니다. 인스펙터와 HUD의 모습은 다음과 같습니다.

그림 14-24 'Audio Fade In/Fade Out'의 인스펙터와 HUD

HUD의 삼각형 부분을 왼쪽이나 오른쪽으로 드래그해 페이드의 길이를 조정할 수 있습니다. 다음은 페이드 인(Fade In)의 길이를 30프레임으로 조정했을 때의 모습입니다. HUD에서 드래그하면 인스펙터에서도 해당 매개변수의 값이 자동으로 조정됩니다.

그림 14-25 HUD에서 직관적으로 페이드 인(Fade In)의 길이 조정

인스펙터에서 설정한 숫자는 모두 프레임 단위입니다. 위 그림과 같이 Fade In Time이 30.0이라면 페이드 인 효과가 30프레임(=1초)에 걸쳐 적용된다는 뜻입니다. Fade Out Time은 20.0이므로 페이드 아웃 효과가 20프레임에 걸쳐 적용된다는 뜻입니다.

시작 오프셋(Start Offset)과 End Offset(종료 오프셋) 역시 기본 단위는 프레임이고, 효과를 지연시키거나 미리 앞당기는 매개변수입니다. 시작 오프셋을 30.0으로 설정하면 오디오가 재생되고 1초(=30프레임) 후부터 페이드 인 효과가 시작됩니다. 종료 오프셋을 30.0으로 설정하면 페이드 아웃 효과를 평소보다 1초(=30프레임) 미리 앞당겨서 적용합니다.

14.3 _ 오디오 파라미터 비헤이비어로 오디오 비주얼라이저 만들기

오디오 파라미터 비헤이비어(Audio Parameter Behavior)는 오디오 트랙의 특정 속성을 분석합니다. 그리고 분석한 결과를 다른 오브젝트(필터, 레플리케이터, 도형, 파티클, 텍스트 등)에 적용할 수 있습니다. 이것을 응용하면 오디오에 반응하는 비주얼라이저(Visualizer)를 만들 수 있습니다.

그림 14-26 오디오를 시각화하여 보여주는 오디오 비주얼라이저(Audio Visualizer)

이번 절에서는 오디오 비주얼라이저를 만들어 보겠습니다. 선(Line)을 만든 다음 레플리케이터(Replicator) 기능을 이용해 여러 개의 선으로 복제합니다. 그리고 복제된 선의 스케일(Scale)에 오디오의 파형을 분석해 서로 연결하는 작업을 하는 식으로 실습을 진행해 보겠습니다.

예제 폴더에서 '14-3 오디오 비주얼라이저' 모션 프로젝트 파일을 열어봅니다. 실습 프로젝트는 이미 그래픽 작업과 오디오가 추가된 상태입니다. 프로젝트의 길이도 음악에 맞춰 줄여놓은 상태(7초 23 프레임)입니다. 만약 여러분이 다른 음악 파일을 사용하고자 한다면 음악 파일을 교체한 다음 Project Properties에 들어가서(단축키 command + J) 프로젝트의 길이를 음악 파일의 길이와 맞춘 후에 작업하면 됩니다. 단 음악이 길어지는 만큼 분석 작업에 더 많은 시간이 소요됩니다.

그림 14-27 프로젝트 설정에서 타임라인의 길이 맞추기(command + J)

먼저 새 그룹을 추가합니다. 새 그룹의 이름은 'Line'으로 하겠습니다.

1 _ 화면 상단에 있는 툴 바에서 [Add Object] 버튼을 클릭한 후 [Group]을 클릭합니다.

2 _ 그룹의 이름을 [Line]으로 변경합니다.

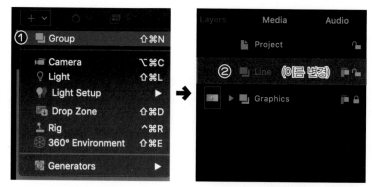

그림 14-28 새 그룹(Line) 추가

오디오를 시각적으로 나타낼 선(Line)을 추가하겠습니다.

1 _ 툴 바에서 Line을 선택합니다.

2 _ 캔버스의 비어있는 곳을 위에서 아래로 드래그합니다. 선은 다음 그림과 같은 크기로 그리면 됩니다.

그림 14-29 선(Line) 추가

선의 스타일을 인스펙터에서 설정하기

1-2 _ 레이어 패널이나 타임라인에서 선(Line)을 선택한 다음 인스펙터에서 [Shape] 탭으로 이동합니다.

이어서 [Style]과 [Geometry] 탭에서 다음과 같이 매개변수 값을 설정합니다.

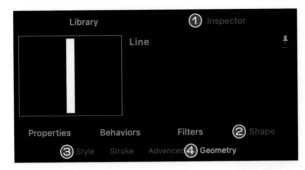

그림 14-30 [Shape] 탭의 [Style]과 [Geometry]

[Style] 탭에서는 Joint, Start Cap, End Cap 매개변수 값을 모두 Square(사각형)로 설정합니다. 선의 처음 모양과 끝 모양이 둥근 모양에서 직사각형 모양으로 바뀝니다.

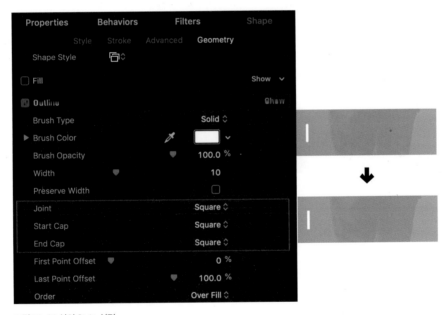

그림 14-31 선의 Style 설정

[Geometry] 탭에서는 Control Points의 Point 1과 Point 2의 Y 값을 설정합니다. Point 1은 50.0으로 설정하고, Point 2는 0.0으로 설정합니다. 이렇게 설정하지 않으면 음악에 맞춰 선이 움직일 때 아래쪽으로도 크기가 커집니다. 앵커포인트를 맞추는 작업이라고 생각하면 됩니다.

그림 14-32 Geometry의 콘트롤 포인트에서 Y값 설정

Replicate 기능 실행하기

레플리케이터(Replicate) 기능을 실행합니다.

1 _ 상단에 있는 툴 바에서 [Replicate] 버튼을 클릭해도 되고 단축키 L을 눌러 바로 실행할 수도 있습니다.

그림 14-33 레플리케이터의 실행

맨 처음에 레플리케이터를 실행하면 기본 배열이 사각형(Retangle) 모양으로 배열됩니다.

2 _ 인스펙터의 [Replicator] 탭으로 이동한 다음 Replicator Control 섹션에 있는 매개변수부터 설정하겠습니다.

3 _ Shape를 Circle (원)으로 변경합니다. 다음과 같이 사각형의 배열에서 원 배열로 바뀝니다.

그림 14-34 레플리케이터의 Shape를 Circle로 변경

4 _ Arrangement 매개변수의 값을 Outline(외곽선)으로 변경합니다. Outline으로 설정하면 원의 외곽선을 따라 선이 배열됩니다.

5 _ Radius의 값을 키우면 원이 커집니다. Radius의 값을 210으로 설정합니다.

6 _ Points는 76으로 설정해 선을 빽빽하게 배치합니다.

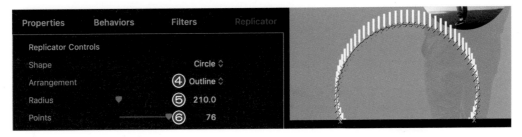

그림 14-35 레플리케이터 콘트롤 패널 설정

이번에는 Cell Controls 섹션으로 이동합니다.

7 _ Align Angle(각도 정렬)에 체크합니다.

8 _ Angle(각도)은 180°로 설정합니다.

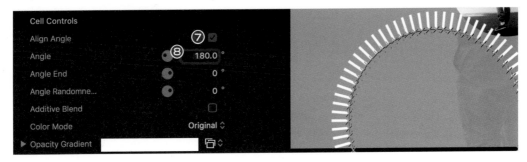

그림 14-36 Align Angle과 Angle 설정

[Properties] 탭으로 이동한 다음 Position의 값을 재설정(Reset Parameter)합니다.

1 _ [Properties] 탭을 클릭합니다.

2 _ Position의 오른쪽 끝으로 이동한 다음 펼침 버튼을 클릭합니다.

3 _ [Reset Parameter]를 클릭합니다. 원이 중앙에 배치되면서 이미지와 딱 들어맞게 됩니다.

그림 14-37 포지션 값 재설정(Reset Parameter)

그림 14-38 중앙에 배치된 레플리케이터

오디오와 레플리케이터 연결하기

이제 오디오와 관련된 작업을 하겠습니다. 이번 예제에서는 오디오를 크게 3부분으로 나누어 베이스 (Bass), 중역대(Mid), 고음부(Treble)만 작업합니다. 그래서 우리가 만든 레플리케이터도 세 부분으로 나누어 각각 작업하려 합니다.

기존에 만들었던 레플리케이터를 1/3으로 나누어야 하는데 이 작업은 Cell Controls 섹션에 있는 불투 명도 그러데이션(Opacity Gradient)을 이용해 할 수 있습니다.

1 _ 레이어 패널에서 선(Line)을 선택합니다.

2 _ Opacity Gradient(불투명도 그러데이션) 왼쪽에 있는 삼각형을 클릭해 패널을 확장합니다.

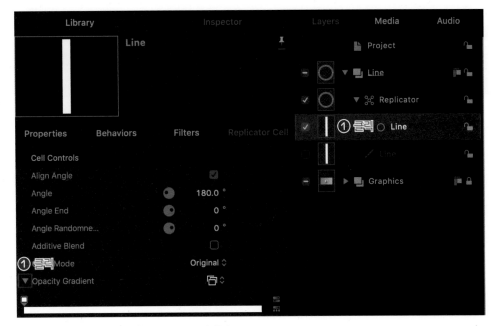

그림 14-39 불투명도 그러데이션(Opacity Gradient) 확장

이제 새로운 불투명도 영역을 추가하려고 합니다.

3 _ 그러데이션 바의 윗부분을 아무 곳이나 클릭합니다. 클릭한 위치에 새로운 불투명도 영역이 추가됩니다.

4 _ 새로운 불투명도 영역의 Opacity 매개변수 값을 0%로 설정합니다. 다음 그림과 같은 형태로 나타나는 모습을 확인할
   수 있습니다.

그림 14-40 새로운 불투명도 영역 추가

5 _ 전체 영역의 1/3만 나타날 수 있게 두 번째 불투명도 영역의 Location(위치) 매개변수 값을 32%로 설정합니다. 약간의
   여유 공간을 남겨두기 위해서 33%가 아닌 32%로 설정했습니다.

6 _ 첫 번째 불투명도 영역을 클릭합니다.

7 _ Interpolation(보간)을 Constant(상수)로 설정합니다. Constant로 설정하면 선이 딱 끊어지는 느낌으로 연출됩니다.

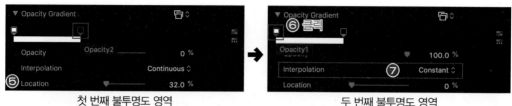

| 첫 번째 불투명도 영역 | 두 번째 불투명도 영역 |

그림 14-41 불투명도 그러데이션의 매개변수 값 설정

오디오 파라미터 비헤이비어 추가하기

이번에는 오디오 파라미터 비헤이버를 추가하겠습니다. 오디오 파라미터 비헤이비어를 추가하면 오디오와 Line을 서로 연결할 수 있습니다.

1 _ Scale 매개변수의 왼쪽에 있는 삼각형을 클릭해 패널을 확장합니다.

2 _ Scale의 Y 값을 10%로 설정합니다.

3 _ 이어서 Scale Y의 오른쪽 끝으로 이동한 다음 펼침 버튼을 클릭합니다.

4 _ [Add Parameter Behavior]를 선택합니다.

5 _ [Audio]를 클릭해 오디오 파라미터 비헤이비어(Audio Parameter Behavior)를 추가합니다.

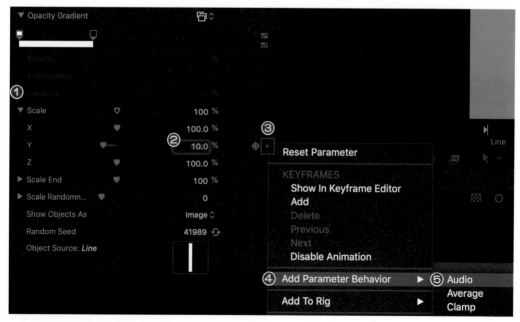

그림 14-42 오디오 파라미터 비헤이비어 추가

오디오 파라미터와 음악 연결하기

오디오 비헤이비어가 추가됐습니다. 추가한 비헤이비어는 인스펙터에서 Source Audio를 지정해주어야 합니다.

1 _ Source Audio 매개변수의 [To ∨] 버튼을 클릭합니다.

2 _ 미리 모션 프로젝트에 삽입해둔 음악인 'Torn Jeans Short'을 선택합니다.

그림 14–43 Source Audio 설정

3 _ 이어서 Graph Range 팝업 메뉴를 클릭해 'All Frequencies'에서 'Bass'로 설정을 변경합니다. 'Bass'로 설정하면 아래에 있는 Low Frequency와 High Frequency가 베이스의 음역대인 11Hz, 141Hz로 자동으로 바뀝니다.

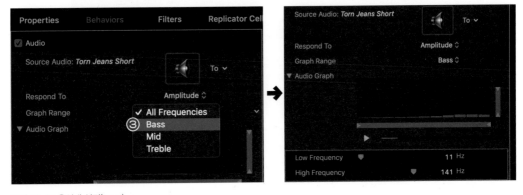

그림 14–44 음역대 설정(Bass)

유동적인 움직임을 위한 Randomize 파라미터 비헤이비어 추가하기

재생해보면 베이스 음역대에 맞춰 움직이는 모습을 볼 수 있습니다. 다만 움직임이 조금 딱딱한 느낌이 있습니다. 조금 더 유동적으로 움직일 수 있게 Randomize 파라미터 비헤이비어를 추가하겠습니다.

1 _ [Replicator Cell] 탭을 클릭합니다.

2 _ Scale Randomness 파라미터 왼쪽에 있는 삼각형을 클릭해 패널을 확장합니다.

3 _ Scale Randomness Y의 오른쪽 끝으로 이동한 다음 펼침 버튼을 클릭합니다.

4-5 _ [Add Parameter Behavior] – [Randomize]를 선택해 비헤이비어를 추가합니다.

그림 14-45 Scale Randomness Y값에 Randomize 파라미터 비헤이비어 추가

Randomize 비헤이비어의 매개변수 값 수정하기

Randomize 비헤이비어의 매개변수 값을 다음과 같이 수정합니다.

1 _ Amount 매개변수를 20으로 설정합니다. Amount는 입력된 값이 클수록 더욱 랜덤해져서 자칫하면 음악과 따로 동작할 수도 있습니다. 따라서 적당한 값을 입력해야 합니다.

2 _ Noisness는 최댓값인 1.0으로 설정합니다. 오디오에 더욱 민감하게 반응합니다.

3 _ Random Seed의 새로 고침 버튼을 클릭해 새로운 랜덤 시드가 생성되게 합니다.

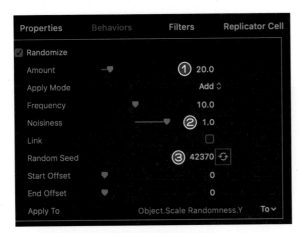

그림 14-46 Randomize 비헤이비어의 매개변수 값 설정

Mid, Treble 레플레케이터 만들기

1 _ 레이어 패널로 이동한 다음 Replicator를 마우스 오른쪽 버튼으로 클릭하고 [Duplicate]를 클릭해 복제합니다.

2 _ Replicator를 한 번 더(총 2번) 복제합니다.

3 _ 레이어 패널의 하단에 위치한 Replicator는 Bass로 이름을 변경합니다.

4 _ 두 번째 Replicator copy는 Mid로 이름을 변경합니다.

5 _ 마지막 Replicator copy 1은 Treble로 이름을 변경합니다.

그림 14-47 Replicator 복제 후 이름 변경

레플리케이터의 위치 설정하기

각 레플리케이터 레이어의 위치를 설정하겠습니다.

1 _ 가장 먼저 Bass 레이어를 선택합니다.

2 _ Offset 매개변수 값을 −58%로 설정합니다.

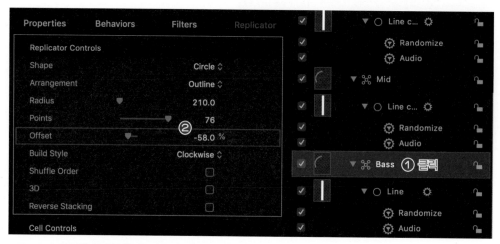

그림 14-48 레플리케이터 Bass의 위치 조정

3 _ 이어서 레플리케이터 Mid 레이어를 선택합니다.

4 _ Offset 매개변수 값을 −24%로 설정합니다.

그림 14-49 레플리케이터 Mid의 위치 조정

5 _ 마지막으로 레플리케이터 Treble 레이어를 선택합니다.

6 _ Offset 매개변수 값을 9%로 설정합니다.

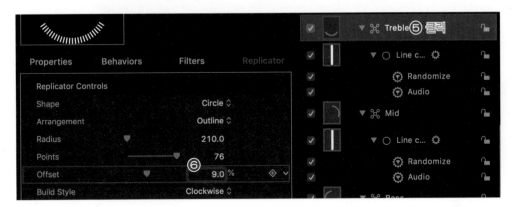

그림 14-50 레플리케이터 Treble의 위치 조정

Bass – Mid – Treble 순으로 레플리케이터의 각 영역별로 위치를 조정했습니다.

오디오의 그래프 범위 수정하기

오디오의 각 Graph Range(그래프 범위)를 수정하고 Randomize 비헤이비어의 Random Seed를 새로 고침하면 작업이 마무리됩니다.

1 _ 먼저 Mid 레이어의 Randomize 비헤이비어를 선택합니다.

2 _ 인스펙터의 [Behaviors] 탭에서 [Random seed] 오른쪽에 있는 새로 고침 버튼을 클릭합니다.

3 _ 오디오 비헤이비어의 [Graph Range]는 팝업 메뉴를 클릭해 'Mid'로 설정합니다.

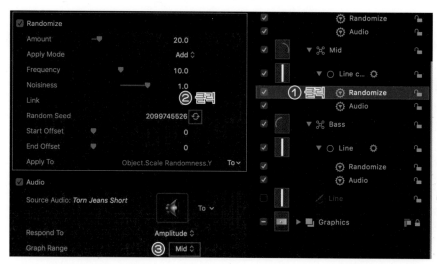

그림 14-51 Mid 레이어에 적용된 비헤이비어의 매개변수 설정

Treble 레이어 역시 같은 방법으로 매개변수를 설정합니다.

4 _ Treble 레이어의 Randomize 비헤이비어를 선택합니다.

5 _ 인스펙터에서 Random Seed를 새로 고칩니다.

6 _ Graph Range를 'Treble'로 설정합니다.

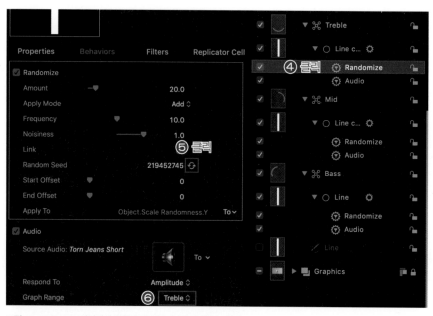

그림 14-52 Treble 레이어에 적용된 비헤이비어의 매개변수 설정

기본적인 형태는 모두 다 구현했습니다. 이제 그래픽 부분을 조금 더 보완하는 데 필요한 부분을 설명하려고 합니다. 파형의 크기를 좀 더 늘리고 싶다면 Audio 비헤이비어의 Scale 매개변수 값을 좀 더 크게 입력하면 됩니다. 기본값은 1.0인데, 2.0으로 수정하면 기본값보다 2배 큰 크기로 파형의 크기가 바뀝니다. Bass, Mid, Treble에 적용된 모든 Audio 비헤이비어의 Scale의 값을 동일하게 수정합니다.

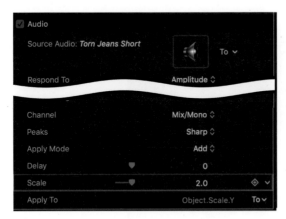

그림 14-53 파형의 크기를 조정할 수 있는 Audio 비헤이비어의 Scale 매개변수

좀 더 예쁘게 – 레플리케이터의 색상을 그러데이션으로 처리하기

추가로 레플리케이터의 색상을 그러데이션으로 처리하는 방법을 살펴보겠습니다.

1 _ 'Bass' 레플리케이터의 셀 레이어(Bass – Line)를 클릭합니다.

2 _ 인스펙터의 [Replicator Cell] 탭을 클릭한 다음 Cell Controls 섹션에 있는 Color Mode를 'Over Pattern'으로 설정합니다.

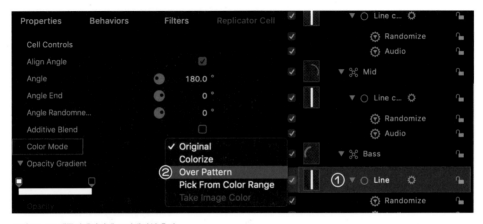

그림 14-54 레플리케이터에 그러데이션 추가

3 _ Color Gradient에서 그러데이션의 첫 번째 색상 영역(작은 사각형)을 클릭합니다.

4 _ 컬러 웰을 클릭해 색상을 변경합니다.

5 _ 예제에서는 'Sky'를 선택했습니다.

6 _ 색상을 변경한 다음 색상 창을 닫습니다.

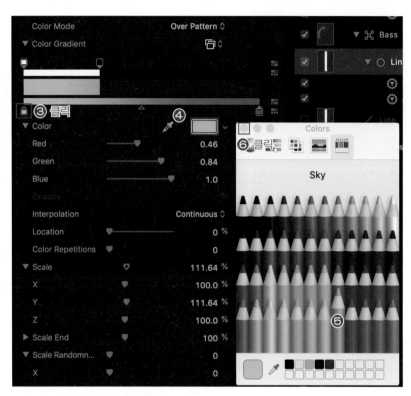

그림 14-55 그러데이션의 첫 번째 색상 변경

7-8 _ 그러데이션의 두 번째 색상 영역(작은 사각형) 역시 같은 방법으로 색상을 변경합니다.

9 _ 예제에서는 'Orchid'로 변경했습니다. 색상을 변경했으면 색상 창을 닫습니다.

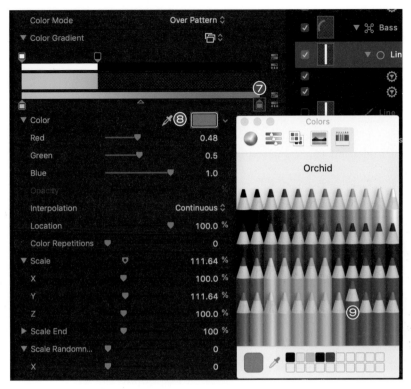

그림 14-56 그러데이션의 두 번째 색상 변경

두 번째 색상(작은 사각형) 영역의 위치(Location – 31%)를 맞춰줍니다. 색상 영역의 위치가 바뀌면서 그러데이션이 좀 더 밀도 있게 나타납니다. 이렇게 하는 이유는 레플리케이터의 불투명도를 조정했기 때문입니다. 그러데이션의 영역은 어차피 불투명도가 하얀색인 부분까지만 나오므로 영역을 드래그해 수정한 것입니다.

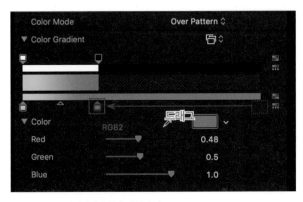

그림 14-57 그러데이션의 영역 범위 수정

다른 레플리케이터의 셀 레이어(Mid-Line , Treble-Line)에도 같은 방법으로 그러데이션 작업을 합니다. 색상은 총 3가지를 사용합니다.

우선 Bass-Line에 각각 'Sky'와 'Orchid'를 사용했습니다. 그다음 Mid-Line은 시작하는 색상을 'Orchid'로 설정하고 끝나는 색상은 'Lavender'로 설정합니다. 마지막 Treble-Line은 시작하는 색상을 'Lavender'로 설정하고 끝나는 색상을 'Sky'로 설정합니다.

즉, 색상이 서로 순환되게 배치합니다(Sky - Orchid - Lavender). 다른 색상으로 변경하고 싶다면 미리 3가지 색상을 정해놓고 변경하기를 추천합니다.

 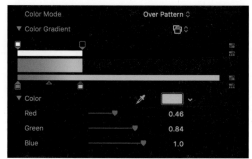

Mid - Line의 컬러 설정
(Orchid - Lavender)

Treble - Line의 컬러 설정
(Lavender - Sky)

그림 14-58 다른 레플리케이터의 컬러 설정

이렇게 그러데이션 작업까지 완료하면 다음 그림처럼 완성작의 모습으로 나타납니다.

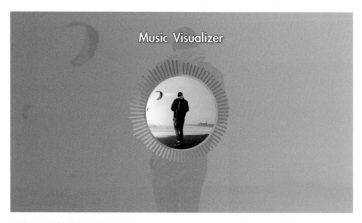

그림 14-59 완성된 비주얼라이저

모션 5의 환경 설정

모션 5의 환경 설정을 이용해 작업 영역을 사용자에게 맞게 조정하고 프로젝트의 인터페이스도 변경할
수 있습니다. 이번 장에서는 알아두면 유용한 모션 5의 환경 설정 방법을 알아보겠습니다.

모션 5의 환경 설정창을 열어보겠습니다. 상단 메뉴에서 [Motion] → [Preferences]를 차례로 클릭합
니다. 또는 키보드에서 단축키 command + ,를 입력합니다.

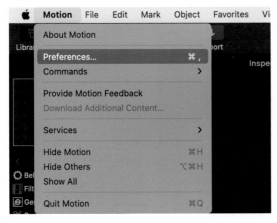

그림 15-1 모션 5의 환경 설정(Preference) 열기

환경 설정창의 상단에는 각 패널을 열 수 있는 탭이 있습니다. 모션 5에서 설정할 수 있는 패널은 다음
과 같습니다.

그림 15-2 모션 5 환경 설정창의 탭 패널

Ⓐ General(일반 환경 설정): 모션 5를 처음 실행할 때의 환경을 설정합니다.

Ⓑ Appearance(모양 환경 설정): 모션 5의 시각적인 인터페이스를 제어합니다.

Ⓒ Project(프로젝트 환경 설정): 프로젝트, 레이어 지속 시간 및 기타 프로젝트 옵션을 설정합니다.

Ⓓ Time(시간 기본 설정): 시간 표시 방법과 재생 및 키프레임을 설정합니다.

Ⓔ Cache(캐시 환경 설정): 프로젝트의 메모리 관리 및 디스크 사용과 관련된 설정을 다룹니다.

Ⓕ Canvas(캔버스 환경 설정): 캔버스를 보는 방법을 사용자 정의로 설정합니다.

Ⓖ 3D(3D 환경 설정): 모션 3D 작업 영역에서 작업하는 다양한 요소를 설정합니다.

Ⓗ Presets(사전 설정): 새 프로젝트를 만들 때마다 열리는 기본 프로젝트 유형을 설정합니다.

Ⓘ Destination(출력 설정): 모션 5에서 영상을 출력할 때 이용하는 프리셋들을 추가하거나 삭제할 수 있습니다.

15.1 _ General(일반 환경 설정)

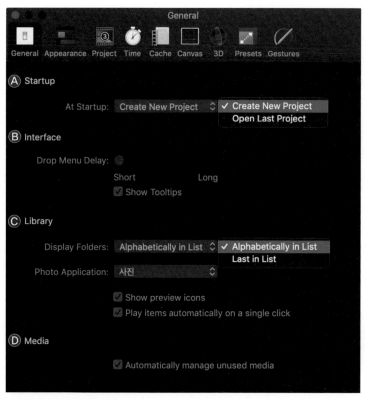

그림 15-3 General(일반 환경 설정)

Ⓐ Startup(시작): 모션 5를 실행할 때의 동작을 설정합니다.

- **Create New Project(새 프로젝트 만들기)**: 빈 프로젝트를 새로 엽니다. 프로젝트 브라우저가 나타나 새로운 프로젝트를 생성할 수 있게 도와줍니다.

- **Open Last Project(마지막 프로젝트 열기)**: 이전 작업에서 최근에 저장된 프로젝트를 엽니다.

Ⓑ Interface(인터페이스)

- **Drop Menu Delay(드롭 메뉴 지연)**: 타임라인, 레이어 패널 또는 캔버스로 드래그할 때 드롭 메뉴가 나타날 때까지 기다려야 하는 시간을 설정합니다.

- **Show Tooltips(도구 설명 표시)**: 도구 및 콘트롤 위에 마우스 포인터를 놓으면 도구 설명이 나타납니다. 툴의 기본적인 이름과 사용 방법과 같은 설명 정보를 제공합니다. 체크를 통해 켜거나 끌 수 있습니다.

Ⓒ Library(라이브러리)

- **Display Folders(폴더 표시)**: 정렬 순서를 설정합니다.
  'Alphabetically in List'는 알파벳 순서로 폴더를 정렬합니다.
  'Last in Last'는 폴더에 속해 있지 않은 아이템들을 따로 모아줍니다.

- **Photo Application(사진 응용프로그램)**: 라이브러리의 Photo 폴더에서 표시하는 사진을 어떤 응용프로그램에서 불러올지 설정합니다.

- **Show Preview Icons(미리 보기 아이콘 표시)**: 라이브러리의 미리 보기를 아이콘으로 표시합니다. 체크를 해제하면 텍스트 목록으로 표시됩니다.

- **Play items automatically on a single click(한 번의 클릭으로 항목 자동 재생)**: 미리 보기 영역에서 선택한 아이템의 내용을 재생할지 여부를 제어합니다.

Ⓓ Media(미디어)

- **Automatically manage unused media(사용하지 않는 미디어 자동 관리)**: 캔버스, 레이어 패널 또는 타임라인에서 해당 미디어를 삭제할 때 미디어 목록에서 사용하지 않은 미디어를 자동으로 제거합니다. 예를 들어 음악 파일을 모션 프로젝트로 불러왔는데 이 파일을 레이어 패널이나 타임라인에서 삭제하면 자동으로 프로젝트에서 삭제되는 옵션입니다.

15.2 _ Appearance(모양 환경 설정)

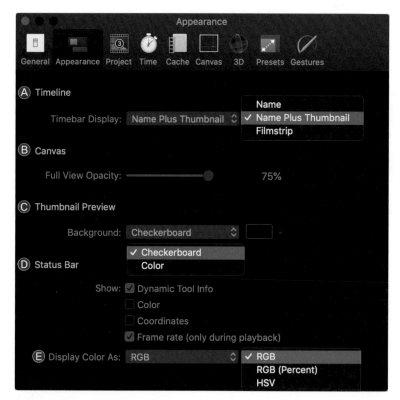

그림 15-4 Appearance(모양 환경 설정)

Ⓐ **Timeline – Timebar Display(타임라인 – 타임바 디스플레이)**: 타임라인의 디스플레이를 설정하는 팝업 메뉴로 3가지 옵션이 있습니다.

· **Name(이름)**: 타임라인 트랙 영역의 바를 오브젝트의 이름으로 표시합니다.

· **Name Plus Thumbnail(이름 + 썸네일)**: 타임라인 트랙 영역의 바를 이름과 함께 레이어의 첫 번째 프레임으로 미리 보기 이미지(썸네일)를 표시합니다.

· **Filmstrip(필름 스트립)**: 타임라인 트랙 영역의 바를 프레임이 연속된 스트립으로 표시합니다. 이때 이름 텍스트는 나타나지 않습니다. 썸네일과 다른 점은 썸네일은 단일 프레임인 반면, 필름 스트립은 연속된 프레임으로 표시됩니다.

❸ Canvas – Full View Opacity(전체 보기 불투명도): 캔버스 가장자리를 넘어 배경으로 뻗어 나오는 레이어 부분의 불투명도를 제어합니다. 100%로 설정하면 레이어가 완전히 투명하며 0%로 설정하면 레이어가 완전히 불투명합니다. 이 설정은 보기(View) 메뉴에서 전체 보기 영역 표시를 활성화했을 때 적용됩니다.

❸ Thumbnail Preview(썸네일 미리 보기)

· Background(배경): PNG 이미지 파일이나 알파 채널이 있는 영상 파일의 투명한 영역을 레이어 패널의 썸네일에서 어떻게 보여줄지 설정합니다. 'Checkerboard'는 투명한 영역을 바둑판무늬로 표시합니다. 'Color'는 투명한 영역을 단색으로 표시합니다. 이때 색상은 옆에 있는 색상으로 설정할 수 있습니다.

❸ Status Bar(상태 표시 줄): 캔버스 화면 상단에 나타나는 정보들을 표시합니다.

· Dynamic Tool Info(동적 도구 정보): 캔버스에서 오브젝트의 위치를 변경하거나 회전을 줄 때 원래 값과 변경된 정도를 표시합니다.

· Color(색상): 캔버스에서 마우스 포인터를 움직일 때 마우스 포인터가 가리키는 부분의 색상 정보를 표시합니다. 체크했을 때 표시되는 색상 정보는 아래의 'Display Color As'의 항목에 설정한 값에 따라 표시됩니다.

· Coordinates(좌표): 현재 마우스 포인터 위치의 X, Y 좌표를 확인할 수 있습니다.

· Frame Rate (only during playback)(프레임 레이트 – 재생 중에만 표시): 재생 프레임 속도를 표시합니다.

❸ Display Color As(색상을 다음과 같이 표시): Status Bar(상태 표시 줄)의 Color에 체크했을 때에만 사용합니다.

· RGB: 각 픽셀의 빨강, 녹색, 파랑 및 알파 값을 표시합니다.

· RGB(Percent): 각 픽셀의 빨강, 녹색, 파랑 및 알파 값을 백분율로 표시합니다.

· HSV: 색상을 색조, 채도, 밝기로 표시합니다.

15.3 _ Project(프로젝트 환경 설정)

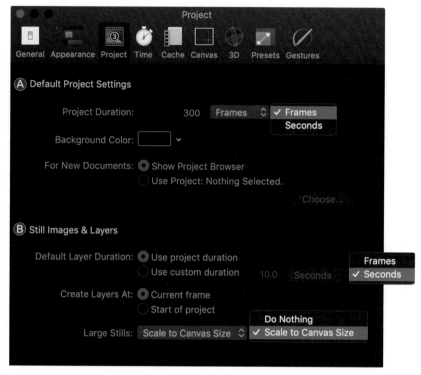

그림 15-5 Project(프로젝트 환경 설정)

Ⓐ **Default Project Settings(기본 프로젝트 설정):** 새 프로젝트를 열 때 기본값을 결정합니다.

- **Project Duration(프로젝트 길이):** 새 프로젝트의 기본 길이를 설정합니다. 기본 단위로 프레임 또는 초를 선택할 수 있습니다.

- **Background Color(배경색):** 새 프로젝트의 배경색을 설정합니다.

- **For New Documents(새 문서의 경우):** 상단 메뉴의 [New]를 이용해 새 문서를 만들 때 'Show Project Browser' 로 설정하면 프로젝트 브라우저가 열립니다. 'Use Project: '로 설정하면 특정 프로젝트를 열도록 설정합니다.

Ⓑ **Still Images & Layers(스틸 이미지 & 레이어):** 모션 5에서 만든 도형이나 텍스트 등의 레이어뿐만 아니라 외부에서 가져온 스틸 이미지나 레이어의 기본 길이, 타임라인에서의 배치 및 크기를 제어합니다.

- **Default Layer Duration(기본 레이어 길이):** 레이어를 불러왔을 때 기본 길이를 설정합니다.

    'Use project duration'은 프로젝트의 전체 길이만큼 설정됩니다.

    'Use custom duration'은 특정 길이를 프레임 또는 초 단위로 정할 수 있습니다.

- **Create Layers At(레이어를 배치하는 위치)**: 레이어를 생성하거나 불러왔을 때 타임라인의 어느 지점에 배치할 것인지 설정합니다.

  'Current frame'은 플레이헤드가 위치한 지점 이후로 배치됩니다.

  'Start of project'는 프로젝트의 맨 처음 프레임에 배치됩니다.

- **Large Stills(큰 해상도의 이미지 파일 처리)**: 가져온 이미지 파일의 크기(해상도)가 클 때 어떻게 처리할지 결정합니다.

  'Do Nothing'은 원본 크기 그대로 캔버스로 불러옵니다.

  'Scale to Canvas Size'는 파일의 가로세로 비율을 유지하면서 프로젝트 크기에 맞게 이미지를 가져오고 크기를 조정합니다.

15.4 _ Time(시간 기본 설정)

Ⓐ **Time Display(시간 표시)**: 캔버스 툴 바의 타이밍 디스플레이에서 시간을 표시하는 방법을 설정합니다.

- **Display Time As(시간 표시 형식)**: 시간 표시 형식을 설정합니다.

  'Timecode'는 타임코드 방식으로 표시합니다(시: 분: 초: 프레임).

  'Frames'는 프레임으로 표시합니다.

- **Frame Numbering(프레임 번호 지정)**: 프레임 카운트의 시작 번호를 설정합니다.

Ⓑ **Playback Control(재생 제어)**: 프로젝트를 재생할 때 타임라인이 업데이트되는 방식을 설정합니다.

- **Time View Updating(시간 보기 업데이트)**: 프로젝트를 재생할 때 타임라인이 업데이트되는 방식을 설정합니다.

  'Don't update'는 재생 중에 타임라인이 업데이트되지 않습니다. 재생이 비교적 끊김 없이 원활하게 이뤄집니다.

  'Jump by pages'는 플레이헤드가 타임라인의 맨 오른쪽에 도달하면 맨 앞으로 이동하도록 설정합니다.

  'Scroll continuously'는 플레이헤드를 지속해서 스크롤합니다.

- **If Audio Sync is Lost(오디오 동기화가 손실된 경우)**: 프로젝트가 너무 복잡해 오디오와 비디오를 부드럽게 재생
  할 수 없을 때 모션 5에서 오디오 및 비디오 재생을 동기화하는 방식을 설정하는 버튼입니다.

  'Skip video frames'는 비디오 프레임은 건너뛰지만, 오디오는 계속 재생하는 방식입니다.

  'Pause audio playback'은 프로젝트가 부드럽게 재생되지 않으면 일시적으로 오디오 재생을 중단시킵니다.

- **Limit playback speed to project frame rate(재생 속도를 프로젝트 프레임 속도로 제한)**: 이 옵션을 선택하면
  재생 속도가 프로젝트의 프레임 속도를 초과하지 않습니다.

- **Loop audio while scrubbing(오디오 루프)**: 플레이헤드를 드래그해 반복할 프레임을 설정할 수 있습니다.

Ⓒ Keyframing(키프레임)

- **Lock keyframes in time in Keyframe Editor**: 이 옵션에 체크하면 키프레임을 추가한 다음 키프레임 에디터에
  서 키프레임을 편집할 때, 매개변수 값만 수정할 수 있을 뿐 키프레임의 위치를 바꿀 수는 없습니다. 키프레임 애니
  메이션 타이밍이 변경되는 것을 방지하기 위해 설정합니다.

- **Allow sub-frame keyframing(하위 프레임 키프레임 허용)**: 이 옵션에 체크하면 녹화(Recording) 버튼을 이용해
  애니메이션을 더욱더 부드럽게 설정할 수 있습니다.

15.5 _ Cache(캐시 환경 설정)

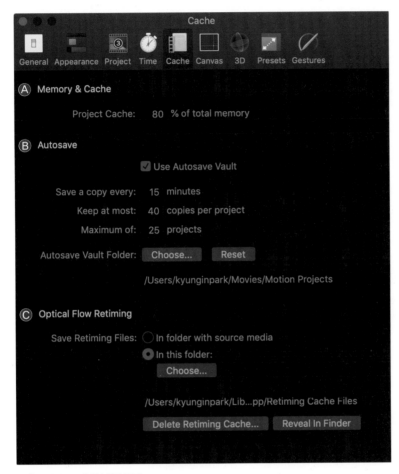

그림 15-6 Cache(캐시 환경 설정)

Ⓐ Memory & Cache(메모리 및 캐시): 프로젝트 캐시에 사용할 전체 시스템 메모리의 백분율을 지정합니다. 큰 값을 입력하면 모션 5를 원활하게 재생할 수 있도록 더 많은 메모리를 사용할 수 있습니다.

Ⓑ Autosave(자동 저장)

· Use Autosave Vault(자동 저장 사용): 자동 저장을 사용합니다.

· Save a copy every(복사본 저장 간격): 몇 분마다 자동 저장을 할지 설정합니다.

· Keep at most(자동 저장 프로젝트의 버전): 자동 저장되는 프로젝트의 버전을 지정합니다.

- Maximum of(최댓값): 자동 저장 프로젝트의 최대 개수를 지정합니다.

- Autosave Vault Folder(자동 저장 폴더 위치): 자동 저장 파일이 보관되는 위치를 설정합니다. [Reset] 버튼을 클릭하면 기본값으로 설정됩니다.

ⓒ Optical Flow Retiming(옵티컬 플로우 리타이밍): 영상 소스 파일의 속도를 조정하는 리타이밍(Retiming) 작업을 했을 때 컴퓨터에 리타이밍 파일을 저장합니다.

- Save Retiming Files(리타이밍 파일 저장): 파일이 저장되는 위치를 정할 수 있습니다.

- Delete Retiming Cache(리타이밍 캐시 삭제): 옵티컬 플로우 리타이밍 파일을 삭제합니다.

- Reveal in Finder(파인더에서 보기): 파인더에서 해당 캐시 파일 폴더를 볼 수 있습니다.

15.6 _ Canvas(캔버스 환경 설정)

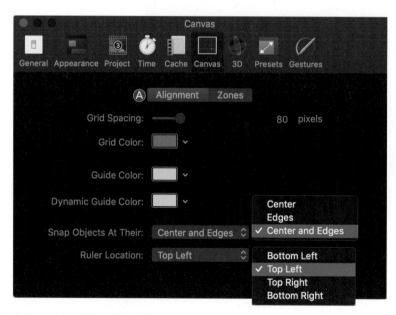

그림 15-7 Canvas(캔버스 환경 설정) – Alignment

ⓐ Alignment(정렬): 이 설정은 캔버스에서 나타나는 격자, 눈금자 및 안내선의 색상과 표시를 제어합니다. 격자, 눈금자, 안내선은 캔버스 오른쪽 위 모서리에 있는 View 메뉴에서 선택할 수 있습니다.

- Grid Spacing(격자 간격): 격자의 너비를 픽셀 단위로 설정합니다.

- Grid Color(격자 색상): 격자의 선 색상을 설정합니다.

- Guide Color(가이드 색상): 안내선의 색상을 설정합니다.

- Dynamic Guide Color(동적 가이드 색상): 오브젝트를 중앙에 배치할 때 실선이 보이는데, 이를 동적 가이드라고 합니다. 그 부분의 색상을 설정합니다.

- Snap Objects At Their(오브젝트 맞추기): 캔버스에서 오브젝트를 다른 오브젝트와 정렬하는 방법을 정의합니다. 'Center'는 오브젝트의 중심에 맞춥니다.

  'Edges'는 모서리에 오브젝트를 맞춥니다.

  'Center and Edges'는 중심 및 모서리에 오브젝트를 정렬합니다.

- Ruler Location(눈금자 위치): 캔버스에서 눈금자의 위치를 설정합니다. 왼쪽 아래(Bottom Left), 왼쪽 위(Top Left), 오른쪽 위(Top Right), 오른쪽 아래(Bottom Right)가 있습니다.

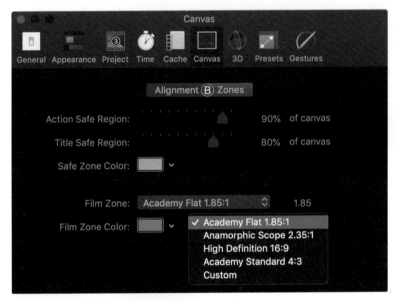

그림 15-8 Canvas(캔버스 환경 설정) - Zones

ⓑ Zones(구역): 안전 영역(Safe Region)에 대한 설정을 할 수 있습니다. TV와 필름 모두에 사용할 출력물을 제작할 때 필름에서 TV로 변환하면서 잘리는 프레임의 영역을 확인하기 위해 안전 영역이 필요합니다.

- Action Safe Region은 프레임에 나타나는 영상이 모두 온전하게 보이는 부분을 의미합니다. 캔버스 크기의 90%로 설정돼 있습니다.

- Title Safe Region은 프레임에 나타나는 자막이 모두 온전하게 보이는 부분을 의미합니다. 캔버스 크기의 80%로 설정돼 있습니다.

- Film Zone은 가로와 세로 비율에 맞게 필름의 가이드 크기를 설정하는 팝업 메뉴입니다. 영화에서 사용되는 비율을 지원합니다.

15.7 _ 3D(3D 환경 설정)

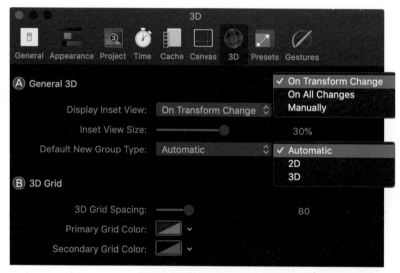

그림 15-9 3D(3D 환경 설정)

Ⓐ General 3D(일반 3D)

- **Display Inset View(삽입 보기 표시):** 3D 프로젝트에서 오브젝트를 움직이면 캔버스의 오른쪽 아래 모서리에 아래 그림과 같은 뷰가 표시돼 다른 카메라의 관점에서 장면을 보여줍니다. 이 뷰를 Inset View(삽입 보기)라고 합니다.

  'On Transform Change'는 위치, 회전 또는 스케일과 같은 변형 매개변수를 조정할 때 Inset View가 나타나게 하는 설정입니다.

  'On All Change'는 오브젝트의 어떤 매개변수든지 일단 조정을 수행하면 Inset View가 나타나게 하는 설정입니다.

  'Manually'는 항상 Inset View를 표시하도록 설정합니다.

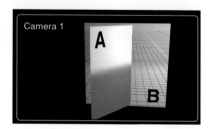

그림 15-10 Inset View

- **Inset View Size(삽입 보기 사이즈):** Inset View의 크기를 지정합니다.

- **Default New Group Type (새 그룹의 기본 유형):** 새 그룹의 기본 유형을 설정합니다. 'Automatic'으로 설정하면 프로젝트를 기반으로 생성된 그룹 유형을 결정합니다. 예를 들어 'Automatic'을 선택하고 3D 프로젝트에서 작업하면 새 그룹의 속성은 3D입니다. 카메라 없이 2D 프로젝트에서 작업하면 새 그룹의 속성은 2D입니다.

B 3D Grid: 이 콘트롤을 사용해 모션 3D 작업 영역에 나타나는 격자 설정을 수정할 수 있습니다.

- 3D Grid Spacing(3D 격자 간격): 격자선 사이의 간격을 픽셀 단위로 지정합니다.

- Primary Grid Color(주 격자색): 주 격자선의 색을 설정합니다. 주 격자선은 보조 격자선보다 약간 더 두껍게 보입니다.

- Secondary Grid Color(보조 격자색): 보조 격자선(기본 격자선 내에 나타나는 선)의 색상을 설정합니다.

15.8 _ Presets(사전 설정)

그림 15-11 Presets(사전 설정)

프로젝트 브라우저를 통해 프로젝트를 새로 생성할 때 사전에 미리 만들어진 설정을 바탕으로 프로젝트를 만들 수 있습니다. 프로젝트 프리셋을 추가하거나 삭제할 수 있으며 수정할 수도 있습니다.

15.9 _ Destinations(출력 설정)

그림 15-12 Destinations(출력 설정)

모션 5에서 영상을 출력할 때 프리셋들을 추가하거나 삭제할 수 있습니다. 프리셋을 추가하는 방법은 오른쪽 아이콘을 왼쪽 패널로 드래그 앤드 드롭하여 추가할 수 있습니다. 왼쪽 패널에 위치한 프리셋을 클릭하면 해당 출력 프리셋의 설정을 변경할 수 있습니다.

- Export Movie(default): 영상을 출력할 때 기본적인 프리셋입니다. 'Default'가 붙은 프리셋은 기본값으로 설정된 프리셋입니다. 단축키 command+E를 누르면 기본값으로 설정된 출력 옵션이 실행됩니다.

- Export Selection to Movie: 선택한 범위만 영상으로 출력할 수 있습니다.

- Export Audio: 오디오만 따로 출력할 수 있습니다.

- Save Current Frame: 현재 프레임을 이미지로 출력할 수 있습니다.

- Export Image Sequence: 프로젝트를 연속된 이미지로 출력할 수 있습니다.

- Apple Devices: 애플 디바이스에 최적화 된 형태로 영상을 출력합니다.

- Email: 이메일을 첨부할 수 있도록 해상도를 낮게 잡아 출력합니다. 영상 출력이 끝나면 이메일을 보낼 수 있는 창이 나타납니다.

MEMO